Class

Adviser's

Basic

Practice

班主任基本功实务

修订版

德奋 编著

山西出版传媒集团

山西教育出版社

图书在版编目（CIP）数据

班主任基本功实务 / 德奋编著. —太原 ：山西教育出版社，2019.6（2024.1重印）

ISBN 978-7-5703-0439-4

Ⅰ. ①班… Ⅱ. ①德… Ⅲ. ①中小学—班主任工作 Ⅳ. ①G635.16

中国版本图书馆CIP数据核字（2019）第092817号

班主任基本功实务

BANZHUREN JIBENGONG SHIWU

选题策划 刘继安
责任编辑 李梦燕
复　　审 海晓丽
终　　审 康　健
装帧设计 宋　蓓
助理设计 郭俊杰
印装监制 蔡　洁

出版发行 山西出版传媒集团 · 山西教育出版社
（太原市水西门街馒头巷7号　电话：0351-4729801　邮编：030002）
印　　装 山西三联印业有限公司
开　　本 720×1020　1/16
印　　张 21.5
字　　数 372千字
版　　次 2019年6月第1版　2024年1月第8次印刷
书　　号 ISBN　978-7-5703-0439-4
定　　价 65.00元

前　言

"致天下之治者在人才，成天下之才者在教化。"

有人说，班主任是世界上最小的主任，可这"最小的主任"却能雕刻学生的心灵。

当前，教育面临的新形势是：教育服务经济社会全面化，教育对象群体多元化，教育社会需求多样化，教育全民学习终身化，教育发展环境国际化。在教育步入新时代的今天，班主任的工作也日益朝着规范化、科学化、专业化、个性化和人本化方向发展。

基于此，近年来，全国各级教育行政部门和各类学校每年都会组织中小学班主任基本功大赛，旨在搭建班主任成长的平台，推动班主任专业化发展的进程，壮大优秀班主任核心团队，促进班主任队伍建设。

为了更好地帮助广大班主任做好参赛工作，我们组织了一批多年参与班主任基本功大赛的资深专家、评委，编写了本书。本书不仅可以作为参赛必备的参考资料，还可以帮助广大教师提升专业水平、拓展育人视野。

本书运用大量鲜活的班主任工作中精彩、感人的教育故事，精辟地阐述了班主任班级常规管理基本功、班主任人际沟通基本功、班集体建设基本功等在育人实践中的运用，具有科学指导性和使用操作性。同时，还收集了长三角地区中小学班主任基本功大赛的笔试全部真题、班主任基本功大赛情境模拟全部真题、班主任应知应会的全部基础性知识，并针对广大教师在参赛过程中的热点、难点和痛点，做出了有效的梳理，提出了应对的技巧，拓展了答题的思路。

独家收集、整理、归纳、解析，是本书的最大亮点。

我们独家对近年来中小学班主任基本功大赛题型做了概述，列举了历年的题型，并对最近几年的真题进行了全面分析，提醒广大教师要从经验型向专业型转变，掌握教育学和心理学的相关知识，遵循学生身心成长规律和教育规律。同时，有责任、有义务和家长协同育人，针对家庭教育个案做出有针对性的指导，一起分析孩子的问题，研究其家庭教育方面的原因，寻求方法、有效支着，反馈结果、跟踪指导。

我们对班主任应知应会的基础性知识做了概括分析，介绍了教师必须了解的相关教育学专著。“取法乎上，仅得其中；取法乎中，仅得其下；取法乎下，无可得矣。”这些知识的掌握和学习的取向，直接决定了班主任的成长高度。

我们独家提供了长三角地区、浙江省和安徽省等地的中小学班主任基本功大赛笔试试题及答案，供广大教师系统训练和有针对性的思考。孟子曰：“心之官则思，思则得之，不思则不得也。”对教师来说，推动其事业发展该有两个轮子，一个叫作“情感”，一个叫作“思考”。教育情感使他热爱学生，忘我地工作，并从中体验到奉献的自豪；教育思考则使他明确自己的教育方向，进而科学理性地设计、实施自己的教育理念，同时不断地进行总结、提炼、升华自己的教育实践。

我们还独家对班主任基本功大赛情境模拟进行了分类，首次全部列举了长三角地区、浙江省历年的真题，进行分析，提出路径，并提供了名家的解决之道。有效地概括、解析、探讨，意味着广大教师能够与遥隔千载的先人们进行超越时空的精神对话，意味着可以快乐地寻找和搜集打开孩子心灵之门的钥匙，意味着我们可以驾着心灵之舟自由自在地采撷别人的经验之花、智慧之果……

前沿、权威、专业、实用，是本书的最大特点。

全书用专业的视野去规划未来，力求立论准确、观点鲜明、方法实用，避免从理论到理论的空洞说教，努力用现实中的生动案例和生活中的睿智故事来阐述观点，使其具有趣味性和可读性。

通过阅读本书，我们想告诉广大教师，面对日新月异的时代趋势，身处未来已来、迭代更新社会环境中，只有始终站在教育的原点思考教育的出发点和落脚点，只有始终保有并拓展人生的学习力，才能让自己面对任何纷繁的场景、潮流时，不仅不被迷失，还能真正识别、判断其价值并为我所用。未来，考验着我们对“本来”的认识有多坚定；未来，需要我们从“本来”出发，去突破一道道厚厚的认知屏障和路径依赖，激发并引导我们走上自我发展之路。

通过阅读本书，我们想告诉广大教师，班主任的专业素养和能力，很难通过简单地照搬、模仿或者理解、认识就能形成，必须是一个慢慢濡化、提升的内外兼修过程。我们许多人都在向优秀班主任学习，可学来学去，却始终不能超越自我：强化爱心，却不知道美德更多地形成于自觉的行为中；照搬方法，却忘记了方法更多是基于具体的问题情境；奢求机遇，却不珍惜机遇往往就起源于自己的言行；迷信速成，却忽视了优秀是优点长期的积淀和坚持。

通过阅读本书，我们想告诉广大教师，过去我们往往习惯于“对”孩子进行教育、“对”家长提出要求，却忽略了很多来自学生与家长的邀请，错失了改变自己、与学生乃至家长成为精神伙伴的机会。现在，我们应该将“对”模式切换为“同”模式——我“同”你一起学习、我“同”你一起研究、我“同”你一起品尝成功、一起体验挫折。这样，我们就把育人的过程一下子转型为自我精神成长的原因，可以让我们怀着热情与渴望去探寻背后的原因，可以让我们争取到更多身边的资源和同盟的力量，可以让我们意识到获得尊重的程度完全取决于我们自己对专业敬畏的程度。

讲故事、讲情怀、讲人性，是本书的最大焦点。

从理论中来，但不单纯是讲道理。我们只是以讲故事的方式，告诉广大教师教育的秘诀是什么：或许是递到孩子手上的那颗甜甜的水果糖，或许是一声温柔的劝说、一句鼓励的话、一个赞许的微笑，又或许是一次平等而深刻的谈话……

从实践中来，但不单纯是汲取经验。我们只是以讲情怀的方式，告诉广大教师班主任的真谛是什么：赢得尊重的最好方式就是走向专业自觉，而走向专业自觉的方法论就是学会切换模式，即从我“对”你进行教育的模式切换为我“同”你一起成长的模式。

从方法中来，但不单纯是形式模式。我们只是以讲人性的方式，告诉广大教师成长的路径是什么：教育不是纯体力的劳动，而是劳作与智慧的共行。如果一个人平均每天利用两个小时的休闲时间做同一件事，那么，累积不超过14年就能达到一万小时。根据一万小时定律，任何教师都有可能通过一万小时的锤炼从平凡人成为卓越的教育家。

诺贝尔物理学奖得主、哈佛大学荣誉博士朱棣文有这样一个忠告，就是说兴趣爱好固然重要，但是你不应该只考虑兴趣爱好。当你白发苍苍、垂垂老矣、回首人生时，你需要为自己做过的事感到自豪。物质生活和你实现的占有欲，都不会让你产生自豪。只有那些受你影响、被你改变过的人和事，才会让你产生自豪。

其实，班主任工作何尝不是如此呢?

目　录

第四章　中小学班主任基本功大赛真题

第一章 中小学班主任基本功大赛题型概述

教育部在《关于进一步加强中小学班主任工作的意见》中明确指出："中小学班主任是一个专业化要求很高的特殊岗位，要有一定的专业素养和人格素质的教师才能担当。"这表明，班主任越来越倾向于职业化和专业化，具有某种程度的不可替代性和不可复制性。专业化发展越深入，也就意味着班主任的角色越浓厚，意味着班主任在具备一般教师的学术、教学基本功等共性和通识能力的基础上，还应具备专业、独立的管理能力和育人能力，具有一定的专业技能和水平。

班主任基本功是班主任教师按照教育方针的要求，在以培养学生创新精神和实践能力为重点的素质教育实践中所形成的教育、组织管理、协调指导等最基本的技能技巧。

为贯彻落实习近平新时代中国特色社会主义思想和党的十九大精神，以及教育部《中小学德育工作指南》《中小学班主任工作规定》等文件的要求，进一步探索新形势下班主任队伍建设的新途径、新方法，推进班主任队伍专业化发展，近年来各级教育行政部门和各类学校每年都会组织中小学班主任基本功大赛。从2012年开始，长三角地区的教育部门每年举办中小学班主任基本功大赛。

中小学班主任基本功大赛采用"赛训一体、以赛促建"的方式，锤炼骨干、塑造优秀、树立典型、营造氛围，旨在搭建班主任成长的平台，推动班主任专业化发展的进程，壮大优秀班主任核心团队，促进班主任队伍建设。

大赛聚焦家校共育，关注以理论研修为基础、反思实践为重点的班主任工作研究能力，聚焦班主任设计主题教育活动的能力，考查班主任掌握、运用相关政策和德育原理加强中小学生思想道德教育的能力，提升班主任建班育人基本功。

比赛分为小论文评选，笔试和面试三个部分：

一、小论文评选（单独评奖）

参赛班主任聚焦家校共育主题，撰写并提交小论文，每人提交一篇，字数3000—5000，论文重复率不得高于20%。原则上已公开发表过的论文不再参与本次论文评选。小论文作为选手参赛的必要条件，不计入比赛得分，单独设奖。

小论文的评选原则

1. 科学性。遵循学生的成长规律和教育规律，具有先进的教育思想和科学的教育理论支撑。

2. 创新性。家校共育过程中，教育方法和形式富有创意，有独到的见解。

3. 推广性。能结合理论和实践说明问题，总结的经验和做法有借鉴意义和推广价值。

二、笔试（权重50%）

时间为120分钟。要求参赛选手在规定时间内完成活动方案设计和相关基础知识题。

活动方案设计

要体现活动过程的教育性和完整性，一般包括题目、教育背景、教育目标、活动前期准备、实施过程等基本内容。其中实施过程要具体、明晰、可操作。设计方案采用书稿纸手写方式，书稿纸由组委会秘书处统一提供，字数不超过2500。

1. 第七届长三角地区中小学班主任基本功大赛（笔试试卷）第三题：

活动方案设计题（请从以下两题中选择一题作答，共40分）

（1）国家主席习近平在2018新年贺词中提出："幸福都是奋斗得来的。"激励全国人民用劳动和奋斗创造幸福生活。今年五四青年节前夕，习主席走访北大时，又提出："追梦需要激情和理想，圆梦需要奋斗和奉献。"

请以"幸福都是奋斗得来的"为主题，设计一次主题班会活动方案。

要求：

①题目自拟。

②写出实施主题班会的年级，但方案中不得出现个人和学校的真实名称。

③设计方案一般包括题目、教育背景、教育目标、活动前期准备、实施过程等基本内容。其中实施过程要具体。

④字数不超过2500。

（2）请结合落实生态文明建设要求，以"垃圾分类我先行"为主题，设计一次主题班会活动方案。

要求：

①题目自拟。

②写出实施主题班会的年级，但方案中不得出现个人和学校的真实名称。

③设计方案一般包括题目、教育背景、教育目标、活动前期准备、实施过程等基本内容。其中实施过程要具体。

④字数不超过2500。

2. 第八届长三角地区中小学班主任基本功大赛（笔试试卷）第三题：

主题班会方案设计题（40分）

（1）习近平总书记在全国教育大会上号召，要在学生中弘扬劳动精神，教育引导学生崇尚劳动、尊重劳动，懂得劳动最光荣、劳动最崇高、劳动最伟大、劳动最美丽的道理，长大后能够辛勤劳动、诚实劳动、创造性劳动。

2019年6月，中共中央、国务院发布《关于深化教育教学改革　全面提高义务教育质量的意见》提出：学校要"加强劳动教育"，"坚持学生值日制度，组织学生参加校园劳动"。《中小学德育工作指南》对此也提出了相应要求。

请以"弘扬劳动精神，开展劳动教育"为主题，结合学生的年龄特点，设计一个主题教育活动方案。

（2）国务院教育督导委员会办公室在新学期即将来临之际发布了2019年第5号预警——防治学生欺凌暴力，建设阳光安全校园，提醒地方各级政府、有关部门、学校、家长要严格落实学生欺凌防治工作要求，切实把校园建设成最阳光、最安全的地方。

请以“防治学生欺凌暴力”为主题，设计一个主题教育活动方案。

要求：

① 从以上两题中任选其一。

②题目自拟。

③写出实施主题班会的年级，但方案中不得出现个人和学校的真实名称。

④设计方案一般包括题目、教育背景、教育目标、活动前期准备、实施过程等基本内容。其中实施过程要具体、明晰、可操作。

⑤字数不超过2500。

⑥请写在答题卷上。

活动方案的评分原则

1. 主体性。凸显学生的主体地位，面向每一个学生的个性发展，尊重他们的特殊需要和兴趣爱好。强调学生的参与体验和亲身经历，重视学生在活动过程中的自我生成和创造性建构，充分为学生的自主性发挥开辟广阔的时空。

2. 针对性。贴近学生、贴近生活、贴近实际，聚焦一个主题，注重正面引导，紧密联系学生需求和班队实情开展教育活动。

3. 适切性。根据教育规律和学生年龄特点设计活动，目标贴切，主题鲜明，内容丰富，学生活动空间较大；形式多样，生动活泼，为学生所喜闻乐见。

4. 操作性。教育设计体现结构化，具有清晰的层次感，富有内在的逻辑性，实施步骤具体，过程完整，操作性强。

5. 创新性。锐意进取，立意新颖，方法和形式生动、多样，求新忌陈，不落俗套，具有时代特点，富有创意，体现新思路、新角度、新特色和新水平。

6. 规范性。方案书写有必要的元素，符合规范的设计体例；语言文字生动流畅，富有感染力；队会要强调仪式。

相关基础知识题

指班主任应知应会的基础性题目，主要涉及班主任工作的基本内容，采用“单项选择”和“判断”两种题型。

主要参考的资料包括：

1. 全国教育大会主要精神、十九大报告中有关教育的重要论述

2.《中小学德育工作指南》

3.《中小学班主任工作规定》

4. 教育部《关于加强家庭教育工作的指导意见》

5.《中小学生守则（2015年修订）》《浙江省中小学生日常行为规范（试行）》

6. 班主任工作相关知识

7. 当年的国内外重要时事

纵观近年来的试题，基本上有以下几类：

（一）习近平关于教育的重要论述，特别是有关教师的

选择题：

1. 2014年9月，习近平总书记视察北京师范大学，发表了“四有”好老师重要讲话，其中“四有”是指：有理想信念、（　　）、有扎实学识、有仁爱之心。

A. 有浩然正气　B. 有人文底蕴　C. 有高尚师德　D. 有道德情操

2. 习近平总书记在同北京师范大学师生代表座谈时的讲话中指出，扎实的知识功底、过硬的教学能力、勤勉的教学态度、科学的教学方法是老师的基本素质，其中的根本基础是（　　）。

A. 师德　B. 知识　C. 能力　D. 态度　E. 方法

3. 习近平总书记在2018年全国教育大会上的讲话中提出六个“下功夫”，全面阐释了“时代新人”的具体内涵，下列哪项不在其中（　　）。

A. 要在坚定理想信念上下功夫

B. 要在厚植爱国主义情怀上下功夫

C. 要在加强政治教育上下功夫

D. 要在增长知识见识上下功夫

（二）当年的国内外重要时事，特别是与教育和师生相关的

判断题：

党的十九大报告提出，我们的目标是，到21世纪中叶，把我国建成富强民主文明和谐美丽的社会主义现代化强国。（　　）

选择题：

1. 2017年9月1日，由教育部和中央电视台联合推出的大型公益节目《开学第一课》的主题是（　　）。

A. 知识守护生命　　B. 我的梦，中国梦

C. 中华骄傲　　D. 先辈的旗帜

2. 党的十九大报告指出，中国特色社会主义进入新时代，我国社会的主要矛盾是（　　）。

A. 人民日益增长的物质文化需要同落后的社会生产之间的矛盾

B. 人民日益增长的物质文化需要同发展不平衡不充分之间的矛盾

C. 人民日益增长的美好生活需要和分配不公平发展不充分之间的矛盾

D. 人民日益增长的美好生活需要和不平衡不充分的发展之间的矛盾

3. 社会主义核心价值观中，公民个人层面的价值准则是（　　）。

A. 爱国、敬业、诚信、友善

B. 富强、民主、文明、和谐

C. 自由、平等、公正、法治

D. 爱国、诚信、友善、责任

4. 交通部等10部门联合出台《关于鼓励和规范互联网租赁自行车发展的指导意见》，规定禁止向未满（　　）岁的儿童提供服务。

A. 8　　B. 10　　C. 12　　D. 14

（三）国家大政方针和教育政策法规

单项选择题：

2017年8月，教育部在印发的《中小学德育工作指南》中指出，中小学的德育内容包括：理想信念教育、社会主义核心价值观教育、中华优秀传统文化教育、（　　）和心理健康教育。

A. 生态文明教育　　B. 安全教育

C. 思想道德教育　　D. 政治教育

判断题：

教育部在印发的《中小学德育工作指南》中指出，中小学德育的实施途径主要有课程育人、文化育人、活动育人、实践育人、班级育人、协同育人等六个方面。

（　　）

以上两题考查的是教师对中小学德育内容、德育实施途径的了解。

《中小学德育工作指南》是学校和教师开展德育工作的根本依据之一，班主任需要以《中小学德育工作指南》为方向和核心，充分明确德育目标、德育内容和实施途径，才能将德育工作做得更科学、更专业。

此外，《中国学生发展核心素养》《关于全面深化新时代教师队伍建设改革的意见》，以及一些关注中华民族传统文化等德育的重点、热点体现得较为充分，班级工作和班集体建设的相关理念也要纳入其中。

判断题：

2018年1月，中共中央、国务院颁布了《关于全面深化新时代教师队伍建设改革的意见》，要求广大教师"全心全意做学生锤炼品格、学习知识、创新思维、奉献祖国的引路人"。（　　）

单项选择题：

中共中央、国务院颁布的《关于全面深化新时代教师队伍建设改革的意见》指出，教师承担着（　　）的历史使命，肩负着塑造灵魂、塑造生命、塑造人的时代重任。

A. 传播知识、传播文化、传播思想

B. 传播知识、传播思想、传播真理

C. 培养"四有新人"

D. 传播文化、传播思想、传播真理

（四）教育学知识、心理学知识、家庭教育指导知识

体现道德发展、人格发展、儿童心理发展的相关理论和规律的内容。如"道德发展的过程""德育过程实施的顺序和基本矛盾""埃里克森的人格发展理论""科尔伯格的道德发展理论中关于好孩子定向阶段的特征""德育应遵循的原则"等。

单项选择题：

1. 埃里克森人格发展理论认为，儿童人格发展的每一阶段都有一种冲突和矛盾所决定的发展危机。比如12～18岁阶段的危机冲突是（　　）。

A. 勤奋感对自卑感　　B. 主动感对内疚感

C. 自我同一性对角色混乱　　D. 自主感对羞耻感

2. 班主任工作的中心环节是（　　）。

A. 了解和研究学生　　B. 组织班会

C. 组织和建设良好的班集体　　D. 做好学生的操行评定

判断题：

皮亚杰把儿童心理发展过程划分为四个阶段，按顺序依次是感知运动阶段、前运算思维阶段、形式运算思维阶段、具体运算思维阶段。（　　）

（五）班主任管理的知识和班级文化建设的方法

包括班级管理的目的、原则和方法等。班级是学校的基本单元，是学生学习生活的主要场所。一个优秀的班主任，应该具备班级管理的知识和班级文化建设的能力，让班级成为孕育学生健康人格的温床。

单项选择题：

1. 班集体形成的重要标志之一是（　　）。

A. 成立了班委会　　B. 开展了班级活动

C. 形成了正确的集体舆论　　D. 制订了班级计划

2. 班级工作的最高境界是（　　）。

A. 学生的自主管理和自我教育

B. 班集体有较高的凝聚力

C. 学生个性得到充分发展

D. 师生关系融洽

三、面试（权重50%）

要求选手在规定时间内完成教育情境模拟。采用当场抽签的方式，参赛选手根据题目提供的假定教育情境，通过和情境模拟导师互动完成“班主任角色”表演，提出解决问题的策略和方法，展现教育理念和教育智慧。面试时间不超过15分钟，其中场外准备时间5分钟，角色表演时间4分钟，阐述时间3分钟，评委提问3分钟。

面试的评分原则

1. 基本素质评价。包括仪容仪表、语言表达、思维逻辑、临场应变等。

2. 专业素养评价。包括专业素养掌握程度、教育观念更新程度、教育目标适切程度、教育方法创新程度、教育效果体现程度等。

3. 个性特色评价。包括个性表现、思路新颖、活动富有独创性等。

情境案例是班主任专业成长的重要载体，也是考查班主任专业能力的重要内容。越来越多的班主任能力大赛或班主任素质大赛设置了情境模拟环节，甚至一些教师招录的面试现场也经常采用情境答辩题目。

根据“情境”从问题判断、原因分析和策略选择三个方面，作出判断、分析，并提出教育对策。其最大特点是情境性、即时性，是对参赛选手专业知识、专业技能、专业道德、专业观念和心理素质的综合性考查。

第二章　班主任应知应会的基础性知识

“杰作之能使历代人人爱读，而不为短暂的文学风尚所淹没，甚至历久而弥新，必然具有一种我们称之为发自肺腑的‘真纯’。就犹如宝石不怕试验，真金不怕火炼。”

让我们一起走进班主任应当了解的教育学名著。

一、柏拉图与《理想国》

柏拉图（前427—前347），古希腊伟大的哲学家，也是全部西方哲学乃至整个西方文化最伟大的哲学家和思想家之一。他和老师苏格拉底、学生亚里士多德并称为“希腊三贤”。柏拉图创造或发展的概念包括：柏拉图思想、柏拉图主义、柏拉图式爱情等。他提出的理想国是最早关于空想社会主义的描述，脱胎于当时斯巴达政体。作为世界上最早的乌托邦，它在人类思想史上占据了重要的地位。

柏拉图在《理想国》中不仅提出了以培养哲学王为目的、以灵魂转向说为核心的教育思想，而且制定了一整套实施这种教育的课程体系。是有史以来第一部论述教育的书，被认为是西方教育史上的三大里程碑之一。

1. 教育的功能——成为有理性的人

良好的教育可使一国中的人性得到改造。正确的教育可以使人们成为有理性的人。

2. 教育的根本目的——灵魂转向

柏拉图认为，教育的目的不在于把知识灌输到灵魂中去，而在于灵魂转向。

只有当整个身体和灵魂转变方向，转离黑暗，转向光明时，才能见到事物本身而不是事物的影像。

教育的任务，就是使人们挣脱束缚，转离黑暗和影像，转离转瞬即逝的感性世界，转向光明和实物，转向永恒的理念和世界，眼睛向上，认识最高的理念——善。

3. 守卫者的教育学科设置

柏拉图指出，计算和数学是把灵魂拖着离开变化世界而进入实在世界的学问。辩证法是最高的学问，再没有什么别的学科在它的上面。

柏拉图列入课程的四门学科（数学、几何、天文、音乐理论）后来被称为“四艺”，和早期智者建立的“三艺”（文法、修辞、辩证法）合起来并称“七艺”。

4. 教育方法

寓教于乐。被迫进行的学习不能在心灵上生根，因而不能强迫孩子学习，而要用做游戏的方法。这样，教育者可以在游戏中更好地了解到他们每个人的天性。

实际的锻炼。

考试。柏拉图是西方第一个提出以考试作为选拔人才方法之一的教育家。

5. 人性

柏拉图指出，国家有三类人，三类人各安其分、各尽其责，就是正义。在人的灵魂中也有相应的三个组成部分，即理性、激情和欲望。这三个部分各安其分，和谐共存，不致彼此发生冲突，就是正义。

6. 美德

四种重要美德，即智慧、勇敢、节制和正义。

二、亚里士多德与《政治学》

亚里士多德（前384—前322），古希腊斯吉塔拉人，世界古代史上最伟大的哲学家、科学家和教育家之一。他是柏拉图的学生，亚历山大的老师。公元前335年，他在雅典办了一所叫吕克昂的学校，被称为逍遥学派。马克思曾称亚里士多德是古希腊哲学家中最博学的人物，恩格斯称他是古代的黑格尔。

《政治学》是亚里士多德的“关于政体研究的专著”，具有多方面的学术价值，对于了解当时希腊社会的状况，了解古希腊人的政治、法律、伦理、教育思想，研究亚里士多德的学说，均有不可替代的作用。尽管这是一部论述政治问题的专著，但亚里士多德在探讨和阐释奴隶制各种政体及其统治形式的过程中，也从教育与政治关系的角度，提出了一些教育的主张。

《政治学》中所提出的教育思想代表了古希腊教育发展史上的最高成就，对西方教育的发展产生了深远的影响。

1. 教育与政治

亚里士多德承袭其老师柏拉图的思想，肯定了教育与政治间的紧密关系，提出教育应由国家负责，受国家控制。

2. 城邦与教育

教育方针应引向善德。政治学术的终极目的是善德，也就是人间的至善。

只有教育才能达到城邦的统一。

唯有教育才能节制人欲。

用公立教育取代私家教育。

倡导教育要立法。理由：一是邦国如果忽视教育，其政制必将损毁。二是人要运用每一种技能或者每一种技术，必须先行训练并经过相当的复习，使各个为之适应。

3. 教育的宗旨

达德成善。人们所由入德成善者出于三端，即出生时所禀的天赋、日后养成的习惯以及其人的内在的理性。

批评斯巴达教育的片面性。

4. 道德教育

道德教育的核心问题是培养人以理性节制情欲。

人的道德“存乎人心”“成于习惯”“见于行动”。

5. 教育方法

效法自然。

正确处理兴趣与努力的关系。

三、夸美纽斯与《大教学论》

扬·阿姆斯·夸美纽斯，捷克著名的教育理论家和实践家，资产阶级教育理论的奠基者之一。

《大教学论》是西方近代第一部体系完整的教育学著作，创立了教育学的基本体系，标志着独立的教育学的产生。

1. 总论

夸美纽斯指出：“人是造物中最崇高、最完善、最美好的。”这一标题反映了作者的人文主义世界观，它驱散了原罪论的阴影，歌颂了生命的意义。这是夸美纽斯的全部教育思想的理论基石之一。

夸美纽斯认为，人的教育应当尽早开始，因为在人身上，唯一能够持久的东西是从少年时期吸收得来的。

学校是人接受教育的最合适的地方。

学校应成为造就人的工厂，能够实现人生的真正目的。

夸美纽斯描绘了理想学校的蓝图：（1）教育对象：一切青年；（2）教育内容：一起可以使人变成有智慧、有德行、能虔信的科目；（3）教育目的：生活的预备；（4）教育方法：温和、轻快、自然的方法；（5）教育结果：真实彻底、发展智力；（6）教学组织形式：分班教学。

夸美纽斯提出的一切教育教学活动的根本指导原则就是模仿自然，以自然为向导。

2. 教学理论

知识的开端永远来自感官，提出感官是检验真理的标准，从而否定体现神的意志的经院教条的权威。

教学中的一条金科玉律就是：在可能的范围内，一切事物都应该放在视觉跟前。一切看得见的东西都应该放在听觉器官的跟前。假如有一件东西能够同时在几种感官上留下印象，它便应当和几种感官去接触。假如事物本身得不到，便可利用它们的模型图像、制造范本或模型。他强调在接触实际事物时，应分辨事物之间的区别。

四、洛克与《教育漫话》

约翰·洛克，17世纪英国资产阶级唯物主义的哲学家、政治思想家和教育思想家。

《教育漫话》被誉为标志西方哲学、社会和教育思想的主要转折点和17世纪学校教育的大宪章。洛克在《教育漫话》中系统地提出了“绅士教育论”。他主张教育应当培养绅士，即身体健康，具有良好的德行、广博的实用知识和技能，精明能干、有创业精神的资产阶级事业家。

（一）绅士教育

绅士教育包括4种品质的培养，即“德行、智慧、教养和学问”。

1. 德行的培养

重视早期教育，反对溺爱。

宽严结合，慎用体罚和训斥。

实践中养成习惯。

适当运用奖励。儿童做了好事，可爱的事物应“伴随来到”，这不是物质刺激，而是良好行为的必然后果。

强调说理教育。一是不要长篇大论地说教，这样反而会招致儿童的逆反心理；二是教育者态度要镇定，举止要温和，要使儿童感到你的话是合理的、有益的以及必须的。

以身作则。能像榜样这样温和而又深刻地打进人们的心里。

2. 礼仪教育

一个绅士的第二种美德是良好的礼仪。美德是精神上的一种宝藏，但是使它发出光彩的则是良好的礼仪。

（二）知识教育

教学方法

1. 洛克认为应根据儿童的心理特点，激发儿童的求学欲望，注意培养儿童学习的兴趣。

2. 利用儿童的好奇心发展他们的求知欲。

（1）对儿童提出的任何问题，教师都不可制止或讥笑，而应根据儿童的接受能力，耐心解释，力求使之清楚明白。

（2）教师除了认真答复，还应称誉，以鼓励儿童求知的积极性。

（3）教师回答问题不可虚妄，不可以假话搪塞，回答必须是真实的、全部应是不可侵犯的真理。

（4）故意使他们看到新奇事物，发现问题，引起他们的好奇心。

3. 洛克要求导师教孩子时要遵循从易到难、循序渐进的原则。

4. 洛克主张教师教学时，要集中和保持学生的注意力。这是“教员的巨大技巧”。

（三）绅士教育原则论

1. 早期教育与及时引导

2. 加强实践锻炼与养成习惯

3. 顺应自然与理性约束

4. 因材施教

五、卢梭与《爱弥儿》

让-雅克·卢梭（Jean-Jacques Rousseau，1712—1778），法国思想家、哲学家、教育家、文学家、作曲家，是18世纪法国大革命的思想先驱，启蒙运动代表人物之一。

《爱弥儿》是一本夹叙夹议的教育小说，书中以富家孤儿爱弥儿为主人公，论述了男子的教育改革，批判英国旧教育的荒谬腐朽，并提出新教育的原则和理想。书中借爱弥儿未来妻子苏菲的教育，论证了女子教育的革新。全书反映了自然主义教育思想，阐述性善论。其思想对后世许多教育家都有启发和影响。

该书在西方教育史上首次系统提出了新的儿童教育观，从而在教育史上掀起了一场“哥白尼式的革命”。

“把儿童看作儿童”，是卢梭儿童观的核心思想和最大贡献。卢梭明确指出，儿童是与成人完全不同的独自存在。儿童时代绝不只是成人的预备，而是具有自身的价值。

“儿童是有他特有的看法、想法和感情的；如果想用我们的看法、想法和感情去代替他们的看法、想法和感情，那简直是最愚蠢的事情。”卢梭的这句话精辟地论述了童年教育应该顺其自然。

儿童的一切发展都是自发的，儿童的成长有他自己的节律和周期。面对儿童的成长，大人应该有耐心，不能拔苗助长，不能功利化。对儿童的种种不成熟的表现，也不必大惊小怪，而应当对儿童的孱弱予以保护和帮助，应当设身处地为儿童着想。

卢梭特别强调要让儿童学习有用的知识，而且教师的教学必须引导儿童自觉地思考和获取知识。

卢梭认为，真正有益于幸福的知识是很少的，但是只有这样的知识才值得一个聪明的人去寻求，从而也才值得一个儿童去寻求。因此我们的目的在于让其学习有用处的知识。

“问题不在于教他各种学问，而在于培养他有爱好学问的兴趣，而且在这种兴趣充分增长起来的时候，教他以研究学问的方法。”

“问题不在于告诉他一个真理，而在于教他怎样去发现真理。”

卢梭认为，教学的基本任务在于发展儿童获取知识的能力，使其具有科学的头脑，同时发展学生的求知欲和好奇心及学习的兴趣。运用到日常教学中便是：教师少讲，学生多问。这样，他们在今后生活中不论遇到什么困难，都能开动脑筋，善于学习，应付自如，同时也能为社会做出更大的贡献。

“人生的每一个阶段都有他适当的完善程度，都有他特定的成熟期。”卢梭认为，儿童的身心发展是呈阶段性的，而且不同发展阶段的发展速度也不均匀，快慢不一。

卢梭依据受教育者的身心发展提出：

0~2岁婴儿期，以身体养护为主；

2~12岁儿童期，以感官教育为主；

12~15岁青春期，以智育教育为主；

15~20岁青年期，以德育教育为主；

20岁以上成年期，以爱情教育为主。

六、裴斯泰洛齐与《葛笃德怎样教育她的子女》

裴斯泰洛齐（Johan Heinrich Pestalozzi，1746—1827）是19世纪瑞士著名的民主主义教育家。他热爱教育事业的奉献精神，对教育革新的执着追求，在教育理论上许多独创的论述，不仅为世界教育发展做出了重要贡献，而且为一切教育工作者树立了一个令人十分崇敬的形象。

《葛笃德怎样教育她的子女》被人们看作是19世纪初等教育的“圣经”。该书出版后，对欧美的教育家产生了深刻的影响。

这是一本很特殊的著作，特殊在它的内容是由十五封信组成的。书中作者塑造了葛笃德这样一位善良的集母亲、教师、教育改革者于一身的妇女形象。

该书前三封为裴斯泰洛齐在布格多夫对自己教育工作的回顾。因战争缘故，无奈之下，他只能结束在史坦茨创办的孤儿院，虽然悲痛，但他依旧立场坚定。无论世人如何评价，他都把自己定性为一名教师。是啊，一个热爱教育的老师是喜欢在第一线与学生接触的，即使困难重重、充满挫折。从他的字里行间里可看出他所教的孩子家境并不好，他仍然不放弃依靠自身的力量来教学，努力扮演好他的角色—— 一个尽心教学的老师。

接下来的十几封信中，他分别从智育、德育以及实际劳动能力的培养等方面阐述了儿童全面发展应接受的教育。其中在智育方面，主要说明了他的教学原则中最重要的一个原则，即直观原则。“必须在儿童已经很好地掌握了观察到的事物同有关的词汇之后，才能教他们拼写和认读。儿童开始在有意识接受各种事物的感觉印象时，就需要有符合心理学的训练。但是没有艺术的指导，要人们进行这样的训练是不可想象的，也是难以办到的，因而我强烈地意识到应该有一些图画课本。”他很详细地论述了直观性的理论基础，反复讨论了关于教学应当让学生由混乱模糊的感觉印象逐渐上升到清晰概念，从而获得知识和发展能力的问题。

在德育方面，他认为道德教育的基础是母爱，道德精神的核心是热爱他人、直至对上帝的挚爱，要使道德力量与宗教感情融会起来。

在裴斯泰洛奇的思想中，教育是变革社会、促进社会进步的重要工具。他这样说：“穷人为什么总是贫困，是因为他们没有接受过谋生技能教育。我们必须从根本上改变这一点。”这是他毕生倾注于穷人教育的动力。他强调要素教育和爱的教育，主张简化教学方法，促使人的基本能力全面和谐发展。为此，他大声疾呼："时代在进步，50年来，一切都变动了，学校还依然故我。这哪能培养出现代的人才，哪能适合时代的需要。"

他的教育理论至今仍有很高的价值，其一是要深入认识教育对人的发展的本质作用，教育能够使人的所有潜在能力得到发展，使人类具有自主性、独立性、智慧、实践能力和高尚的品德。其二是引用"实践是检验真理的唯一标准"，裴斯泰洛齐指出，只有在百折不挠的实践基础上，才能探索、揭示符合自然发展包括人自身的身心发展规律的教学规律，从而确立正确的教学指导原则和教学方法，以便使人的个性完善发展成为现实。

七、赫尔巴特与《普通教育学》

赫尔巴特是近代资产阶级教育家中第一个把教育学建立为一门科学的人，他明确提出教育学是一门科学，不能仅仅依赖于以往的经验、习惯，应当具有哲学、伦理学和心理学的基础。他要求把哲学作为整个教育学的指导方向；用伦理学来决定教育的目的；在心理学基础上建立教育方法论。1806年出版的《普通教育学》标志着教育学已经成为一门独立的学科。

赫尔巴特最主要的教育观点是：教育的最高目的是道德和性格的完善。教育学要根据伦理学建立教育目的论，根据心理学建立教育方法论。教育要培养学生的多方面兴趣，发展学生的多方面潜能。教学可以按照明了、联想、系统、方法四步去进行，这就是所谓的"四段教学法"，他的学生后来又将其发展成"五段教学法"，强调教师的权威作用。赫尔巴特的教育理论对19世纪以后的教育实践和教育思想产生了很大影响，被看作是传统教育理论的代表。

普通教育学的内容至少应当包含教育本质理论、教育方法理论、教育关系理论、教育机构理论、人格教育理论与教育科学理论等六部分。其中：

教育本质理论分析教育的本质、教育的目的与教育的理想；

教育方法理论探讨教育的方法与教育的材料；

教育关系理论探讨教育机构中存在的师生关系；

教育机构理论研究教育理论与教育行动实践的场所；

人格教育理论阐述人格的意义、人格教育的内涵与完美人格教育的理想；

教育科学理论论证教育现象的诠释、教育研究的方法与教育科学的建立。

八、斯宾塞与《教育论》

赫伯特·斯宾塞（Herbert Spencer，1820—1903）是19世纪后期英国著名的哲学家、社会学家和教育思想家。他出生于教师家庭，童年因此得以受到良好的教育。他自幼身弱，生性孤独，但对山川林野颇有兴趣，养成了观察事物的良好习惯。他有时还随其父的学生从事物理和化学实验，并经常旁听父辈对各种科学问题的讨论，阅读科学期刊和各种书籍，从而学到了数学、物理学、化学、机械学和土木建筑学等方面的许多知识。

《教育论》一书系斯宾塞先期发表的四篇教育论文《智育》《德育》《体育》和《什么知识最有价值》的结集。1860年，《教育论》在美国出版；1861年，又在英国面世。《教育论》对世界近代教育有较大影响，其出版不久，即先后被译成13种文字流传于世界上主要的资本主义国家。1923年，胡毅始节译了《教育论》的第一、二篇，由商务印书馆出版发行，使《教育论》得以在我国广为传播。

（一）什么知识最有价值

1. 对传统的古典主义教育的批判

斯宾塞指出，在当时的英国学校教育中，“装饰主义”的传统习惯势力十分强大，以致教育中装饰胜过了实用。它为了花而忽略了植物，为了想美就忘记了实质。

2. 教育预备说

在外国教育史上，斯宾塞第一次明确地提出了“教育预备说”。他指出，怎样生活是我们的主要问题。教育就是教导一个人怎样生活，使他获得生活所需要的各种科学知识，为他的完满生活做好预备。从最广义上看，学习科学是为完满生活做的最好准备。

3. 科学知识最有价值

在《教育论》中，斯宾塞阐明了一种崭新的观点，那就是，什么知识最有价值？

一致的答案就是科学。

由此出发，知识的比较价值可以确定为下列一个次序：关于直接保全自己的知识；关于获得生活必需品养活自己的知识；关于家庭幸福所需要的知识；关于社会福利的知识；关于培养各种艺术爱好的知识。这个次序应该是安排学校课程内容的基础和出发点。

4. 制定以科学知识为核心的课程体系

《教育论》指出，一个人要想完满地生活，就必须解决好以下五个方面的“活动”问题：第一，直接保全自己的活动；第二，从获得生活必需品而间接保全自己的活动；第三，目的在培养教育子女的活动；第四，与维持正常社会政治关系有关的活动；第五，在生活中的闲暇时间满足爱好和感情的各种活动。

与之相应，《教育论》提出了一个以自然科学为基础、门类齐全的学校教育的课程体系，并对所设诸科目的功能和作用，做了不厌其烦的说明。

（二）智育

1. 教育必须适应心智演化的自然过程

适当的课程内容固然非常重要，但是，儿童并不一定能够必然地学习和掌握好知识。在传授知识的进程中，儿童的心智并不能自发地得到充分的发展，还必须遵循儿童的心智发展规律，选择正确而恰当的教学方法，这样，良好的教学效果才能产生。人的心智发展过程，是一个自然的演进、发展过程，“干扰它就会发生损害；我们不能把人为的形式硬加在一个正在发展的心智上；心理学也给我们提出了一个‘供求规律’，而我们要不出毛病就必须遵守它”。

2. 适合儿童心智演化的自然过程的教学法原理

第一，从简单到复杂；第二，从不正确到正确；第三，从具体到抽象；第四，儿童的教育在方式和安排上必须同历史上人类的教育相一致；第五，从实验到推理；第六，引导儿童自己去进行探讨和讨论；第七，在学习中造成一种愉快的兴奋。

斯宾塞还强调了两个最重要而最容易被忽视的一般原则：一是整个教学过程应该是一个自然教育的过程；二是整个教学过程也应该是一个愉快的教学过程。

（三）德育

1. 德育的目的和原则

斯宾塞指出，道德教育的目的应该是养成一种能够自治的人，而不是一个让别人来管理的人。由此，“自然后果”的教育应该作为道德教育的根本原则。“自然教育”的优点是：第一，儿童由于个人经历了好坏后果，他们就能够获得关于正确和错误行为的理性知识；第二，儿童因为只受到了自己错误行动的痛苦后果，他们必然多少明白地认识到惩罚的公正；第三，儿童既认识到惩罚的公正，同时又是从事物的规律中而不是从哪一个人手中受到惩罚，儿童的情绪波动就会较少些，家长也能够比较保持平静；第四，在家长和儿童之间防止了彼此的激怒，而会形成一种较愉快和较有力量的亲子关系。

2. 德育的方法

第一，要耐心地对待儿童经常表现出来的缺点；第二，不要给儿童提出一个善良行为的高标准，也不要急于促成儿童的良好行为；第三，要让儿童从经验中去受教育；第四，要少给儿童发布命令；第五，要记住正确地进行道德教育并不是一件简单容易的事情，而是一个复杂和困难的、艰巨的任务。

（四）体育

1. 注意儿童的饮食营养与衣着

2. 加强体育运动

3. 防止学习负担过重

在竞争激烈的社会里，父辈们已将其因操劳过度而损伤的身体遗传给了他们的儿女，造成了儿童的体质虚弱。这些儿童因课业负担过重，用脑过度，而使身体衰弱下去。大学毕业的结果，是使人变成了病号，甚至有些儿童不堪忍受繁重的学习负担，被迫提前离开学校。负担沉重的学习制度必然导致儿童的“虚弱、黄瘦、没精神和普遍的不健康”。

九、蒙台梭利与《童年的秘密》

玛丽亚·蒙台梭利（Maria Montessori，1870—1952），意大利第一位女医学博士，是教育史上一位享誉全球的杰出的幼儿教育思想家和改革家，蒙台梭利教育法的创始人，也是第一位“儿童之家”的创办者。其教育理念和教育方法，在近百年来一直对世界幼儿教育产生积极的影响。她是20世纪公认的推进科学和人类进步的最伟大的科学家之一。她的教育作品被译成40多种文字，在世界许多国家都成立了蒙台梭利协会或是设立了蒙台梭利培训机构，蒙台梭利学校更是遍及110多个国家。

《童年的秘密》揭开了儿童心理发展的神秘面纱，提出了“敏感期”这一极富革命性的理念，即儿童在智力、节奏、运动、人物角色认识和工作等方面的发展拥有一个特殊的敏感期，处于敏感期的孩子会根据“敏感性”的指令，以一种独特的方式从周围的环境中进行吸收和学习。抓住敏感期，将对儿童的发展起到极大的促进作用。同时，蒙台梭利早教经典原著《童年的秘密》也对父母教育孩子的方式进行了反思，指出成人应该处于观察者的地位，不要压抑孩子的发展，要学会富有智慧地爱孩子。

1. 属于儿童的时代

作者向我们介绍儿童研究不仅在儿童生理健康上有突飞猛进的发展，更开始关注儿童的个性发展和精神世界的发展，20世纪是属于儿童的世纪。此外，精神分析能够探究潜意识的秘密，有助于我们理解儿童内在生命的力量。

2. 对成人的指控

作者在这一章依然借用弗洛伊德的精神分析中“压抑”这个词来描述成人对儿童发展的影响。作者认为成人以自我为中心，自以为对儿童的关心和牺牲，其实是在无意识地压抑儿童自身的个性发展。每一个成人都应该去探究隐藏在儿童心灵深处的未解之谜。

3. 生物学插曲

作者在这一章借生物学上胚胎细胞发育的讲述，说明新生儿和所有的生命机体一样有着自然生长的本能，我们要在儿童发展的过程中去破解儿童内心的秘密。但是新生儿也需要保护，需要适宜的生长环境。

4. 新生儿的降生

“于婴儿来说，他不仅需要身体上的照顾，也需要成年人给予感情上的关心和爱护。”作者在这一章从新生儿的视角描述新生命诞生后的环境是非常陌生和不适应的，需要成人帮助儿童去适应这个世界，不仅通过外在的照料，还要关照新生儿的心理和意识。

5. 母性的自然本能

“母亲会想尽各种办法为幼崽创造良好的生活环境，避免光线和噪音的打扰，并时刻防御侵略者的袭击。”“大自然在极其用心地守护着动物的成长。雌性动物在竭力唤醒下一代的潜在本能，它所关注的不仅仅是身体方面的需要。以此类推，除了对新生儿给予身体方面的精心照料外，我们还应该关注他们的心理需要。”作者在这一章借自然界哺乳动物养育幼崽的生动案例，说明哺乳动物的母性本能，即为幼崽创造一个舒适安全的环境，唤醒下一代的潜在本能。

6. 精神胚胎

“新生儿柔弱的状态其实是孕育不同性格的温床。”“当我们认识到这点时，我们肯定会改变对新生儿的态度，用客观的眼光把他们看作一个正在进行精神实体化的载体。我们的责任不是改造他们，而是用欣赏的眼光看待这个过程。”作者描述儿童心理和生理的成长，再一次强调要对新生儿的心理生活给予特别的关注。儿童的心理发展有其内在的规律，我们需要把儿童看作是一个正在“实体化”的精神存在。

十、杜威与《民主主义与教育》

杜威，美国哲学和教育哲学的代表人物，实用主义哲学和进步主义教育哲学的最主要的创始人。

《民主主义与教育》是杜威教育著述的代表作，全面阐述了他在芝加哥学校的实验，以及当时教育改革研讨中基本形成的实用主义教育理论。此书既可以视为对传统教育发起的全面进攻，也可以被看作现代教育原则的一次全面申明，其意义是历史性的。本书与柏拉图的《理想国》和卢梭的《爱弥儿》共称西方教育史上的三座里程碑。

（一）教育的智能和作用

1. 教育与生活

从广泛意义上论述了教育与生活的关系，指出教育是生活所必需的。没有教育，人类就要停止。

2. 教育与环境

教育必须利用环境的作用，离开环境也就没有教育。所谓“环境”，不仅仅指个人周围的环境，更主要的是指能促进或阻碍人的某种活动的情景。

环境分两种，一是自然环境，二是社会环境，即人类的环境。

3. 教育即生长

（1）因为生长是生活的特征，教育即是不断生长，在它自身以外，没有别的目的。

（2）教育的过程就是一个不断改组、不断改造和不断转化的过程。

（3）生长的能力，一有赖于自己的可塑性，二依靠别人的帮助。

4. 对某些教育观念和理论的批判

杜威从对教育性质的看法出发，对当时在教育学上仍占有势力的一些教育观念和理论进行了批判。

（1）对以英国教育家斯宾塞为代表的“预备说”的批评。杜威指出，预备说认为教育只是为将来的生活做准备，而与现在的生活无关。

（2）对以德国教育家福禄培尔为代表的“开展说”的批判。开展说认为教育只是内在的潜力或理性向着一个确定不变的目标开展，而不是继续不断地生长。

（3）对以英国教育家洛克为代表的“形式训练说”的批判。

（4）对以德国教育家赫尔巴特为代表的“形成说”的批评。

（5）对以赫尔巴特门徒为代表的“复演与回顾说”的批判。

（二）教育的本质和目的

1. 教育与民主主义的关系是彼此相联系的

民主主义的教育理想应当越来越支配公共教育制度。

（1）对古代柏拉图主义的批判。

（2）对18世纪个人主义的批判。

（3）对19世纪国家主义的批判。

2. 教育的目的论

（1）民主社会与教育。

①教育的目的必须考虑受教育者个人的能力和需要。

②教育的目的必须能转化为方法，通过受教育者的活动加以实现，并提供一种解放和组织他们的能力所需要的环境。

③必须警惕所谓一般的和终极的目的，因为这种目的是从外面强加的，并不直接和教育者现在的活动发生联系。

（2）教育的三重性。

杜威对三种教育目的论进行了批判：

第一，教育目的的自然方面。

第二，教育目的的社会方面。

第三，教育目的的文化方面。

（3）兴趣与训练的关系。

兴趣有三种意义：一是表示对某种职务或事业的爱好；二是指使活动向前发展达到所预见的与所欲得的结果；三是表示个人的感情倾向。

（4）思维与教学法。

教学过程要分成五个步骤：

第一，学生要有一个真实的经验的情境——要有一个对活动本身感兴趣的连续的活动。

第二，在这个情境内部产生一个真实的问题，作为思维的刺激物。

第三，他要占有知识材料，从事必要的观察，来对付这个问题。

第四，他必须负责有条不紊地展开他所想出的解决问题的方法。

第五，他要有机会和需要通过应用检验他的观念，使这些观念意义明确，并且让他自己发现它们是否有效。

在教育史上，这种教学过程被称为“教学五步”。

（5）课程与教材。

在课程与教材的设置上，应当考虑三个方面：

一是学生的需要和能力，二是社会生活的需要，三是与儿童经验发展的历程相应。

（三）教育的价值

1. 教育的价值观

就是教育所要获得的利益和所要培养的兴趣，也就是教育所要达到的目的。

衡量学科价值有两个标准：一是内在的价值，也称“直接的价值”。二是工具价值，也称“间接的价值”，它指每一种学科都能用来达到其他目的，使其也具有内在价值。

2. 德育理论

杜威通过批判传统的二元论道德观念，阐述了自己的道德理论。

第一，“自然”与“人”的对立也是教育上的一种牵强划分。这种划分自古以来就存在。

第二，“个人”（心）与“世界”（物）的对立也是教育上的一种对立现象。

第三，由于对教育目的和教育价值的牵强划分，在教育上造成了许多对立的现象。这样，就产生了两种教育：一种是为有用的劳动者预备的教育；另一种是为享受闲暇生活预备的教育。

第四，“知”（理论）与“行”（实际）的对立也是教育对立的一种现象。

第五，教育上的各种对立现象最终归结为“职业”与“文化”的对立。

（四）教育哲学

1. 哲学与教育的关系

2. 知识与道德

十一、弗莱雷与《被压迫者教育学》

保罗·弗莱雷是20世纪批判教育理论和实践方面最重要和最有影响的作家之一，其影响留存至今。

《被压迫者教育学》介绍了发展中国家的著名教育家弗莱雷的解放教育理论与实践。该理论以培养批判意识为目的，从文化人类学的角度阐明了教育与觉悟的关系，指导了发展中国家的成人扫盲教育，提出了情景对话式的教学方法，注重教育与现实的结合。弗莱雷的教育理论和实践在世界上产生了很大的影响，尤其对发展中国家教育的改革和发展影响更大。

（一）人性化与非人性化

弗莱雷在书中的开篇即揭示了“人性化”与“非人性化”的区别：

“人性化问题一直是人类的中心问题……非人性化不仅在本体论上是可能的，而且也是历史现实……虽然人性化和非人性化是两种确实存在的选择，但是只有前者是人的使命。”

弗莱雷进一步指出在压迫者身上的这种人性化使命由于压迫的关系一直被否定，而人性不完美的事实只能促使压迫关系的深入紧张，并最终导致压迫者的革命行动。

弗莱雷提出“被压迫者教育学”（Pedagogy of the Oppressed），这种教育学是从斗争中产生并得到改造，促使被压迫者反思压迫根源，并最终认识到革命的方向。经由这种教育克服被压迫者对于自由的恐惧，造就“新人”。这样一个反思的过程是一个实践的过程，只有在实践中认识并改造世界才是可能的。被压迫者教育学的根基就在于它“作为人道主义者和自由意志论者的教育学，有两个显著的阶段，在第一个阶段，被压迫者揭露压迫世界，并通过实践投身于改造压迫世界；在第二个阶段，压迫现实已经被改造，这种教育学不再属于被压迫者，而成为永久的解放过程中所有人的教育学”。

（二）灌输式教育与提问式教育

弗莱雷在《被压迫者教育学》第二章中严格批评了“灌输式教育”的根基、形式及其后果，他一针见血地指出当下教育中师生关系的基本特征是“讲解”，导致教育死气沉沉，毫无生气可言。

灌输式教育的隐喻是将学生作为“容器”，是任由教师塞入知识的“储存器”，而且塞入的知识越多越是成功的教育。因此，教育的行为也就变成了一种储存行为，在这样的形式当中，学生的地位就是被压迫者的地位，因为在知识的获得过程中他们被视为没有主动性的无知者，是教育中异化了的奴隶。

作为对“灌输式教育”的反对，弗莱雷提出了“提问式教育”（Problem-posing Education）。在这样的教育形式中，教师与学生通过交流来完成相互的思考与创造，产生了“教师学生”（teacher-student）以及“学生教师”（students-teachers）这样的新关系。提问式教育打破了灌输式教育中教师中心的地位，建立起师生互为创造主体的关系模式，双方都是积极的批判认识主体。

（三）对话、反思、行动

提问式教育作为一种师生对话的教育方式，其对话的本身在于词语，而词语又具有两个方面的意义：反思与行动。反思与行动相互作用，相互依存，并且进一步构成了真实的世界。

弗莱雷认为作为人类存在形式的对话具有以下的一些特征：

首先是爱。“爱是对话的基础和对话本身。”爱是一种自由的行为，是对话双方尊重相互权利的基本情感取向。

其次是谦虚的态度。对话双方都应该认识到作为存在的人的不完满性，用一种开阔的心胸来包容彼此。

再次是相互的信任。“对人的信任是对话的先决条件。”“对话人”深信通过对话，其追求完满的使命能够得到推进。

然后是希望。“作为追求具有更完善人性的人之间的接触，对话双方在毫无希望的氛围中是不可能进行的。”

最后，尤其重要的是批判性思维。“只有具有批判性的对话才能产生批判性思维。没有了对话，就没有了交流，没有了交流就没有了真正的教育。”批判性思维是对自身意识活动的信任。任何人不能替代我做思考，而作为意识的积极活动者，我有权力说出我意识的途径和结果，并且站在主体“我”的立场上与主体“你”进行对话。

十二、西奥多·舒尔茨与《人力资本投资：教育和研究的作用》

西奥多·舒尔茨（Theodore W.Schultz），美国著名经济学家，芝加哥经济学派成员，芝加哥大学教授及经济系系主任；在经济发展方面做出了开创性研究，深入研究了发展中国家在发展经济中应特别考虑的问题，从而获得1979年诺贝尔经济学奖。

《人力资本投资：教育和研究的作用》认为，教育也是使个人收入的社会分配趋于平等的因素。

人力资本可以使经济增长，增加个人收入，从而使个人收入社会分配的不平等现象趋于减少。因为通过教育可以提高人的知识和技能，提高生产的能力，从而增加个人收入，使个人工资和薪金结构发生变化。舒尔茨认为个人收入的增长和个人收入差别缩小的根本原因是人们受教育水平普遍提高，是人力资本投资的结果。教育对个人收入的影响主要表现如下：

首先，工资的差别主要是由所受教育的差别引起的，教育程度高能够提高工人的收入，影响个人收入的社会分配，减少收入分配的不平衡状态。

其次，教育水平的提高会使因受教育不同而产生的相对收入差别趋于减缓。舒尔茨认为随着义务教育普及年限的延长，随着中等和高等教育升学率的提高，社会个人收入不平衡状况将趋于减少。

再次，人力资本投资的增加，还可以使物力资本投资和财产收入趋于下降，使人们的收入趋于平等化。舒尔茨指出，在国民经济收入中，依靠财产收入的比重已相对下降，依靠劳动收入的比重在相对增加，其中人力资本对经济增长的贡献也随之增加。

十三、富尔与《学会生存：教育世界的今天和明天》

《学会生存：教育世界的今天和明天》是联合国教科文组织国际教育发展委员会为联合国教科文组织及各会员国制定教育策略参考所用而做的一份报告。

全书主要有三个部分，共九章。它是关于当代教育改革的批评性思考，是一部关于当代教育发展的宣言书。它立足于当代和全球社会变革的大视野，揭示过去、现在和未来之间紧密而复杂的关联，描绘了当代教育改革与发展的总体态势。

第一部分“研究的结果”，叙述了过去的教育模式和时代进步的特征、社会的要求，最后归纳为旧概念与新需要之间的矛盾，必须对旧的教育过程产生怀疑而进行教育改革。

第二部分“未来”，提出了在越出历史悠久的传统所规定的界限，它正在时间上和空间上扩展到他的真正领域——整个人的各个方面，必须打破旧的教育体系的束缚。

第三部分“向学习化社会前进”，分析了教育策略的作用和功能，提出必须有一个教育改革的整体概念，建议把终身教育作为发达国家和发展中国家今后若干年内制定教育政策的主导思想。最后提出只有加强国际间的团结合作，才能充分交流开发智力的经验，摸索教育改革的新途径。

书中很多理念的提出具有实践意义：知识与能力，过程与方法，情感、态度、价值观，让每个孩子成功，以学生为主体，加强教育与生活的联系，研究性学习，自主、合作、探究的学习方式，教师角色的转变，选拔人才范围的扩大，使教学内容个性化，建立平等的师生关系等。

本书重要观点包括：

1. 终身教育

报告中提出教育的四个支柱：学会学习、学会生活、学会做事、学会生存，而其核心是学会生存。学会生存是由国际教育委员会主席埃德加·富尔倡导。他认为，唯有全面的终身教育才能够培养完善的人。人们再也不能刻苦地一劳永逸地获取知识了，传统的教育方式、教育手段、教育内容、教育目的是不能适应未来社会的要求，而需要终身学习如何去建立一个不断演进的知识体系——学会生存。

终身教育的概念因而产生。即我们需要终身教育、终身学习。这一概念强调终身教育是一个连续不断的教育过程，是“人们在一生中所受到的各种培养的总和”，是建立教育体系必须依据的根本准则，这就进一步澄清了把终身教育混为成人教育、继续教育和单纯理解为某种教育制度的片面认识，有助于终身教育事业的发展。

2. 学习化社会

据埃德加·富尔先生的设想，学习化社会的教育应该具有这样的特征：第一，教育对象应该是全体社会成员。在学习化社会，人们的受教育权是平等的，教育“不再是某些杰出人才的特权”。第二，学习年龄不应仅仅限于“某一特定年龄”，而应向着“个人终身的方向”发展。第三，“封闭的”教育体系应该变成“开放的”教育体系，能提供给人们广泛的选择机会和学习机会。第四，教育与生产劳动相结合。“青年和成人都应该有许多实践机会把教育与生产劳动结合起来。”第五，教育领域扩展到了人生全过程的方方面面，它与人类群体和个体谋求生存与发展的所有事项密切交织、紧密相连。第六，教育与学习过程的重点已经从“教”转到了“学”。即学会学习，由重点研究教师如何教，到研究如何指导学生有效学。第七，“教育的功能扩充到整个社会的各个方面”，“超越学校教育的范围”。教育不仅是学校的责任，整个社会都必须共同承担教育责任。第八，在学习化社会，学习与教育、社会形成共生互动关系，三者密切交织融合。终身教育是学习化社会的基石。

3. 教育民主化

“教育民主”的理念包含教育的民主与民主的教育两个方面。前者指的是民主政治理念扩大到教育领域，教育权应该成为公民的基本权利之一。正如报告指出的，“在25年以前，当联合国宣布人人都有享受教育的权利时，它是在批准一个具有几世纪历史的民主理想”。要实现教育的民主，就必须大力发展教育事业，努力实现教育机会均等，使人人不仅享有均等的受教育机会，还享有同样成功的机会。后者指的是按照现代民主的理念改造教育，使教育成为尊重个性发展、师生关系平等、崇尚民主理念、基于终身学习、富有生机活力和创造性的活动。要实现民主的教育，就必须改造传统的精英主义教育模式，构建新型的学校体系、课程体系、教学体系和管理体系，为培养符合现代社会需要的各类人才服务。教育民主化意味着一个人有实现他自己的潜力和享有创造他自己未来的权利，即机会平等，是要肯定每一个人都能受到适当的教育，而且这种教育的进度和方法是适合个人特点的。教育民主化的关键是使受教育者由被动的学习机器变为创造的学习主体。当教育采取了自由探索、征服环境和创造事物的方式时，它就更加民主化了，而不是像往常一样是一种给予或灌输、一种礼物或一种强制的东西。

十四、皮亚杰与《教育科学与儿童心理学》

《教育科学与儿童心理学》一书是认知心理学家让·皮亚杰的经典著作。在皮亚杰看来心理发展是主体与客体相互作用的结果。所以智力是一种适应形式，具有动力性的特点。随着环境和有机体自身的变化，智力的结构和功能必然不断变化，以适应变化的条件。

皮亚杰将他在认知心理学上的研究方法引入教育，为教师教学提供了非常宝贵的参考建议。

首先，他将儿童的认知发展分成了四个阶段，认为每个阶段都有其认知的特点，后一阶段的发展要以前一阶段的发展为基础。因此，他建议教师在教学的过程中应该注意教学内容的选择和课程的设计。教师不应该给学生那些明显超出他们发展水平的材料，人为地加速学生的发展。

其次，皮亚杰用自己的认知发展理论阐释了学生认知发展的过程，认为作为学习主体的学生，通过自身与外部环境的相互作用，使自己的认知得到不断的发展。所以，其实学生的认知发展是一个主动的过程。因此，他提出在教学中要坚持学生主体作用的建议。

再次，皮亚杰提出在发展的过程中，个体差异是存在的，所以在教学过程中，教师应该正确认识学生的个体差异性，并进行因材施教。

在本书中，皮亚杰从认知心理学的角度阐释了学生的认知发展机制，也从认知发展的角度为教师教学提供了新的思考。

十五、罗素与《教育与美好生活》

罗素是英国哲学家、数学家、逻辑学家、社会思想家、社会活动家和教育家，1950年获得诺贝尔文学奖。

《教育与美好生活》中浓缩了罗素教育研究的心得体会以及教育子女的实践经验，是20世纪教育经典著作之一。

（一）教育原理与方法

1. 教育与民主的关系

理想的教育制度必定是民主的，应该使每个人或至少使每个有能力的人都受到教育。“我们所应追求的未来教育制度乃是一种能使每个儿童都获得最优机会的制度。”

2. 装饰与实用的关系

与其重视教育的装饰功能，不如重视其实用功能，这是现代教育的另一发展趋势。

3. 心理学、伦理学与教育的关系

心理学现已发展到极具实际重要性，应用于教育，将使教育获益匪浅。

（二）教育的目的

一个理想的教师应当真心地爱学生；但教育者光爱儿童还不够，教育的目的是通过教育培养理想的品性，即教育通过引导和改造人的本性，培养理想的人及其理想的品格，以达到改造社会、创立理想社会和美好生活的目标。在罗素看来，理想品性有四种“根基”：活力、勇敢、敏感以及智慧。

“活力”是正常的健康人具有的精力，即身体健康，精力充沛，它是形成理想品性的首要基础，“活力洋溢之处，便是充满生之乐趣所在，而勿需具备任何特别愉快的情境”。

“勇敢”可以克服生活中不必要、不合理的恐惧，罗素深信“教育普通的男女，使之高枕无忧，舒心过活，是可能的”。而这种“可能”变为现实的必要条件就是人的完美的勇气。

罗素认为，“在敏感的理想形式发展的下一阶段就是同情”“科学极大地增强了我们影响遥远国度民众生活的能力，但并未增加我们对他们的同情”，由于缺乏这种同情，生活中把自己的快乐、成就和福利建立在对别人的压迫、剥削之上的情况俯拾皆是。

罗素还认为，“缺少智力，我们的复杂的现代世界就将不复存在，进步更无从谈起。因此，我视智力培养为教育的主要目标之一。”

罗素在论述他的理想品格的这四种基本特征时，无一不是与美好的生活紧密联系起来的。在罗素看来，具有由活力、勇敢、敏感和智慧组成理想品性的理想的人的理想社会将是一个全新的社会。他深信，教育是打开新世界的钥匙。

（三）儿童的品性教育诚实不仅体现在语言上，更应该体现在思想上

罗素所说的品性教育相当于我们通常所说的道德教育。罗素的品性教育思想主要从以下几个方面进行阐述。

一是良好习惯的养成应从出生婴儿开始。罗素认为，儿童良好品性的培养，必须从出生婴儿开始。婴幼儿的教育又以培养他们的良好行为习惯为主。而过去人们都将人生的第一年划在教育的范围以外，这种传统的看法和做法是极不合理的。

二是恐惧心理的预防和消除。罗素认为，恐惧心理几乎是人的性格发展中一切弊病的根源，因此，早期教育的重要任务之一是防止和消除儿童的恐惧心理。他认为，从2~3岁起要特别注意帮助儿童防止和克服恐惧心理，逐步培养勇敢的品性。

三是在游戏中培养儿童的想象力。罗素十分重视儿童在游戏中出现的“幻想”。罗素认为，从发展本能的角度看，不应该限制儿童的幻想，因为“教育在于培养本能，而不是压抑本能”。

四是建设性的培养。罗素认为，儿童的建设性和破坏性都是本能的特性，与权力意志密切相关。建设性活动与破坏性活动都能满足儿童权力意志与本能的需要。但是，在通常情形下，“作为一种常规，建设显得更为困难，因此能令在此方面取得成就者以更多的满足”。

五是利己心与占有欲。罗素认为，利己心和占有欲是教育中经常碰见的十分普遍的问题。对于这个问题，否认和回避都不是办法，积极的措施是，认清它们的性质，以不违反儿童本性的方法加以恰当的引导。利己心和自私性是儿童的自然本能

与冲动，如果放任它们，它们就会膨胀起来。教育儿童克服利己心理的唯一办法，就是用公正原则去教育学生。如果一味地要求儿童自我牺牲，那么，不是引起儿童的愤怒和反抗，就是导致儿童虚伪的利他行为。至于占有欲问题，罗素指出，儿童想占有物件的欲望是十分强烈的。占有欲分合理和不合理，合理的占有欲有利于建设性的培养与本能的良好发展；不合理的占有欲会导致吝啬、贪婪与残忍。

六是诚实品性的培养。罗素强调，诚实是一种重要的品性："我所谓的诚实不仅是语言上的，而且也是思想上的；老实说，两者之中后者在我看来更为重要。"不诚实的根源差不多都在于恐惧。儿童往往是在发现诚实会遭到惩罚，而说谎、掩盖真相就可逃脱惩罚，那么他就会说谎，其原因就在于恐惧。

七是爱心与同情心的培养。爱心与知识是一个人美好人生的基础，这是罗素的一贯思想。他指出，爱心和同情心都是儿童的自然本能，教育所要做的是恰当地加以引导和培养。罗素认为，不应该将爱心作为一种义务去要求儿童，"欲'强迫'一个孩子产生同情和爱心是无计可施的"。因为爱心本质上是心理动力的问题。父母只有无条件地给儿童肉体和精神上的爱，才能引起儿童对自己及他人的爱，如果用说教或强制的办法培养儿童的爱心，只能造成儿童伪善与欺骗的恶习。

十六、布尔迪厄与《再生产——一种教育系统理论的要点》

布尔迪厄是当代法国最具国际性影响的思想大师之一，1930年出生于法国贝恩亚。

他认为，教育行动是由一种专断权利所强加的一种文化专断。因此，不论是非正规教育、家庭教育或是制度性教育，所有教育行动客观上都具有符号暴力性质。教育行动主要是在教育交流中进行，而表面上看似不涉及政治性问题的教育交流被称之为纯粹的教育交流，此时教育所发挥的作用被称之为纯教育作用，教育行动正是以一种纯粹教育交流为外表，用间接的方式实施其符号暴力。

教育行动为了掩饰其符号暴力的客观真相，教育交流的外衣伪装使教育行动必须把教育当局的权威和相对独立性作为其实施的社会条件。从强加方式上来看，教育行动享有合法的权威，比如教师教学过程中对学生采取体罚或额外增加作业，学生大多不会公然反抗，因为这些方式正是教师合法地位的象征，只是人们往往会被其温和的外表所蒙蔽。从教育行动为其实施对象所带来的利益上来看，个人文凭的符号价值，依赖于教育当局对它们的加工和确认，而社会职业的高低贵贱正取决于社会权威的认可程度。

蕴含于教育行动中的是一种长期进行的持续性灌输教育工作，并且以一种文化专断原则的内化为其目的，即使受教者产生一种习性。这种习性在教育工作结束后仍长期存在，并且会在受教者未来的实践中表现出来。这样，教育权威即教育行动和所灌输文化的合法性受到了肯定，并且在不经意间得以神圣化。在一个给定的社会结构中主教育行动通过教育工作得以完成。教育工作使受教者承认主文化专断的合法性，并且使受教者排斥其他的文化专断。

一种教育行动要通过教育系统来实施。教育系统不仅要完成某种文化专断的生产，同时也要保证社会各集团或阶级间权利关系的再生产。教育系统的实施需要一组固定的专门化人才，即教育工作者。教育工作者利用某种一致化并且有一致化作用的工具（学校机构）进行专门的教育工作。就学校机构而言，它声称自己是合法的专门实施教育的机构，通过机构自身的手段，使自己实施的符号暴力不为人知，使人们承认学校机构作为教育机构的合法性。

十七、阿普尔与《官方知识》

阿普尔（Michael W.Apple），威斯康辛大学课程与教学系兼教育政策研究系约翰·巴斯科姆荣誉教授。1989—1990年间，任美国教育研究会（AERA）副主席；1998年，荣获美国教育研究会终身成就奖；2001年，当选劳特利奇20世纪全球最有影响力的50位教育思想家之一。其所著《意识形态与课程》和《官方知识》被国际社会学联合会评为20世纪最有影响力的教育著作，《教育的“正确”之路》被美国两个“教育研究会”（AERA和AAESA）分别授予“杰出评论家奖”和“卓越图书奖”。作为20世纪70年代美国新马克思主义教育哲学的创立者和最早在北美倡导批判教育运动的领军人物，阿普尔被巴西批判教育家誉为“世界上致力于批判和民主教育的最为杰出的学者之一”。

《官方知识》一书分析了对于课程、教学和不同层面上政策的斗争。同时也指出了在现在的情况下存在的机遇，而不仅仅是限制。此书论证了学校中课程设置的形式、教学和评估都是妥协的产物。统治阶层为了保证他们的统治地位，就必须考虑到其他弱势阶层的利益。诸如种族、性别、阶级、宗教等都是影响因素。而在创造全新的官方知识的政治中，主要是围绕课程设置的政治，其效果则是体现在教科书上。因此，在第三、四章中，论述了文本的变化，文本的政治，以及政府如何制约官方知识的，即通过赋予其在某些团体内传播的知识以官方合法性，主要体现在州教科书选用的过程。这就涉及出版业等商业性机构。而教科书和州层面上的官方的国家控制不是右翼入侵学校日程的唯一方式。商业介入也起到了至关重要的干扰作用。在第五、六章则以第一频道和计算机能力为例论述了商业介入正在改变我们如何看待学校的本质的观念。最后一部分，作者以自己的故事来说明，在保守主义时代中的妥协下，总存在或可以创造一个可以采取更加民主行动的空间，而不是被官方所控制的教育行动——一个是作者每年所讲授的关于课程发展的课程以及在艰苦的情况下与一群孩子在一起工作；一个是对星期五研讨会的个人解读，试图在威斯康辛大学构建一个集体的、宽容的环境，即使在保守主义复兴的情况下也相互支持，进行批判性的教育和文化活动。

“教育作为具体的学习自由、实践自由的机会，本身应该是自由的保障条件”，教育应当排除干扰、控制和奴役，给学校一个自由的环境，给教师一个自由的教学，给学生一个自由的成长。“官方知识”虽说在一定程度上体现了一定的控制性，传播了主流的意识形态，但是这对于国家和民族的稳定和繁荣而言是不可缺少的，我们需要文化自信、民族自信。我们排除的应当是功利化、浮躁、商业化等消极因素对教育的影响，让教育回归到育人的道路上，让“官方知识”成为有利于人成长和发展的知识支撑。

十八、朗格朗与《终身教育引论》

《终身教育引论》是作者朗格朗（P.Lengrand）配合国际教育年所著，11.3万多字。本书旨在阐明终身教育思想的各方面重要意义，指出哪些因素有利于其发展，并揭示终身教育的范畴和说明终身教育作为一种全面的教育尝试所产生的影响和后果。

联合国教科文组织在第15届全体大会上，把终身教育作为与国际教育年有关的思想和行为12大主题之一推荐给成员国。

（一）现代人所面临的挑战

生存，对所有的人来说意味着一系列的挑战。从20世纪起，一系列新的挑战在某种程度上“改变了个人和群体的命运，使人们的行为更加复杂和不可理解，并危及了人们对世界和人类行为的传统方式”。当今，新的挑战性因素主要有：1. 世界变革的加速；2. 人口的增长；3. 科学技术的发展；4. 政治基础和经济结构的变化；5. 大众传播媒介的飞速发展；6. 闲暇时间的增多；7. 人的生活模式与相互联系的危机；8. 肉体与灵魂之间裂缝，以及由此引起的“身体的反抗”；9. 意识形态的危机。在这一系列挑战面前，现代人若不愿处于劣势，那就必须在智力、体力、情感上有所准备。通过这种分析，作者认为终身教育是“合乎逻辑的、有机的发展”。

（二）成人教育与教育改革

崭新的成人教育模式诞生于人民学校。“公共教育组织”“在职教育”或“协作教育的学校”“大众教育运动和协会”，在不断发展过程中逐步脱离了传统学校教育模式，并从这些新型教育中产生了一种新型教育关系。成人教育的计划和活动对教育做出了特殊和直接的贡献，“我们时代真正的教育改革已被引到这个领域”。在成人教育中，小组活动代替了教师的讲演，分数、名次、奖惩等做法被消除，交流和对话成为主要教育方式，发证书、择优原则不被采纳，学生重新掌握自己的支配权，学习者成为教师的合作者，学生处于既付出又获取的地位，学生成为具有不同需求的具体的人，视听教学受到重视，闲暇时间成为研究对象。简言之，“成人教育是在自由中，为了自由和通向自由所进行的教育”。成人教育对教育所做出的贡献是“有决定意义的”。

与工作的性质、状况、进展、困难相密切联系着的成人教育，在某种程度上规定了终身教育的理论与实践。作者进而认为，发展终身教育战略中优先考虑成人教育，这是因为成人教育是“终身教育的火车头”。之所以这样说是因为只有成年人才知道应该怎样改革教育，只有成人才称得上是教育的真正主体，而且成人教育为确定新型教育结构方法“提供了唯一独特的实验室”。

（三）终身教育的概念和意义

“终身教育即教育这个词所包含的所有意义，包括了教育的各个方面、各种范围，包括从生命运动的一开始到最后结束这段时间的不断发展，也包括了在教育发展过程中的各个点与连续的各个阶段之间的紧密而有机的内在联系。”由此可知，终身教育主要考虑的是教育的整体性、联系性。

“人凭借某种固定的知识和技能度过一生，这种观念正在迅速地消失”，教育正处在向真正意义上的教育转变之中，这种教育的“目标不是为了获取知识的宝库，而是为了个人的发展”，为了“达到日益充分的自我实现”。正因为如此，教育的现实责任是：第一，确定能够帮助一个人一生中不断学习的结构和方法；第二，向每个人提供在最高、最真实程度上完成自我发展的目标和工具。在这个总的框架中，应注意以下几个因素：1. 年龄和教育的关系；2. 年轻人与成年人的关系（代沟）；3. 教育的内容与方法；4. 训练与选择；5. 教育过程的协调性与连贯性。譬如，关于年龄与教育的关系，作者指出，人在一生中也许有几个比其他阶段更适于学习的阶段，但没有简单的或现成的答案，实际上人生的各个阶段里人都可以学习，“学习过程也是一个习惯”，“每一个年龄阶段都有其强弱，有其长短，总之有其特定的内容”。

作者断言，“无论如何，在相当长的时期内，为寻求更好生活的唯一解决办法，在于社会彻底贯彻终身教育的原则，并且把教育同社会的进步和成就紧密地联系在一起”。

（四）终身教育的障碍和促进力量

教育工作困难重重、复杂、周期很长，这是一种阻碍。另一个阻碍来自确保学校体制的稳定性：法律或行政上的权威人物对改革不感兴趣，不希望改革。

促进变革的因素：政治革命，学生的各种意见，发展中国家，成人教育。

（五）终身教育的内容

终身教育在个人的整个一生中“处于帮助人们生存的地位”，是“生存的工具”，它包括既和工作有关又和闲暇有关的人类活动的全部，“我们无论在哪里做出了有意义的努力，做出了一项选择，克服了精神上的障碍，建立起了智力、情绪、审美之间的联系，就在哪里发现教育”。然而，可以确定一些重要情况，在这种情况下教育行为是人们尤其渴望的，如“生命的旅程”（年龄阶段之间的过渡）、“男人和女人”（男女之间关系）、“父母与孩子”（代沟）、“职业训练”、“闲暇”、“艺术”、“体育运动”、“大众传播”、“公民”等方面。

（六）终身教育的方法

“我们的时代在教育之概念（无论是狭义还是广义）上，正经历着一场深刻的变化。内容和方法的关系问题处于教育理论和实践的核心位置，其重点过去通常是放在内容上，而现在却逐渐移到方法上来。”传统的教育方法依靠的是一些假定和随意选择。其中第一个假定是语言的无所不能，第二个假定是所有受教育者的心智实质上都是相同的，唯一不同的是程度。如今，在各种各样的影响和压力下，新的教育方法论的某些原则正在形成：1.“从课程到学习环境”，“学习环境中重视教育的基础——小组和个人”，教育的主动因素不再是校长、教师，而是处在教育过程中的人，“正是他在发展，正是他在改变自己，正是他通过一个独具的、无法替代的过程实现自己的潜力”，因此主要的培训目的就是自我教育。2. 个别化。“存在着大量能够唤醒动力或阻抑动力的因素。个别化扮演这种角色。”但个别化并不意味着和集体目的发生矛盾，不否定强化学习的其他动力。3. 小组活动。学习不依赖竞争，鼓励在集体中进行合作实验，开展有组织的讨论。4. 创造性和启发式的方法。这是在创造中发现教育过程本质的人们所提出的。开启学生科学思维和调动学生探索、调查和验证精神的科学教育，有益于创造力的培养。5.“语言和形象”（视听教学）。现代人以最多样化的方式，通过语言和形象去获取世界的信息和资料。6.“团体技能”（交往和交流）——团体技能重要，但个人学习恰恰是必不可少的，“这是因为一个人，生命的大部分是单独的和孤立的”。

（七）终身教育原则与发展战略

终身教育原则是：1. 确保教育的连续性以防止知识的老化；2. 使教学计划和方法适应每一个团体具体的和根本的目标；3. 在各个教育水平上，塑造人类自身旨在适应进步、变化和改革的生活；4. 大规模地使用和安排各种各样的信息和训练，要超越加在教育身上的传统定义和组织机构的限制；5. 确立各种活动（技术的、政治的、工业的、商业的等）形式与各种教育目标之间的密切联系。在这些原则基础上，可以建立各种不同模式。

作者对终身教育的发展战略提出了长期目标和近期目标。长期目标的完成将花费很长时间，“其最终目标是一个更加有效和更加开放的社会，在这一社会中，人的各种尺度和志向都将受到进一步的尊重”。短期目标是发展成人教育，要满足种种挑战所引起的成年人对教育的需要，建立成人教育结构网络，确定新型教育方法。为之，教师的作用必须得到基本的改变，大大加强的不是知识传递者，而是教育者的作用。

（八）终身教育与民主政治

教育改革问题的根源，“实质上是一个政治问题”，因为只有政治思想进步及官民之间产生新的关系，才能使一种新的教育目的得到实现。另一方面，作者认为终身教育是社会民主发展的一个前提，因为它是“平等的工具”。

（九）终身教育与发展中国家

终身教育不是发展中国家无法实施的一种奢侈品。如果终身教育明确体现并适应具体情况和财力，那么就没有理由去为它而担忧，正相反，应从这一思想中得到鼓舞，并优先考虑运用它。

延伸阅读：

中国传统教育的经典之作

1. 老聃与《道德经》
2. 孔丘与《论语》
3. 墨翟与《墨子》
4. 孟轲与《孟子》
5.《学记》
6.《大学》
7. 颜之推与《颜氏家训》
8. 朱熹与《朱子语类》
9. 王守仁与《传习录》
10. 蔡元培与《对于新教育之意见》
11. 陶行知与《中国教育改造》

12. 晏阳初与《平民教育概论》

国家关于教育的大政方针

1. 习近平关于教育的重要论述

2. 党的十九大报告相关内容

3. 全国教育大会相关内容

4. 全国学校思想政治理论课教师座谈会内容

5. 2019年政府工作报告（教育）

6. 社会主义核心价值观

7. 以“四有”教师为目标做好学生“引路人”

与教育相关的政策法规

1.《教育部关于进一步加强中小学班主任工作的意见》

2.《中小学班主任工作规定》

3.《中小学德育工作指南》

4.《教育部关于加强家庭教育工作的指导意见》

5.《中小学生守则（2015年修订）》

6.《浙江省小学生日常行为规范（试行）》

7.《中共中央国务院关于全面深化新时代教师队伍建设改革的意见（2018年1月20日）》

第三章　班主任基本功大赛情境模拟类型及面试技巧

1. 个别学生的教育和转化类
——让学生的特点变成闪光点

有人说，师生一场，不过是你刚好出现在了我的世界，我们彼此珍惜这无数个第一次，共同成长。一位聪慧的班主任，往往懂得让自己回到“学生的状态”，走到学生中去，俯下身向学生学习，虔诚地完成自我的“修行”，与学生共同成长。

面对每天都要碰到的个别学生的教育和转化，班主任需要做的是永远保持一颗充满爱与责任的心，让学生的特点变成闪光点。

一、真题分析

1. 2020年浙江省中小学班主任基本功大赛情境模拟（初中组）

九年级（1）班小明是学校科技创新社团的社长，他热衷于社团的活动和科技小发明，学校也给他及其社团提供了很多便利条件，给予他充分的支持，然而，他过于沉浸在自己的兴趣爱好中，影响正常的学习生活，甚至出现了无故缺课、不完成作业等现象，违反了学校的一些规章制度，也对其他同学产生了影响。班主任找他谈话，他振振有词地说：“我要成为一个创新型人才，创新就是要勇于突破，你们不要用一些条条框框来束缚我……”

如果你是小明的班主任，你会如何处理？

【案例分析要点】

（1）主要考查班主任对个别学生的教育和转化。该生由不当的创新观念引发了规则、人际交往、学业等发展中的问题，归因包括亲源性、师源性、生源性。

（2）主要考查在新时代背景下，班主任对学生开展“三观”教育及理想教育的意识与能力。

（3）接纳、理解和包容学生，不轻易否定学生的梦想，引导学生处理好理想与现实、规则与创新的关系。

（4）引导学生从法规和道德的角度去认识自己与他人、自己与学习的关系，启发学生树立积极健康的人生观、世界观和价值观。

（5）以学生的视角，做好良性沟通。以充足的论据，让学生认识到无论虚拟世界还是现实生活，都需要好好学习、完善人格。

2. 2017年浙江省中小学班主任基本功大赛情境模拟题（初中组）

七年级学生小丽最近变了，变得沉默寡言，上课经常走神，呆呆地望着讲台，学习成绩明显下降了。下课时面对同学们的嬉笑打闹，她的表情几乎没什么变化，常常木然地看着同学们玩耍。有时还一个人独自在角落里掉眼泪，吃饭时食欲下降，晚上常常失眠。同学们主动找她聊天，她说自己感觉学习和生活没什么意义，原因是听说妈妈最近准备生“二孩”。周一早上，班主任王老师巡视时，只见小丽趴在桌子上小声啜泣着。

这时，作为班主任的王老师……

【案例分析要点】

（1）主要考查班主任对个别学生的教育和转化。

（2）该生出现了以学业、人际交往、心理等为明显特征的成长中的问题。

（3）该生产生问题的主要原因是亲源性的，班主任如何理解该生因母亲准备生“二孩”而产生的可能会失去亲情与爱的感受？如何引导该生转变？如何与该生的父母沟通？

3. 2018年浙江省中小学班主任基本功大赛情境模拟题（小学组）

学校每年都会举行红领巾跳蚤市场，通过义卖募集善款，义卖品都是由学生自愿捐出的，每个班级设一个摊位进行销售。

今年，小明成了同学们议论的对象。原来，他把买来的东西再加价卖给同学，以此赚取差价。一来一去，他最后不仅买到了几样玩具，还赚了5元钱。

有同学向班主任反映了这一情况，批评小明没有爱心，还说小明是在骗钱，建议小明把“非法所得”全部捐出来。如何处理呢？班主任很头痛，因为小明为此次义卖已经捐过玩具，而且他的“收入”完全是在双方自愿的情况下获得的。

如果你是小明的班主任，你会怎么处理？

【案例分析要点】

（1）本题主要考查引导和树立小学生正确的义卖观。

（2）针对小明的问题，班主任应首先要在全班同学面前肯定小明的行为并非“骗钱”和“非法所得”，因为在交易过程中双方完全出于自愿，并不存在欺骗或强买强卖行为，符合市场平等互惠的交易准则。

（3）要引导小明认识到，义卖与市场交易行为并不完全相同，市场行为的主要目的是赚取利润，但义卖最重要的是帮助他人，培养自身关注公益、热爱慈善的观念和习惯。

4. 2018年长三角地区中小学班主任基本功大赛情境模拟题（初中组）

七年级（2）班的小红是一个聪明开朗的女孩，可近期作业状况却很糟糕，几次学科测试成绩明显退步，与她谈话也是一副魂不守舍的样子。于是，班主任周老师与她母亲进行了沟通，想了解小红在家里的情况。妈妈说因为小红在家里偷偷地玩手机，每天打游戏、聊天、刷抖音，父母采取了各种办法制止，如限制零花钱、断网甚至翻书包，但都无济于事。如果强行没收手机，怕她采取过激行为，现在不知道如何是好。

作为班主任你会做些什么？

【案例分析要点】

（1）主要考查班主任对个别学生的教育和转化；考查班主任对手机、网络在学生成长过程中所产生的影响的认知与引导。

（2）该生出现了以学业、人际交往、心理等为明显特征的成长中的问题。

（3）该生产生问题的主要原因是亲源性的，班主任如何接纳和理解并引导孩子的父母包容该生的情绪和感受？如何引导父母处理好孩子与手机的关系？如何引导该生转变？如何与该生的父母沟通？通过引导学生把大部分精力投入更有价值的人际互动，指导学生合理使用网络，处理好人机关系，做手机的驾驭者。

二、路径探究

（一）学生视角

何为“学生视角”？苏霍姆林斯基说：“一个好教师意味着什么？首先意味着他是这样一个人，他热爱孩子，感到和孩子在一起交往是一种乐趣，相信每个孩子都能成为好人，善于跟他们交朋友，关心孩子们的快乐和悲伤，了解孩子的心灵。”

班主任在教育过程中遇到的很多问题，如果我们站到学生的对立面，那些小问题也会演变成大麻烦，学生很自然地会认为我们是针对他而不是问题本身。一旦我们站到学生一边，学生就会认为老师想帮助他，这时，师生共同面对问题，想办法解决问题，当然问题解决起来就容易多了。有时杀一儆百、杀鸡骇猴会适得其反，甚至会把老实的猴子变成无畏的老虎。

有了学生视角，就会树立人人都可成才的理念。正如美国著名教育心理学家布鲁姆告诫我们：“只要提供了适当的前提和现实条件，几乎所有人都能学会个人在世界上所能学会的东西。”有了学生视角，就会有“多一把衡量的尺子，就多一批好的学生”的理念，就会有“正话反说，说得人跳；反话正说，说得人笑”这些闪着教育智慧的言语。

对于经常出现诸如“逃学、打架、偷窃”行为的学生，美国纽约大沙头诺必塔小学校长皮尔·保罗的学生视角堪称教育经典。

小罗尔斯出生于美国纽约声名狼藉的大沙头贫民窟，这里环境肮脏，充满暴力，是偷渡者和流浪汉的聚集地。因此，他从小就受到不良影响，小学时就经常逃学、打架、偷窃。

一天，当他又从窗台上跳下，伸着小手走向讲台时，校长皮尔·保罗将他逮个正着。出乎他意料的是，校长不但没有批评他，反而诚恳地说了一句话：“我一看你修长的小拇指就知道，将来你一定会是纽约州的州长。”小罗尔斯大吃一惊，他记下了校长的话并坚信这是真实的。从那天起，“纽约州州长”就像一面旗帜在他心里高高飘扬。小罗尔斯的衣服不再沾满泥土，语言不再肮脏难听，行动不再拖沓和漫无目的。

在此后的40多年间，他没有一天不按州长的身份要求自己，终于在51岁那年成为纽约州历史上第一位黑人州长。

一句普通的话，改变了一个学生的人生。

（二）用心呵护

一位樵夫救了一只小熊，母熊对他感激不尽。

有一天，樵夫迷路来到熊窝，母熊安排他住宿，还拿出丰盛的晚餐款待了他。翌日早晨，樵夫对母熊说："你招待得很好，但我唯一不满意的就是你身上的那股臭味。"母熊虽心里怏怏不乐，但嘴上却说："作为补偿，你用斧头砍我吧。"樵夫照她的话做了。若干年后，樵夫又遇到母熊，问她头上的伤好了没有。母熊说："噢，那次痛了一阵子，伤口愈合后，我就忘了。不过，那次你说过的话，我一辈子也忘不了。"

心灵的伤害甚于肉体的伤害，因为心灵的伤害是对人整个精神的震撼，所以，别忘了小心呵护别人的心灵，因为那同时也是在呵护自己的心灵。教育是人性的丰富与生命的展开，班主任应该用宽容成长、静待花开的学生视角来解读，让学生自由生长，让人性得以升华。

用心呵护，需要我们有耐心，这是教育的根本。教育是农业，教育是慢的艺术，不可能一蹴而就，就像练太极拳，要全神贯注、用心体会，才能达到一种忘我的境界，才会有教育的登峰造极。个别学生的教育和转化是一个"慢活""细活"，是生命潜移默化的过程。班主任拥有了耐心，教育与引导学生就等于成功了一大半。所以，不能急躁，不能厌烦。通过耐心指导，给学生搭梯建桥；通过耐心发现，找到学生身上的闪光点；通过耐心教育，找到开启孩子心门的钥匙。教育需要耐心，就让我们耐心等待，给学生足够的成长时间。作为老师，只需播种、施肥、浇水，然后静待鲜花盛开。

用心呵护，需要我们有爱心，这是教育的基础。常言道："动人心者，莫先于情。"情感是教育的前提条件，师生之间的真挚情感很容易使学生受到感动并得到肯定的情感反馈，进而使他们愿意接受教导。反之，学生就会以一定程度的否定或消极的态度对待教师的教育和引导。在对个别学生的教育过程中，老师一定要把自己真挚的情感融入到对他们的教育中，用温暖的爱来感化他们。

"爱每一个学生"这句话说起来容易，要做好却很难，老师要和学生在共同的生活、学习过程中一点一滴地灌输爱。首先，老师的爱应该是无偏见、真诚、无私、广泛的。对所有的孩子要从小培养其良好的学习、生活习惯。老师的爱如同伟大的母爱，以关心、爱心、信心、细心来对待每一个学生。其次，对不同的孩子，表达爱的方式要有所不同，特殊的孩子需要更多的爱。对习惯不好、调皮的孩子不要讨厌他，要接近他、关爱他、体谅他，在学习、生活中，把做人的种子播进他的心里。

曾经的一次教育经历，让特级教师于漪后悔终生——一位女孩子做操不认真，于老师反复纠正，学生都不予理睬，情急之下于老师叫出了这位学生的外号。于漪曾告诫学生不要去这样喊她，但是这个时候自己却讲了。

事后，于漪真诚地向这位同学道了歉，这份歉意来自内心深处对人性的尊重和20年前初为人师时的那份承诺。

于漪这辈子，没有骂过任何一个学生，没有挖苦过任何一个学生，因为这件事情让她懂得了，做老师必须有宽广的心怀，要包容各种各样的学生，而这个包容不是居高临下的态度，而是走进学生的心里，与他平起平坐，体会他的情感和想法。

（三）善于倾听

善于倾听，可以真实了解事情的经过，缓解学生的不良情绪。

许多教师在潜意识里把自己当成了学生的领导者、管理者、监督者、评判者，对待孩子的“犯错”缺乏耐心，不愿倾听学生的心声，喜欢过早地对“问题学生”下结论，最终造成了许多的“冤假错案”，使学生的心灵受到伤害，以致错失了许多教育的良机。

教师应该允许学生适时地宣泄自己的情绪。平时我们所说的“冷处理”实际上就是在学生情绪激动的时候，允许学生宣泄情绪的教育方式。学生的情绪宣泄完了，也就逐渐平静了，理智才会占据学生的头脑，学生才会耐心倾听老师的分析、教育，客观地对待自己所犯的错误。

作为教师，首先应该做一个好的倾听者。通过倾听，可以比较全面地了解事情发生的过程，并让学生把情感宣泄出来。教师始终处于倾听的位置，可以使学生感到教师的公平公正。

善于倾听，可以通过师生补充、复述事情发生的细节，启发学生判断事情的是与非，发现自己的错误。

师生对事情发生的经过进行补充、复述，既保证了教师客观、正确地了解事情发生的过程，也能帮助学生重新回顾事情发生时自己忽视的一些情况，正视被忽视的细节，认识到自身存在的错误。同时，在交流过程中，可以与学生进行换位思考，使学生在教师的引导下慢慢地认识到自己处理事情不正确、不合理的一面，进而改正错误。

苏霍姆林斯基说过这样一段精彩的话：“在每个孩子心中最隐秘的一角，都有一根独特的琴弦，拨动它就会产生特有的音响。要使孩子的心灵同我讲的话发生共鸣，我自身就要同孩子的心弦对准音调。”

在一次班主任培训中，探讨关于如何倾听孩子，一位教育专家讲述了一个真实案例：

一名成绩不错的女生，面带忧郁之色地告诉我，她最近过得很不好，起因在于她有一个最好的朋友A，她希望A也对她最好，可是她发现A还有更好的朋友B。A跟B在一起玩得很开心的时候，她却感觉受到了冷落。

讲完这个案例，教育专家问在场的班主任：“面对学生这样的诉说，您会怎么做呢?”

台下的班主任议论纷纷，一位班主任说：“我觉得这个学生是不是太敏感，想得太多了？如果她来找我，我会对她说：‘孩子，你的朋友并没有冷落你，她只是想有更多的朋友，我们要用正确的心态去理解她，要学会包容他人，包容他人就等于包容自己。’”

另一个班主任说：“对于17岁的学生，讲大道理并不一定合适，要倾听她的诉说，了解她的需求。也许学生自己已经知道了应该如何处理，我觉得她只是需要一个人来倾听、理解罢了。”

接着，一位年轻的班主任困惑地问道：“学会倾听是很重要，但是仅仅倾听就够了吗？我觉得我会告诉她，人的一生中会有许多的朋友，每个人的性格、脾气、爱好都不一样，你不能要求别人都跟你一样，更不能要求她只对你一个人好，你要学会包容，你也可以让她把朋友介绍给你成为朋友，那你们就都是好朋友了。”

此时，一位有经验的班主任说了自己的经验之谈：“高中生，就犹如我们成年人，有烦恼、有矛盾时会找人倾诉，只不过是为了理清自己的思绪。对他人的建议也是在自己边诉说边理清之后才会有选择地听取。我常劝诫自己当好‘废纸篓’，让学生尽情发泄，多听少说。事实证明，很多事学生都处理得很好——无论学习还是人际关系等。所以，相信孩子，做好倾听工作，结局差不到哪儿去。”这位班主任平时在学校德高望重，她的话赢得了大家的一片掌声。

（四）对症下药

每个班级总有几个较难管理的学生，他们可能“软硬不吃”“刀枪不入”。班主任要教育好这些孩子，除了要有足够的耐心，在学校反复抓、抓反复外，还要积极寻求“另类”孩子的家校配合，设计一套针对性的方案，“对症下药”，研究个性化策略。

1. 霸道型

霸道的核心是以自我为中心。学生形成这样的性格有两种原因，一是遗传，二是与家长的教养方式有关。如果孩子小的时候所有要求都能被无条件地满足，家长时时处处以孩子为先，向孩子妥协，那么孩子自然就会形成唯我独尊的性格。对待脾气暴躁、行为霸道的学生，作为班主任，应该教给他们一些调节方法来帮助他们改掉不良行为。

态度温和，如细浪抚礁石。《道德经》中提到“天下莫柔弱于水，而攻坚强者莫之能胜，以其无以易之”。面对学生的蛮横霸道，教师如果与其短兵相接，必然两败俱伤。相反，在日常接触中，教师常常给予其真诚的关心，言语中处处透露出为他着想，温和的语气就会慢慢抚平孩子的棱角，让他变得更随和、更易于亲近。

行动之一：契约法。我们和学生可以在彼此沟通的基础上制订一份行为约束与控制契约，让学生尝试去做到。比如每周制订活动安排表，计划安排这一周为班级做的事，培养他与同学的良好互动；每天与老师谈心一次，无论学生是否发生违规行为，教师都应耐心听取并加以正确的教育；求助小助手（老师或同学），当与同学发生矛盾时，马上求助小助手，努力克制自己；每周写一篇日记，记录自己一周的体会和执行契约的心得。

行动之二：控制法。这种方法又叫回避学习，是指将需要戒除的不良行为与痛苦刺激联系起来。可以采取的方法有三种：

想象型厌恶匹配法。教师引导学生想象其霸道行为所带来的后果是同学受到伤害后，不愿与他玩，使霸道学生对自己的不良行为产生厌恶，从而慢慢消除。

疼痛换位思考法。请受到伤害的同学讲内心的感受，说出伤心感和身体上的疼痛感，然后老师让学生换位思考，如果自己是那位同学是什么感受。

情景转移法。当学生与别人发生矛盾时，老师应立即转移他们的注意力，离开矛盾情境去从事自己感兴趣的活动。等他们心情完全平静后再伺机做工作。

此外，还可以通过班集体力量帮助霸道学生改掉不良行为。比如开展主题班会；

树立班级典范，用“放大镜”找优点；班集体开展“互相按摩”活动。

2. 冷漠型

要引导冷漠型学生告别冷漠心态，形成健康阳光的心态，教师必须要具备为人师者的教育情怀：真诚的爱心、持久的耐心和责任心。在尊重学生身心发展规律的前提下，制订系统的教育策略，长期跟进，因材施教。

温暖有爱的班集体是学生健康快乐成长的沃土。班主任在接管一个新的班集体时，一定要努力营造团结友爱、积极向上的班级氛围。本着“班级事务，人人有责”的原则，给每个学生都要安排适合的岗位。对于冷漠型学生要特别关爱，根据他的兴趣、爱好和特长，安排能体现其个体价值的岗位，让其体验到自己也是班集体中很重要的一员。

作为一名具有教育智慧的班主任，学会倾听学生内心真实的想法很重要。对于冷漠型学生，尤其需要蹲下身子来倾听其内心世界，关注和维护他们的自尊心和情感需要。在了解其性格特点及特长爱好的前提下，创造条件，引导他们积极参加集体活动，尽快找到群体的归属感。

同时，在班级开展“每周播报班级好人好事”活动，引导同伴之间相互观察、相互欣赏，抓住每一点进步，在班级及时表扬，增强其自信心和对班级的认同感。

学生情感冷漠主要是由于感恩教育缺失导致的，通过在班级开展“感恩”系列主题教育活动，在学生心灵深处播下真、善、美的种子。对于冷漠型学生，引导他们感悟生命的可贵，学会关爱生命至关重要。

可以抓住小学生爱听故事的天性，通过每天聆听一个动情的小故事，引导学生围绕故事中不同性格特点的角色展开讨论，培养其积极向上的情感。此外，在与家长进行沟通、达成共识后，可尝试让学生领养一只小宠物，在照顾小生命的过程中，体验给予和帮助比自己弱小的生命所获得的快乐。

总之，让学生走出情感冷漠的困境，需要班主任老师在尊重学生心理发展规律的前提下，不断探索，因材施教，做学生心灵深处的良师益友。

3. 狂妄型

面对一个狂妄的学生，班主任首先要做到的是“不惧怕”。之所以狂妄，一是家庭教育的畸形纵容，二是无知，正所谓无知者无畏。

狂妄学生的外在表现是自我标榜的“勇敢”和特立独行。作为班主任，要以真正的勇敢直面他，中止他的行为，并且告诉他“你错了，所以我要管理”。

李嘉诚说过一句话："我相信世上每一个人都有义务去维护人类的尊严。"当狂妄的学生在同学面前挑战学校纪律时，对他进行及时的制止就是在维护其他学生的尊严。同时也是在告诫他：一位理性且强大的老师正站在你的面前。

制止之后的教育更为重要。应在一个单独的空间，与学生进行真诚但不失权威的谈话。这类学生，个人面子胜过真理。因此，在当众制止他后，必须设置一个"一生一师"的缓冲地带。根据他的情绪选择不同的谈话方式：他的情绪仍不稳定时，教师可以以静制动；反之，教师则可以立即主动谈话。

应急的处理只是解决一时的问题，平时老师利用各种机会深入了解学生的成长背景、家庭背景是相当重要的。这是问题之"源"。狂妄的学生也会有收敛之时，那就是他碰到了真正让他服气的人。我们应努力用自己的人格、学识、真挚成为令他服气的人。这是解决问题之"本"。

（五）寻找成就感

看到过这样一个案例：

女儿曾跟爸爸学做面包，需要将鸡蛋打入面粉里。初生牛犊不怕虎，她拿着鸡蛋使劲敲，结果鸡蛋液流了一地。

连续敲碎两颗鸡蛋后，她生气地说再也不做面包了。

爸爸二话不说，取出一颗鸡蛋，故意也敲碎。女儿哈哈大笑，好像面子又回来了，乖乖坐回了凳子上。

爸爸问她要不要和他再试一颗鸡蛋，她点头说好。

接下来，爸爸把鸡蛋握在手里，在桌角处轻轻地敲了几下，壳破后，爸爸把碎了的壳皮揭掉，然后让女儿握着鸡蛋，让蛋液慢慢流出来。

成功敲好一颗鸡蛋后，女儿跃跃欲试想自己上手。这次她学着刚刚爸爸的模样，一步一步来，鸡蛋液安全流进了碗里。

那一刻，女儿笑成了一朵花儿。

爸爸没来得及赞扬她，她已经乐开了花，可见，让孩子有成就感并不是因为表扬，而是自己"学会"的快乐。

在孩子心里，没有任何事比"我能行""我会做"更有成就感了。刘墉说，让孩子有成就感，比什么都重要。

苏霍姆林斯基在《要相信孩子》一书中，曾阐述过这样一个观点："我们的教育对象的心灵绝不是一块不毛之地，而是一片已经生长着美好思想道德萌芽的肥沃的田地。因此，教师的责任首先在于发现并扶正学生心灵土壤中的每一株幼苗，让它不断壮大，最后排挤掉自己缺点的杂草。”

我们做班主任的，要善于发现并且首先要引导学生发现他们身上的“美好的萌芽”，这是学生信心的来源和进步的动力。

（六）和而不同

不同的学生有不同的特质与特点，有些特点可能被我们定义为缺点，比如好动好斗、调皮捣乱、品行不正等。事实证明，我们并不能简单地将一个孩子的特质定义为优点或者缺点。一些貌似缺点的特质可能在某些地方和时机就变成了优点，甚至闪光点。

比如“上课的时候爱说话”是一种缺点，但是如果把它引导到课下，那么就成为给别的同学带来欢乐的源泉，以及为自己排解压力的工具。

所以，班主任应该善于引导，让学生的优点进一步扩大，把孩子的一些所谓的“缺点”引导到对的地方，变成学生的闪光点。我们的教育不应该是让每个人都相同，而是让每个人更加不同。

奥托·瓦拉赫是诺贝尔化学奖获得者，他的成才过程极富传奇色彩。

瓦拉赫在开始读中学时，父母为他选择的是一条文学之路，不料一个学期下来，教师为他写下了这样的评语：“瓦拉赫很用功，但过分拘泥。这样的人即使有着完美的品德，也绝不可能在文字上发挥出来。”

此后，他改学油画。可瓦拉赫既不善于构图，又不会调色，对艺术的理解力也不强，成绩在班上是倒数第一，学校的评语更是令人难以接受：“你是绘画艺术方面的不可造就之才。”

面对如此“笨拙”的学生，绝大多数老师认为他已成才无望，只有化学老师认为他做事一丝不苟，具备做好化学实验应有的品格，建议他试学化学，父母接受了化学老师的建议。

这下，瓦拉赫智慧的火花一下子被点燃了，文学与艺术的“不可造就之才”一下子变成公认的化学方面“前程远大的高材生”。

瓦拉赫的成功，说明了这样一个道理：学生的智能发展是不均衡的，都有智能的优点和弱点，他们一旦找到自己的最佳点，使潜力得到充分的发挥，便可取得惊人的成绩。这一现象，人们称之为“瓦拉赫效应”。

每个学生都是一粒种子，只不过每个人的花期不同。有的花，一开始就灿烂绽放；有的花，需要漫长的等待。不要看着别人的花怒放了，自己的花还没动静就着急。相信是花都有自己的花期，细心呵护自己的花，慢慢地看着它长大，陪着它沐浴阳光风雨，这何尝不是一种幸福呢？相信学生，静待花开，也许有的种子永远不会开花，因为他是一棵参天大树。

三、名家借鉴

（一）霍懋征：爱的教育

简介：霍懋征是我国首批特级教师，毕业后在小学教师的岗位上一干就是60年，被周恩来总理称为“国宝”。她倡导“没有爱就没有教育”“没有教不好的孩子”。

案例：

班上有个爱下象棋的孩子，经常逃课找人下棋，与人比高低。一天，霍老师对他说：“听说你爱下象棋，放学后下一盘好吗？”他惊讶地说：“你行吗？”老师说：“不如你的话，就向你学呀。”第一盘老师故意输了，学生特高兴。老师说：“我不服气，再来一盘。”第二盘学生输了，他不服气了，但第三盘、第四盘、第五盘都输了。学生服气了：“老师，您真棒啊！”霍老师乘机说：“我虽然下得比你好，但你看到我到处找人下棋了吗？我不能因为爱下棋就不上课呀。以后我们在课下交流，互相提高怎么样？”从此，这个孩子开始好好学习，再也不逃课了。

感言：霍懋征的一个学生说，霍老师教我们做人，不是说出来的，而是做出来的。霍老师觉得孩子的眼睛就像摄像机，耳朵就像录音机，他们会把老师的一言一行记录下来。老师在学生眼里是一个榜样，是他们学习的楷模，所以，教育是科学也是艺术。

（二）付静：以镜达人

简介：付静是黑龙江省哈尔滨市风华小学教师，中学高级教师，担任班主任工作23年。她是国家首批骨干班主任培训班优秀学员，黑龙江省优秀教师、优秀班主任、骨干班主任培训者。

案例：

我曾经带过一个“小刺儿头”，入学不到一个月，他就将全班同学打了个遍，尤其是他的同桌，因此没有人能与他同桌超过三天。我思考许久，决定“以其人之道，还治其人之身”。

当我告诉他打今儿起老师和他一桌时，他既惊喜又兴奋，得意的表情似乎在炫耀和老师一桌的优待。当我毫不理会他的热情而埋头办公时，他的眼中闪过一丝失落；当我“一时兴起”，旁若无人地架起两只胳膊占据了课桌的三分之二时，他的脸上有了惊讶和愤怒；当我毫无顾忌，将批完的作业本胡乱丢在桌上，占据了他那仅存的三分之一桌面时，他开始满脸通红；而当我挑衅似的大大地伸了个懒腰，并故意碰掉他的文具盒，让文具撒落一地时，他再也忍不住了，“哇”的一声大哭起来，边哭边嚷道：“你这个坏老师，欺负人，我要回家！”

我把他带到办公室，为他擦去眼泪，引导他从我的身上看到曾经的自己，终于让他明白了如何与人相处。

感言：作为班主任，我们肩负着一个极为神圣的使命——培养人的道德品质。而品德是在人的活动和交往中产生的，因此，无论感化、教育还是修正，都要唤醒孩子内心的向善之源。这就像是我们运用分光镜的原理一样，有些问题直接处理不行，那我们就尝试着走进孩子的内心世界，为其提供可以接受的教育。

四、真题大放送

1. 第二届长三角地区班主任基本功大赛情境问答题（初中组）

九年级学生小王经常迟到、旷课、上游戏厅，甚至打架斗殴、敲竹杠。学习成绩就更不用说了，门门功课挂红灯。尽管老师多次教育，仍不见好转，同学见了他都躲得远远的。虽然偶尔也有进步，但没过两天就又恢复原样了，以至于老师对他失去了信心。

不过，这个学生并不是一无是处，他百米赛跑速度惊人，在校运会上，连续两年获得百米赛冠军，为班级争得了荣誉。除此以外，他还特别喜爱画画，象棋也下得非常棒。

请你谈谈如何对待这样的学生。

2. 第二届长三角地区班主任基本功大赛情境问答题（初中组）

数学老师反映班上有一个成绩优异的同学小A连续三天不交数学作业。班主任把小A叫到办公室问他："为什么不交数学作业?"他说："我都会了，干吗还要把它写在作业本上?"班主任给他讲学习的意义，做作业的重要性……他理直气壮地顶了回去："做作业不就是为了取得好成绩？我现在数学成绩很好啊!"班主任火了，责令小A："必须当天把所缺作业补齐。否则……"班主任原以为这最后通牒一定会起作用，谁知，第二天小A不但没有把作业补上，反而不进教室上课了。这下班主任没辙了，可是，若让小A开了先例，再有学生效仿，那以后教学还怎么进行?

请你为这位班主任出个主意。

3. 第二届长三角地区班主任基本功大赛情境问答题（初中组）

小王妈妈到学校向班主任反映，小王为了要用压岁钱买一双名牌运动鞋和父母闹了好几天。小王认为压岁钱是给他的，所以他应该有支配的权利，父母无权干涉。而且他还振振有词地说，班里同学都穿名牌运动鞋，但他们都是父母给买的，自己没有用父母的钱，而是用自己的压岁钱，比他的同学们都好多了。

请问，你遇到这种情况会怎么做呢?

4. 第二届长三角地区班主任基本功大赛情境问答题（高中组）

近来，"微博门事件"在高二年级（1）班搞得沸沸扬扬，在全年级甚至全校产生了不小的影响。起因是高二年级（1）班的小张在微博上上传了很多班级同学的生活照片和文字记述。其中，有上课时同学开小差的众生相，有呈现同寝室室友生活细节的照片，还有同班同学谈恋爱的照片。照片发到网上后，浏览者颇多，照片中的主角在全年级"出了名"。照片的主角们对小张的举动十分不满，逼他把帖子全部删掉。但是，微博的转发率已经极高，在附近其他学校也流传开来。同学的批评让小张心情沉重，最近一直无精打采，情绪消沉。

对这一问题，你是如何看待的？你会采取哪些措施进行教育?

5. 第二届长三角地区班主任基本功大赛情境问答题（高中组）

在午自修时，几位男同学围在一起看视频。这一幕被我从门外发现了，于是我走上前没收了他们的播放器。下午第一节课，我在别的班级上课，上完课到办公室发现没收的播放器不见了，办公室同事说："有三四位男生在上课期间到办公室找过你，说是有问题要问。"显然是这些男生趁我上课期间将播放器拿走了，我到班级找到那几位男生，他们都说刚才在操场上上体育课，没有到过办公室，且相互找了能证明自己在操场上的证人……我气得满脸通红，当即想搜他们的书包，但忍住了，事情总要解决，怎么办？

6. 第二届长三角地区班主任基本功大赛情境问答题（高中组）

邹平高中生“谈话死”案开庭：邹平一中高二年级（1）班班主任柴某，晚自习期间，在与班内学生鹏飞谈话过程中击打学生鹏飞胸部，并踹了其一脚，鹏飞摇晃两秒后倒地昏迷，后经医院抢救无效死亡。无棣县人民法院做出判决：柴某犯过失致人死亡罪，判处有期徒刑六年零六个月。

（1）你如何看待上述现象？

（2）作为一名班主任，面对“难以教育”的学生你会怎么处理？

7. 第三届长三角地区班主任基本功大赛情境问答题（小学组）

学生小刚今年五年级，由于上课好动，不认真学习，成绩在全班倒数第一。小刚每天上课不是扯同学头发就是搞恶作剧捉弄同学，在老师每次课上暗示和课后批评教育之后都会好上一段时间，但坚持不了多久。经过老师的了解，小刚的爸爸对孩子要求很严格，经常揍小刚，妈妈却很溺爱他。

如果你是小刚的班主任，你该如何帮助小刚？

8. 第三届长三角地区班主任基本功大赛情境问答题（小学组）

在班级工作中，我经常遇到一些心理比较脆弱的学生，不管在学习上还是在生活中，稍微遇到点儿挫折他们就觉得无法承受。小琴是个听话的女孩，性格很内向。她的家庭关系特别复杂，父亲在她四岁时抛弃了她和她的母亲。她认为同学们看不起自己，不愿和她交朋友，所以很少和同学玩耍。一天，小斌不小心把她的文具盒碰到地上，不但没捡起来，还恶语相加。小琴想到平时自己的孤独，觉得班上同学都讨厌她，于是心灰意冷，爬到卫生间的窗户上想往下跳，幸亏被同学及时制止才没酿成悲剧。

面对心理承受能力差的学生，班主任该怎么办？

9. 第三届长三角地区班主任基本功大赛情境问答题（初中组）

小翠是一个多愁善感的女孩，遇事爱钻牛角尖。她的父母对她的期望值很高，希望她能考上一所好大学，因此，在学习上对她要求十分苛刻。可在前几天的语文诊断检测中，小翠的成绩很不理想。我感到很不正常，便找她来询问原因，还没开口，她却哭了起来，委屈地说：“老师，我不想活了，我活着就是别人的负担。”我惊讶不已，小小年纪竟想轻生，一定另有隐情，于是我说：“你若信得过老师，可以把心里的苦闷写下来，我一定尽力帮助你。”她点点头，转身离开了。

第二天，小翠把一封长达两千字的信交给了我。她在信中袒露了内心的苦闷：成绩没有达到父母的要求而屡遭批评；自己是父母的累赘；自己是在为别人活着，不能很好地实现自己的理想；最要好的姐妹也不和自己交往了。为此，她心中十分郁闷，不想来上学，甚至想到了轻生。

作为班主任，你应该怎样走进小翠的内心对她进行教育引导？

10. 第三届长三角地区班主任基本功大赛情境问答题（初中组）

小李本是一个热情开朗、爱说爱笑的男孩，学习十分努力，但每次考试成绩总是不尽如人意。慢慢的，小李发生了变化，上课经常说话，不按时完成作业，出现了“破罐子破摔”的倾向，虽然你多次找他交流谈话，效果却不明显。

面对班上自暴自弃的学生，作为班主任的你该怎么办？

11. 第三届长三角地区班主任基本功大赛情境问答题（初中组）

小邓是个我行我素的孩子，无组织、无纪律，上课说话、睡觉，平时迟到、早退、旷课，样样都有他。班级经常因他被扣分，流动红旗也总是因他而与我班擦肩而过。我一天到晚找他、督促他，非但效果不佳，甚至他还不耐烦地对我说：“老师，您烦不烦？您不烦我都烦了！我就这么着了，您把精力放在别人身上吧，以后我保证上课不说话，不影响别人，其他的事您就甭管了。”我也很执着：“只要你在我班上，我就要对你负责，作为班级一员，你必须考虑班级荣誉，不能因为你一个人，全班56名同学的努力都白费了。”没想到他却玩世不恭地对我说：“我都不在乎自己的荣誉，您还指望我考虑班级荣誉？这与我有什么关系？”我竟一时无语。

作为班主任，应该如何解决学生集体荣誉感不强的问题呢？

12. 第三届长三角地区班主任基本功大赛情境问答题（高中组）

小林是高二时从外校转入我班的，来之前在家休息了小半年，原因是心理素质太差，逢考必乱——平时学习没问题，一到考试就心慌，根本无法集中精力，考试成绩一次不如一次。发展到后来，他的情绪越来越不稳定，以致影响平时的学习和生活，无法正常上学。

面对心理承受能力差的学生，班主任该怎么办？

13. 第三届长三角地区班主任基本功大赛情境问答题（高中组）

新学期第一次和学生见面，为了融洽师生关系，我讲了一个笑话，学生们都笑得前仰后合，只有林林面无表情，毫无反应。是什么原因使本该活泼好动、自由奔放、天真烂漫的少年如此冷漠呢？

经过一周的观察，我发现林林从不和其他同学交谈，同学们和他说话，他不是点头就是摇头，一言不发。即使说话，声音也很小，别人根本听不到他在说些什么。

经了解，林林的爸爸嗜赌成性，对家庭不管不问，妈妈气愤地弃家而去。林林长期跟随爷爷奶奶生活，而爷爷奶奶年近七旬且身体有病，只能勉强照顾林林的吃饭穿衣，无法对其进行思想教育，更不可能进行心理疏导。家庭的不幸、爱的缺失、心情的郁闷，使林林变得异常冷漠。

面对这个不幸的孩子，班主任该如何融化他心灵深处的冰山呢？

14. 第五届长三角地区班主任基本功大赛情境问答题（小学组）

小东是班里比较调皮的男孩。有一天上写字课，他故意把钢笔墨水甩到同桌女生小茜的衣服上。小茜很生气，来找班主任老师告状，老师批评小东，他还笑嘻嘻的，一副无所谓的态度。老师要求小东回家把小茜衣服上的墨水洗干净，并电话告知小东妈妈此事，希望配合一起教育。第二天，小东拎来了湿漉漉的一包衣服，还说已经洗干净了。面对小东，作为班主任的你……

15. 第五届长三角地区班主任基本功大赛情境问答题（小学组）

你是三年级（2）班的班主任，最近有不少同学跟你反映，班级里有个同学小明总爱给其他同学起外号，并且当众喊外号、起哄，给他们造成了不少困扰。

这天，作为班主任你走进班级，只见小明和小王两人打作一团，原来小明又叫小王“王八蛋”，所以小王先打了小明。这时，作为班主任的你……

16. 第五届长三角地区班主任基本功大赛情境问答题（初中组）

学生小杨有吃口香糖的习惯，你多次提醒他都不予理睬。这天，在你的课堂上，他又嚼起了口香糖。这时，作为班主任的你……

17. 第五届长三角地区班主任基本功大赛情境问答题（高中组）

小明因为迟到、染发、不爱学习等原因，高二开始由直升班被调换到普通班程老师的班级。这天早上，小明又慢悠悠地晃进校门，这已经是他连续两个星期迟到了。他无视站在教室里的班主任程老师，径直走到自己的座位后，一头就趴在桌子上睡了起来。全班同学看到这一幕，目光都注视着班主任。此时，作为班主任的你……

18. 第六届长三角地区班主任基本功大赛情境问答题（小学组）

小红今年上小学一年级，有一次她看见小明带的玩具非常喜欢，就趁别人不注意的时候放在了自己的兜里，被小强发现并报告了老师。……但小红就是不承认是自己拿的，还说：“我也不知道是谁放在我兜里的。”

（1）如果你是班主任，该怎么办？（表演）

（2）阐述你这样做的理由？（陈述）

19. 2013年浙江省中小学班主任和德育导师基本功大赛情境问答题（小学组）

三年级（1）班有一个男孩，名字叫洋洋。从入学开始，只要有事情不合他的心意，不论大小，就会大声哭闹起来。只要达到自己的目的，哭声马上停止。这个学期快开学前，他的爷爷找到我说，因为孙子不爱学习，儿子、儿媳把孙子的屁股都打青了。想让我帮助他好好引导一下孙子，也劝劝孩子父母改变一下教育方式。我答应了洋洋的爷爷。

如果你是该班班主任，你觉得应如何处理这一问题？

20. 2013年浙江省中小学班主任和德育导师基本功大赛情境问答题（高中组）

高三年级（8）班的某一女生是最令班主任赵老师头痛的学生。由于家庭变故，她对学习一点儿兴趣都没有，上课要么扰乱他人学习，要么情绪低落；上课迟到、睡觉，不做作业更是家常便饭，各门功课的单元测试都不及格，科任老师经常向班主任告状。除了不好好学习，该生在行为方面也是学校有名的捣蛋女生，她打过架，翻过围墙，交过不良朋友，无论是苦口婆心的教育还是声色俱厉的批评，均无济于事，一副“软硬不吃”的样子。班主任一次次苦心策划的转化计划都宣告失败，实在是无计可施了，但又不忍放弃。

如果你是班主任，你会如何帮助她养成良好的道德行为习惯？怎样帮助她提高学习兴趣、激发学习动力？

21. 2014年浙江省中小学班主任基本功大赛情境问答题（小学组）

小明是一名令人头痛的学生，课内课外都很好动，逆反心理重，且软硬不吃。尽管老师苦口婆心地对他进行教育，他依然我行我素。对他严格要求，他就和你对着干。且经常不做作业，考试成绩一路开红灯。我刚接手他们班时，开学第一节课他就给了我一个“下马威”，在课堂上与我唱“对台戏”，扯一些和课堂无关的话题惹得同学们一阵哄笑。当时我强压怒气，来了个“冷处理”，泰然自若地上完那节课。课后我找他谈话，他显得满不在乎。第二天，他又把两只毛毛虫放在粉笔盒里吓唬我。

作为班主任，我应该怎么处理？

22. 2014年浙江省中小学班主任基本功大赛情境问答题（小学组）

三年级小学生童某经常未经老师允许在课堂上随意讲话、随意与他人交谈，有时还会离开座位到处走动，或是借故走到有削铅笔工具、垃圾桶放置的地方大声吼叫，影响课堂秩序。每次类似情况发生后，老师总是当堂指出他的问题并进行严厉批评。童某则是当面违抗，还哭泣，并且过段时间后这样的情形还是会发生。

请问产生这种现象的原因是什么？你会采取哪些方法与这样的学生交往？

23. 2014年浙江省中小学班主任基本功大赛情境问答题（小学组）

一、二年级的小朋友丢支铅笔、丢块橡皮似乎很正常，某天，欢欢告诉班主任她的魔方丢了，前几天也有同学反映魔方丢了，不过都在翔翔那里发现了。班主任找来翔翔一问，孩子说："我捡到的。"

作为班主任，你该怎么处理这件事情呢？

24. 2014年浙江省中小学班主任基本功大赛情境问答题（初中组）

一个女学生家境不好，本人相貌也很一般，虽然为人本分，学习也很刻苦，但成绩仍不突出，别人对她的态度也是不冷不热的。她感到这个世界对自己太不公平了：为什么别人那么有钱、那么漂亮、那么聪明，而自己一无所有？于是产生了轻生的念头，留了纸条就跑出去了。你找到她时，她已经在外面游荡了两天。

面对神情呆滞、了无生气的她，作为班主任的你应该怎么做？你这样做的理由是什么？

25. 2014年浙江省中小学班主任基本功大赛情境问答题（高中组）

小红父母发现她近来在QQ上经常和一位叫小明的同学聊天，周末也经常外出，很晚才回家。父母得知情况后，采取高压手段，不允许小红用电脑，周末不允许小红外出。小红在这种情况下，性格越来越怪，在学校经常一个人发呆，上课时经常走神。

作为班主任，应该怎么帮助小红？

26. 2014年浙江省中小学班主任基本功大赛情境问答题（高中组）

语文课上，正在讨论《鸿门宴》中谁是你心目中的英雄，同学们发言热烈。唯有张同学，低着头，目光注视着桌斗内。语文老师走过去，他竟然没有发现。"张同学，你在玩什么？"语文老师一声责问，他惊慌地抬起头，双手捂在桌斗内。语文老师有些气恼，怎么又在玩手机？语文老师没有没收他手机，告诫他要认真听课后，继续教学。

这是一个痴迷手机游戏的学生，作为班主任的你知道这件事情后准备怎样处理？

27. 2015年浙江省中小学班主任基本功大赛情境问答题（小学组）

班里有一位学生从市场上买了一些便宜的新年贺卡，然后加价卖给同班同学。

作为班主任的你会怎么评判和处理这件事情？

28. 2016年浙江省中小学班主任基本功大赛情境问答题（小学组）

12岁的小刘同学刚从民工子弟学校分流到公办学校，他学习习惯不好，且自由散漫、脾气倔强，与父母关系也比较淡漠。因以前的学校不太正规，教育上缺乏对学生的严格要求，现在突然来到一个陌生的环境，小刘同学表现出明显的不适应。而且对于这个年龄的孩子来说，心智已日渐成熟，他知道自己是从民工子弟学校来的，害怕周围人看他时那异样的眼光，内心充满了自卑感，对身边的事物都非常排斥……

作为小刘同学的班主任，你将怎样引导和帮助他？

29. 2016年浙江省中小学班主任基本功大赛情境问答题（小学组）

四年级的李强同学由于父母溺爱，在家过着饭来张口、衣来伸手的生活，从来不干家务。但在学校他像换了一个人，班级卫生抢着干，还报名参加竞选生活委员这一职务，部分同学对李强校内校外不一致的做法表示反感。

作为班主任，你将如何做好对李强和其他同学的教育工作？

30. 2016年浙江省中小学班主任基本功大赛情境问答题（高中组）

高考临近，班里的气氛日渐凝重。有一天，一个平时沉默寡言的女孩在班主任王老师的抽屉里塞了一张便笺，诉说她父母离异了，平时跟爸爸生活，但爸爸工作很忙，父女之间交流很少。在学校她跟同学相处也不太愉快，没什么知心朋友。最近，她发现自己很喜欢把小虫子、蚯蚓之类的小动物用小刀肢解成一块块的，这样做后心里很有快感。孩子觉得自己心理变态了。

王老师该如何对她做心理辅导呢？

31. 第三届长三角地区班主任基本功大赛情境问答题（初中组）

如今，班级学生家庭间的贫富差距越来越明显了。小诚是个名副其实的富二代，尽管在学习、行为习惯等方面表现一般，但在班级中的人缘还不错。他那时尚的衬衫、几千元一双的鞋子、上万元的饰品总是让小伙伴们既羡慕又崇拜，一部分女孩子也对他刮目相看。在当今消费文化的影响下，中学生的人生观、价值观直接受到金钱观的影响。

你怎样看待以上这种情况？如果你是这个班的班主任，你会为这个班级设计哪些教育活动？

32. 第三届长三角地区班主任基本功大赛情境问答题（初中组）

随着4G时代的到来，智能电子产品越来越流行，学生间的攀比现象频发。你用了iPhone5，我就要买iPhone6；你买了iPad，我就要让家长买iPadmini。新型号手机一旦上市就有学生催着家长购买，让家长头痛不已。而玩手机的现象也越来越多地出现在课堂上，严重影响学生的学习。

针对这种现象，班主任应如何做好引导工作？

33. 2019年长三角地区中小学班主任基本功大赛情境问答题（小学组）

小月家境富裕。她平时表现异常，任性、叛逆、迟到、旷课、化妆、顶撞老师……几乎每天都给我带来“惊喜”。一天她与同学发生严重冲突后，我将她父母请到学校，经过两个多小时推心置腹的谈话引导，小月最终真诚地向同学道歉。结局皆大欢喜，两个孩子捐弃前嫌，小月的父母也满意地离开了学校。当我准备开始工作时，却意外发现办公桌上不知何时多了两张价值500元的购物卡。正在琢磨怎么回事时，我收到了小月母亲的短信，大意是“真心感激您为孩子的付出，一点小心意，还请笑纳”。

（1）如果你是班主任，该怎么办？

（2）阐述你这样做的理由。

34. 2020年长三角地区中小学班主任基本功大赛情境问答题（初中组）

刚开学没几天，就有一些男寄宿生到班主任王老师这里“投诉”小明。今天A同学来说：“老师，小明今天又没去洗澡，身上都有味道了。”明天B同学来说：“老师，小明把脏袜子扔在我的洗脸盆里了。”后天C同学来诉苦：“老师，小明不叠被子，我们整个宿舍都被牵连扣分了。”诸如此类，层出不穷，几乎都和小明的生活习惯有关。班主任把小明找来询问原因，他一脸坦然：“我不会洗袜子，我不会叠被子……”王老师耐心地劝导他说，我们可以从头学起。他更是无辜：“我在家里从来不做这些，我爸爸说，我只要好好学习就行了，这些无关紧要的事有妈妈和奶奶。”

如果你是班主任，该怎么办？

35. 2020年长三角地区中小学班主任基本功大赛情境问答题（初中组）

作为高一班主任，你在第一学期例行检查宿舍时，发现某同学枕头边上有半瓶抗抑郁类的药品，但是家长和学生在填写《学生健康登记表》时并未填写该同学有任何身心异常情况。

单独约见了这个同学，你该如何和他交流？

2. 人际关系处理类
——大格局带来好关系

人际关系是指人与人之间在交往的基础上形成的比较稳定的心理关系。主要表现在人与人之间在交往过程中关系的深度、亲密性、融洽性和协调性等心理方面联系的程度。

卡耐基说："一个人的成功，15%是靠专业知识，85%是要靠人际关系和处世能力。"可见，处好人际关系有多么重要!

班主任工作也是如此。

一、真题分析

1. 2020年浙江省中小学班主任基本功大赛情境模拟（初中组）

九年级刚开学，(3)班小红同学的表现很糟糕：上课趴桌子上，自修课讲话、吃东西，作业敷衍了事。新班主任张老师与她沟通过几次，但效果不大。与家长沟通，家长表示很无力，希望老师严加管教。但曾教过她的老师反映，她有狂躁加抑郁倾向，有过用小刀在手臂上划的情况，已经看过心理医生，正在吃药治疗。上学期，她也常常以各种理由请假不上学。这天，班主任正在批作业，突然接到体育老师宋老师打来电话，说小红当着全班同学的面直呼老师绰号，还跟同学说鄙视他。体育老师很生气，说了她一句，结果她马上表示不上课了。体育老师态度很坚决地表示像这样的学生他没办法教了。

这时，作为班主任的你……

【案例分析要点】

（1）主要考查班主任面对科任教师与学生产生突发矛盾时的处理艺术。

（2）班主任现场对学生个体与群体的安抚与管理，与科任教师和谐关系的构建。

（3）班主任后续对事件的跟进和处理。接纳和包容当事人的情绪与感受，探寻班级学业、人际交往问题产生的多方面原因并提出解决策略，引导构建良性师生关系，与科任教师形成教育合力的同时，引导科任教师公平公正对待学生。

（4）班主任对个别学生的教育和转化。特别是对罹患心理疾病和有严重心理问题的学生的教育。该生在师生人际交往、心理发展及学业等方面出现了问题。主要原因分析：亲源性、师源性、生源性。

（5）班主任对家庭教育指导的理念和策略。

2. 2020年浙江省中小学班主任基本功大赛情境模拟（初中组）

八年级（1）班的小红同学是一个特别不喜欢学习的孩子，经常不交作业，还总是在班里宣扬她喜欢哪个男生。这天是周一，她又有一门作业未交。班主任有点生气，于是打电话给小红爸爸想了解小红在家的学习状况。话还没有说两句，还没有交代清楚情况的时候，小红爸爸突然质问班主任："你们班到底什么情况，我女儿说你们全班都在谈恋爱，都不学习。"

这时候，作为班主任的你该怎么办？

【案例分析要点】

（1）主要考查班主任对学业、人际交往存在问题的学生的教育和转化。

（2）要考查班主任对人际交往，特别是异性交往在学生发展中的认知及指导。对异性交往过密、早恋的学生在全方面，特别是对他们合理需求的了解和满足方面的关注及引导。

（3）班主任对待青春期学生个体、群体人际交往的技能和策略。

（4）通过引导学生把大部分精力投入更有价值的同性、异性的人际交往，引导学生与人交往时做到尊重他人和自我尊重，处理好与他人的关系，建立健康、和谐、积极的人际关系，有助于自己的人格完善及社会化。

（5）班主任对家庭教育的指导。

3. 2020年浙江省中小学班主任基本功大赛情境模拟（初中组）

选科分班之后，寝室也重新划分。小红被分到一个新的寝室。这个寝室其他的成员原来都是一个班的，她们之间已形成小团体，总是有意无意冷落小红。小红感觉融入不进去。天气热了，寝室成员小丽把空调温度调得很低，小红怕冷，但劝说无果，导致小红冷得睡不着。无奈之下，小红哭着找班主任。

假如你是班主任，你会怎样处理？

【案例分析要点】

（1）主要考查班主任怎样指导学生进行生生人际交往。

（2）指导小红怎样积极主动与寝室成员交往。

（3）指导其他成员怎样接纳小红，建立良好的室友关系。

4. 2017年浙江省中小学班主任基本功大赛情境模拟题（小学组）

朋友夫妇难得带孩子去公园玩耍，刚进公园，手机响了，是英语老师打来的。老师语气严肃地问孩子在做什么，家长支吾了一会儿，只好说："在公园。"老师认真地说："我并不反对游玩，但明天要检查英语背诵，请你把手机交给孩子。"孩子听说是老师的电话，脸上露出了绝望的神情，接过手机，老师要他把明天上课要检查的课文背一遍。于是这样的一幕就出现了：一家人站在公园里，让孩子对着手机背课文。孩子既恐惧又别扭，背得不好。老师让孩子把手机交还家长，对家长说："情况你们大概也看见了，孩子已经这样了，还能带他出门玩吗？"就这样，一家人默默地离开了公园。

假设你是班主任，此事发生的当天晚上，你看到微信朋友圈里的一条消息"美好的一天被一个要背诵英语课文的电话给搅乱了……"发布朋友圈的人正是你班那个孩子的家长……说说你看了之后会怎么办？

【案例分析要点】

（1）考查班主任的教育观念：如何看待家长带孩子一起去公园玩？英语教师的严格要求有何利弊？

（2）英语教师让孩子当着家长的面对着手机背课文的方式是否妥当？家长在朋友圈抱怨是否合适？在移动互联网时代，教师、家长、学校应如何扬长避短，进行合理、有效的沟通？

（3）班主任应担负起中介和桥梁的作用，协助科任教师与家长之间建立起平等、和谐的家校关系，形成教育合力。

5. 2018年长三角地区中小学班主任基本功大赛情境模拟题（初中组）

小A和小B是同班同学，小B无论是学习成绩、才艺表现还是同学人气方面都要比小A优秀，小A对小B产生了嫉妒心理。小A建立了一个QQ群把班里的其他同学拉进群里，讲一些关于小B的坏话并挑拨同学之间的关系，甚至还制订了第二天让大家排挤和孤立小B的计划。群里的一名学生发现了事态的严重性，及时向班主任做了报告。

（1）如果你是班主任，该怎么办？

（2）阐述你这样做的理由。

【案例分析要点】

问题判断：

这是一个由于妒忌心理而演变成利用QQ群排挤同学的事件，若不加制止任其发展下去，即成为校园霸凌事件。

表演策略：

（1）找小A谈话，引导小A转变认知，学会欣赏他人。对待优秀者的态度，不应该是嫉妒，而应该正视自己的不足，学习他人的长处，才能使自己走得更远。如果在QQ群里继续讲小B的坏话，排挤、孤立小B，就是一起校园霸凌事件，要负法律责任的。

（2）对全班学生进行教育，引导学生正确与同学交往、正确使用网络服务于生活。利用网络造谣、中伤他人，很容易使自己从谣言的发起者变为受害者，情节严重的还会受到法律的制裁。同时，在班级开展丰富多彩的活动，帮助学生更好地了解小B，知道他优秀的原因，鼓励学生向他学习。

（3）引导小B敢于向老师反映情况，并在自我成长、追求卓越的道路上，与其他同学更加友好地相处，更多地帮助他人。

陈述理由：

（1）本案例产生的重要原因是小A产生了妒忌心理，因此，解决问题的关键是引导小A转变认知。

（2）人们在情绪激动的情况下更容易受到他人影响。因此，要及时缓解学生激动、紧张的情绪。同时，在班级营造友好相处的良好氛围，在潜移默化中影响学生的言行。

6. 2018年浙江省中小学班主任基本功大赛情境模拟题（高中组）

在英语课上，任课的张老师当着全班同学的面让小明放学后去他办公室补课，可小明无动于衷，不管张老师如何劝说，小明始终面无表情，不肯答应。最后张老师生气地说："我放弃休息时间免费帮你辅导，你还不肯答应？你到底想不想好好学习？"谁知小明却说："是你自己要辅导的，关我什么事？"张老师怒气更盛："我辅导你，你不晓得感激我，还和我对着干，喊你家长来向我道歉，不道歉你以后英语课就不要上了！"

作为班主任的你，知道了这件事，该怎么办？

【案例分析要点】

（1）主要考查班主任对学生心理的了解和对师生关系的引导。

（2）安抚张老师的情绪，感谢张老师对学生的辛勤付出，答应张老师及时处理此事。

（3）安抚小明的情绪，了解小明的想法，指导小明理解张老师的做法，同时指导小明怎样与张老师沟通。

（4）再次与张老师沟通，使张老师理解当众叫小明补课给小明带来的难堪，令张老师理解小明的想法。

（5）给全班学生指导怎样建立良好的师生关系以及师生沟通的技巧。

二、路径探究

（一）关系也是生产力

当一个班级出了大问题时，肯定是人际关系上出了问题。

有人说，现在是一个人情社会，即关系社会，处理好各种关系，即便自己的实力有限，通过关系的维系就会提升个人价值。这种说法其实是对当前社会不全面的误读。但是，在班主任工作中确实要平衡很多关系，这些关系的相对平衡就会在幕后推动一个班级的成长。

班主任是条扁担，一头担着学校的要求，一头担着学生的心愿。“要求”的箩筐里已被教学任务塞得满满的，纪律、卫生、活动的加载又会随时出现。“心愿”的箩筐里，不仅有幼稚天真的共性和单纯固执的个性构成难调的众口，还有家长几多殷殷的期盼。学校的金科玉律，学生“给我点自由”的呼喊，常把这扁担压得前起后伏，摇摇颤颤。要保持扁担的平衡，班主任就要时时刻刻以厘、以毫计算扁担的长短，精打细算地移动扁担的支点。

除了学校和学生的关系，还有学校和家长的关系，班主任和家长的关系，班主任和学生的关系，班主任和科任老师的关系，科任老师之间的关系，班主任与其他班主任之间的关系，班主任与舍管老师的关系，甚至班主任与外勤、保洁、门卫的关系等。

在处理好人际关系的同时，还有事务之间的关系，这些关系需要班主任交代并指导学生处理好：课堂与课下的关系，预习与复习的关系，平时与周末的关系，作业与成绩的关系等。

（二）三大锦囊

我们通常有一种习惯性的说话态度：关系越陌生，说话越客气越有礼貌；关系越亲密，说话越随意越无顾忌，甚至以“互损”为乐。

师生之间，由于自认为相互了解，自认为老师永远都是为学生好，自认为对方不会责怪、不应计较，所以，很容易将“风刀霜剑”刺出去。

其实，师生间的关系并不是坚不可摧的，同样需要精心呵护。那么，如何建立良好的师生关系呢？

锦囊一，尊重优于指责

师生间相处几年后，与对方说话的语气和态度就顾及较少。原本关心爱护的话语，说出来却可能变成埋怨与指责。这样的现象次数多了、时间久了，关系危机和感情裂痕就产生了。如果还不及时反省，就会形成恶性循环，最终可能形成“塔西佗陷阱”。正如塔西佗在评价一位古罗马皇帝时所说的话：“一旦皇帝成了人们憎恨的对象，他做的好事和坏事就同样会引起人们对他的厌恶。”师生之间的关系亦是如此。

当一个人失去公信力时，无论说真话还是说假话，做好事还是做坏事，都会被认为是说假话、做坏事。这就是说，一个人说话，如果长时间地用指责和不满的语气、语调、言辞、态度，再配上不好看的脸色，就可能造成严重的后果。

师生间的任何小问题，如没收手机、惩罚性作业、学习不达标不准吃饭、违纪违规挨批评时几个小时不准上厕所等，都可能变成影响师生相互关系的大麻烦。即使亲密无间的两个人也是两个独立的个体，也会有各自的感受。所以，无论两人之间有多么亲密的关系，都请不要用“犀利”的语言去“诛杀”一个人的心。

说实话，向学生发脾气、说狠话，是最愚蠢和最懦弱的行为。你的“脾气”和“狠话”，只是当时把他们唬住了，或者说他们只是在表面上对你产生了害怕感，而没有打心眼儿里产生尊敬感。这就是为什么有些老师常常感叹，“学生在校时，我把心都掏给他们了，可是他们离开学校才几年，就不跟老师联系了！”

如果换一种说话的语气和方式，多一些关心，少一些指责，多一些换位思考，少一些主观臆断，师生间的情绪会大不一样。

面对学生，不要轻易动气；遇到矛盾，不要轻易叫嚷；心平气和就事论事，多考虑对方心理，不要因为自己面对的是天天相见的人，说话就不注意分寸。相互尊重很重要。当然，如果学生所做之事，在原则上都行不通，那就得严格要求了。

以身作则，潜移默化。用尊重的方式说话，对孩子的成长教育影响很大。

锦囊二，认可优于否定

带有情绪的语言，既可给人带来温暖，也可带来伤害，就看是什么情绪。

有形的伤痕是皮外伤，是表面的，几贴膏药就能治好。言语的伤害却是无形的，是内伤，一般“膏药”难以“到达骨髓”，所以言语的伤害比皮肉的痛苦更具有杀伤力！心理学家苏珊·福沃德博士在《中毒的父母》中说：“小孩是不会区分事实和笑话的，他们相信父母说的有关自己的话，并将其变为自己的观念。”这里把“父母”换成“老师”，道理也一样。

有不少老师喜欢采用“打击式”教育，喜欢用“过激过狠”的言语进行所谓的“激将法”教育，比如“你写不满1000字的检讨就去跳楼”，或者每次考试都出怪题、偏题、难题、可左可右的题、让人意想不到的题，把学生考得晕头转向，永远难以恢复元气……

这种“打击式”教育不能从根本上达到“激将孩子”的目的，反而会给孩子的成长带来消极影响。经常被打击的孩子，往往十分自卑，常常陷入自我否定和自我怀疑的情绪之中，严重的会成为孩子轻生的诱因。

这种打击所造成的伤害，不仅体现在当下，而且会透过绵长的岁月，时时刺痛孩子的心。就如三毛在学生时代遭受了数学老师的伤害一样，几十年都难以摆脱！

清朝教育家颜元说：“数子十过，不如奖子一长。数过不改，也徒伤情；奖长易劝，也且全恩。”可见，教育孩子要讲究方式方法。在孩子犯错的问题上，更能体现老师的教育能力。更何况，孩子犯错误对于老师来说，并非一定就是坏事。老师可以通过这些错误，了解孩子的不足，发现孩子那些不易察觉的问题倾向，并及时给予纠正。

经常认可孩子，给孩子积极的暗示与鼓励，孩子会表现得越来越出色。

心理学中的“皮格马利翁效应”认为：赞美、信任和期待具有一种能量，它能改变人的行为。当一个人获得另一个人的信任、赞美时，他便感觉获得了社会支持，从而增强了自我价值，变得自信、自尊，获得一种积极向上的动力，并尽力达到对方的期待以避免对方失望，从而维持这种社会支持的连续性。

教育心理学中的“翁格玛丽效应”也认为：在被表彰和嘉奖的情况下，受表扬者自然会不断地追求进步。

因此，老师与孩子说话时，站在认可的立场上，尊重、赞美、支持孩子的想法，即使孩子的想法有错误，老师也不能马上武断地打断他们的说话，而应在耐心听完他们的说法后，再平静、客观、商榷性地说出不同意见或建议性地提出修正意见。只有这样，师生关系才能保持和谐、幸福、快乐、美满，学生才会打心眼儿里记住并佩服老师的包容博爱和理性大度。

锦囊三，感恩优于抱怨

家长虽然给不了孩子所有，但所给的一定是他们力所能及范围内最好的。

不论贫穷还是富有，父母都会倾其所有地给予子女。因此，面对家长，不要说“爸爸应该是那样的爸爸，妈妈应该是那样的妈妈”，而要说“你们带孩子真不容易，感谢你们的全力付出，我们还要继续共同努力，让孩子尽快变得更好!”老师这样一说，家长心里暖呼呼的，回家面对孩子一定是春风和煦，孩子也会信心倍增。老师、学生、家长都处于一个尊重、信赖、感激的氛围中，再对孩子进行一些“可行”的“严格要求”，孩子很快就会成长起来。

时代不同，思想不同，接受的教育不同，各自的经历不同，工作、生活环境不同，老师与家长之间总会有观点相左的地方。但是，老师既不能嫌弃家长落后，不能埋怨他们老土，也不要屈服于权势、仰人鼻息。相互之间多一些尊重、理解和沟通交流，就会多一些包容、理性与感恩。

英国哲学家罗素说：“家庭之所以重要，主要是因为它能使父母获得情感。”换作老师与学生之间、老师与家长之间，不也是一样吗?

站在对方的角度，理解他们的不安，安抚他们的焦虑。与家长说话不要抱怨，不要“意气爆表”给他们添堵，言语上多些体贴与感恩。和颜悦色、平心静气、真诚关爱，理解对方难处，这样的以心换心相处，老师、学生、家长之间，没有处不好的关系!

换一种说话方式，冷静不冷漠，坚定不坚硬。

良好的师生关系，幸福的师生生活，需要好好对待爱你的与不管你爱不爱的学生，因为心中有爱，你的每句话都会有温度也都有力度。

（三）三句实话

我们与身边的人相处，难免会有磕磕碰碰的时候。

一次两次，无伤大雅，说开了就好。但如果整日里都处于针锋相对的状态，就会影响自己的心情，也会伤害两人之间的情谊。

遇到这种情况，难免要问一声：怎么办呢？

记住三句实话：看人长处，帮人难处，记人好处，就能很快和身边的人建立起良好关系。

贝多芬是个天才音乐家，但也是个聋子。如果你只看到他是个聋子，就会觉得他是个一无是处的残疾人；你要是看他的音乐造诣，就会惊叹于他是个天才的音乐家。

金无足赤，人无完人，老盯着别人的缺点，会让别人反感，让自己痛苦。反其道而行之，多看别人的优点，你会发现世界豁然开朗，也更能够包容别人了。如此一来，别人开心，自己顺心，双方也能更加和谐地相处，世界也会变得更美好。

朋友之间，锦上添花的很多，雪中送炭的却鲜有。正是因为如此，雪中送炭才显得弥足珍贵。别人有难之时，你伸出援手，也许于你而言，只是举手之劳，但于他人而言，也许就是天大的恩情，人家会感激你一辈子。你有难了，不用你说，人家早就赶来帮你了。

帮人难处，不仅有助于感情维系，更是一种道义上的高贵。你帮了人家，人家记得你的好；人家帮了你，你也应该记得人家的好。做人，要常怀一颗感恩之心，毕竟，没有人有义务要帮你。始终记住别人的好，别人有难的时候也回报别人。感情都是双向的，有付出，有回报，感情才能更长久更美好。

人际关系就像瓷器，一旦出现裂缝，无论怎样修补也不能完整如初。最好的办法就是，好好珍惜，用心经营。要知道好多人，走着走着就散了，不是因为联系没了，就是因为关系闹僵了。

（四）三个技巧

技巧一：我也是从你这么大过来的——角色置换效应

在社会心理学中，人们把交往双方的角色在心理上加以置换从而产生的心理效应现象，称为“角色置换效应”。

在师生沟通中，教师不仅要常做换位思考，还要把这种思维方式传递给学生，通过老师有意识的引导，学生耳濡目染，也逐渐学会理解他人，学会宽容和分享，这对其终身成长和发展将产生长远效益。

角色置换效应的典型例句：

我也是从你这么大过来的，我很理解你。

换了是我也可能会那样做的。

我也曾经有过和你一样的烦恼。

如果你是老师，你会怎么做呢？

技巧二："废话"有多重要？——调味品效应

谈话伊始，不必板着脸直奔主题，先说几句"废话"吧，谈谈最近有什么新鲜事，身体如何、心情如何……这样会打破学生筑起的心理防线，使学生更容易接受老师的教育，使后续的谈话更容易进行。

调味品效应在师生对话、家校沟通中既能有效缓解紧张气氛，打破谈话僵局，又可以由此及彼巧妙地实现迁移，最终让学生明白教师的弦外之音，把学生不知不觉引入设定的教育情境。

调味品效应也广泛应用于与家长的沟通中：一把椅子，体现尊重；一杯热水，表达关心；一句寒暄，传递温暖。人的情绪和精神是可以互相感染的，我们教学生懂礼，自己要先懂礼。这不是大道理，而是待人接物的一般常识。

技巧三："数学老师说你很棒！"——第三人效应

在传播与说服心理学中，人们把通过第三人佯作无意间转述他人的某种意见，或创造某种条件让对方间接地听到你对他的评价与关注，从而产生意想不到的传播效果或劝说效果的现象，称为"第三人效应"。

这种迂回战术在师生交往中非常有用。第一种情况，说话者（第一人）转述第三人的话，可以增强说服力；第二种情况，自己（第一人）不出面，由第三人转述第一人对第二人的看法，或创设条件假借第三人的话表达第一人的意思，可能在师生间有敏感问题或处理矛盾时发挥作用。

但"第三人效应"不是万能的，若把握不当，不仅效果不好，甚至还可能产生负面效果。教师在运用"第三人效应"时，要注意以下几点：

选第三人要投其所好。学生（第二人）和第三人的关系要良好，否则，第三人说话的可信度就比较低了。

对个性强的孩子可能效果差。如果学生的性格比较独立，个性较强，平时不愿听取别人的意见，那么第三人的作用就会大打折扣。

用滥了就可能无效了。不要在一个学生身上反复使用“第三人效应”。如果听多了第三人的话，学生就会变得敏感、警觉，会加重对第三人信息的过滤，“第三人效应”的作用效果也就会降低甚至失去。

千万别“穿帮”。如果第三人的话是无中生有，一旦“穿帮”，无论是第一人还是第三人，学生对他的信任度都将大打折扣。

（五）格局越大，关系越好

所谓格局，就是一个人的眼界、胸襟、胆识等心理要素的内在布局。面对同样的情况，一开始的格局就决定了事件的走向，什么样的格局成就什么样的人生结局。

格局，并不是高不可攀的东西，人人都有格局，只是每个人的不一样而已。

格局在李白那里是“仰天大笑出门去，我辈岂是蓬蒿人”的气宇轩昂；在岳飞那里是“三十功名尘与土，八千里路云和月”的壮烈；在苏轼那里是“大江东去，浪淘尽，千古风流人物”的豪迈。

格局是一种大情怀，海纳百川才能有容乃大。

西汉的开国功臣韩信，早年穷困潦倒，经常是吃了上顿没下顿。

一日，有个街头混混看到韩信腰间别了一把长剑，想试探他的胆量。便在闹市中拦住他说：“你若是有胆量，就拔剑刺我；若是懦夫，就从我裤裆下钻过去。”韩信明知这是故意羞辱，却很淡定地想了一下，就从那人的裤裆下钻过去了。围观人群哄然大笑，觉得韩信胆小怕事，没有勇气。

后来，韩信协助刘邦打了天下，当他再次返回楚地时，召见了曾经侮辱过自己的小混混。出人意料的是，韩信非但没有杀他，还封他做了官，并对众人说：“昔日，他侮辱于我，可立刻斩杀其于剑下，然杀他不能助我扬名，索性隐忍，才有了今天的成就。”

这就是家喻户晓的“胯下之辱”的故事。

古人云：“能容小人，方成君子。”

胸怀天下的人，有着大格局，不会为了一事一物的得失而乱了阵脚，他有明确的目标和强大的信念，孜孜以求，直至成功。

如果斤斤计较于一些琐碎的得失，弄得和同事成了“不是你吃掉我，就是我吃掉你”的敌人，你快乐吗？你如果心中有阳光，看谁都是阳光灿烂的，看谁都很顺眼。反之，如果你心里一直有阴影，你看谁都很阴暗，看谁都不顺眼。都是同事，工作中难免会有摩擦、有争执，甚至冲突，事情过了就过了，积在心里干什么呢？有人之所以心里老不平衡，老看不惯这个看不惯那个，是因为心眼儿小了。俗话说："心眼儿小了，事就大了。心胸大了，事就小了。"

你看学校里有些老师，平时都是开心、大气、乐呵呵的，难道他们就没有遇到过不顺心的事吗？当然不是，而是他们心胸豁达。你现在老纠结的一些事，老想着"要讨回个公道"，再过10年、20年、50年，还算事吗？尘埃落定，什么都是浮云！

曼德拉，南非第一位黑人总统，1993年荣获诺贝尔和平奖。他的人生体现了宽容与博爱的人文精神。曼德拉曾经在监狱里度过了27年的铁窗生涯，但始终坚持人人平等的理想与信念。他所争取的不只是黑人的尊严，同时也是白人的尊严，这种尊严超越了种族限定而上升为全人类的高度。曼德拉在总统就职典礼上邀请了许多人，其中3名就是在监狱中虐待过他的人。他们战战兢兢来到典礼现场，但是曼德拉对他们以礼相待，他说："当我走出囚室迈向通往自由的监狱大门时，我已经清楚，自己若不能把痛苦与怨恨留在身后，那么其实我仍在狱中。"这既是一种博爱精神的体现，也是一种笑对人生的大智慧。

三、名家借鉴

(一) 李镇西：尊重欣赏

简介：自1982年从教以来曾获"四川省中学语文特级教师""全国优秀语文教师""成都市有突出贡献的优秀专家""成都市十大优秀青年""成都市十大教育明星"等称号，享受成都市人民政府专家特殊津贴，2000年被提名为"全国十杰教师"，被誉为"中国苏霍姆林斯基式的教师"。

案例一：

曾经有一个物理老师，是个小伙子，在一次课堂上评讲作业的时候，因一个学生没有交作业，便狠狠批评了他。其实，这个学生已经病了好几天，于是该生便解释了几句，老师厉声喝道："你居然还顶嘴！"一边说一边走过去给了学生一个耳光。这件事在班上引起了强烈反响，我也觉得物理老师做得不对。被打的学生找到我哭诉，物理老师在我面前埋怨学生不好管。

我经过仔细分析，觉得物理老师的举动很反常，便和物理教研组组长一起对这个物理老师的情况进行了了解。从教研组组长那里，我获悉，原来物理老师的母亲因患癌症住进医院已经一个多星期了，导致他最近情绪低落，很容易发怒。知道这一情况后，我理解了物理老师的失态。于是，我专门去医院看望了物理老师的母亲，还动员班干部代表全班同学给物理老师写了一封慰问信。然后我又找被打学生谈心，跟他说了物理老师最近遇到的困难，我说老师打你肯定不对，但老师在这种情况下，情绪容易失控，你要多理解老师。我建议他给物理老师写一封恳切的信，再次就不交作业的原因做个解释，并向老师表示慰问。

我进一步对这个学生说："我不是要你忍气吞声，委曲求全，而是希望你表现出你的宽容与大度，在这个前提下，给老师有理有节有分寸地提意见，老师会接受的。"同时，我也找物理老师谈了谈，主要是说教师的修养，我说我理解你的冲动，因为你是有原因的，但无论如何打学生是不对的，何况这个学生是被你误解了。我建议他在适当的时候，与这个学生主动沟通一下。我说的"沟通"其实就是"道歉"的委婉表述。一周之后，令我没有想到的是，这个老师不但向学生道了歉，而且还在全班同学面前认了错，全班同学用热烈的掌声向老师表达了谅解。

感言：当学生和科任老师发生冲突而明明学生没有做错什么的时候，是班主任最为难的时候。维护公正直接指出科任老师的不对吧，会伤及老师的尊严；维护科任老师的面子而批评学生吧，又对学生不公平。我的做法是尽可能做通双方的思想工作，增进双方的理解。

案例二：

有一年我教高三，学生向我反映，教数学的凌老师明显偏心，在咱们班评讲试卷时，只说A、B、C、D答案选项，很少作分析说明为什么要选某一答案。但在她担任班主任的那个班，则讲得非常细致。同时，她给自己班上的学生增加了许多模拟试题，而这些试题她根本不给我班学生做，等等。

起初，我认为这是学生的偏见，便对学生说，不要瞎想，你们的基础好，凌老师讲得简略一些，让你们少做一点题，不是很正常吗？但后来我略做了解，知道学生所说基本属实。作为班主任，我真的很为难，我理解凌老师把我班作为竞争对手的心理，但也不能太过分了呀！我的学生也是你的学生呀！然而，我不能这样直截了当地去质问她，还得想办法和她搞好关系，特别是不能让学生和她产生对立情绪。

有一次，凌老师病了，而且病得不轻，但她依然坚持上课。那天下午放学后，我把班长叫到办公室，悄悄对他说："凌老师最近是带病坚持给你们上课的，今天晚上又是她的晚自习。你做两件事：第一，在讲台上放一把椅子，请凌老师坐着给你们上课；第二，用班费给凌老师买点营养品，周末去凌老师家里探望她。"

第二天上班，凌老师坐在我后面，颇有感触地说："李老师，你班的娃儿确实懂事！"

我故作惊讶："怎么啦？"

她说："我病了好几天，自己班上的学生都没有察觉到，可你班的娃儿就感觉到了，昨天晚上专门在讲台上放了一把椅子，要我坐着给他们上课。我非常感动！"

我心中一喜，但嘴上却很平淡地说："学生尊敬老师，应该的嘛！你也要多注意身体呀！"

过了一周，凌老师感动地说，星期天我班一群学生去她家里看望她，给她买了营养品，还感谢她带病坚持上课。凌老师再次说："我班的学生怎么就没有你班的学生懂事呢？"这以后，我明显地感到了她对我班的热情，学生也反映，凌老师不偏心了，甚至对他们更加关心。

感言：有时候，在同一年级，某位平行班的班主任可能同时担任另外一个班的科任教师，这时如果出现了科任老师在教学上偏心的情况，也让本班班主任感到棘手。与同事搞好关系，不仅是一种技巧，更需要我们发自内心地对周围老师的尊重与欣赏。以开阔的胸襟和善良的眼光对待周围的同事，人际关系自然会越来越好了。

（二）张美燕：守护花开

简介：汕头市澄海实验小学语文教师，是一名热爱生活、热爱阅读、热爱养花、热爱三尺讲台的普通教育者。她信守童心如花，养"花"贵在养"心"，用心浇灌花苗，倾心聆听花语，努力守护每个花开的美好时刻。

案例：

信收上来了，厚厚的一大摞。一封折叠得特别"娇小"的信引起了我的注意，拆开一看，署名竟是"一个不大喜欢您的学生"。

是她！那个让我颇为头疼的小丫头——灵。快速阅完信，内容颇简单，主要表达了她对我的丁点儿喜欢——认真负责；大部分的不满——太严格，爱挑她的毛病，特别是对她的"形象问题"耿耿于怀。

看完信，再看那个特别的署名，我"扑哧"一笑，这小丫头竟有如此直率的一面，好，总算找到沟通的契机了。

其实一开学，这个孩子便引起了我的注意——她那头秀发被拉得笔直，刘海特长，遮住前额，还挡住左右各半边脸。我经常看不见她的眼睛，更看不见这扇窗户背后的心灵。这形象在我们学校是“超级不合格”啊。我无法视若无睹，一次一次地找她谈话，每次她都皱皱眉头，默默聆听，不作回应。第二天，形象依旧，刘海长飘。

要动用学校的纪律处理她的形象吗？我一直犹豫着。我一向认为利用学校纪律来压制学生的行为是师者“无能”的表现。更主要的是短暂的相处，偶尔的眼神碰撞，我能感受到这孩子内心的敏感与脆弱。她长长的刘海掩盖下的双眼总是闪着不安与自卑。孩子外在的形象往往是内心世界的折射，粗浅的心理学常识提醒我这是一颗需要呵护的敏感的心灵。“切入”的方式稍有不慎，也许就会伤及她的心。于是，我在她静默的抗争中努力寻找契机。

“一个不大喜欢您的学生”这个署名，看似是灵对我的“小不满”，实际上是一朵“信任的小花”，一把开启心灵之窗的钥匙。

第六感告诉我：交流的突破口在此！我要乘机走进她的心灵。

我连夜阅读了全班同学的来信，并给他们回了一封长信。第二天，我公开宣读了我的回信，信中不点名地谈到了两个特别的署名给予我的感动：一个是A同学的“您的‘孩子’”，一个就是灵的“一个不大喜欢您的学生”。

我说感谢A同学给予我的温暖，更感谢灵这个特殊署名传递给我的真诚批评。前者是关爱与肯定，后者是坦率与信任。这两个特殊的署名都让我感动，让我感到幸福，给了我更多前进的动力。我诚挚地读着回信，默默地关注着坐在角落里的灵。我看到小家伙脸色绯红，神情激动，不经意扬起的刘海下的双眸里闪过惊讶、激动与欣喜……

下课后，我悄悄地招手让她出来，轻轻地牵起她的手，这次，她没有拒绝。走到一个角落，我轻拥她的肩，再一次真诚地表达了我对她的信任与感谢。接着我也真诚而直率地告诉她我对她“文静乖巧、善良友好”的喜欢和“虚心接受、静默抵抗”的不满。告诉她我期望我们彼此都努力改进，让彼此对对方的喜欢更多一些。她笑了，表示同意。于是我们拉钩约定一起努力。

第二天上课，我发现平日总是低着头听课的她开始抬头专注地看我了，还跟着全班同学一起发言。我欣喜之余，不时投去赞许的眼神。下课后，我悄悄递给她一张小纸条："小丫头，看到你抬起头专注听讲，大声朗读，真好！那样子很阳光哦！"看完纸条，她冲我莞尔一笑，那算是我们认识以来她给予我的最灿烂的笑容，我愉悦地接受了。

这是一个良好的开端，但对于灵这种敏感、欠缺自信的孩子来说，信心的重建需要不断增强她的自我存在感和价值感，而这需要老师用心创造机会，帮助她认识自己眼中的"我"以及他人眼中的"我"，发现自己的优点，找到自信的依据，建立理性的自信系统。

于是，之后的日子，我开始有意识地在课堂上挑选难度较低的问题请她回答，赞扬她的参与；开始请她帮忙整理读书角、管理晨扫，感谢她的付出；开始在全班同学面前聊她的表现，赞扬她的进步。她也开始在下课时与其他同学一起凑到我的身边说说聊聊，沉默依旧多，却笑意盈盈。我也不失时机地拍拍她的肩膀，摸摸她的小脑袋，她总是笑眯眯的。我知道，抗拒已经消失，我正在慢慢地靠近那颗心。

一天早读下课后，她独自立于走廊。我凑上去，轻轻撩开她的刘海，看着她满额头的青春痘，我谈了自己的青春痘，以及如何预防、该怎样注意饮食等。

也许是她感受到我对她的"青春痘问题"的真切关心，小家伙竟感激地把她的头靠向我的肩膀，这份亲昵着实让我感到意外与欣喜，看来理解与尊重真的是走近孩子的最好途径。

我继续我的"闲聊"，她则会心地笑着，可还是不吱声。我知道，她还是难以自信且坚决地梳起她的刘海，而这需要我们有静待花开的耐心和默默陪伴的用心。于是我鼓励她尝试着一天梳起一小缕，让刘海越来越少，让额头越来越亮堂。课余，我暗地里与她妈妈联系，请她多花点时间陪伴孩子，调整饮食，共同鼓励她改变形象，展现"新风貌"。

家校的携手、真诚的期待似乎给了她更多的动力，她开始了一点一点地改变。

每天，我都会寻找机会靠近她，给她点行动上的支持：有时送她一个夹刘海的小发夹，有时给她编个马尾辫，时不时称赞她："刘海梳上去一点了，好看""用夹子夹住刘海，很俏""今天看你亮着额头，开心地笑，很美"……

两个星期过去了，灵前额的刘海越梳越高了，青春痘越来越少了，笑容越发灿烂了，眼中自信的光芒开始闪现了，与同学的交往也开始趋向主动了。看着她的变化，我满心愉悦，与这个"不大喜欢您的学生"的交往，开始步入了"喜欢"的轨道了。

感言：教育是人与人心灵上最微妙的接触与碰撞，触碰中一旦闪出信任的火花，沟通的桥梁就能搭建起来了。师生之间的心灵之墙一旦打开一扇窗，阳光很快就能照入。

（三）刘长铭：亲其师，信其道

构建良好师生关系的能力是教师教育能力或影响力的体现。我在长期观察和总结一些优秀教师做法的基础上，提出一点相关建议，希望会对同行们的工作有所帮助。

让学生全面了解自己

教师要让学生尽可能多地了解自己、认识自己，对建立良好的师生关系非常重要。

起始课是教师和学生相处的开始，也是实施教育和影响的开始，这是一个建立良好师生关系的重要契机。教师都会在起始课上进行自我介绍，但有些教师对此不够重视，仅向学生简单介绍自己的姓名和教授的学科，几句话说完了事，然后就急于赶进度，迫不及待地讲解课程内容、学习方法和学习要求。

当然，教师介绍自己所教学科中有趣的内容，展示学科魅力是很重要的。一些理科教师常用有趣的小实验来吸引学生，激发学生的学习兴趣，这些做法有一定的效果。

其实，教师介绍自己和介绍课程同样重要，有时甚至更为重要。因为每个学生都愿意尽快了解未来和自己相处一年甚至几年的老师是个什么样的人。而在第一节课上学生得到的关于老师的第一印象更为关键。

因为起始课具有特殊的意义和作用，所以优秀的教师都懂得要抓住这个机会充分展示个人魅力。我见到一些和学生关系很好的教师，他们上过的起始课至今仍历历在目。

他们有的向学生展示自己漂亮的生活照和艺术照，展示自己全家幸福生活的照片，展示自己在各地旅游的纪念照，以此来告诉学生，你们的老师不仅会教课，还热爱美好的事物、热爱生活、热爱家庭，有生活情趣、见多识广、阅历丰富……这样的照片常会引发学生的惊叹（我始终认为教师爱美是优点而不是缺点，如果教师有这样的先天优势就一定要充分利用）。

哪个孩子不愿意和这样的老师相处呢？他们相信这会是一个充满爱心的老师，

和这样的老师相处会很有趣，这样的老师会给他们带来丰富的学习生活，他们也会感受到老师更多的爱，更愿意和这样的老师在一起。

让学生知道自己的兴趣爱好

记得一位老师向学生介绍自己的体育爱好和运动水平时，全班孩子情不自禁“哇”的一声喊出来，我想这一声喊，已经表明学生开始喜欢甚至佩服老师了。老师尤其是理科老师更应该向学生介绍一些自己喜欢的文学作品，这能让学生了解老师的品位和追求。

记得一位老师在向学生谈起自己最喜欢的一部小说时，学生激动地举手发言表示自己也同样喜欢这部作品，甚至还和老师交换看法（我当时就认为这位老师和学生进行讨论所花费的一两分钟时间非常值得）。老师还可以向学生介绍自己喜欢的歌星和影星，谈自己喜欢的某一首歌，或是某部电影里的某个情节。

我记得一次课上，一位老师谈起这些时，学生听得津津有味，教室里不断爆发阵阵笑声和掌声。这是师生间情感的共鸣，是建立良好师生关系的美好开端。

让学生了解自己的精神世界

有的老师向学生介绍自己崇拜的人和喜欢的名言，向学生解释自己为什么喜欢这些，这会引发学生对生活意义和人生价值的思考。我记得在一节课上，一位老师向学生介绍自己喜欢的一位名人，他喜欢这位名人，不是因为名人的声望，而是因为这位名人成长过程中的一段重要而感人的经历。

毫无疑问，这位老师是利用分享他人的生活经历来阐释自己对生活、对成长的深刻理解。老师让学生了解自己过去的生活和成长历程有时也十分必要。我相信，这些会成为师生之间今后探讨生活意义的话题。

并不是说教师所有的介绍都要在一节课上完成。教师要有意识地让学生对自己的了解有一个由浅入深、由表及里、由不太全面到比较全面的过程。

教师怎样让学生了解自己，这本身也是一门教育的艺术。

重要的是，教师一定要让学生对自己有足够多的和足够全面的了解。因为优秀的教师都懂得，自己的角色绝不仅仅是传授书本知识，绝不仅仅是让学生掌握解题技巧，自己所担负的是全面育人的使命。

让学生了解你的生活、你的爱好、你的情趣、你的品位、你的特长、你的思想、你的内心世界，你就会与学生之间架起许多条沟通的桥梁，给自己留下许多可以和学生讨论的话题，给学生心中播下了许多颗种子，也为你今后对学生施加教育影响留下了许多契机、做好了充分的铺垫。

俗话说，好朋友之间无话不谈。当你让学生全面了解自己时，就已在向学生表明，我愿意和你们成为好朋友，我们一定能成为好朋友，学生是能够体会和理解这一切的。

叫出每一个学生的名字

每一个学生都十分在意自己在老师心中的位置。

当学生感到自己受到重视时，就会和老师建立起亲密的关系，会获得安全感，学习动力也会大大提升，承受挫折的能力也会增强，因为他或她知道，老师很关注我，我遇到困难随时可以得到老师的帮助。教师让学生感到自己受到重视的最简单的方法，就是要尽快记住并叫出每一个学生的名字。

有一年我做班主任，年级组长是著名的丁榕老师，她是全国优秀班主任，做班主任和做学生思想工作都有很丰富的经验。她把班主任工作安排成一个清晰的系列，什么时候该做什么，一目了然。她对我们这些班主任提出的一个明确要求就是：见学生第一面时一定要准确叫出学生的名字。于是，我们在放假期间就有一项家庭作业——对照学生学籍卡上的照片来背学生的姓名，同时还要尽量记住家长的信息。

准确叫出学生名字，对科任教师来说也非常重要。科任教师与学生接触的机会比班主任要少，短时间内记住学生名字要花精力刻意来做。

有些科任教师习惯叫学号，这种做法很不可取。这样做使学生无法判断自己在老师心目中的位置，使学生总觉得自己没被老师重视，自己在集体中可有可无，这样下去师生关系就会越来越疏远，甚至会直接影响学生学习这门学科的积极性。

老师叫出学生的名字，这对老师来说是很平常、很普通的事情，在学生看来却是如此重要。老师叫不出学生的名字，就永远无法走进学生心里。

热情地和学生打招呼

教师平时见到学生，热情地和学生打打招呼，唠叨几句温暖贴心的话，也是增进师生关系的有效做法。

有位学生在作文中写道："每一次在楼道里遇到某某老师，和他打招呼都是一件很开心的事情，老师总会笑得很灿烂并用热情的声音大声回应，让人觉得老师好像在对你说：又是新的一天啊！从和我打招呼开始有个好心情吧……

又有一次在楼道相遇时，某某老师叫住我询问，你是不是转班了呢？我说是。老师又问我是否习惯？告诉我有什么困难都可以说。现在想起来，这可能只是老师当时无心顺口的一问，也许他现在已经不记得了。但是于我而言，新到一个陌生班集体时的慌乱与不适，都会因为这看似无心的一丝温暖而有所消减……我希望更多的老师都能不吝惜自己的这些小小的善举。因为您永远也不知道什么时候，自己不经意的举动就会温暖一个学生的心。”

感言：其实，师生关系就是通过生活中一件一件的小事建立起来的。这告诉我们，作为教师，我们不能忽略和学生交往中的任何细节。

四、真题大放送

1. 第二届长三角地区班主任基本功大赛情境问答题（小学组）

在去年送走的毕业生中有一个叫葛婉婷的学生，平时学习很用功，成绩也不错。可是五年级时有一段时间她在班上特别受排挤，受到老师的表扬马上就有人喝倒彩，课上回答问题不时有人发出“嘘”声，甚至有学生故意和她过不去，葛婉婷觉得很委屈。经过了解，班主任刘老师才知道，原来该学生和老师比较亲近，经常把班里发生的一些事情告诉班主任，于是班上有些同学认为她是在向老师打小报告，有些同学甚至故意找她的茬。

如果你是刘老师，你如何看待葛婉婷和部分同学的行为呢？又该如何处理这件事呢？

2. 第二届长三角地区班主任基本功大赛情境问答题（小学组）

小亚是独生子，从小开始，父母感情一直不和，并在他读小学三年级时就离异了，他被判给了父亲。父亲将小亚寄养在爷爷奶奶家里，自己则常年在外忙碌，很少与儿子进行沟通。爷爷奶奶对孙子百般宠爱，凡事都依他，只要大人有一点不顺从他，他便翻脸不认人。小亚在家一直处在以我为“轴心”的位置，在学校里对同学也是傲慢无礼，经常与人唇枪舌剑。

面对这样的孩子，班主任应该怎样开展教育呢？

3. 小丽是班中的文艺积极分子，课余学习声乐，并多次参加各类歌唱比赛获奖。但最近她越来越爱穿着打扮了，而且她这种对化妆的喜好也渐渐影响到了班上其他女生。这天物理课上，小丽竟然堂而皇之地对着镜子画起了眉毛，物理老师一气之下，将她直接送到了班主任的办公桌前。

作为一名班主任，你会怎么处理这件事？为什么？

4. 第三届长三角地区班主任基本功大赛情境问答题（初中组）

803班有“四大金刚”：一个班干部，三个课代表。有的同学反映，他们四个很团结，个个都很牛，谁给他们提意见，不仅听不进去，还可凶了。

如果你是这个班的班主任，你该怎么做？班主任如何看待班级中的“非正式群体”？

5. 第三届长三角地区班主任基本功大赛情境问答题（初中组）

小文一直是班上成绩最好的学生。在老师和家长的眼里，小文是重点高中重点班的苗子。可是进入九年级后小文不再像以前那么开朗乐观了。一天，班主任发现他竟然在上课的时候看魔幻小说，便严厉地斥责了他。可没想到的是，小文竟然对班主任吼出：“都是因为你，是你对我的期望让我喘不过气，只有看小说时，我才是快乐的！”班主任勃然大怒，与小文据理力争，最后请来他的家长，共同压制这个孩子。

你认为班主任的做法合适吗？作为班主任，该如何培养一些所谓的“优等生”？

6. 第三届长三角地区班主任基本功大赛情境问答题（初中组）

最近一段时间，班里一向很优秀的李青不知怎么了，脸色憔悴，上课时精神萎靡不振，回答问题张冠李戴，做作业也不认真。我观察了一段时间，却找不出问题所在。直到有一次，学生张璐无意中告诉我，小伟为了超过李青，自己花钱请李青去网吧上网。

嫉妒心竟然能让孩子们纯洁的心变得复杂起来，友谊也抵不住嫉妒的诱惑。李青和小伟一直是好朋友，两人都很优秀，屡次被评为“优秀组长”“学习标兵”，只是，学习上李青比小伟略好一些。因此，课堂上我经常鼓励小伟加把劲，力争赶超李青，和朋友一比高下。

或许我的鼓励才是导致小伟嫉妒心产生的真正原因吧！为了让班级形成你追我赶的竞争氛围，我经常倡导好朋友之间展开竞争，时刻提醒他们不能彼此服输，要争着抢着比优秀。也许正是这种过于频繁的鼓励催生了“不正当竞争”，以至于使部分孩子产生了嫉妒心理。

作为班主任，请你谈谈在学生之间的相互竞争中如何帮助他们克服嫉妒心理？

7. 第三届长三角地区班主任基本功大赛情境问答题（初中组）

初中生小丽因为牙齿参差不齐，带上了整形牙套，但她对戴牙套非常在意，不想让同学知道，导致一讲话就紧张。这使她的英语发音听起来非常奇怪，同学们一笑话，小丽就更不敢开口了。老师一提问，小丽的大脑就会暂时出现一片空白，表现得极度紧张，无法回答老师的提问。

如果你是小丽的班主任，你将怎样与小丽进行沟通？会如何处理？

8. 第三届长三角地区班主任基本功大赛情境问答题（高中组）

林老师是一位高中班主任，搭班的英语老师是一位对自己和学生要求都相当严格的教师。在第一次小考后，英语老师要求班上学生订正考卷并罚写，结果班上超过四分之三的同学都未按时交订正及罚写的作业，英语老师大发雷霆，并表示要将班上所有未交作业的同学记班级警告一次以作处罚。因为记过单需要班主任签名后再交到年级组，所以当天下午记过单就到了林老师手里，林老师面临着要不要签的两难境地。签名的话，将导致几乎全班同学都要被记警告一次，不签名的话，又干涉了英语老师的上课权威性及自主性，甚至可能导致教师间的不和，那么对学生的伤害将更大。

请你讲讲林老师该不该签，为什么。

9. 第五届长三角地区班主任基本功大赛情境问答题（小学组）

你们班教数学的王老师是一个老教师，学生犯了错，他会第一时间联系家长到学校来，并且让家长和孩子一起站在他面前听他讲道理。已经有好几个家长跟你反映这件事情了。

这天，小明妈妈正在办公室向你告王老师的状，恰巧王老师走了进来，听到了小明妈妈的这番话，作为班主任的你……

10. 第五届长三角地区班主任基本功大赛情境问答题（初中组）

最近一段时间，你几次听到英语老师抱怨班里学生上课纪律不好，做作业也不认真。你已在班里批评教育了学生。没想到，没过几天，一个学生居然在课堂上又跟英语老师发生了冲突，气得英语老师把这个学生拉到了你的办公室。这时，作为班主任的你……

11. 第五届长三角地区班主任基本功大赛情境问答题（初中组）

这一节是英语课。班主任王老师正在办公室里埋头批改作业。突然一个学生匆匆忙忙跑进办公室，神色慌张地说：“老师，您快去看看，黄东又跟Miss翁闹起来了！”原来，黄东是班里英语学科的佼佼者，课外也参加英语培训班的活动。刚才上课时黄东认为英语老师发音不够准确，于是跟同桌悄悄嘀咕。Miss翁生气之下批评了他，黄东就直指老师发音不准，双方就闹僵了。黄东声称拒绝再上英语课，而英语老师也说以后这个班的英语课“有我没他”。作为班主任的你匆匆赶到了教室……

12. 第五届长三角地区班主任基本功大赛情境问答题（初中组、高中组）

学校开展“文明班级”评选活动，但是你带的班没被评上过一次，为此，你对照“文明班级”的评选条件，召开了一次班会。班会课上，同学们查找差距，分析原因，并纷纷把矛头指向了班级的几个后进生，指责他们拖了班级的后腿，班会课上气氛非常紧张。这时，作为班主任的你……

13. 第五届长三角地区班主任基本功大赛情境问答题（高中组）

上课中，课代表来找班主任王老师，说有同学和科任老师发生矛盾，正僵持不下。班主任赶到教室，发现气氛很僵，科任老师怒气冲冲地说：“某某学生吵闹影响了我上课，我训斥了他几句他还顶嘴，我让他站到门外他偏不肯走，请你班主任来解决一下。”这个学生气呼呼地坐在那里，其他同学在一旁看着他和老师，谁都不敢出声。这时，作为班主任的你……

14. 第六届长三角地区班主任基本功大赛情境问答题（小学组）

豆豆很小的时候就开始和父亲生活，家里环境不好，父亲喜欢喝酒，经常对豆豆拳打脚踢。有时到学校之后大家都注意到豆豆的衣物是脏的，家里也没人帮忙打理，偶尔姑妈会照顾他，送他上学。平时老师和同学都会关注他，以表扬和鼓励为主，但豆豆最近一直上课睡觉，完不成作业，人际关系也处理不好，老师们非常头疼，找班主任张老师诉苦，强烈要求张老师解决豆豆的问题。

（1）如果你是班主任，该怎么办？（表演）

（2）阐述你这样做的理由。（陈述）

15. 第六届长三角地区班主任基本功大赛情境问答题（高中组）

最近英语老师向班主任抱怨：“你班学生纪律差，听课不认真，作业完成也很马虎。”班主任多次教育学生要认真听课、按时完成作业，可效果不明显。有的学生反映：“英语课上老师有时自己都讲错了”“还把我的作业改错了”等。

（1）如果你是班主任，该怎么办？（表演）

（2）阐述你这样做的理由。（陈述）

16. 2012年浙江省中小学班主任基本功大赛情境问答题（初中组）

语文老师在批改作业时，发现班里的李默、李想作业本上的错题一模一样。“这对双胞胎兄弟明显在相互抄袭。”老师心里自我揣测。可是李想和李默却都不承认，坚持说是自己做的。为此，班主任和科任老师生气地批评了他们一顿，并且罚他们面壁思过……此后几天，他们明显“听话”了，然而与班主任及科任老师的关系也明显“降温”了，上课也变得更加沉默了。

你认为班主任及科任老师的处理方式对吗？面对冷漠、封闭的李想和李默，你会怎么做？

17. 2014年浙江省中小学班主任基本功大赛情境问答题（初中组）

新生入学后，学校安排为期一周的军训活动，王老师班上的新生小强体格强壮又富有正义感，同寝室的几个男生也很快把他当成好兄弟。教官是一名特别严厉的新兵，在一次操练中，因为一名女生动作始终做不到位，教官脱口用脏话骂了她，女生大哭起来。小强冲到教官面前要求他向女生道歉，被教官恼火地一把推倒在地。班主任王老师冲过去与教官评理，教官让老师滚蛋，结果发生推搡，小强等同学一起帮助老师，最后引发了一场教官与师生间的混战。

你觉得班主任王老师的行为是否合理？如果你是小强班级的班主任，该如何应对教官与学生间发生的这次冲突？

18. 2014年浙江省中小学班主任基本功大赛情境问答题（初中组）

小萍对自己要求很高，对任何影响自己学习的事情都会不顾情面地加以指责。寝室内其他女生熄灯后时常要聊天吵闹，小萍对她们一次又一次地指责换来了她的被孤立。她感到很迷惑，明明自己学习态度端正，积极向上，怎么就成了大家排斥的对象？觉得很委屈的她找到了班主任老师，请你给出合理的指导意见。

19. 2014年浙江省中小学班主任基本功大赛情境问答题（初中组）

小莹是一名七年级的学生，因父母长年不在身边，人变得非常调皮、油滑。

有次考试，她用手机作弊，被巡考的副校长逮个正着，却死活不肯承认，反而把手机偷偷塞到皮鞋筒里，情节恶劣。副校长责令班主任给予其警告以上处分，并请其家长来校处理此事。

如果你是小莹的班主任，你会怎么处理？

20. 2015年浙江省中小学班主任基本功大赛情境问答题（小学组）

李诗同学的智力发育和学习十分正常，课间同学们都到室外活动去了，可他却一个人坐在教室里发呆。他不愿和同学们一起玩，渐渐对周围的环境没了兴趣，对周围的人和事漠不关心。他变得越来越孤立、越来越不合群了。

作为班主任，你应该怎样帮助他？

21. 2015年浙江省中小学班主任基本功大赛情境问答题（初中组）

王老师是一位资历很深的数学教师，曾经有过非常辉煌的教学成绩。尽管王老师兢兢业业，但近年来由于种种原因，教学成绩大不如前，一部分学生对他很不满意，认为王老师这样下去会影响他们的前途，要求你出面和学校“谈判”，希望能换掉王老师。事后你在学生和王老师两方做了些沟通工作，事态有所缓和，但你们班的数学成绩并没有任何起色。最近，你还侧面了解到有一部分家长和学生准备联名写信给校长，申请换掉王老师。

面对这些信息，作为班主任的你会如何处理这件事？

22. 2016年浙江省中小学班主任基本功大赛情境问答题（初中组）

新居民子女小王，不爱说话，性格很内向。上课时从不举手发言；下课时独自在自己的座位上看书或发呆；中午吃饭也是独自一人，不像别的小女孩三五成群、叽叽喳喳。跟她说话，她的声音特别细小，如果不是近距离仔细听，甚至听不清说话的内容；跟她交流，她总是低着头，不抬头跟你对视，善意提醒她抬头时，眼神有些游离躲闪。过了近一个月时间，别的同学已经完全融入了班集体，但她仍然是孤家寡人，独来独往，一声不吭，似乎是班级中一个可有可无的人物。作为一个十三四岁的花季少女，显然她的行为非常反常。

面对这样的孩子，作为班主任该怎么办？

23. 第二届长三角地区班主任基本功大赛情境问答题（小学组）

有些老师在学生管理上，会想出各种办法来“治理”学生，使学生“害怕”自己。如一位老师在开学初自我介绍说：“我的耳朵很灵，眼睛特别尖，你们的一举一动，说过的每句话，我都知道得非常清楚。所以你们最好老实点，别想耍花样。”“我教了这么多年书，你们的心理我早摸透了，甭给我玩什么猫腻。我治人的方法有的是，一招比一招损，有不怕死的就试试。”但“全美最佳教师奖”获得者雷夫则认为，别让孩子被“害怕”控制着，学生害怕老师不是好事。

（1）谈谈你对上述两种不同观点的看法。

（2）你认为建立良好师生关系的基本策略是什么？

24. 第二届长三角地区班主任基本功大赛情境问答题（小学组）

一位新班主任最近很苦恼：她接手了一个三年级的班级，这个班级的小朋友一到下课时间便纷纷去探望他们的前任班主任，教室里显得空空荡荡的，甚至有些孩子上课的时候迟到。当她生气地询问孩子迟到的理由时，孩子理直气壮地告诉她：

“因为要帮前任班主任做事情，所以上课迟到了。”

作为班主任，你将如何处理这件事？

25. 第二届长三角地区班主任基本功大赛情境问答题（小学组）

班主任某老师平时从早上的早读课开始就到班检查，中午还经常跟学生坐在一起吃饭、聊天，晚上也要等学生全部回家后自己才回家，遇到事情总要对学生千叮咛万嘱咐，生怕没做到自己该做的事情。“满以为尽到了做班主任的责任”，可是有些学生不理解，认为老师盯得太紧，像监督他们一样，甚至有些学生对老师产生了抵触情绪。

（1）请你分析产生这种问题的原因。

（2）你认为他应该怎么办？

26. 第二届长三角地区班主任基本功大赛情境问答题（初中组）

《海峡都市报》登出一篇《初中生当堂表决“弹劾”老师》的文章：9月13日上午，福州教育学院附中八年级（11）班的英语课上，何老师刚走进教室，一名陈同学就拍着桌子站了起来，大喊道：“不喜欢上你的课，对你不满意。”随后，陈同学说，赞同他意见的同学请举手，不少学生举了手。何老师当即离开。

（1）你如何看待学生“弹劾”老师事件？

（2）假如你是本班班主任，你将如何与陈同学沟通？

27. 第二届长三角地区班主任基本功大赛情境问答题（高中组）

张老师是一位爱岗敬业的班主任，所带班级的考试成绩总是在平行班中名列前茅。但是，他们班却有一部分同学不买她的账，学生评价她时也给打很低的分数。尽管原因是多方面的，但是，张老师不支持学生参加学校和校外的兴趣小组是重要原因之一。具体表现是，学生中午吃完饭必须马上回教室休息，绝对不能去参加合唱团、街舞社之类的活动，也不能在体育场打篮球、踢足球。

你怎么评价张老师的做法？如果你是班主任，你会怎么做？

28. 第五届长三角地区班主任基本功大赛情境问答题（高中组）

英语老师很委婉地告诉你，你班上的小婷同学经常以各种理由来找他，通常以问问题为借口，然后就聊其他事情，还问他有没有女朋友，喜欢怎样的女生，每天都要找机会和英语老师谈话。英语老师是个刚毕业不久的男教师，面对如此热情的女学生，深感招架不住，请你帮忙做工作。作为班主任的你找来了小婷同学……

29. 第五届长三角地区班主任基本功大赛情境问答题（高中组）

小王经常带手机到学校玩，班主任陈老师与小王沟通了之后，联系了家长，让他们代为保管，小王也答应以后不会再带手机进校。可高三开学没多久，陈老师发现小王自修课上又在偷偷用手机看小说。陈老师没收了手机，并将小王带到教室5楼走廊边，轻声却严厉地说："小王，你怎么又把手机带到学校了？"小王撇撇嘴不说话。陈老师说："看来这部手机你父母是管不住了，怎么办？"小王一把从班主任手里夺过手机，"砰"的一声扔下了五楼，手机顿时四分五裂，然后面无表情地说："这件事现在结束了吧？"此时，作为陈老师的你……

30. 第六届长三角地区班主任基本功大赛情境问答题（初中组）

班干部来办公室找班主任孙老师，说数学老师每次上课都拖堂，有时他刚出教室门，下一节课的上课铃就响了，同学们对此意见很大，有些同学想给校长写匿名信举报此事。

（1）如果你是班主任，该怎么办？（表演）

（2）阐述你这样做的理由。（陈述）

31. 2014年浙江省中小学班主任基本功大赛情境问答题（初中组）

期中考试后的第一次班会课，班主任兴致勃勃地给有很大进步的6名学生发奖，这些学生在阵阵掌声中走上讲台，领走奖状和奖品。台下50多双羡慕的眼光，更增添了他们的光彩和豪气，而班主任也大力表扬了这几名学生的优点和骄人的成绩，号召大家向他们学习，整整一堂课就在掌声与赞美声中度过了。谁知班主任刚回到办公室，班长就来报告，一名没有获奖的同学说了声"奖品不过就是一本笔记本"，某获奖生竟当着大家的面赌气将笔记本撕了。

如果你是班主任，你会如何去处理这件事？

32. 第三届长三角地区班主任基本功大赛情境问答题（高中组）

洋洋是一个聪明的孩子，近来出现了成绩下滑、状态不佳的情况。一天，数学老师在上课，班主任王老师从教室后门经过，伸头看了看教室里的情况。突然，他发现洋洋正在下面玩手机。王老师迟疑了一会儿，还是推门走了进去。洋洋正沉迷于网络小说，王老师当场没收了他的手机……

你认为王老师的做法合适吗？如果是你，你将如何处理？

33. 2020年长三角中小学班主任基本功大赛情境问答题（高中组）

小李同学最近觉得学习压力有点大，并且跟妈妈还争吵了两次，心情郁闷，睡眠不好，正巧这两天从新闻中看到有高中生跳楼的消息，特别担心自己是不是得了抑郁症？更加烦闷。

作为班主任的你发现了她的异常表现，该怎么做？

3. 学业指导类

——不学习的人才是真的苦

看见路边的小摊小贩，学生会问班主任：“老师，如果我不读书，摆小摊儿不也能挣钱?”

看到玩抖音的少男少女，学生会问班主任：“老师，如果我不学习，玩抖音不也有人打赏?”

看到玩手游的年轻人，学生会问班主任：“老师，如果我不上学，天天玩游戏行不行?”

在信息传播高度发达的今天，各种“鸡汤”泛滥，有的学生以为仅凭自己的兴趣爱好就可以发挥专长，成就自我，却不知自己的兴趣爱好是否正确科学，是否符合自己的发展潜质，是否是社会所需。

有的学生总以为成功的道路有多条，却不知道世界上从来没有无缘无故、轻轻松松的成功。

还有的学生总以为自己还处于学生时代，不需要考虑职业规划和家国大事，以后的路还很长，机会还很多，却不知道芳华就这样悄然流逝。

这时候，班主任需要做的是通过适当的教育引导，让学生明白努力读书并不一定会让你成为名人或富翁，但至少可以让你比别人多一些选择。

一、真题分析

1. 2020年浙江省中小学班主任基本功大赛情境模拟（小学组）

在通讯便捷的今天，我们能通过手机、电脑更加便捷地获取所需要的答案。小王老师是六年级的班主任，一手带上来的学生听话懂事。但是，到了六年级后，小王在批改作业时经常发现有些学生的家庭作业质量明显“偏好”，可是课堂作业的质量却不理想。其他学科老师也反映有此类情况。

小王在班级里了解之后发现，学生普遍使用手机“作业帮”“小猿搜题”，只要轻松一拍，就会出现答案。

请你帮小王老师支支招，该怎样处理此事?

【案例分析要点】

（1）案例主要考查E时代背景下班主任引导学生树立正确的作业观，指导学生合理运用信息技术手段的意识和能力。

（2）辨证看待信息技术手段在作业过程中的作用，引导学生正确认识作业的诊断功能。

2. 2018年长三角地区中小学班主任基本功大赛情境模拟（高中组）

随着高考的日益临近，一部分学生出现过度紧张、焦虑、恐惧等心理问题，高三学生小伟这几天吃饭、睡眠都不好，感觉所剩时间太少，而要复习的内容太多，但越是感觉时间不够，就越学不进去。

如果你是班主任，该怎么办？阐述你这样做的理由。

【案例分析要点】

问题判断：由高考学业压力引发的心理焦虑问题。

表演策略：

理解共情，帮助小伟倾诉情绪、缓解焦虑；

理想引导，引导小伟回顾高中时树立的理想目标，激发自我学习动力；

榜样引领，用学长、校友、教师的高考经历，激励小伟直面困难；

情绪转移，用体育锻炼、欣赏音乐、美食分享、家务劳动等方式促进睡眠，缓解压力；

方法支持，学法指导，积累考试经验。

陈述理由：对负面情绪进行积极解释。提供科学的时间管理原则或方法。保持期待，应用“罗森塔尔效应”。活动育人，激发积极学习心理。参加心理老师专题讲座。利用微信、QQ群及时转发学生在校情况和学校复习备考安排，保证信息互通。

3. 2017年浙江省中小学班主任基本功大赛情境模拟题（小学组）

学校组织秋游活动，班主任老师通知学生，并召开班委会布置各项准备工作，这时有几个同学找到班主任老师问这次秋游回来语文老师会不会让他们写游记？如果要写游记他们就不去了。

针对这种情况，作为班主任的你将怎么办?

【案例分析要点】

（1）考查对秋游教育功能的认识。秋游的教育功能是立体多元的，不仅可以为学生写作文提供素材，更能丰富学生的生活体验，使学生享受大自然，促进学生社会性发展，增加班级凝聚力。不可把秋游功能窄化为仅为作文写作提供素材。

（2）考查对教育生活化以及作文教学与学生生活实践关系要有正确的看法。作文要源于生活，但并非简单、直接、功利的对应。教育不可急功近利，而应潜移默化。

（3）班主任应对学生进行有效引导，与语文老师进行良好沟通，化解双方观念上的差异，达成互相谅解。

4. 2017年浙江省中小学班主任基本功大赛情境模拟（高中组）

有学生向班主任反映：小王、小刘、小明建立了QQ群，每天分工做不同的题目，然后把解题过程与答案传到QQ群里，大家相互传抄。班主任找来这三位学生询问情况，小王说："每天的家庭作业很多，经常要做到十一二点。分工做的话，每天我能早睡两小时，爸爸妈妈也知道，他们都同意的。"

这时，作为班主任的你……

【案例分析要点】

（1）考查班主任对学生错误行为的认识和引导。

（2）调查学生做作业的时间，如果情况属实，与科任老师进行协调解决。

（3）辩证看待利用QQ群传抄作业的行为，教育学生明白做作业的作用和意义。

（4）与家长沟通，得到家长的理解和支持。

（5）变"废"为"宝"，不解散QQ群，让该群成为师生学习和讨论的场所。

二、路径探究

（一）告诉学生，学习是通往世界的路

"不奋斗，你的才华如何配上你的任性；不奋斗，你的脚步如何赶上父母老去的速度；不奋斗，世界那么大，你靠什么去看看！一个人老去的时候，最痛苦的事情不是失败，而是我本可以。每个人心里都有一片海，自己不扬帆，没人帮你启航，只有拼出来的成功，没有等出来的辉煌！"

写这段话的人不是校领导，也不是班主任，而是河南一位叫刘远华的农民工，

这段话是他在河南省实验中学暑期施工时，写在教室黑板上致所有莘莘学子的一番寄语。

好多班主任将其转发到家长群，并感慨地说："一位可爱可敬的工人，为新学期的同学们上了一堂情真意切、原生态的励志教育课。珍惜吧，孩子们，在奋斗的年龄不能选择安逸！"

许多班主任感叹：为什么这位工人说这些话的时候眼里满含泪水？因为他对人生感悟得深沉。刘远华说："我们出来打工很辛苦，当初因为家里经济条件不好，初中毕业就外出打工，北京、青岛、新疆、内蒙古……全国都走遍了，这么多年来更能感受到知识的重要性。希望孩子们看到这段话后好好学习，不要辜负大好时光。同时也是写给自己，写给已经逝去的青春。"

刘远华还说："虽然现在在工地干活，但一有时间也会看书、学习充实自己。"

学业指导是班主任经常要做的工作，也是最重要的工作，因为这直接关系到学生的未来。

作为班主任，要经常通过各种途径让学生明白：人生没有后悔药，不要等终于懂得了人生，却错过了最好的年华。正如三毛所说："我来不及认真地年轻，待明白过来时，只能选择认真地老去。"

这个世界上有一种悲哀，是明明很爱学习，却由于客观条件而无学可上。这个世界上更悲哀的事情是明明有好的学习条件，却不知道珍惜。而这个世界上最大的悲哀是等长大之后才明白，自己一生最重要的时光竟然已经被自己轻易错过。

学习虽苦，可最好的时光本来就是用来学习的；学习虽累，可那是你通往世界的路；学习虽难，可它是你的精神食粮、精神支柱。

所以面对开头学生们的疑问时，就可以理直气壮地告诉他们：孩子，你选择什么，都是可以的。

但是，你要清楚，摆小摊儿的小贩被城管撵来撵去，但也只能摆小摊儿，是因为除此之外，他没有能力和条件选择更多；

玩抖音的确会收到一些虚名和赞赏，但抖音可能很快就被其他更好玩的东西替代，而知识却永远不会过时；

玩手游的确能让人开心，但游戏终究是游戏，它不是现实的全部，如果你想当以此为生的游戏研发者，依然需要知识和能力。

同时还要告诉学生们：很多人一生失败，就是因为一直在寻找挣钱的捷径上，而恰恰忘记了这世上最值钱的东西，就是日复一日的脚踏实地。

读书，绝不只是为了混一张大学文凭，而是为了开启日后顺风顺水的世界。

读书，是为了让你成为一个有温度、懂情趣、会思考的人，是为了让你在跌宕起伏的生活中，拥有处变不惊的内心，让你在未来能独自度过那些漫长幽暗的岁月而不怨天尤人。

读书，是为了将来能和你的爱人，不止讨论柴米油盐酱醋茶，还可以谈论琴棋书画诗酒花。

再精致的花瓶都有碎掉的一天，再美好的容颜都有老去的一天，唯有你读过的书、写过的字，都会逐渐积累在你的身体里，变成你的财富。

读的书多了，你会发现，以前从未注意过的大千世界，竟然如此鲜活，手机屏幕之外，自有一番万水千山；读的书多了，你会发现，在无涯的知识海洋面前，再大的烦恼，也只是沧海一粟。

就算最终你跌入烦琐，洗尽铅华，面对同样的工作，你会有不一样的心境；面对同样的家庭琐事，你会有不一样的情调；培养同样的后代，你会有不一样的素养。

这，就是世界对努力学习、重视学习的人最大的奖励。学生们只有明白了这个道理，才能找到自己人生的宝藏。

（二）制订目标，远离一切借口

心理学家曾经做过这样一个实验，告诉了我们目标的力量。

组织三组人，让他们分别向着10公里以外的三个村子出发：

第一组的人既不知道村庄的名字，又不知道路程有多远，只告诉他们跟着向导走就行了。刚走出两三公里，就有人开始叫苦。走到一半的时候，有人几乎愤怒了，他们抱怨为什么要走这么远，何时才能走到尽头。越往后走，他们的情绪越低落。

第二组的人知道村庄的名字和路程有多远，但路边没有里程碑，只能凭经验来估计行程的时间和距离。走到一半的时候，大多数人想知道已经走了多远，比较有经验的人说："大概走了一半的路程。"于是，大家又簇拥着继续向前走。当走到全程四分之三的时候，大家情绪开始低落，觉得疲惫不堪，而路程似乎还有很长。有人说："快到了！快到了！"大家又振作起来，加快了行进的步伐。

第三组的人不仅知道村庄的名字、路程，而且公路旁每隔一公里就有一块里程碑。人们边走边看里程碑，每缩短一公里大家心中便多了一份欣喜，行进中他们用歌声和笑声来消除疲劳，情绪一直很高涨，很快就到达了目的地。

其实，学习与行路相似，在努力的过程中，里程标志对自己会有很大的鼓励。我们知道，自信是增加学习兴趣的前提。孩子在学习过程中自信心的丧失，将导致求知欲的减退或丧失。

而孩子在学习的过程中，如果能够不断地看到自己的努力变成了看得见的实际成果，他们就会产生成就感和自信心，激励自己去挑战下一个目标。

如何帮助学生制订目标呢?

一是目标要简单明确，细化成每日的固定动作。

制订目标要避免好高骛远。期待过高，目标始终无法达到，会导致学生变得沮丧、退缩，变得自卑、焦躁。同时，也要避免期待过低。期待过低，会导致学生学习动力不足，甚至会感到迷茫。一个目标如果可以转化为每日都可完成的固定动作，那它更可能变成现实。别低估学生的懒惰，找一个他的小伙伴来相互监督。与人分享计划更易于坚持，同伴的支持程度会影响计划的成功率。找个小伙伴，监督或和你一起执行计划。

二是改变计划实施的环境，拆除阻挡你行动的障碍。

为了实现目标，创造与之相适应的环境很有必要。调整一部分日常环境，从而支持新习惯的养成。

三是只专注于一个目标，每次只做一件事。

试着将精力集中在一件事情上面，每次只专心做一件事，深入思考解决办法，你会发现事情变得很简单。

四是新旧习惯捆绑执行，新习惯能快速养成。

如果想培养新习惯，不妨试试让新习惯和旧习惯捆绑在一起执行，这样可以帮助新习惯更快养成。

五是给新计划30天试用期，改掉不适应与不完美。

不是所有制订好的计划都是完美的。给自己30天的试用期，尝试习惯并调整目标，这样更容易完成计划。

六是用结果激励自己，想象完成的那一刻。

如果无法保持动力，那就专注在最终会取得的成果上。减肥之后会颜值爆表、秀吉他技巧会得到无数崇拜……当你处在懒惰状态时，可以用这些美好的结果激励自己达成目标。

七是强制提醒自己，远离一切借口。

如果怕自己下一周就忘记计划，那就在手机上设一个消息来提醒自己，或者在浴室的镜子上用笔写下目标，不给自己任何机会找借口或松懈。

（三）正确激励，放大学生的优点

好成绩是激励出来的。

激励要动情。轻描淡写、面无表情的鼓励与肯定，学生会不以为然，甚至毫不领情。什么是真诚动情的表扬，什么是随便说说，学生是能听出来的。学生在方方面面有了突出的表现，都应视为可喜可贺的大事，不但要郑重表扬，还要通知家长，把激励的作用发挥到最大。

激励要及时。表扬、激励要及时，事情过去久了，再去表扬就失去意义了。

激励要当众。当众表扬，既有对个人的激励作用，又能发挥对全班的表率、鼓动、引领效果。

激励要针对。所谓“针对”，就是说激励要有的放矢，一是针对学生的特长加以“放大”，二是针对学生的薄弱环节“放大”他的闪光点，使其日渐增长。

要用放大镜看孩子的优点，尤其是后进生。孩子的兴趣是在激励中产生的，是在不断取得进步中巩固的。激励是伟大的教育法宝，因而，在教学中一定要注意对学生进行适时激励。

给予适当鼓励，激发无限潜力——鼓励教育。

美国有一位著名的物理学家，上初中刚开始学物理的时候，他的物理成绩很差，只考了8分。物理老师找他谈话，让他好好学物理。学生说，我不喜欢，就是学不好。

老师特别聪明，他告诉这个学生，别的同学都是60分及格，你下次只要考到9分就算及格。学生一想，我随便画个勾就能及格，很容易，于是就答应了，结果下次考试考了28分。

虽然是28分，老师还是没有理由在全班同学面前表扬他，因为还是不及格的分数。这个老师灵机一动，她让全班同学把上次的考试成绩和这次的成绩做一个减法，上次考了90分，这次还是90分，一减就是0；上次95分，这次93分，一减就是-2，这样减到最后，就一个同学剩下了20分，就是这个同学。

老师把所有同学两次考试的分数差写在黑板上，问了个问题：“哪个同学进步最大？”全班同学异口同声说某某，这是一个铁的事实，因为只有他一个人进步了20分。

这种鼓励方式不但没有侮辱色彩，而且具有很大的激励色彩。这个学生一下子就兴奋起来，他想无论我考到48分、68分、88分都是全班进步最大的，我有无限进步的空间。

这位老师做了件聪明的事情，他让孩子觉得有广阔的进步空间，从此这个孩子就喜欢上了物理，并最终成为全世界最伟大的物理学家之一。

（四）转变理念，人才没有高低

不是只有好成绩才是好学生。

现如今，有一些评价方式把人异化成了不同的等级，不合理，也不正确。人才没有高低，教师有教师的评价标准，明星有明星的评价标准，所以不同行业也应该有不同的评价标准。以往在学校里，老师和家长会更多地把学习成绩当作评价孩子的主要标准，但是这种观念却是错误的，应该被摒弃。

未来，我们教师在对待孩子的过程中不应只看重成绩，也应该关注他们的个人品质、兴趣爱好、人际交往能力等，这样综合而全面的评价才是我们需要的，才是有意义的。让每个孩子都成为特定领域的顶尖人才是不可能的，只要对社会有所贡献，就是人才。

弃之荒野的树根是无用的废料，然而到了根雕艺术家手里，经过雕琢却成了艺术品。这种加工，不仅使树根的艺术价值得到挖掘，它的社会价值、经济价值也得到了提高。

从某个侧面来讲，教育过程也像一位根雕艺术家加工一件根雕艺术品的过程。对教育来说，好的教育要体现在教育能力上。

以前，我们看一个学校的好坏，大都看它的毕业生情况。其实，毕业生只是学校教育的一个结果，它不一定能完全体现出一所学校的教育能力。

优质教育的重要特征是高水平的教育能力，即具有高水平促使所有学生全面发展的能力。所以，我们应该调整自己的眼光。

根雕艺术家拿到树根，会先看它的优点。可我们看待学生时，往往先看学生的缺点。缺点不是不能看，而是要把它看作是发展的起点。

教育任务是创造适合学生发展的教育，而不是去选择适合教育的学生。要树立人人都能成功的学生观，用欣赏的眼光看待学生的优点，用发展的眼光看待学生的缺点。

私房菜厨师，能够帮学生找到自己最爱的那盘“菜”。试想，在请客吃饭的场景下，怎样才能让所有人的需求都得到满足呢？自助餐在这种情况下可能成了最佳选择。自助餐里有上百种菜品，每个人都可以根据自己的需要去选择最适合自己的，我们的教育目标就是要让每个学生都找到自己最喜欢吃的那盘“菜”。

教师和学校也应该尽量提供足够多的选择给学生，这样才有助于学生个性化需求的满足，也有利于其特长的养成。

现如今，不同教育层次都已经开始了相应的改革，目前各个学校都在争取开设多门选修课来供学生选择。这也就意味着老师需要向学生提供更多的课程，关注学生更多的需求，这对教师的知识面和教育能力都提出了挑战。

（五）职业生涯规划，帮助学生发现优势

随着新高考改革，越来越多的初中、高中学生开始意识到职业生涯规划的重要性。但是由于高中学生较少接受职业生涯规划教育，相当一部分学生在面临职业生涯重要选择的时候认识不够、准备不足。而选择职业方向，确定未来的生活道路，是学生在高中阶段的一个重要任务。

到底什么是职业生涯规划？它与个人的发展究竟有多大的关联？

职业生涯规划是一个人对一生职业发展道路的设想和规划，是个体在对职业生涯的主客观条件进行测定、分析、总结、研究的基础上，确定其最佳的职业奋斗目标，并为实现这一目标做出行之有效的安排，从而获取最大程度的事业成功。

读书、考大学的最终目的还是要归于职业。职业伴随我们三四十年甚至更久。因此，职业生涯规划与个人的长期发展息息相关。

做职业生涯规划意味着要确立自己的职业目标，应该怎样发现自己的优势，确立职业目标呢？

高中生重点需要做的是确定职业取向，主要从以下几方面着手：

性格。对自我的了解最重要，可以借用一些测试如MBTI职业性格测试，也可多和其他同学、老师沟通，了解别人对自己的看法，还可以通过对成功、失败事件的分析，对自己的性格有深入了解。

兴趣。这个相对而言较为容易了解，因为很多人的兴趣都比较明显。还可以借

助专业的工具，比如霍兰德职业兴趣测评，来了解自己的兴趣爱好。

价值观。这个对在校的学生来说有点难，需要时间的积累，慢慢地去探索。当你做好职业倾向系统的探索，就能够大致了解自己未来想做的工作是什么样的了。比如你喜欢帮助别人，与人沟通，那你适合做培训工作，当老师是一个不错的选择。目标的设定需要根据个人的实际情况来定，如果只是当下的想法或随大流，很明显不能长期坚持。

高中生制订自己的职业生涯规划应该遵守怎样的准则？

选择自己喜欢的。从事一项你喜欢的工作，工作本身就能给你带来一种满足感。调查显示，兴趣与成功概率有着明显的正相关性。高中生在设计自己的职业取向时，务必注意考虑自己的特点，珍惜自己的兴趣，选择自己所喜欢的职业。

选择自己擅长的。任何职业都要求从业者掌握一定的技能和具备一定的能力、水平。一个人一生中不可能将所有技能全部掌握。所以，你必须在进行职业生涯规划时选择自己擅长的，这样有利于发挥自己的优势。建议高中生运用比较优势的原理充分分析别人与自己，尽量选择冲突较少的优势行业。

选择社会需要的。社会的需求不断变化，旧的需求不断消失，新的需求不断产生，新的职业也不断产生。高中生在设计自己的职业生涯规划时，一定要分析社会需求，选择社会需要的。最重要的是目光要长远，要较为准确地预测未来行业或者职业发展方向，再做出选择。选择的职业不仅要有社会需求，而且这个需求要长久。

考虑预期收益。职业是个人谋生的手段，其目的在于追求个人幸福。每个人在择业时，首先会考虑的是自己的预期收益——个人幸福最大化。明智的选择是在由收入、社会地位、成就感和工作付出等变量组成的函数中找出一个最大值，这就是职业生涯选择中的收益最大化原则。

（六）常见问题，因人灵活处置

学生上课不注意听讲时应该怎么办？

1. 运用暗示法，引导学生的注意力迅速回归到课堂教学中，必要时马上停止讲课，用目光注视溜号的学生，引起其他学生的注意并提示他注意听课。或者运用提问法，针对溜号的学生及时请他回答问题，牵动他的注意力回归。也可以用动态管理法，教师在授课时，走进学生当中，对于溜号不注意听讲的学生，提示他注意听讲。

2. 运用目标牵动法，根据学生的个性差异，设立分层的教学目标，使学生的注意力有集中的指向性。教学设计要科学、生动、有趣、直观，通过精湛的教学艺术，牢牢吸引学生的注意力，使其精神不游离于课堂。

3. 培养学生良好的听课习惯，介绍培养注意力的方法。例如“五到”听课法，耳听、眼看、口说、手写、脑动，加强头脑处理信息的能力，培养注意力，或运用短时记忆法，训练注意力的集中。

遇到“学困生”时应该怎么办？

1. 千万不要当着全班同学的面对“学困生”进行谴责，注意保护学生的自尊心，特别是当“学困生”遇到困难，一时无法解决，可能产生恐慌、自责，甚至有时产生自暴自弃心理的情况时，要主动安慰、关心和鼓励学生，和学生一起分析原因，找出解决的办法。要细心捕捉他们身上的闪光点，以此为起点，不断激励。

2. 如果是学习不用功、不刻苦的类型，必须进行严肃认真的思想教育，给他讲清任何成绩的取得必须靠艰苦的努力，并帮他进一步明确作息时间和学习时间的分配。

3. 如果是方法不正确，则需要帮助他纠正学习方法，和他一起分析，对成绩偏低学科要多花费一些时间，通过多提问、多积累，及时纠正错误。

4. 如果是这段时间家庭出现了变故，如父母离异、家长关心不够等，应及时和家长沟通，多给孩子一些关心，让学生感觉到老师和家长时刻在关注着他。

5. 抓反复，反复抓。“学困生”因外界因素干扰或心理情绪波动而出现反复时，不应心灰意冷，要及时找出“复发”原因。这样，循序渐进、持之以恒，转化工作才能见成效。

当学生不独立完成作业时怎么办？

1. 老师通过和学生无拘无束的交流、平等真诚的对话，找到问题的症结，对症下药，使学生心悦诚服地接受批评、教育。

2. 让教师的爱心与学生的特殊心情产生共鸣，用教师的宽容和理解使学生悔悟。

3. 对学生进行人生观的教育，使其明白“成功来自99%的勤奋加上1%的灵感”。

4. 对于那些懒惰、缺少自强与自主意识的学生，既要紧跟疏导，更要有不达目的誓不罢休的韧劲，同时，教师应借用科学教学方法引导学生探索科学的学习方法，使学生在学习中寻求兴趣，在兴趣中成长进步。

遇到学生考试舞弊时应该怎么办？

1. 加强思想道德教育，特别要注重正面教育，注重诚信教育，使学生明白考试舞弊是一种不诚信的表现，帮助学生在认识上明辨是非，树立诚信为荣的观念。

2. 对成绩差的学生给予热情的帮助，考前应对学生进行补差。要找学生谈心，解除他们的心理压力，调节情绪，平衡心态，提高信心。坚决做到不讽刺、不挖苦。

3. 做好家长的工作。及时和家长沟通，要求家长能实事求是地对待学生的成绩。

4. 对学生的评价要多元化，既要重视学生的成绩，也要重视学生的思想品德以及多方面潜能的发展，注重学生的创新能力和实践能力，不能把考试成绩当作评价学生优劣的唯一标准。

当学生厌学时应该怎么办？

1. 教师要和学生谈心，建立学生心理档案，详细了解、分析引发厌学情绪的原因，采取耐心的引导法，因势利导、循循善诱，少贬多褒，动之以情、晓之以理。

2. 与家长取得联系，了解家庭的多方面背景，和家长共同探讨问题，制订措施，创设引导学生学习的良好家庭氛围。

3. 与科任老师进行沟通，减轻课业负担，根据具体情况采取积极补救措施，利用学科的特点，施以积极的心理影响，消除学生的厌学情绪和行为。

4. 通过学校和班级活动、举办心理讲座等，消除学生厌学情绪和行为，建立他们的自信心，引导他们树立远大理想，树立正确的人生观、价值观和社会责任感。

5. 帮助学生了解社会对人才的需求标准，帮助他们明确学习目的，转变学习态度，使他们在内心深处形成动力，发自肺腑地产生学习需要，真正做到标本兼治，才能取得较好的效果。

努力一点儿有什么用？

对于这个问题，班主任无须多讲大道理，可以试着让学生做道数学题。

大家都知道有个数学现象，无数个1相乘，结果还是1；无数个1.01相乘，结果是无穷大；而无数个0.99相乘，结果是无限接近零。

学习和做事的道理与此相同，凡事只做99%的努力与凡事做101%的努力，区别是巨大的。

三、名家借鉴

（一）苏霍姆林斯基：让学生在某领域获得幸福感

简介：苏霍姆林斯基是乌克兰卓越的教育家、教师、思想家和作家。他在帕夫雷什中学任教，担任这所农村中学的校长、教师长达32年。奇迹般地写出了40部专著、600多篇论文、约1200篇儿童小故事。

案例：

苏霍姆林斯基关于转化后进生的办法，很值得一提。

在他的书中有篇《一个“差生”的“思维的觉醒”》，详尽地讲述了“差生”巴甫里克的转变过程：从一个被认为“思维迟钝的儿童”变成了人们眼里“未来的学者，天才的园艺家”。

巴甫里克刚入学的时候，是个活泼、好动、好奇心强的孩子，但不久，他就变得沉默寡言，过分地遵守纪律、听话和胆小了。

原因是在入学后的最初几个星期里，巴甫里克感觉到他和别的孩子有些不同，比如他分不清字母的区别，记不住简单的短诗。

女教师专门为他把那首短诗一连读了好多遍，他也用心地记忆，但还是徒劳无功。女教师开始愤怒地指责他，这更让他感到痛苦和畏惧。

巴甫里克十分艰难地从小学四年级毕业了。在五年级时，巴甫里克的学习生活里也出现了一点新现象：在许多课堂上，已经不像在小学时那样只要求听讲和记忆了，还要求动手做一些事情。

这种课是巴甫里克喜欢的，但他最感兴趣的是植物课。那位植物学教师善于安排课堂教学，不仅要求学生像平常所说的那样“掌握教材”，而且让学生去自己获取知识。

他要求每一个学生都缝一个布口袋，做几个纸袋，以便装各种各样的“生物材料”，准备上课时使用。学生们从布袋里掏出的东西，有各种枝、叶、根、茎、花和种子。所有这些，老师都让学生用放大镜仔细观看，加以比较，并且画下来。

直到这时，全体教师才第一次听说，原来巴甫里克是一个非常聪明好学的学生，而他的智慧——用植物学教师的话来说，是“表现在手指尖上”，他会做的事“是有经验的园艺工也很少能做成功的”。

比如在一节植物课上，学生们在学习用各种方法把果树嫁接到野生砧木上去。教师注意到，巴甫里克非常精确地切开砧木的树皮，把幼芽跟插条分离开，同时对它仔细地查看起来，他在思考能不能不经过嫁接就培育出树苗。

老师告诉他："可以的，但这非常困难，只有米丘林式的经验丰富的园艺家才能做得到。"放学以后，教师领着巴甫里克到暖房里去，详细地告诉他，应当怎样准备和进行这一场有趣的试验。

经过巴甫里克的努力，试验获得了意想不到的成功。后来那位植物学教师对全校老师说，"要知道，他是一个真正的试验者，是未来的学者，天才的园艺家！他不单纯是要达到预定的目标，而且是在探索、研究自然界的现象，当然，他用的是自己的方法，还带点稚气。"

这件事情后，巴甫里克发生了根本性的"转变"。他身上那种害怕、拘束、犹豫的表现消失了。他在课堂上回答问题的时候，不仅积极，而且有独立的思考，甚至提出许多问题，让教师们简直找不出时间回答他。大家把巴甫里克发展中的这一变化称为"思维的觉醒"。中学毕业后，巴甫里克进了农业学院，后来成为农艺师。

感言：从巴甫里克的身上，我们看到了一个教育规律，那就是，让每个学生特别是后进生在某个领域里找到天赋和获得成就感是多么重要。

苏霍姆林斯基认为，一个人不可能对任何事物都不感兴趣。"要唤醒那种无动于衷的学生，把他从智力的惰性状态中挽救出来，就是要使这个学生在某一件事情上把自己的知识显示出来，在智力活动中表现出自己和自己的人格。"

（二）陶行知：倾听需要智慧

简介：安徽省歙县人，教育家、思想家，伟大的民主主义战士，爱国者，中国人民救国会和中国民主同盟的主要领导人之一。作为20世纪中国教育界公认的教育家，陶行知的教育智慧，首先是一种倾听智慧。

案例：

有一个广为流传的教育故事。

育才学校音乐组的壁报《小喇叭》又一期出刊了。壁报前人头攒动，越涌越多。一定有一两篇有水平的创作发表了，同学们边看报边议论，外围的人向里挤，里面的人不愿让，有人建议："读一下，读一下吧！"只听得一个油腔滑调的声音开始朗诵了："人生在世有几何？何必苦苦学几何。学习几何苦恼多，不如学习咪嗦哆！"

歪诗不胫而走，传遍了全校，引起了争论，多种评价，褒贬不一。

陶校长知道了此事，也观看了小诗。次日，陶校长邀请小作者促膝谈心，和作者研究人生与数学的密切关系。从吃饭、穿衣谈到音阶频率的振动，直到国家大事，哪一件都少不了数学，离不开数学。因此，人人要学数学，数学对于人类就像人离不开空气、水分、阳光、养分一样的重要。

小作者听了陶校长的谆谆教诲，连连点头说："校长，我这下真的明白了您为什么要我们把学好语文、数学、外语、科学方法论这四门功课作为开启文化宝库的'四把钥匙'的道理了。我检讨……"陶校长马上接过话头说："现在我们是民主讨论，不是审讯，你能认识问题，提高思想，就是进步。"小作者满怀信心地表示："我们音乐组不少同学都有这种思想，让我去说服他们！"

陶校长眯着双眼笑了，放心地说了一句："好啦！我们今天的民主探讨到此结束。"

感言：陶行知与小作者的交流，以典型的陶氏风格展现出了何谓"倾听者的教育"。

倾听是一种邀请，"邀请小作者来促膝谈心"。邀请不只是一种外在的姿态，更是一种内在的尊重，学生是"我"郑重邀请的客人，"我"把"你"邀请到身边，期待听到"你"更多的声音。通过这样的"邀请"，开启了建立"我"与"你"的交互关系的历程。

倾听是一种对话，而且是一种积极的对话。"你"表达了对数学的观点，"我"也同样可以表达自己的理解，"邀请"，为"我"与"你"各自展示自己的观念提供了对话平台。对话中的陶行知，充分倾听也理解了小作者的观点，但没有顺从，而是坚持合理的信念，并且试图以自己的观念说服对方，进而成功地实现了说服。成功的秘诀，不只是有事实、有论据，更在于陶行知用真诚的倾听态度和邀请态度打动了小作者，让他真切地感受到了什么是民主，什么是平等。

四、真题大放送

1. 第二届长三角地区班主任基本功大赛情境问答题（小学组）

数学老师向班主任反映钱彬彬连续3天不交数学作业了。班主任把钱彬彬叫到办公室，问他："你为什么不交作业?"他低头不语。给他讲学习的意义，做作业的重要性……他还是一言不发。班主任很生气，大发雷霆，责令钱彬彬必须当天把所缺作业补齐，否则……原以为这最后的通牒一定会起作用，谁知，第二天钱彬彬不但没有把作业补上，反而不进教室上课了。

请你分析该班主任的做法。你觉得对不交作业的学生该如何处理?

2. 第二届长三角地区班主任基本功大赛情境问答题（小学组）

两位三年级的小学生在日记中不约而同地表达了一种同样的愿望：希望自己将来能做马戏团的小丑。一位老师的评语是："胸无大志，真没出息!"另一位老师的评语是："愿你把欢笑带给全世界!"

请你对两位老师的评语分别做出评价。

3. 第二届长三角地区班主任基本功大赛情境问答题（小学组）

某天，王老师浏览班级QQ群的留言时，发现了这样一段话："爸爸，写上'已读五遍'，再写上您的名字，老师就不留我了。又让抄十遍，这样的作业一点儿意思也没有。别看今天是无作业日，明天作业得多一半，还不如今天留作业呢。好不容易盼来一节体育课，班主任又让我们回教室做作业。爸爸，我最不爱上星期一的课了，除了语文就是数学。双休日除了作业还是作业。我什么时候才能做完作业?"

如果你是王老师，你会怎么办?为什么?

4. 第二届长三角地区班主任基本功大赛情境问答题（初中组）

小钱同学即将升入九年级，面对同班同学的勤奋好学，他无动于衷，认为读书读得再好也没有什么用，大学毕业后找不到工作的人比比皆是，还不如平时玩玩电脑游戏，课余打打篮球、发发微博，学习成绩差点也没关系，一年后考个技校，学好一门手艺，早点挣钱就是了。

小钱的想法在一部分成绩中下等的学生中有一定的普遍性，针对这一现象，你会如何进行教育?

5. 第二届长三角地区班主任基本功大赛情境问答题（高中组）

新生高一入学，班主任进行了一次关于学生未来发展目标的问卷调查。从调查情况来看，学生普遍对自己将来的发展缺乏思考与规划。58%的同学表示"没有想过"，26%的同学表示"目标是考一本"，只有16%的学生有一些对自己将来职业发展的想法。

对于这个问题，你是如何看待的?你认为班主任需要进行怎样的教育?

6. 第二届长三角地区班主任基本功大赛情境问答题（高中组）

高考前夕，陶老师所在的班级已经有不少学生出现不同程度的“考前焦虑症”，有的学生甚至要请假回家复习，而且这种风气在班级中逐渐蔓延，能到学校来上课的学生已经不到班级学生的一半了。

面对这样的情况，班主任陶老师应该怎样解决呢？

7. 第三届长三角地区班主任基本功大赛情境问答题（小学组）

王某是三年级的学生，父母都是菜市场销售人员。他二年级时学习成绩还不错，可是后来父母让他在放学和放假的时候到菜市场帮忙卖东西，为了激励他，在每次销售结束以后都会给他一定数额的金钱。久而久之，王某对学习失去了兴趣，在三年级时学习成绩直线下滑。

如果你是他的班主任，谈谈你的教育策略。

8. 第三届长三角地区班主任基本功大赛情境问答题（小学组）

早晨，田老师正在批阅家校联系本，批到嘉嘉那本，上面家长的一段话令他触目惊心：

田老师，这孩子每晚回家作业要做到九点多，不管用了什么办法都无效。为了这孩子，我和他奶奶会早死几年，真的，要被他气死了……

早知道嘉嘉这孩子拖拉成性，完成作业速度慢，不听从家长的教导，没想到，事态居然发展到如此严重的程度，孩子的问题居然给家人带来这么大的痛苦和煎熬。作为老师，田老师觉得有责任也有义务来帮助嘉嘉，让这个家庭能够充满快乐。

若你是田老师，将如何帮助嘉嘉改掉做作业拖拉的毛病？如何指导嘉嘉家长的家庭教育？

9. 第三届长三角地区班主任基本功大赛情境问答题（初中组）

最近，网络小说在班里风靡一时，每到中午时间，很多学生就拿出手机埋头阅读。更有甚者，小A同学一下课就拿出手机看，看到精彩之处，即使上课预备铃响起，他依然沉醉其中。有时上课他也会趁老师不注意拿出手机在下面偷看。老师跟家长沟通后，发现他回家做作业时也如此，所以作业每天都做到晚上12点多，严重影响了学习和休息。

面对这样的学生，班主任该怎样做？如何培养学生良好的阅读习惯？

10. 第三届长三角地区班主任基本功大赛情境问答题（高中组）

张亮同学是班里的劳动委员，工作勤奋、为人热情，虽然文化课成绩不好，但小伙子形象不错、口才也好，同学们都很喜欢他。

眼看高二快要结束了，这时候作为班主任的你，打算怎样指导张亮同学规划一下人生发展方向？

11. 2013年浙江省中小学班主任和德育导师基本功大赛情境问答题（高中组）

王芳是班里公认的“书呆子”，可能是家境的原因，她在班上是学习最认真的学生。每天都是班上最早到教室，也是最后一个离开教室的，没有周末也从来不睡午觉。但奇怪的是她的成绩却不是很好。面对即将到来的高考，她把时间抓得更紧了，可是每一次的周考、月考都表明她的成绩在倒退。

你是王芳的班主任，请你帮助她分析学习成绩不理想的原因。如何帮助她学会学习，提高学习效率呢？

12. 2015年浙江省中小学班主任基本功大赛情境问答题（小学组）

刚刚进入一年级的媛媛，爱笑、活泼、友善，对同学、老师以及校园的一切充满了好奇。但一个多月后，她的笑脸不见了：前排的男生老是弄断她的铅笔芯，同桌老“霸占”她的座位，老师很多时候板着脸说“这不准、那不准”，不像妈妈先前告诉她的那般美好……

如果你是媛媛的班主任，看到失去笑脸的她，你会怎么做？

13. 2015年浙江省中小学班主任基本功大赛情境模拟题（初中组）

临近中考前的一个多月，教科学的班主任张老师开汽车去上班，在离校门口不远处，看到了这样一个情景：班里一个品学兼优的男生在帮另一个学习成绩中等的男生抄数学试卷答案。

若你是张老师，这时你会怎么做？此后，会如何处理此事？

14. 2016年浙江省中小学班主任基本功大赛情境模拟题（初中组）

在通信便捷的今天，我们能通过手机、电脑更加便捷地获取我们需要的答案。小何是今年九年级的班主任，一手带上来的学生听话懂事。但是，步入九年级后，小何在批改作业时经常发现有些学生作业质量明显“偏好”，并且这种现象出现的人数越来越多。小何在班级里了解后发现，学生普遍喜欢用手机里的“作业帮”“小猿搜题”等软件，只要轻松一拍，就可以出现答案。

如果你是班主任，你会怎样处理这件事？

15. 2016年浙江省中小学班主任基本功大赛情境模拟题（初中组）

学校举行篮球联赛，你班有绝对的实力取胜，全班同学都很兴奋。可决赛时，由于队员们轻敌，对手实力也确实很强，所以你班比分暂时落后，学生情绪有点焦躁。中场休息时，你班啦啦队的助兴表演又遭到对方的无故起哄，虽然同学们都很生气，但是当对方的啦啦队上场时，你班学生还是报以热烈的掌声，同时更用力地为场上队员加油，场上的队员也在奋力地拼抢，力争缩小与对手的差距，可是结果还是输了。同学们泪流满面，默默无声地坐在地上，后来开始互相埋怨，情绪激动。

作为班主任的你，该如何去调解和安抚学生们？

16. 2016年浙江省中小学班主任基本功大赛情境模拟题（高中组）

学生进入高中后还没有完全适应新环境，就马上面临选科的问题。近期，你们班有很多同学显得非常迷茫，大部分同学对自己的兴趣爱好不了解，也不清楚自己在哪方面更有潜力与专长，无法清晰地把握自己将来的专业发展领域。许多家长也经常给你打电话，问你今后什么专业好就业，什么专业收入高又稳定。

面对此情景，作为班主任的你会怎样处理？

17. 2016年浙江省中小学班主任基本功大赛情境模拟题（高中组）

我省新高考政策实行7选3。小王平时乐于助人，有较强的集体荣誉感，但学习成绩中等，有偏科现象。最近有部分科任老师反映他上课有睡觉的情况。

今天的历史课上，小王居然正大光明的在你的课堂上睡觉。想到之前老师们的告状，你生气地叫醒了他，并当着全班同学的面大声批评了他。这时，出乎意料的是他理直气壮地站了起来说："我早已做好7选3的决定了，我高考不考历史，你不需要管我。"

如果你是小王的班主任和历史老师，面临此情况时你会如何应对？课下又会如何处理？

18. 2016年浙江省中小学班主任基本功大赛情境模拟题（高中组）

某高二男生成绩平平，但一向还比较专注于学习。最近双休日频频以参加补习班为幌子，跑到初中同学家玩儿，或者跟他们一起上网。父母说他，他竟然离家出走了。班主任找他沟通，经了解才得知他的这几个初中同学读的是职业技术学校的烹饪专业，已经出入几家饭店实习了，并有点收入。相比之下，他却还是苦苦挣扎在分数线上，对自己能否顺利获得高中毕业证都没有把握。他一心想着不如也转入技校学习，又担心父母不同意，才出此下策。

作为班主任，你如何看待这件事情？又会如何处理呢？

19. 2019年长三角中小学班主任基本功大赛情境问答题（小学组）

五（3）班的小郑同学是一个聪明能干的孩子，但是她对自己要求过高，遇事爱较真。班主任王老师非常担心她的这种心态会影响生活、学习。果然，一次数学测试，小郑发现了一处错误，但是因为考试时间刚好结束，来不及更改了，她当即趴在桌子上大哭了起来。

如果你是王老师，面对小郑这样的表现，你会怎么帮助她？

4. 班集体建设类

——让班级生长学生的想法

家是什么？家是生命的驿站，漂泊的归所；家是亲情的纽带，温暖的归宿；家是心灵的港湾，力量的源泉。

法国著名作家莫罗阿说："没有了家庭，在广大的宇宙间，人会冷得发抖。"

如果说学校是一个大家庭，那么班级就是一个小家庭。班级是家庭的延伸，要努力把班集体建设成为一个温馨的港湾，让每一个学生感受到如同家人般的关爱、宽容和鼓励，让每一个学生用友善的目光去观察世界、用好奇的双手去探索世界、用健全的心智去创造未来。

班主任是这个世界上唯一一个与学生没有血缘关系，却会因学生进步而高兴、退步而着急，满怀期待，助其成才，舍小家、顾大家并且无怨无悔的人。

一、真题分析

1. 2020年浙江省中小学班主任基本功大赛情境模拟（小学组）

"光盘行动"开始后不久，小叶的妈妈在班级微信群留言：小叶回来说，这个星期同学打饭打得很少，每次都吃不饱。他让多打点，就说怕吃不完，影响班级的"光盘行动"评分。无论饭菜好坏，吃还是要吃饱的。家委会主任回应：当所有小朋友都盛完后可以去加饭加菜。小叶妈妈又说：去加饭菜，担心拖地来不及，这周轮到小叶值周呢！

作为班主任，你会怎么处理此事？

（1）案例主要考查班主任引导家长和学生树立积极劳动观念、培养劳动能力的意识和能力。

（2）班主任要引导家长认识到劳动对于孩子全方位成长的巨大价值和意义。

（3）在班集体建设中，要根据一年级儿童的身心发展水平，对小学低段学生的值日工作进行科学合理的设计，确保劳动的水平和数量与儿童身心发展水平相匹配，并努力让儿童体验到劳动的乐趣和成就感。

2. 2018年第七届长三角地区中小学班主任基本功大赛情境模拟题（小学组）

为加强学生行为习惯的养成教育，班主任杨老师为自己所带的班级制订了班规：在教室里乱丢纸屑罚款0.5元、随地吐痰罚款1元、上课讲小话罚款2元……所罚款项用于班费开支，监督和收罚款由班级的值日班长来执行。今天上午，刘强上数学课时讲话被老师批评了，下课后，值日班长找到刘强，让他交罚款，刘强不愿意，两人发生了激烈的争吵。

面对两个孩子的激烈争吵，杨老师该怎么办？请你谈谈如何制订和使用班规。

【案例分析要点】

（1）主要考查班主任对“班规生约”等班级纪律制订与运用的认识和做法。

（2）杨老师的“罚款”规定不合理，不仅不能起到约束作用，而且会使学生形成错误的观念。让班干部收取罚款又造成了学生之间的矛盾。

（3）班主任要在调解值日班长和刘强之间的争吵和冲突之后，利用班会等形式与同学们一起重新修订“班规生约”，获得同学们的认同。

3. 2018年长三角地区中小学班主任基本功大赛情境模拟题（初中组）

为加强学生自主管理，激发学生学习的竞争力，九年级（2）班班委决定采用一招——座位拍卖法，即像卖房产一样将座位明码标价，中间的、前面的座位价位高，两旁的、后面的座位价位低，并且印制了500元、1000元等如同人民币式的纸币，作为行为表现、学习成绩等方面的奖惩，学生获得座位拍卖价即可得到好座位，如果积分被罚，也就失去获得好座位的权利。方案一经公布，引来学生议论纷纷……

作为班主任的王老师该怎么办？

【案例分析要点】

（1）主要考查班主任对经济手段在班级管理中的作用以及对金钱在学生发展过程中的影响的认知与引导。

（2）在处理人与金钱的关系时，给予学生全方位的关注及引导，注重其内在发展需求。

（3）引导学生把大部分精力投入到更有价值的人际互动中，指导学生树立正确的金钱观，处理好人与金钱的关系，不迷失自己，更好地完成社会化。

4. 2018年浙江省中小学班主任基本功大赛情境模拟题（小学组）

为了鼓励先进，促进全面发展，学校开展了“表扬单冠军”活动，有月度冠军和学期冠军两种。可是，在最近统计时发现，一向表现好的小刘同学，“表扬单”的张数很少；理应也有“表扬单”的小红同学却一张也没有。班主任关心地询问小刘和小红。他们都说：“没意思，没什么用。”

作为班主任的你，对此该怎么处置？

【案例分析要点】

（1）本题主要考查教师对表扬形式和功能的认识。

（2）适度适量使用“表扬单”，有助于提升小学生的学习积极性。

（3）随着年龄的增长和新鲜程度的下降，加之过度、单一地使用“表扬单”，会让学生产生倦怠感，降低他们对表扬的敏感性，达不到表扬的效果。

应采用多元化、创新性的表扬和奖励形式，激发学生对学习活动内在的兴趣。

5. 2018年浙江省中小学班主任基本功大赛情境模拟题（初中组）

暑假过后刚刚开学，学校德育处要求大家发型规范，对男女生分别做出了要求。以往也有这样的要求，但只是要求学生，这次同时要求班主任的“打击力度”必须也到位，否则要扣班主任钱，并且在全校大会上公布了这一要求。

回到班级，八年级（3）班班主任李老师叮嘱同学们回去剪发时，小明同学说：“您是不是就怕扣钱啊，那我不剪了，扣您多少钱，我给您补上，您看如何？”言毕，有点挑衅地看着班主任，其他同学有小声笑的，有观望的，有鄙夷地望着该生的，还有竖大拇指的。

若你是班主任，该怎么处理？

【案例分析要点】

（1）主要考查班主任对学校文化和班级文化的认知，以及班主任与学生之间健康、和谐、平等关系的构建。

（2）学生对学校规则的质疑和挑战，其实是基于对学校文化的不同认知与审美，是学生自我意识发展的表现。

（3）了解学生产生问题的原因是多方面的，班主任如何理解、包容，同时让他们深入解读与接纳班级文化和学校文化。

6. 2017年浙江省中小学班主任基本功大赛情境模拟题（初中组）

八年级的新学期，因前班主任工作调动，年轻的张老师中途接班。可接班不久，她隐隐感觉到班里风气浮躁，学生上课说笑、下课打闹、值日不认真，因纪律问题多次被学校通报。学生的“成长记录”中也反映了不少这类现象。她严抓纪律，学生对抗；抓学习习惯，学生抵触；安排搞大扫除，很多学生敷衍了事；找学生谈心，个个都心不在焉或只是“嗯嗯”了事……

如果你是张老师，面对这种情况，该如何打开班级管理的良好局面？

【案例分析要点】

（1）主要考查班主任对班级管理及班集体建设的认知和技能。

（2）班集体建设包括几大要素：目标、活动、规则、集体舆论、班风和班级骨干。

（3）发现班集体发展中出现的问题，进行归因研究，提出相应策略。

二、路径探究

（一）让班级里生长学生的想法

班级的主体是学生，学生们的想法有没有人倾听，是不是得到尊重，尤其是可不可以变为现实，对他们来讲实在是太重要了。班主任如果不能发自内心地尊重孩子们的想法，那么其他的尊重就难以成立，班集体的管理就会举步维艰。

我们的孩子不是没有想法，而是缺乏生长想法的土壤。正确的做法是变“管理”为“经营”，试着把班集体各类活动的策划权交给学生，与孩子们密切相关的资源配置方案设计让学生参与甚至由学生主持，班里的事务由学生参与讨论、审定……当班集体里生长出更多学生的想法时，一个生机勃勃的班集体氛围就会诞生。

（二）参与还是参加

尽管我们在鼓励学生参加一些活动的时候，都喜欢说“重在参与”，但当学生按着我们的鼓励去积极争取的时候，真正能有机会“参与”的往往寥寥无几，绝大部分学生只是形体上的“参加”罢了，他们只不过是旁观者或陪衬。

失败的班级建设是因为我们没有把它当作每一个人的事情。运动会上观众往往几倍于运动员；我们培养了一些始终当班长、一直主持升旗仪式、开学典礼发言成人仪式也讲话的学生；我们设计策划了个别学生“参与”而绝大部分学生只能“参加”的活动。于是，当我们想起来要培养学生的责任感的时候，明显感受到力不从心、事倍功半！

如何让孩子们“参与”而不是“参加”集体活动？北京市十一学校的一次开学典礼，或许会给予我们一些启发：

在这个4000多位师生、员工同时参加的开学典礼上，人人都参与进来，其中的媒介就是一本开学护照。在这本护照里，学校设计了师生之间、同伴之间、亲子之间签名、留言等一系列栏目。在被严格限定不得超过30分钟的开学典礼上，各位典礼嘉宾通过大屏幕现场抽取幸运师生上台互致祝福并签名留言。这一环节牵动着在场所有人的心。而接下来则是全场老师为每一名学生颁发开学护照，师生相互签名、留言的时间。这时，台上台下都是激动的心跳，现场成了一片欢乐的海洋。

一个文明社会的建设需要成熟的公民，而责任心是公民不可或缺的最基本的素养。若每一名今日校园里的孩子都有了参与之心，我们对明天的期待即大可放心。

（三）集体教育的力量

苏霍姆林斯基十分重视让集体对个人施加的影响，并把这看作是一种非常细致的教育方法，他认为，“可以毫不夸张地说，这是一种存在于人们相互精神关系中的最为娇嫩与脆弱的东西。”苏霍姆林斯基还认为，“当一个精神最脆弱的人从自己绝大多数同伴的眼神里看到了一种对道德理想的向往，看到了他们一定要攀登道德美的顶峰的强烈愿望时，集体才能成为一种真正使人上进的力量”。

他曾经讲过这样一个故事：孩子们在一次远足旅行的归途中，向邻村的一位老奶奶要水喝。老奶奶邀请孩子们到果园里去，并拿出苹果和烤土豆款待他们。孩子们吃完食物后，向老奶奶表示了感谢，然后就出发了。走了多半公里路的时候，孩子们突然想起：刚才在他们坐过的地方，把一些烤土豆的皮丢在地上没有收拾。于是，一场小小的辩论开始了。有的孩子不以为然，认为返回这么远的路就为了收拾那些土豆皮很不值得；有的孩子却觉得应当回去收拾干净。在老师的支持下，孩子们决定往回走，只有一个孩子没有动，他说：“我要坐在这里歇一会儿……”但是，当他听到孩子们齐声愤怒地指责他时，想休息一下的念头立刻打消了。

当这个想偷懒的孩子从其他孩子眼中看到愤怒的神色时，他就不由得反思自己的行为，并在集体的感召下改变了自己的想法。不管这种改变是否缘于真正意识到了自己的错误，但最终他通过具体行动表明自己做出了正确的选择。这就是集体教育的力量。

集体对个人的教育作用应当是非常细致的，不应该让学生感到人们是在专门“整”他，是为了拿他当靶子来教育别人。收拾土豆皮的案例，既展现了集体教育的力量，同时也展现了一个积极向上的集体的形成过程。苏霍姆林斯基在努力使这个集体中的每一位学生进行一种体验，那就是让孩子们在儿童时代就能够体验到正义的思想取得胜利的心情，感到自己是这种胜利的参与者。这是一种宝贵的体验。

苏霍姆林斯基说，集体教育的力量恰恰就在于使每一个人都想要别人对自己有好的看法和好的评价。要努力做到，使您的每个学生在少年时代渴望在集体面前显示自己的长处，并努力做到让那些激励的感觉因为人们对自己有好的看法而长久地保留在少年的心中。

每一个人都试图把自己美好的一面展现给大家，这是集体教育的力量，也是个人教育的途径，更是一个集体与个人彼此影响、共同向上的教育真谛。

（四）把规章制度降到最低限度

一些班主任在介绍自己的经验时，会拿自己制订了多少规章制度说事，似乎制度的多少与管理水平的高低成正比。其实，大量的事实却告诉我们，制度多了，说不定反倒成了束缚生产力的枷锁。

摩托罗拉公司有一个关于制度建设的故事。在东亚，摩托罗拉的工程师每个月可以有2000美元的住房津贴；同时，他们的制度规定，津贴必须花在房子的租赁上，目的是让他们住在附近的社区，过得舒服一点、体面一点。但是，有一天，公司主管因为有急事找一位高级工程师，却发现他住在远郊的一个简易工棚里，而用省下来的钱接济他弟弟上学。公司的第一反应就是解雇这位工程师，因为他违反了公司的制度，滥用津贴。经过激烈的争论和认真的反思，大多数人认为，他是把钱用在了刀刃上。最终，摩托罗拉还是修改了制度并留下了这位工程师。

这件小事同样告诉我们，应该反思制订制度到底是为了什么？

在炎热的天气里，学校仍然要求学生穿着厚厚的校服参加升旗仪式，希望以此创造一道靓丽的升旗风景线，这种情况是否很常见？可能大多数学生甚至包括教师都会认为，穿什么样的衣服并不重要，关键是同学们是否以真诚的心态来参与这个仪式。

其实，一般的学校大概还不至于迂腐到把穿衣服与教育效果生拉硬扯到一起的程度。只是许多做了管理者的人似乎已经养成了一种习惯，不为被管理者设置一些条条框框，似乎管理就没有了缰绳，丧失了管理者的威严。至于这些制度到底是不是有用，是不是受人欢迎，就另当别论了。

哥伦比亚大学的道奇健身中心在谈到规章制度的时候，有这样一句话：我们是有一些规章制度，但我们会将规章制度降低到最低限度。

从某种意义上来说，班集体建设过程中，只有管得少且管得好，才可能成为学生更喜欢的集体。

（五）在自由空间里培养自律意识

我们完全可以把学生的时间全盘把握在教师的手上，我们可以把孩子们的精力和体力统筹安放在对考试有利的地方，像军营一样管理学生，像制造螺丝钉一样地加工孩子，于是，我们会批量生产出一批又一批所谓的人才。

但从教育学的意义上来说，在没有自由空间的校园里，我们会丧失许多教育机会。在那些长期被束缚得规规矩矩的学生身上，我们已经很难感受到他们不一样的心跳，也很难发现他们充满个性魅力的错误。当他们像机器一样出现在我们面前的时候，事实上也会使我们的教育智慧消融，教育能力退化。可是，当他们有一天离开校园之后，当他们重新获得自由的时候，孩子们该怎样去享用？

罗斯福有一句话值得我们品味，他说，没有自由的秩序如同没有秩序的自由，同样具有破坏性。面对成百上千的孩子，我们特别渴望秩序，这是可以理解的，也是必需的。但是，我们必须创造一个具有自由的秩序，这不仅因为如前所述，在创造的过程中充满了教育的挑战，更因为要在这个过程中让孩子学会使用自由——一个不会使用自由的人不会有独立的人格，而且也十分危险。

（六）让学生制作一件“狄德罗睡袍”

这是个很古老的故事了：有位朋友送给狄德罗一件质地精良、做工考究、图案高雅的睡袍，狄德罗非常喜欢。可他穿着这件华贵的睡袍时，总觉得家具的风格不对，地毯的针脚太粗。于是为了与这件华贵的睡袍相配套，他先后更新了一系列家具，连书房都焕然一新。这就是“配套效应”。

班级何尝不是如此？如果它呈现的是向上、温馨、富有文化气息的氛围，那身处其中的学生也会相应地表现得积极、健康和阳光，来与整体环境相“配套”。因此，想要引起学生的积极变化，首先可以为班级定制一件高品位的睡袍，进而激发他们“自我粘贴”这一高品质的标签，并按标签所描述的形象去塑造自己。而在班级文化中，班徽、班规等无疑都是可以精心制作的“睡袍”，就看班主任怎样去引导学生亲自制作了。

（七）班级活动的教育意义

组织班级活动是班主任工作的重要组成部分，也是开展教育教学工作的重要途径。开启学生的智慧，丰富学生的精神，进行情感熏陶，培育正确的道德观与价值观，是班级活动的主要功能。在很多情况下，班级活动能够起到课堂教学不能达到的作用。因此，有经验的班主任都十分注重组织班级活动，在各种形式的班级活动中对学生进行教育。研究许多优秀班主任的工作案例时也会发现，他们大都十分善于通过组织班级活动开展教育教学工作。但也有一些班主任只重视班级常规训练，重视各门学科的教学，却不够重视组织班级活动，他们认为这是多余的负担，甚至认为这会分散学生学习的精力，不愿意组织班级活动。究其原因，是没有认识到班级活动的重要教育价值。因此，梳理、研究班级活动背后的教育价值与意义，澄清一些关于班级活动的模糊认识，就成为一个十分必要的问题。

苏霍姆林斯基作为一个优秀的班主任，十分重视把组织班级活动作为工作的重要手段。在他的班级管理经验中，组织各种形式的班级活动成为他工作的重要组成部分。仔细梳理这些做法，研究这些经验，对每位班主任来说都有着十分重要的借鉴意义。

苏霍姆林斯基是个组织班级活动的高手。当我们看了这些丰富多彩的班级活动形式时，就会发现，苏霍姆林斯基看中的不是活动本身，而是这些活动背后蕴含的巨大的教育意义。总体说来，苏霍姆林斯基主要是通过组织班级活动来开启学生的智慧，训练学生的思维，涵养学生的精神与情感世界，培养学生正确的道德观与价值观。大致说来，苏霍姆林斯基的班级活动可粗略划分为以下几种形式。

班级小组活动。苏霍姆林斯基认为不应当把学生的智力生活理解成个人狭窄的小天地，而应该把参加班级活动（集体活动和小组活动）作为智力生活的重要部分。苏霍姆林斯基在班里建立了许多过着共同的智力生活的小组，如各种科学小组、学科小组、技术小组等。孩子们根据自己的爱好与兴趣，积极投身到这些小组中。通过参加这些小组的活动，丰富了学生的智力生活和精神世界，许多“难教的孩子”正是在这样的小组中克服了困难，而这些困难在一般的课堂学习中是很难解决的。

苏霍姆林斯基提到了一个叫别佳的孩子，别佳是一个六年级的学生，学习数学十分困难，但因为参加了少年数学家小组的活动，他迷上了“数学匣”的制作。在制作“数学匣”的过程中，他的思维慢慢打开了。别佳制作“数学匣”的成功又激发了他强烈的求知欲和自信心，后来别佳竟成了班上优秀的小数学家。这种以小组为单位的班级活动，为每一个孩子提供了一个迷人的天地，在这个天地中，孩子们获得了在一般性的课堂学习中没有的乐趣和成就感。

班级读书活动。苏霍姆林斯基本人十分喜爱读书，在他的著作中曾经多次自豪地提到他的藏书。他相信书籍的无限力量，把读书作为一种重要的教育手段。因此，他把帕夫雷什学校建造成了一个书籍的王国，把他的班级打造成了一个书籍的小小王国，而他的学生们则是一个又一个的爱书人。对那些工作在边远偏僻地方的教师，他诚恳地发表了这样的看法：

学校应当成为书籍的王国。可能你是在很边远偏僻的地方工作，可能你那个村庄和文化中心要相距数千公里，学校里也许会有许多欠缺，但是如果你那里有一个书籍的王国，你就有可能把工作提高到这样的教育学素养的水平，并且取得这样的成果，使之不次于在文化中心地区的工作。

苏霍姆林斯基希望，不管是在什么环境下工作的教师都能充分认识到书籍的力量，把开展班级读书活动作为教育教学工作不可或缺的一部分。书籍可以弥补教学环境与教学条件的许多不足，成为教师教育工作的得力帮手。因此，苏霍姆林斯基本人极其重视在学校和班级里开展读书活动。他在班里建立“书籍之角”，陈列一些内容较好并且使儿童感兴趣的书籍。在学生看来，他们的教室就是自己生平第一次遇到的小图书馆。苏霍姆林斯基也十分乐于在班里开展朗读优秀作品活动，他亲自给孩子们朗诵童话和诗歌，也给孩子们朗读一些经典小说作品；他和孩子们一起坐在自己动手建起的童话室里欣赏那些优美动人的作品；他还把自己写的短文和小诗读给学生们听，交流思想和对周围世界的观感。在这样的朗读活动中，开启了学生的智慧，培育了学生善良的心灵。

苏霍姆林斯基给孩子们朗诵自己笔下的乌克兰的秋天的傍晚，是那么细腻，那么动人：

傍晚时分，天空变得灰中透红。在灰暗的橙黄色晚霞映衬下，展翅飞翔的归巢乌鸦的黑色身影像是一些神奇的幻想之物。森林陷入沉思般的寂静中，只是偶尔有某处的树叶在带有寒气的秋风中颤抖着发出簌簌之声。田野渐渐地越来越昏暗，夜色如潮水一般从沟壑里漫溢开来，覆盖了大地，遮蔽了森林。一颗流星在混浊的天空划过，坠落而下。

这样的朗读活动将与这些迷人的画面一起，融入孩子们的生命，成为他们一生中最美好的记忆。

班级野外活动。苏霍姆林斯基主张以天地为课堂。因此，组织孩子们参加郊游、夏令营、集体森林探险游戏、集体劳动等班级活动形式，成为他教育工作中最常见的一些活动。比如他带领孩子们在贫瘠的山坡地上劳动了几年，荒芜的山坡变成了葡萄园。当孩子们把累累的果实送给在前线牺牲了3个儿子的老母亲时，自己也会感到一种无比的欢乐。为了引导儿童从形象思维过渡到概念思维，苏霍姆林斯基引导孩子来到大自然，通过观察、思考与提炼，了解生物与非生物。在这样的班级活动中，走出认识自然、思维成长的第一步。在暑假和寒假里，苏霍姆林斯基组织孩子们开展夏令营、冬令营活动。他带领孩子们来到森林中，一边劳动，一边休息。在寂静的夏天的早晨，他和孩子们到草原上去寻找最大的麦穗，因为他们需要找些种子做试验；在迷人的傍晚时分，他们手里拿着小刻刀坐在橡树的树荫下，他们要雕刻出飞禽走兽和那些在心中幻想出来的事物；他们一起去集体农庄的果园里采摘水果，消灭害虫，收集树木的种子；他们在黎明时分的森林里生火做饭；他们在遥远的冰封的湖面上扎起帐篷，欣赏湖面在阳光的照射下变幻出的光彩，集体编写美丽的诗歌……苏霍姆林斯基把这种班级活动看作是学生锻炼身体的好机会，看作是开启那些“难教学生”智慧的重要渠道，并在这个过程中锻炼学生的意志，培养他们善于思索、勤于动手、互相合作的精神，同时，大自然各种各样的美融入了孩子们的生命中，他们因此而更加热爱生活。

班级游戏活动。苏霍姆林斯基十分喜欢组织孩子们进行游戏活动。比如他在森林里组织孩子们进行军事游戏，孩子们通宵达旦地去侦察，在想象出来的湍急的河口，冒着“敌人”的火力建立强渡点……孩子们在这样的游戏中感受到莫大的愉快。这些看似十分幼稚的儿童游戏，恰恰包含了巨大的教育价值。正如苏霍姆林斯基所说，对于孩子来说，游戏是最严肃的事情。世界在游戏中向儿童展现，儿童的创造性才能也是在游戏中显示的。没有游戏，就没有完满的智力发展，游戏犹如火花，可以点燃探索和求知的火焰。

班级主题活动。苏霍姆林斯基喜欢创造各种主题的班级节日，如语文节、花节等。这些节日活动都蕴含着各自的教育价值。比如他会组织学生一年两度庆祝语文节，分别放在学期和学年的末尾，到时孩子们邀请村里的长辈来参加，集体评选谁的诗歌和童话朗诵得最好。这样的活动使得孩子们和长辈们都感受到了阅读的乐趣，感受到了书籍带来的幸福。在各种花节——玫瑰节、野花节、菊花节上，孩子们把自己培育、采集的鲜花献给老人和自己的父母；在雪花节上，孩子们则把白色的风铃草献给妈妈。每个人都把劳动当成精神欢乐的源泉，把劳动当成给亲人带来幸福的途径。这些班级活动对孩子来说，具有巨大的教育意义，丰富、细腻的情感与高尚的道德就在这个过程中慢慢建立起来了。

班级座谈活动。苏霍姆林斯基主张举办一些有关人的问题的座谈会，认为这样的座谈会具有重大意义。他和孩子们一起组织座谈活动，每两周举行一次。这些座谈会的内容从一些不太复杂的解剖生理现象逐渐过渡到涉及人的心理形成与发展的一些深奥的、隐秘的现象，形成了一定的体系。在这样的座谈会上，孩子们渐渐认识了自己的身体，对于如何了解自己、增进健康，每个孩子都开始了自我教育。虽然苏霍姆林斯基把班级座谈作为班级活动的一种重要方式，但他不主张什么都要拿到会上来谈。比如爱情教育，比如涉及学生及其家庭个人隐私的话题等，他更主张私下与学生交流，小心地触及这些敏感的领域，以保护学生的心灵和情感不受伤害。

上述班级活动形式，在苏霍姆林斯基宏大的教育体系中，只是其中的一部分。这些班级活动不仅形式丰富，而且蕴含着丰富、巨大的教育价值。联想到当下有些班主任怕组织班级活动的种种担心，我们从苏霍姆林斯基的实践中就可以得出明确的结论：班级活动不但不会分散学生的学习精力、影响学习成绩，也不会加重学生负担，反而会在很多方面成为教育教学工作的重要渠道，它甚至不是一种补充形式，而应当与课堂生活一样成为一种重要形式。

三、名家借鉴

（一）田欣：营造学生情感依恋的“家”

简介：北京市优秀班主任工作室成员、朝阳区“田欣班主任工作室”主持人，曾获北京市“紫禁杯”优秀班主任特等奖、一等奖，朝阳区十佳班主任、优秀班主任等荣誉，并出版个人专著《满庭芬芳》。

要营造学生情感依恋的“家”，需要做到：

环境弥漫“家”的气息

整洁、明丽、温馨的教室环境，会让学生拥有“家”一样的温馨感觉——装框悬挂的学生全家福，绽放着孩子们的笑脸；绿色植物、小小的金鱼点缀着孩子们花季的欢乐，几只小乌龟也成了他们朝夕相处的亲密伙伴；“同舟共济海让路，百舸争流千帆进”“让人们因为我的存在而感到幸福”“做最好的自己，做最棒的三班人”，这些“家训”让学生的心海荡漾着“家”的温馨；“学期成长目标”是整个班级在一个学期里的共同努力方向；“我的成长我记录”见证着学生每一天进步的点点滴滴；“红色荣耀”专栏重磅登出优秀者、榜样者的名字；“师哥学姐谈学法”在学习部的精心设计下，给大家带来一期又一期的好经验、好方法；“将读书进行到底”“悦读越美”，小小图书角成为学生的心灵氧吧，阅览室的每天静读半小时，让孩子们走向更广阔的学习天地……

教室布置成为我们班班级文化的浓重一笔，里面渗透着学生的智慧、思考和情感，走进亲切温馨的“家”，学生有了情感的归宿，有了家人之间的向心力和凝聚力。

感恩塑造“家”的温馨

每年母亲节、父亲节、教师节和老人节，我都会让学生给自己的师长写一封富有真情实感的信，感谢他们的养育和教育之恩。接手新班级的第一个教师节前，我都会组织学生给小学的老师写信，写写对老师的感激和怀念之情，写写刚刚开始的中学生活和今后的打算。写上满满几大页，亲手粘好信封，贴上邮票，郑重地投入绿色的信筒。我要让孩子们不忘师恩，不忘养育之恩，做有感恩之心、有良心的人。这种方式对于学生情感的触动，远比一条短信或微信更加深远和深刻。

通过这些活动，我想培养学生敏锐、细腻、柔软、懂爱的心。这样一种爱的教育，让学生的情感少了一些淡漠，多了一份为他人着想的善良。

班级生活定格“家”的记忆

陶行知先生说：“生活即教育。”作为班主任，我更关注多彩、轻松的班级生活，让班级生活温暖如春，让学生获得心灵上的依恋。

每天的班级生活从晨读开始。“开讲啦”活动给学生搭建了展示的舞台，关注环境建设的学生讲《我眼中的北京》，酷爱体育的学生讲《足球传奇：贝克汉姆》，关注传统文化的学生讲《楹联文化》……“今日播报”活动让学生做好家中事、关注国家事，学生有了自己的思想，发出自己的声音。

每学期的班级生活从一开学就拉开了华美序幕。“开班”仪式上，“为集体献礼——才艺展示”活动，孩子们载歌载舞，一招一式尽显个人风采；“爱的传递”游戏使学生学会关爱，懂得相互尊重；“只追前一名”活动，让每一个孩子有了跳一跳就可以够得着的学习目标……

每天午餐之后，是班级最惬意的时光：有的学生在聊天、讨论问题，有的学生在课桌上摆出各种棋类，开始思维的对弈，争得面红耳赤却结为最纯粹的精神血亲。班级的中秋冷餐，几分钟就被风卷残云了，似乎那是世间的顶级美味。前几年，我住在学校附近，过新年时，我会带上学生回家包饺子，大家各有分工，买菜、买肉、和面、包饺子、煮饺子……最后学生们用手捡着饺子狼吞虎咽，那种开心快乐的情景多年后依然被学生们津津乐道……

那个陪伴孩子三年的“家”，早已扎根在他们的心田里，葱茏地生长着，成为能够承载他们一生的记忆的地方。

从步入班级的第一天开始，几十个孩子之间何尝不是缔结了一种非血缘的亲情关系，成为一家人了？当每一个孩子对待班集体都像对家一样爱恋、牵挂、信任时，当每一个孩子在集体中生活都感到愉悦、振奋并能发挥自己专长、实现自我愿望时，这种相融的氛围、和谐的环境，也成了最好的育人“文化”。

（二）罗博·普莱文：让上课变得有料、有趣、有秩序

如果你在自己的班级中还没有使用日常规范（或者是制度），那么你必须着手制订了。

它们可以很明显地迅速改变你班级的面貌，让你的教导进入“无人驾驶”状态，也会让你的工作变得更加轻松自如。首先，这样做最大的好处就是节约时间。在教室里，你把大量的时间花在一遍又一遍地重复教育那些不听课的学生身上。但是如果你花一点时间来建立规范，让学生遵从指导，你就不再需要反复告诉他们应该怎么做，因为规范中已经清楚明白地告知学生们要做什么，该怎么做了。

日常规范给予了你的学生一张“行为地图”，因为这张地图是不会发生变化的，所以它能确保百分之百持续有效。在教学和行为管理中，我们都知道“一致性”有多么重要，而日常规范就要把“一致性”付诸实践。一旦你将学生引入日常规范的管理当中，那么很简单，你自己也要在对他们的教育上保持高度的一致性。

日常规范同样也可以为学生在你的课程上提供更多体验成功的机会，对那些爱

惹麻烦的学生来说也是如此。这事儿本身不会有什么让人感兴趣的地方，为了完成一项特定的任务，可以通过提供清晰的、按部就班的流程帮助他们，而他们正确完成事情的可能性则显著提高了。一旦你有更多的机会表扬学生，或者是肯定他们的行为时，他们的态度和行为也会往好的方面更快地转变。

另外一件很有意义的事情是，你可以把这些通过日常规范所形成的变化，或者是动作行为上的“要点”，在学校开放日上做一个全面的展示。

比如说：

●进入教室

●开始上课

●分发材料

●收材料

●寻求帮助

●活动或任务的变化

●当完成了作业时该做什么

●迟到了怎么办

●使用特定设备

●团队合作

●去图书馆

●观看视频

●倾听来访者或者演讲者的讲座

●回答问题

●布置课堂作业

●布置家庭作业

●离开教室

对以往的那些困难时刻来说，如果引入日常规范，你将会发现自己教学的每一天会变得多么轻松！而在上述环境中，如果学生们清楚地知道自己应该做什么，你就会发现课可以上得很顺畅。

四、真题大放送

1. 第二届长三角地区班主任基本功大赛情境问答题（小学组）

班主任工作比较棘手的一个问题是如何安排班级学生的座位。作为班主任，我曾经按照轮换制排列座位，就是一个星期向前推进一排，我认为这种座位的派发最公平合理。但是时间一长，成绩优秀的学生和家长开始提意见，说在后面确实影响听课，而有些后进生虽然坐在前排，不仅不听课，还影响班级纪律。经过考试检验，这种座位排列方式确实影响班级的"优秀率"。后来，在其他老师的建议下，我改为按照成绩安排座位，这样做又挫伤了一部分成绩虽不理想，但并未放弃努力的学生的积极性。我很苦恼。

请你给这位老师提出合理的建议。

2. 第二届长三角地区班主任基本功大赛情境问答题（初中组）

初中的班干部一般都有具体职务，例如宣传委员、劳动委员、学习委员、体育委员等。学生在选择时，往往喜欢担任一些不需要干什么具体工作的职务，而对劳动委员这种吃力不讨好的工作敬而远之。

在班干部工作分配上你是如何做的？你是如何培养班干部树立为同学、为班级服务意识的？

3. 第二届长三角地区班主任基本功大赛情境问答题（初中组）

如今，很多家长都为孩子配备了手机，但是在校学生玩手机常常影响其正常学习，甚至影响其身心健康，很多学校都规定学生不得带手机到学校。某校九年级某班有个女生经常带手机到学校并且在上课时偷偷拿出来玩，被老师多次发现并收缴，事后再把手机还给她或者她的父母。有一次上数学课她又在玩手机，被班主任老师发现并当场没收了。下课后，班主任把她叫到办公室狠狠批评了一顿，但该女生说，手机是从本班另外一位男生那里借来的，要老师还给她。考虑到她"屡教不改"，班主任决定一个月之后、中考结束了再还给她，随手把手机放进了办公桌的抽屉里。

如果你是这位班主任，你打算怎么办？你怎么看待很多学校没收学生手机的规定？

4. 第二届长三角地区班主任基本功大赛情境问答题（高中组）

衡水市第十四中学实行了所谓的"军事化管理"，除了上课时间，学生们吃饭、洗漱、如厕的时间都很紧张。学校设置了学生会，专门对学生的各种违纪行为进行监督和记录，比如进宿舍迟到一分钟、在宿舍吃零食、晚上睡觉铃响后没上床等，都属于违纪范围。而一旦被记录违纪，学生面临的就是被扣分，扣到学校规定的最低分值后，就只能停课回家了。

（1）你认为学校是否需要这种“军事化管理”？

（2）你是如何看待这种教育方式的？

5. 第二届长三角地区班主任基本功大赛情境问答题（高中组）

某高中班主任老师学习昌乐二中的模式，实行班级“精细化管理”，对学生的奖励和惩罚采取加分和减分的方式。实行一段时间之后，确实在一定程度上实现了学生的自我管理，但随之而来的问题也很多，刚开始大家唯分是从，一切为了分，为了加两分，好朋友也会怒目相争，甚至做好事也是为了加分，但是过了一段时间大家就开始无视分数的高低了。

你认为出现这种现象的原因是什么？有什么对策？

6. 第三届长三角地区班主任基本功大赛情境问答题（小学组）

自从周老师新接了三年级（2）班后，为了培养孩子们的自我管理能力，她实行了值日班长轮换制。刚开始，大家感到很新奇，积极性很高，轮到的值日班长认真负责，其余的同学积极配合值日班长的工作。可是时间一长，新鲜感过后，问题出来了：轮到的值日班长积极性还是很高，可轮不到的同学开始放松了，排队时你推我、我追你，做眼保健操时眼睛又偷偷睁开了，吃饭时边吃边说话，对值日班长的管理不屑一顾。

你觉得周老师的值日班长轮换制的问题出在哪里？你有什么好的建议？

7. 第三届长三角地区班主任基本功大赛情境问答题（小学组）

开学了，张老师接手了一个新的班级——四年级（4）班。

布置教室、民主选举班干部、开班委会……一切都在有条不紊地进行着。但总觉得这个班级缺少了应有的生机与活力。这天学校里举行全年级的联谊活动，眼看着其他班级节目一个接着一个，而自己班级却死气沉沉，几个班干部你推我、我推你。班长王某也低着头，显得没有自信。显然，在这场无形的竞争中，四年级（4）班处在了下风。

以后的几天里，张老师一直在思索一个问题：一个经同学民主选举产生的大家信任的班集体核心，为什么一点战斗力也没有？她百思不得其解。

如果你是张老师，你会怎么看待这种现象？又该如何解决呢？

8. 第三届长三角地区班主任基本功大赛情境问答题（小学组）

王老师的班级管理特色是：人人有岗、岗岗有人。可今天午餐过后，王老师发现有的同学把剩菜剩饭倒在了教室菜桶外边的地上，于是就请正在旁边的学生清理掉。可在场的同学却说："这事是小东负责的！"说完就自顾自去玩耍了。

请问王老师应该怎么处理这件事？

9. 第三届长三角地区班主任基本功大赛情境问答题（小学组）

张老师非常关注学生的进步，注意保护学生的自尊心，极少批评学生，经常赞美学生，甚至还自己掏钱给表现好的学生买小本子、笔等奖品。但是随着时间的推移，张老师渐渐感到学生对他的表扬越来越无动于衷了。

如果你是张老师，你将怎样应对这种情况？

10. 第三届长三角地区班主任基本功大赛情境问答题（初中组）

王老师是全校最认真负责的班主任——对班级大事小事亲力亲为；时时处处在学生身边紧盯学生的一举一动；每晚在办公室与学生谈话几小时；包办许多学生力所能及之事。全班学生的思想动态她皆一清二楚，班级秩序井然。可是在此大好形势下，总有一些学生悄悄给她留下类似的小纸条："王老师，请给我们放放假吧，哪怕两个小时都行。"

马老师带班轻松——一周进班的次数甚至没有其他班主任一天多。在这样"放羊"的情况下，他所带班级凝聚力自然不强，学生迟到、早退、旷课现象较多，学习成绩偏低，但该班课堂气氛活跃，学生个性鲜明，能歌善舞、多才多艺者众多。

两位班主任在班级管理中对管与放的度的把握不同，导致管理效果也出现了很大差异。

（1）请评价两位班主任的管理方法。

（2）谈谈你在班级管理中是如何把握管与放的？

11. 第三届长三角地区班主任基本功大赛情境问答题（初中组）

学生刚进入初中，一切都是从零开始。为了做好日常行为规范教育，让学生养成良好的习惯，班主任王老师设计了一张学生日常行为规范记录表，记录学生每日的日常行为表现，包括到校时间、红领巾和校徽的佩戴、作业的上交、课堂表现、作业的质量等。一段时间下来，大部分学生都能严格按照表格中的要求规范自己的行为，表现良好，但还是有几名学生总在一些方面做不好而被扣分。长此以往，这几名学生也不在乎记录表上的分数了。

如果你是王老师，你会对这几名学生采取什么措施？

12. 第三届长三角地区班主任基本功大赛情境问答题（初中组）

“双班委制”是对班级原有组织管理机制和模式的完善，就是通过自荐和民主选举在班级中形成两套班级管理委员会，每套班委都设有相同的岗位，由两套班委轮流进行班务管理。

某班主任为了把班级还给学生、提高学生自主管理能力、促进学生的个性与社会性发展，从而实行“双班委制”，并引进了竞争机制。没想到，班级里出现了这样的不良现象：部分同学拉帮结派，两派班委互相暗斗，甚至私下说对方的坏话。

针对这种现象，你会如何处理呢？

13. 第三届长三角地区班主任基本功大赛情境问答题（初中组）

开学初，我接手了一个新班，在报到的那天，我打算成立临时班委会，和班干部一起带领全班学生做好开学工作。当我满怀信心地站在讲台上讲明我的想法后，让我失望的是学生并没有给我“面子”，没有一个学生主动站出来说自己愿意担任班干部。

作为班主任，我应该怎么办？

14. 第三届长三角地区班主任基本功大赛情境问答题（初中组）

新学期开始了，班主任李老师宣布了对学生正确、积极行为的奖励措施：（1）可以坐老师的座位；（2）排队时可以站到最前面；（3）可以使用彩色粉笔；（4）可以跟老师共进午餐；（5）可以按自己的意愿换座位；（6）可以在游戏活动中做主持人……

对李老师这种做法，请你谈谈自己的想法。

15. 第五届长三角地区班主任基本功大赛情境问答题（小学组）

晓明是六年级（2）班的班长，他工作得力，班上有什么风吹草动都会及时向班主任汇报，很受班主任孙老师的欣赏。可是，这天下午，晓明来到办公室，请求不再继续担任班长。班主任问他原因，他说：“同学们觉得他是老师的密探，因而不喜欢和他做朋友。”这时，作为班主任的你……

16. 第五届长三角地区班主任基本功大赛情境问答题（小学组）

新学期你接手了三年级（1）班，在选班干部的时候，你采用了学生投票选举、定期更换的方法。改选当天，学习成绩、纪律都比较差的小王同学当选了。这时，小刘同学站起来说："老师，小王提前用各种手段在班里拉选票，我不同意他当选。"这时，作为班主任的你……

17. 第五届长三角地区班主任基本功大赛情境问答题（初中组）

早晨，你走进教室，发现教室里面很脏，你问劳动委员小薛，他说："最近，由于晚上补课，放学时间很晚，值日生放学之后就走了。第二天我去问原因，同学们说都九年级了，放学又这么晚，没时间也没力气打扫教室了，让我别再操这个闲心了。现在放学后，原本该值日的同学都走了，我想拦也拦不住。我没有能力，不想再担任劳动委员职务了。"这时，作为班主任的你……

18. 第五届长三角地区班主任基本功大赛情境问答题（高中组）

班委会竞选时，同学们都推荐小华做班长，你也觉得小华很优秀，适合当班长。可是小华课后却对你说她不太想当班干部。当天晚上，你又接到小华妈妈的电话，她说了许多理由，如担任班干部会影响学习，所以拒绝小华当班长。此时，作为班主任的你……

19. 第六届长三角地区班主任基本功大赛情境问答题（小学组）

小成是一名班干部，学习成绩出类拔萃，工作也相当出色。六年级时，她竞选学校大队长一职，"一路过关斩将"，自我感觉很好，但等到公布竞选结果时，大队长之职却花落小彤。落选后小成变得很消极，不喜欢参加集体活动，老师稍微批评一句就落泪。

（1）如果你是班主任，该怎么办？（表演）

（2）阐述你这样做的理由。（陈述）

20. 2013年浙江省中小学班主任和德育导师基本功大赛情境问答题（小学组）

刚走上教育工作岗位的小张老师为了学习当班主任的技能，尽快提高做班主任工作的水平，经常向一些有经验的老班主任请教，请他们传经送宝。有一位很有威望的老班主任对小张说："要做好班主任首先是要了解学生的情况，知道他们想些什么、做些什么。在学生中适当安排几个'耳目'、培养几个'亲信'是了解学生情况的好办法。"

你怎样看待安排"耳目"、培养"亲信"的做法？在班主任工作中应该采取什么样的措施才能真实有效地了解班级和学生的情况？

21. 2015年浙江省中小学班主任基本功大赛情境问答题（小学组）

张老师是五年级（2）班的班主任，平时管理班级非常严格，孩子们很怕他，一看到他就像老鼠见了猫一样，大气都不敢喘。但是，只要张老师不在，教室里立马沸腾。其他老师都在反映五年级（2）班上课纪律差，课间打闹现象严重。

请你分析产生这种情况的原因，并说说解决这一问题的对策。

22. 2015年浙江省中小学班主任基本功大赛情境问答题（小学组）

"老师，喝完水我们干什么呀？""老师，今天我们上什么课呀？""老师，我想画画行吗？"……面对学生七嘴八舌的提问，老师往往会回答："一会儿你就知道了，赶快做你现在的事情""明天再画画吧"……学生听后就乖乖地去做老师安排好的事了，不再提问。

这种情形说明了什么？你认为应该怎么处理？

23. 2015年浙江省中小学班主任基本功大赛情境问答题（初中组）

一个有爱心又有着丰富工作经验的老班主任，深受学生的尊敬和喜爱。但由于身体原因，她不能继续担任班主任。学校领导让年轻的、有着满腔工作热情的你担任这个班的班主任，但孩子们非常想念他们的老班主任，希望老班主任回来。

作为班主任你该如何处理？

24. 第三届长三角地区班主任基本功大赛情境问答题（高中组）

沈老师是高二某班的班主任，为了和同学保持密切的联系，他加入了班级同学建立的QQ群，与学生们在网络上及时互动。他发现班级的学生在网络上大多谈的是学习内容，心里也很高兴。但是，一次放学后，他路过教室，听到了班级同学无意中的谈笑才知道，班级的同学们为了回避班主任，特地又开了另外的QQ群，私密的话都在另外的群里说，在沈老师参与的群里，他们只谈学习和班级活动。这一发现让沈老师非常难过，他觉得自己的善意没有被学生理解，反而招来了欺骗。

你如何看待这一事件？又会如何处理这件事？

25. 2020年长三角地区中小学班主任基本功大赛情境问答题（初中组）

这学期我中途接手了一个学习、卫生、纪律俱差的班级。这些我都早有心理准备，让我万万没有想到的是，学生家长对我的极度不信任。有的家长毫不客气地跟我说："张老师，这个班以前状况百出，期待你能花点时间、尽点心，拿出教师应有的魄力来整治班级，让我的孩子有个静心学习的环境！"有的家长在家长微信群里直言不讳地留言："又换了一个班主任，走马灯似的，不知这个老师会演一出什么戏？"看到家长的埋怨批评，我心里很不是滋味。

如果你是班主任，该怎么办？

26. 2020年长三角地区中小学班主任基本功大赛情境问答题（初中组）

刚接手八年级（6）班，心中忐忑不安，因为这是一个不寻常的班级，一个早已“名声在外”的班级：班里七个学习比较差的男生组成一个同盟，他们没有学习目标，行为习惯很差，经常违反纪律，缺乏自觉性、自制力，在班上沆瀣一气、兴风作浪。仗着人多势众，他们经常喝酒打架、顶撞老师。但他们也有原则：从来不欺负弱者，只教训蛮横霸道、欺负女生的同学；从不打本班同学，只帮助本班同学去教训别班同学。

如果你是班主任，该怎么办？

5. 情感引导类

——把“早恋”变成“早练”

从学生特殊年龄段的实际出发，尊重他们，理解他们，找准“切入点”，“对症下药”，同时用爱去关心和教育他们，做他们的“知心朋友”和“良师益友”，教育就能真正落到实处。

一、真题分析

1. 2020年浙江省中小学班主任基本功大赛情境模拟（初中组）

周末，张老师接到八年级（1）班班长小明家长的电话，电话里小明家长很生气地说，因为隔壁班有个女生小红一直纠缠小明，导致小明成绩下滑严重。他还了解到小红的父母以前在外地做生意，是由外婆带大的。最近父母才回到孩子身边，因内心觉得对孩子有歉意，对孩子百依百顺，但小红却对父母冷酷无情，还经常说：“看到你们不高兴我才开心。”小明家长要求班主任出面让小红不要再打扰他的儿子，不然他就自己到学校找这个女生解决问题。

如果你是张老师，你会怎么办？

【案例分析要点】

（1）主要考查班主任对人际交往，特别是异性交往在学生发展中的认知及引导。

（2）厘清青春期友情与爱情，不贴标签。对与异性交往过密的学生全方面地关注及引导，特别注重了解和满足他们的合理需求。

（3）班主任技能包括引导异性交往在内的所有家庭指导的技能和策略。

（4）通过引导学生把大部分精力投入更有价值的同性、异性的人际交往，引导学生与人交往时做到尊重他人和自我尊重，处理好与他人的关系，建立健康、和谐、积极的人际关系，有助于自己的人格完善及社会化。

2. 2018年长三角地区中小学班主任基本功大赛情境模拟（高中组）

进入高三，男生东东和女生婷婷的关系非常“亲密”，相处方式似乎超出一般同学友情的界限了，两个人形影不离，有的同学甚至看到他们像情侣一样手牵手在校外散步。同学们对此议论纷纷。你得知情况后决定找两人谈话，没有想到两人大大方方承认他们是互有好感，并认为自己有足够的能力控制自己的感情，不会影响学习，而且他们现在在生活上互相关心、学习上互相帮助，感情的力量正在转化为学习的动力。事实上，两个人的学习成绩近来确实没有下降。

面对这种情况，你会怎么处理？你将怎么和东东、婷婷谈心？

【案例分析要点】

（1）主要考查班主任对学生情感问题的认识和引导。

（2）班主任要合理认同东东和婷婷的情感，肯定他们互相关心、互相帮助的做法。

（3）教育两位学生正确处理感情问题，把控感情的尺度。

（4）召开班会，开展活动指导学生正确处理情感需求。

3. 2018年浙江省中小学班主任基本功大赛情境模拟（高中组）

同学们纷纷议论班中的张某和李某在谈恋爱，但作为班主任的你绝不相信，因为他俩在班里学生中各方面都是那么优秀。可在一个雨天的傍晚，在公交汽车站的站台上，你竟与搂腰共伞并亲密说着话的张、李二人不期而遇了。

这时，作为班主任的你该怎么办？

【案例分析要点】

（1）主要考查班主任对异性交往的认识和引导。

（2）找个借口，拆散两人，并由班主任负责把女孩送回家。

（3）约谈两人，引导其正确进行异性交往，尊重两人选择，但提示其交往应有度。

（4）跟家长沟通，并指导家长正确处理。

（5）利用班会课对全班进行指导，并注意保护张、李二人。

4. 2017年浙江省中小学班主任基本功大赛情境模拟（高中组）

学校有规定，学生不能带手机进教室。上晚自习时，男生小亮在玩手机，被学生处王老师发现后没收了手机。回到办公室，为了了解小亮在用手机做什么，王老师看了他手机里的短信，发现小亮当时正在给班里的一位女生发信息，同时在他手机的短信记录里还发现他曾多次在晚上11点多向这位女生发过多条短信。这让王老师很吃惊，因为王老师平时对学生管得很紧，自认为男女同学的关系都很正常，却没想到还有这种事发生。

于是王老师找到小亮的班主任，反映了这些情况后，告知班主任将没收小亮的手机，同时感叹道："还好我看了手机里的短信，如果我没看，都不知道他们现在有这些问题。"

此时，作为小亮班主任的你，该如何处理?

【案例分析要点】

（1）主要考查班主任对学校管理的认识和引导。

（2）明确向王老师指出不能用违法的形式处理学生问题，不能没收学生手机，也不能看学生手机短信。

（3）反思学校对待异性交往问题的态度和理念，管得很紧并不能阻止高中阶段男女同学的交往。

（4）指导学生规范使用手机，在不改变学校现行规章制度的前提下，如何让孩子更好地自觉执行制度。

（5）指导学生把握异性交往的尺度。

5. 2017年浙江省中小学班主任基本功大赛情境模拟（高中组）

你班女生小芳学习非常优秀，可近期上课神情恍惚，与她谈话时也一副魂不守舍的样子，几次学科测试成绩退步明显。经你与小芳谈话了解到，原来最近有一位高年级的男生在追求她，但小芳并不准备接受他。不过善良乖巧、生性胆小的她却不知道如何拒绝这位男生，还生怕被父母、老师发现而误会她，特别是同学中捕风捉影的议论更给她造成了不小的压力。现在她连上食堂吃饭都怕遇到那位男生。

面对小芳的求助，请问你会如何处理?

【案例分析要点】

（1）主要考查班主任对学生情感问题的认识和引导。

（2）对小芳要认同她的价值与心理，并告知情感很美好，她有选择接受与不接受的权利。

（3）指导小芳怎么拒绝对方的情感，同时不伤害对方。

（4）通过班会等形式指导学生怎么处理自己的情感需求。

二、路径探究

（一）你的柔情我永远不懂

有人说，世上有两种东西不能忍耐，一种是咳嗽，另一种便是爱！

《少年维特之烦恼》中这样说道：“青年男子谁个不善钟情？妙龄女子谁个不善怀春？这是我们人性中的至洁至纯。”

苏霍姆林斯基说：“我们每一个人最终都要变成一把骨灰，但是，爱情将成为赋予生命的、永不衰退的、使人世代相传的纽带。”自古以来，爱情是一种永恒的美，是一种永恒的力量，是一种永恒的纽带。

上海市教育科学研究对杨浦区内4所初中和4所高中738位学生进行了有关早恋问题的调查，并对近百名学生做了个别或集体的访谈。

调查结果显示，半数以上的中学生对“青春恋”“比较赞同”或“无所谓”；无论是对异性产生好感，还是遇到异性表白，他们都会表现得颇为理智，五成初中生和66.4%的高中生会“相互了解后再做决定”，71.6%的高中生认为只有“自己喜欢才接受表白”。

数据显示，中学生恋爱时通常会和恋爱对象“一起学习、游玩”“一起发微信或QQ诉衷肠”，“有性接触”的比例并不高，初中生只有3.13%，高中生为2.09%，不过也仍有三成初中生和四成高中生有过牵手、拥抱或亲吻的经历。多数中学生对偷尝禁果还是持谨慎态度，有58%的高中生认为性行为“会对身心产生阴影”，阻碍“真实的情感发展”。

在问及什么是恋爱时，不同的学生给出了不同的答案。但绝大多数的学生对此是模模糊糊，甚至是雾里看花。正如爱是一个永恒的主题，不论何时，爱情都没有固定的答题模式，每个人都有属于自己的故事，内心的世界无法感知。有时一个眼神、一个微笑就轻而易举地点燃了异性脸庞；一个发型、一身服装或许就能引起你慌乱的心跳。

甜蜜的小情绪无人知晓，却在感知自己内心独到的幸福，饭桌上的对视，跑操时的相望，考试时的邻座，下课时的偶遇，放学后的顺路，孩子们都如同吃了一颗金丝猴奶糖，笑在脸上，甜到心里。这些都是处在青春期孩子们的微妙心理，高尚，唯美，正常而美好。

对此，课题组项目负责人戴耀红说，其实，中学生的情感交往才最“纯真”，重视内心体验，而不像当下的社会风气那样看重物质。“对我好（人品好）”“志趣相投”“形象佳”是中学生理想中恋爱对象最重要的三大条件。

浙江一位高中班主任曾经对自己所在的高三两个毕业班90名同学做过调查，也正是因为毕业了，学生们不再有所顾忌，愿意坦诚相告。而调查的结果让人大吃一惊：两个班上有早恋经历的多达40人，还有18个人表示“正和某些对象处于暧昧阶段”，另外有9个人表示“很想快点恋爱”。“一个班级差不多就有六成以上的学生不同程度地存在我们说的‘早恋’，其中最早的甚至八年级就开始谈恋爱了。”

对于中学生的“青春恋”，大部分的学生都抱着“赞同”的态度，即使自己并未谈恋爱，也还是心存“向往”，觉得很“平常”。江苏一所重点高中的高二女生小杨就表示，自己有两个初中的死党，现在都已经有男朋友了，都是他们的同学。有时候看到朋友甜蜜的样子，她也会有些羡慕。“我觉得这种恋爱没什么不好，像我们学校挺有名的一对，男生女生成绩都很好，没觉得他们谈恋爱就影响学习啊。我们都觉得他们是神仙眷侣。”

这样的观点现在也被部分年轻教师所认同。一些“90后”教师对于学生恋爱还是抱着开放的态度，也因为这样，学生有这样的“倾向”也不会瞒着他们。“十六七岁的少男少女，哪个不怀春?”“现在的孩子都比较早熟，有感情的需求比较早，是正常的，并不应该称之为‘早恋’，只要在一定的度之内，我不想去禁。”一些教师感慨道。

这位教师觉得，恋爱是种美好的事情，她就发现有学生在这种单纯的爱与被爱中，感受到了温暖，有了固定的异性朋友，生活中的烦恼互相倾听，也容易以男女不同的角度帮助化解，“事实上他们的情绪变得更加阳光，反而有利于学习和成长。”

但大部分的老师还是持谨慎偏向于反对的态度。“他们还没有完全成熟，情绪容易冲动，对于自己的行为也不能完全负责，如果一时冲动发展下去走上极端，无论是心理还是生理方面，都可能造成伤害。”一位初中德育教师对于学生恋爱，就表示坚决反对，如果发现一定会扼杀在摇篮中。

（二）每一份情感都是美好且值得尊重

生命的本体是爱，爱是人类的灵魂。爱不是凭空产生的，而是在思想、观念和言行的体验经验中积累和升华而获得的，真正的爱是信任、尊重、鞭策、激情以及触及灵魂，动人心魄的成长过程。爱能使人获得快乐、喜悦、鼓舞和创造力，更能诱发人的创造思维，发掘生命的潜能。

爱情到底有多美好？苏霍姆林斯基说，爱情美好到不可思议的程度，美好到超过一切自然之美的程度，美好到胜过一切创造之美的程度，甚至美好到“使上帝颤抖、惊异以至惊呆”的程度。

孩子的成长是一种不可抗拒的力量，因渴望了解而产生好奇，因好奇而找机会接近，因接近而心生爱慕，这是一个自然的过程，是生理发育和心理发展正常的外在体现。每一份情感都是美好而值得人尊重的，热烈、忠诚、纯洁、思念、永恒等，都是它的代名词。

现在，很多孩子并不是真正懂得爱情的含义。他们只是在这个特殊的年龄产生了这样的感觉：有那么一段时间，突然一个世界打开了，一个异性的世界，于是开始注意异性的美，很“容易”产生爱慕之心。此时的他或她，并不懂得自己的恋爱有何目的，无法预测爱的结局，往往是身不由已地陷入某种情结，因此，将朦胧的好感当作爱情的萌发，现在就想匆忙地与某个特定的异性建立深厚的个人关系，就好比是冒险地钻进一片虽开着奇花异草，同时也暗藏陷阱的森林。其实，这时对某个男孩或女孩的好感，并不等于爱情。

处于青春萌动期的孩子内心充满希望和幻想，他们的内心世界很精彩，可是又不愿表露出来。这时如果得到积极的引导，他们便会打开美好而神秘的心灵之窗，让热情、才智源源不断地流淌出来；如果受到强制的压服，他们便会把受了伤的心灵深藏起来，让压抑、困惑相伴左右。所以，成人不应用成人的眼光看待他们，批评他们，因为孩子交朋友多数并不是成人的谈情说爱。倒不如在青春期阶段，多教给他们必要的生理和性科学的知识，使孩子们一方面大大方方地与异性交往，另一方面又增加理智的意识，学会自我感情的调节与控制。

早恋是一种极为隐秘的异性之间的感情，它属于双方当事人的私事，不容许他人干涉。如果教师干涉早恋，轻者引起当事人的反感，促使当事人产生强烈的逆反心理，重者会引起当事人与教师的对立、对抗甚至冲突。

早恋好比是一根感情的高压线，手摸不得、触不得。苏霍姆林斯基主张只字不提早恋，青少年们对于成年人干预他们不可侵犯的感情领域特别感到不能忍受。所以，他主张应该善于尊重和理解这种感情，在学校里应当只字不提谁爱上了谁这样的事情，对青少年们两性之间的隐秘关系，要装作不知道。他说：“干预他人的恋爱——这就像对人的心脏施行手术一样。”

（三）必须了解的禁果效应

生理科学和心理科学都告诉过我们，处于青春期的少男少女，是情感发育的关键期，异性之间的好感不但正常而且必需。男女之爱是人世间最美好、最值得珍视的情感。如果一个孩子在特定的年龄没有这样一份特定的情感，反倒是人格不健全的表现。

长期以来，我们一直把男生女生的交往过密定义为“早恋”，家长和老师都视之若虎，避之不及。当我们以这样一种如临大敌的心态，去面对、去解决孩子们自认为“很正常”“没什么”的情感问题时，反差、错位和矛盾冲突便不可避免，教育效果也会大打折扣。

土豆在法国曾经被称为“鬼苹果”，没有人愿意种植它。尽管请了一位法国著名的农学家百般劝说，但是无论怎么引导，农民们就是不愿意引种土豆。最后，农学家想了一个绝妙的主意。他受国王的特准，在一块贫瘠的土地上种植土豆，并由一支穿着军礼服、全副武装的国王卫队看守。夜晚，看守卫队故意撤走。结果，人们受到“禁果”的引诱，每到晚上就来挖土豆，引种到自己的田地里。

我们似乎都有这种奇怪的心理：越是得不到的东西，就越想得到；越是不让知道的东西，就越想知道。土豆在法国的推广，也正是巧用了这种心理。这种逆反的心理现象在心理学上叫作禁果效应，意思是说：不说明原因的禁止反而会激发人们更强烈的探究欲望。“禁果”的说法取自古希腊的传说：伊甸园中的夏娃被禁止摘食善恶树上的禁果，然而夏娃却终于在蛇的诱惑下偷食了禁果，受到了上帝的惩罚。

禁果效应在实验室中也能体现出来。有人做过这样一个实验：茶盘中放着5只扣着的不透明的茶杯，孩子对它们根本没有兴趣。实验者在其中的一个杯子下放一枚糖果，重新扣上临走时告诉孩子：“杯子下放了东西，你千万不要动！”然后假装出去，在外面设法窥视。结果，越是向孩子强调得厉害，孩子越要打开看，有的孩子还要仔细观察一番，然后再放好。

为什么会出现这种现象呢？因为人人都有一种好奇心，这种好奇心是探究、求知的动力。如果对一件事情做不说明原因的简单禁止，会使这件事更具有吸引力。自然，人们会将更多的注意力转移到这件事上，会有更强烈的探究欲望，导致偷食“禁果”以使心理平衡。

在生活中，禁果效应比比皆是。比如，很多不健康的电影书籍，学生本来并不知道，知道了也不一定去看，但是教师禁止，反而使他们想看个究竟，一睹为快。学校一味制止早恋问题，使男女之间很平常的交往涂上一层诱惑的色彩，反而容易造成一些学生早恋。正如同奥斯卡奖，越是晚公布，人们越是想知道结果。

禁果效应告诉我们，不提倡的东西不要明令禁止。青春之路，都不要过度干涉，我们能做到的就是不要让自己的孩子缺少爱!

心理学上还有一个“多看效应”。

心理学家查荣茨曾经做过这样一个实验：他向参加实验的人出示一些人的照片，然后让他们认真观看，每张照片出现的次数各不相同，最后请看照片的人评价他们对照片的喜爱程度。

结果发现，参加实验的人看到某张照片的次数越多，就越喜欢这张照片，而且他们更喜欢那些看过二十几次的熟悉照片，而不是只看过几次的新鲜照片。总而言之，看的次数增加了喜欢的程度。

所以对于恋爱来说，日久生情有时候比一见钟情更靠谱长久，很多中学生恋爱的产生就藏在日久生情当中。

当下，我们要做的不是再去辩论中学生可以不可以“恋爱”，更不是直接或间接地去鼓励中学生“恋爱”，而是教会他们如何对待青涩的“感情波澜”，让他们学会理解自己并能坦然面对自己朦胧的情感问题，教会他们更加清醒地认识中学阶段的人生责任和重要性，把时间和精力放在为美好的未来奠基上，掌握更加扎实的知识，学会如何正确与人交往，在探索中树立明确的职业目标和人生理想，唯有这样，才能在适当的时候收获甜蜜而芬芳的情感果实。

（四）必不可少的青春期爱情教育

爱情是人类与生俱来的健康情感，只有能经得起岁月和生命磨砺的忠诚，能超越死亡的心灵追念，才配得上称为爱情。人们美好的爱情，总是炽烈而又忠诚的，严肃而又隽永的，平等而又专一的，男女之间互敬、互爱、互信、互助，相慰、相依、相扶、相伴，闪烁着人性中的真善美，积淀着人类文明的成果。

近年来，囿于学业压迫，许多学校缺少必要的爱情教育，导致这样的悲剧并不少见：深圳某中学男生把写好的情书偷偷送给心仪的女同学，女同学却把收到的情书交给了老师，结果遭到了严厉批评，男生一时想不开跳楼自杀了。山东莱芜也发生过一起类似的惨案，17岁的女高中生，被其20岁的男友连捅8刀最后死亡。这都说明，帮助学生树立正确的爱情观，引导他们理性对待异性同学间的交往，顺利度过爱情萌芽的青春期是一件非常重要的事。正如中国青少年研究中心副主任、研究员孙云晓所说："我认为中学生特别需要爱情教育和婚姻教育。现在不少家庭出现婚姻危机，很多是和他们年轻时没有受这方面的教育有关。"

关于爱情，中学教育是不能回避也是回避不了的。爱情观、婚恋观是人生观的重要构成部分，完整的教育不仅要直面爱情问题，还应引导学生进行积极健康的情感体验，感受人性的美好。

中学生无论从年龄、阅历、知识、成熟性方面，还是人生的精神和物质准备方面，都还不具备爱情所需要投入的资本。爱情是美好的，不是肤浅的，爱情需要充分理解其真义，需要做好充分准备。一位资深班主任这样写给她的学生：爱一定要促进彼此的成长，要让彼此比想象的更优秀。如果因为你的这份"爱"，使两个人不能在合适的时间，全力以赴做合适的事情，而遗憾地错过了人生应有的高度，那就是对爱的亵渎。

我们通过爱情教育，让学生明白：获取成熟的爱，需要成熟的条件，这就像一棵树的成长，需要浇水灌溉，需要施肥，需要修剪，需要除害虫一样，这都需要时间和精力。花有先开者，鸟有伏久者，人开窍也有早晚，怎样掌握好火候，既不让还不需要的撑着，也不让嗷嗷待哺的饿着，这是需要深思的。

必要的爱情教育，就会在学生的"情感浪潮"即将到来或正在到来之际，及时向他们传达正确的认识，避免了学生随意支配自己的感情，也就避免了因情起性或为情所困的冲动。对于芳心萌动的学生，正面回答他们心目中对爱情的好奇、不解、疑虑与困惑，以高尚的情操引导他们，使他们正确认识理智对待爱情这一独特情感，无疑是现代教育的应有内容。

当然，中学生的爱情教育是一种全面教育，应该引起学校、教师、家长、社会的高度重视，只有把我们的爱情教育放在阳光里，给学生空间和实践，让学生自己去思考，自己去体会，让学生充实起来，温暖起来，才会增强学生对"早恋"的免疫力。

同时，中学生爱情观有问题不只是学校教育问题，更是社会问题和家庭问题在中学生身上的折射，是成人价值观在孩子身上的反映。教育即生活，学校也即社会，教育和学校不可能脱离社会。解决社会问题不能简单地从课程入手，而要进行深层次的教育革命，要切实将立德树人放在学校教育的首位。

三、名家借鉴

刘丽娜：我与学生谈“恋爱”

简介：教龄满29年，现任教于广东省汕头市澄海实验小学。热爱工作，热爱生活，有思想，有情感，有个人风格，一直深受学生的喜爱。

案例：

1

六年前我遇到一个小男孩，非常聪明，但学习不用功，成绩很一般。期中考评卷，我拿了隔壁班一个女生98分的卷子作卷模。

下课后那个小男生就来问我：“老师，她是谁？”

我半开玩笑地跟他说：“一个跟字一样漂亮的女孩。”

他竟拉着我的手不停地问：“她是谁？是谁？老师快告诉我，告诉我吧。”

“为什么这么想知道？”我笑着问他。

“想交朋友。”

要是以前，我一定会严肃地批评他无心读书，胡思乱想，但看他直率而又一脸认真的样子，我一口答应他：“那我去问问她愿不愿意认识你。”听我这么一说，他开心地笑着，满怀期待。

还卷子时我问了一下女生，她听后呵呵笑着，只问我：“他是不是成绩很好？”我将女生的原话跟小男生说了。他一脸沮丧，没说什么。后来他没再来问我，也没听说他跟那个女生有什么联系，只是发现他变了，学习非常勤奋，成绩飞一般上升，后来考上了汕头市龙湖实验中学。

我不知道小男孩的改变是否跟女生那句话有关，但是我想，以平和的心态去顺应孩子的一些心愿，也许会收获意想不到的惊喜。

2

近几年没当班主任了，孩子们反倒跟我的距离近了，在每周的随笔里敢跟我敞开心扉说说心里话。

上学期，我在一篇随笔里看到这么一段话：“我即使知道她心里把我放在第一位，但只要看到她和别人玩得太近，心里总会不舒服，很悲伤。即使不是想象的那样，还是放不下……这种事要等到长大后才去做，现在还是要张弛有度才好，这样，我想对两个人都好。”

真不敢相信，是小荣，一个纯真上进的男孩子也遇到这样的困惑。看得出他正徘徊在爱情的边缘，是进是退，他心中明白，但缺乏转身的力量。我想面对一个自律的孩子只需点到为止，我相信他的自制力。

于是我在他随笔下面写了一句话：“希望你能用更长远的眼光、更宽广的胸怀去看待这份感情。”之后，我发现他看我时眼睛里充满了感激，那篇随笔下面也多了一行字：“老师，感谢您没有批评我，没有告诉我的家长。您放心，我会做好的。”他表现一直很好，我也不再提此事。

作为老师，千万不要把孩子产生的这种“朦胧情感”与“道德败坏”画等号，要尊重孩子，给他们一份充满人性的理解，指引他们正确对待这份感情。

3

“我听着安苏羽的《缺氧》，想起一个人，一个对我来说很重要的人……我想起与他在一起的时光真的很快乐，都说那是青涩的，确实，青春期的来临是猝不及防的，连自己都不知道就这样来临了。我知道，家长是不允许的，想到这个就非常苦恼……”

小欣，一个漂亮文静、成绩很优秀的女孩，一双明澈而又略带点羞涩的眼睛，总让人觉得她有心事，尤其是近段时间。我决定跟她谈谈。

“这周的随笔我看了。”听我这么一说，她显得有点紧张。

“怎么，遇到爱情啦?”我开门见山地问。

“老师，我不知道是不是爱情，我只是觉得跟他在一起聊天很开心，我们有许多共同的爱好，喜欢听歌，喜欢看书，我们也经常交流学习。”

“如果仅仅是这样，还真的不一定是爱情，许多人都有这样的朋友，有共同的爱好，在一起聊聊天非常开心，可以说说心里话。但这不是爱情，是友情，我们可以同时拥有几个这样的朋友，无关性别。”

“老师，那什么是爱情?”

“你说呢?”我笑着问她。

“我不懂，我只知道很美好。”

“好，今天我俩就来谈情说爱了。”说完我俩都哈哈大笑起来，气氛一下子也轻松了很多。

我跟她说："爱情是自己要与一个异性白头到老，是人生中最珍贵、最美好的感情，每个人对它的理解都各不相同，有的人来得早些，有的人来得晚些。如果你现在就谈恋爱，那实在是太早了。"

"嗯嗯。"她低着头、红着脸。

"作家余秋雨先生在给一个正在谈恋爱的中学生的信中这样说：'在这茫茫人世间一定会有一个生命特别适合你，他已经来到世间，在等着你。为了找到他，你会经历非常的事情，周游许多地方，终于如电光一闪，充分成熟的你终于找到充分成熟的他。'现在我也把这段话送给你。"

她冲我微微点了点头。

我语重心长地说："初恋是一个人一生中的重大事件，任何人都不会有第二次初恋，所以不能随意打发这份纯美的感情。一定要耐心等待，等待自己充分成熟的那一刻，也等待他的充分成熟，再把自己的初恋交付给与你真正情投意合的人……"

过后，我在她的随笔下面写了一句话："希望你能做自己感情的主人。"

几天后，她来找我，跟我说："老师，你放心，我知道该怎么做了。我会集中精力学习，也要告诉他集中精力学习。"她的眼神里充满了坚定。

我拉着她的手说："对，你要考初中，还要考高中、考大学，我知道你是一个有志向的女孩子。"

从此我看到一个学习更加勤奋的身影，后来在毕业会考和汕头几所民办学校的小升初考试中，她都以优异的成绩脱颖而出。

感言：

三个孩子的小故事让我明白每个孩子都有一个独一无二的精神世界，对不同的孩子要用不同的方式去处理。当然也不是说在这方面我有什么灵丹妙药，只是面对时态度不一样，能够正面学生"早恋"这个事情，坦然、尊重、包容、心平气和地跟孩子谈"恋爱"。

一直以来，我们总以为小学生年龄太小不会出现"早恋"，即使有些苗头也只是在闹着玩，所以有点弱视这方面的德育工作，甚至是空白的。

教育家苏霍姆林斯基说："我坚信不疑的是，高尚的爱情种子需要在年轻人产生性欲之前，即在他们的童年、少年时期播在他们的心田里。""爱情观念教育"应该走在学生情感发展的前面。

在平时，我也开始有意识地渗透一些爱情观的教育。

学习“轻诺必寡信”这句名言警句时，我跟学生说：“轻易向你承诺的人不能相信他，所以我们也不要随意地向别人承诺。友情也好，爱情也好，一定要对自己所说的每一句话负责任，遇到动不动就山盟海誓的人千万要小心。”

在《轻扣诗歌大门》这一单元中，我跟学生朗诵了舒婷的《致橡树》，教他们欣赏这首爱情诗，告诉他们爱情是平等独立、风雨同舟、不离不弃的。

在评讲课外阅读《一生中最重要的事》时，我跟学生说：“一个人生命中最重要的事就是你现在正在做的事。我们在人生的不同阶段有不同的主题，如学业、事业、爱情、婚姻……这些阶段应有的主题缺失或者错位，都会给我们的人生造成遗憾，甚至悲剧。所以一定要清楚自己现在这个年龄阶段最应该做什么……”

坦然跟孩子“谈情说爱”，孩子也能坦然面对“爱情”，他们不会再因为听到“结婚”“亲吻”“恋爱”这些有关爱情的词语而偷笑、脸红，也不会因为好奇心或“逆反心理”而去尝试。

四、真题大放送

1. 第二届长三角地区班主任基本功大赛情境问答题（初中组）

一个学生跟班主任李老师汇报，最近班里的小梅在谈恋爱。一听到这个消息，李老师急了，难怪成绩一向优秀的小梅上次月考退步那么大，原来问题出在这里啊。都快中考了，还谈恋爱，这还了得。她连忙找到小梅，狠狠将其批评了一顿，还打电话给小梅的父母，要求她父母严加管教。与此同时，在小梅父母的要求下，李老师还多次私自偷看小梅的信件。

（1）你觉得李老师的做法妥当吗？为什么？

（2）如果是你，你会怎么做？

2. 第二届长三角地区班主任基本功大赛情境问答题（高中组）

进入高三，洪东和沈芝开始在同学面前公开他们的恋情，两人经常坐在一起学习、讨论，课余一起吃饭、活动。较好的人际关系使得他们的交往并没有引起同学们的反感，而且他们的成绩也一直处于上升趋势。但是学校里明令规定高中阶段男女生不准谈恋爱，所以大家还是在观望班主任对这件事的处理。

如果你是班主任，你会怎么处理这件事？

3. 第五届长三角地区班主任基本功大赛情境问答题（高中组）

高二男生小张和女生小王是同班同学，两人都是品学兼优的学生。在高一时，他俩互生好感并迅速发展成一对恋人。班主任李老师曾多次找他们聊过恋爱的话题，希望他们能以学业为重，最好不要谈恋爱。然而，两人的恋情并没有因为老师的干预而中止。李老师只好去找他们的家长。她来到男生小张家，没想到小张的父母却说："我儿子已经高中了，女生小王又那么熟悉、优秀，让他们发展下去也挺好的。"此时，作为班主任的你……

4. 2013年浙江省中小学班主任和德育导师基本功大赛情境问答题（班主任初中组）

小章老师工作两年后第一次担任七年级的班主任。她发现班内男女生之间关系太过亲昵：男生在女生的头上摸来摸去，女生经常笑嘻嘻地用脚故意绊倒男生，他们相互追逐打闹。其中漂亮女生B尤其突出。B在各方面表现都很出色，而她自己似乎也非常清楚她对异性所拥有的吸引力，一直喜欢在班级男生面前表现自己。面对这种青春期现象，小章老师十分着急，一次次利用班会课讨论这些问题，并进行严厉批评和严肃处理，但"打压"过之后，班内情况并没有好转，而是直接转为地下活动了。

不久，B的生日到了，她私下邀请了很多男生、女生去饭店庆祝，还收了很多男生送的礼物。一连几天，班里几乎人人都在谈论这件事，收到邀请的很兴奋，未收到邀请的很失落。小章老师发现异常，找到B及几位策划人对她们进行了严厉批评，并在班会课上全班同学面前公开问题，给她们班级处分。谁知此后，班级女生迅速走向分化，女生之间的关系以及女生与老师之间的关系非常紧张，也让小章老师的班主任工作陷入了极度艰难的境地。

面对小章老师的困境，你会给她什么建议？如何帮助她处理与班级女生的关系并走出班主任工作的困局？

5. 2013年浙江省中小学班主任和德育导师基本功大赛情境问答题（高中组）

班级一女生暗恋一男生，经常把自己的心里话向该男生述说。一开始男生对她还算客气，耐心倾听。后来，当她看到男生和其他女生多讲一句话就非常生气，觉得男生背叛了她，觉得周围的女生都是针对她的，在背后讲她的坏话。男生不堪其扰，冷淡应对。该女生就使出一哭二闹三上吊的手段，体育课上站在楼顶，抱怨周围同学走过身边不理她；晚自修离开教室一个人到学校操场乱逛，抱怨老师不去找她回来；在同学晚自修结束后自己却一个人躲在黑漆漆的教室里，任凭父母在教室外焦急徘徊；同学都在上自修课时，她一个人当着全班同学的面坐在五楼后窗上流泪，督班管理老师劝她也置之不理。

作为班主任的你面对这样的学生，你怎样帮助她摆脱情感的困惑？如何协调她与男生及其他同学的关系？怎样引导她把主要精力用在学习上？

6. 2013年浙江省中小学班主任和德育导师基本功大赛情境问答题（初中组）

小章老师班级里有一对男女同学A、B交往过密，并且已成为班中公开的秘密，同学们偶尔拿他们开玩笑，他们也都默认了。最初，小章老师的处理方法是找A、B同学的家长，但A同学家长对此好像很不以为然。找学生谈话，虽然两个人当面表示要分开，但是后来仍然偷偷在一起，而且两个人的学习成绩都有下降的趋势。

小章老师现在十分着急，并且她越反对，学生越起劲。可是如果进行冷处理，她又担心学生成绩受到影响、班风受到影响。

如果你是小章老师，你会如何处理这件事？

7. 2014年浙江省中小学班主任基本功大赛情境问答题（高中组）

李木河是一个来自农村的男孩，自上高中以来一直努力学习，所以高二进了年级的提高班。但就在这个时候，他喜欢上了班里的文艺委员，因为不知怎么办才好，他写了一封信给班主任老师，信里说："我也说不清怎么就喜欢上她了。难道这就是早恋吗？感情的冲动使我上课经常走神，晚上独自待着就想这个女生……理智上我知道应该克制，但是我却不能让自己把全部精力用到学习上去，我时常自责，该怎样才不至于留下终身懊悔呢？"

面对李木河的纠结，作为班主任，你打算怎么办？

8. 2015年浙江省中小学班主任基本功大赛情境问答题（高中组）

小超和小滢从初中起就是非常要好的朋友，有幸在高中时她们又被分在同一个班级里，自然两个人之间的感情又进一步升温了。但是，由于小滢是一个很有个性的女孩子，对于友谊又有一个极端的认识，那就是友谊是不可能被分享的，如果是朋友自然需要形影不离。因此，当小超同学在高二期间又把自己的同桌小羽当作朋友的时候，小滢心里无法接受，总是处处为难小超。面对这种情况小超感觉很难过，对于她来说既不想失去小滢，也不想失去小羽。

如果你是班主任，你会怎么办？作为班主任如何在班级开展友谊教育？

9. 2016年浙江省中小学班主任基本功大赛情境问答题（高中组）

某高中有对大家公认的“情侣”，不仅出双入对，在教室里也勾肩搭背，女孩甚至有时坐在男孩的腿上，男孩也经常给女孩喂小零食吃。班主任要求他们收敛自己的行为，该男生、女生从手机上找出几对“情侣学霸”的微信，坦言“恋爱只会促进双方的学习，不存在不良的影响”。

你认同这样的观点吗？班主任该如何与这两位同学沟通，如何妥善处理此事呢？

10. 2019年长三角中小学班主任基本功大赛情境模拟（小学组）

晚饭过后，班主任接到一位家长无助的电话倾诉：“张老师，我是小宇的爸爸，你们班一个叫倩倩的女生给我儿子写情书！事情是这样的，前一阵子我无意中发现儿子的铅笔盒里有一张小纸条，写着‘我爱你’‘我喜欢你’，今天又写来一封信，还有一首情诗。四年级的孩子写情书，现在的孩子真是……”

如果你是班主任，该怎么办？

11. 2019年长三角中小学班主任基本功大赛情境模拟（高中组）

刘颖同学最近心事重重，在你的关心询问下，她主动向你袒露了藏在心里的小秘密，她和班级的一名男同学恋爱了，她恳求你帮她保守这个秘密，你答应了她。可是刘颖的妈妈也发现了女儿的异样，打电话来向你询问情况。

你是否该把情况如实地告诉刘颖的妈妈？你会如何处理？

6. 家校沟通类

——产生教育的“共振”

沟通是双向的，所以需要共振。

往往在沟通之始，家长在意的不是老师讲的大道理，而是老师的态度和情感。如果不能搭建起这座桥，心中就会筑起一道无形的“高墙”，所以理解和尊重是有效沟通的前提。

宋代教育家程颐说：“以诚感人者，人亦以诚而应；以术驭人者，人亦以术而待。”班主任的真诚是一种教育力量，能够使家长感到被信任，从而愿意接纳。真诚是装不出来的，是需要时间去传递给家长的。

一、真题分析

1. 2020年浙江省中小学班主任基本功大赛情境模拟（小学组）

班主任徐老师接到了小明妈妈的电话。“徐老师，我想请问，现在疫情结束了吗？专家都说了，疫情还远没有结束，必须严格重视防控。听说学校现在体育课都不让孩子戴口罩了，这怎么能行呢？”

徐老师向小明妈妈解释了校园里佩戴口罩的相关政策，并且还把教育部关于“禁止上体育课戴N95口罩，符合3个条件的学校师生可摘口罩”的相关规定讲给小明妈妈听。

小明妈妈说：“教育部说的是在低风险地区的中小学可以不戴口罩，也说了运动场上可以不戴口罩，但是有人员距离的要求。小学生根本不会有这么强的距离意识和防范意识，所以，我觉得学校应该强调体育课学生也要戴口罩。要是不戴口罩，出了问题谁负责？”

如果你是班主任徐老师，你如何应对？

【案例分析要点】

（1）案例主要考查疫情背景下班主任引导家长正确认识学校合理防疫政策的沟通意识和能力。

（2）在沟通过程中，班主任首先应肯定家长较强的防疫意识；其次，要让家长理解学校防疫举措是综合考虑了当前疫情总体平稳、可控的现状，并遵守了上级防疫部门及教育行政部门的相关要求，学校的做法是科学、合理的；再次，让家长充分认识到戴口罩对于体育活动的负面影响。

（3）在沟通中，班主任可适当征求学生对于戴口罩的感受，充分发挥孩子在家校沟通中的良好中介作用。

2. 2020年浙江省中小学班主任基本功大赛情境模拟（小学组）

近段时间，班主任胡老师发现经常有家长帮孩子值日，胡老师正想着如何说服家长让孩子自己参加劳动时，她接到了小轩妈妈的信息：胡老师，我们家长有个提议，一年级的孩子值日还太小，而且孩子在家哪干过扫地的事啊！我们想请一个阿姨专门负责班级值日工作，隔壁班也是这样做的！

如果你是班主任，该怎么办？

【案例分析要点】

（1）案例主要考查班主任引导家长和学生树立积极劳动观念、培养劳动能力的意识和能力。

（2）班主任要引导家长认识到劳动对于孩子全方位成长的巨大价值和意义。

（3）要根据一年级儿童的身心发展水平，对小学低段学生的值日工作进行科学合理的设计，确保劳动的水平和数量与儿童身心发展水平相匹配，并努力让儿童体验到劳动的乐趣和成就感。

3. 2018年第七届长三角地区中小学班主任基本功大赛情境模拟题（小学组）

现在小学生作业不仅多，还要求家长协助检查、批改。最近，有媒体报道，一位小学生的家长在深夜12点在班群里给班主任老师发了一条微信："老师都睡了，作业那么多，我闺女还没睡觉"。群内有些家长看到以后，再也控制不住自己的情绪，七嘴八舌地都开始抱怨起来，自家孩子也是经常熬夜做作业，作业完不成还会被处罚。

如果你是班主任，该怎么办？

【案例分析要点】

问题判断：因家庭作业的布置而带来的家校矛盾问题。

表演策略：先在群里安抚家长的情绪，同时交代让孩子先休息，明天早晨了解情况后第一时间处理；请家委会的成员向家长收集学生一周的做作业时间；班主任在班级里对学生及科任教师的调查，判断是不是普遍情况，如是普遍现象，则要积极与科任教师沟通，调整作业的布置量；并与家委会负责人沟通，请她协助处理等。

陈述理由：从案例中可见，这是因布置家庭作业引发的家校矛盾，并且矛盾已在班级网络平台激化。班主任要做的第一件事就是自我反思，反思自己在科任教师作业布置量方面有没有给予关注与协调，同时还要反思家校沟通的渠道是否较为单一、封闭，以致矛盾在班级公共群爆发。

在角色表演中，首先，以平等尊重的姿态安抚家长的情绪，理解家长心疼孩子的情感，争取与家长以成长合伙人的姿态结伴育儿，同时将事情从班级公共平台转移到线下处理，避免矛盾升级。其次，在家校合作中，冲突具有正向价值，促进了我们彼此的反思。因此要重视此次冲突，通过多方调查，发现问题的普遍性及问题发生的重点，发挥班级教育系统的力量共同解决，如在班级任课教师学习小组中提出此话题共同讨论，并出谋划策。最后，作为班主任，我们要积极拓展家校沟通的渠道，如家长信箱、家校联系本等，及时了解学生在家庭中的状态及家长的意见与想法，同时也要把握好家校合作的边界。

4. 2018年长三角地区中小学班主任基本功大赛情境模拟题（初中组）

下午上班时间刚到，小周的妈妈应约来到学校和班主任谈孩子的问题。班主任开门见山地对小周的妈妈说："孩子书写退步，作业正确率不高，课堂上表现得比较懒散……"听着听着家长坐不住了，插嘴道："老师你教他多久？你了解这个孩子吗？你知道他以前的情况吗？这个孩子以前挺优秀的，这些问题不会一下子都集中在短时间内出现……"班主任反击道："我观察了近一个月，他就是这样的……"家长突然拍案而起，情绪激动地喊起来："你可以问问他以前所有的老师，他是个怎样的孩子，为什么偏偏在你这里才这么短的时间就改变这么大，你知道原因吗？因为他打心眼里讨厌你……"双方情绪都很激动。

请你谈谈对此事的看法。

【案例分析要点】

（1）主要考查班主任关于家校沟通的理念和方法。

（2）案例中的班主任与家长沟通时没有控制好自己的情绪，引发了家长的对立情绪。

（3）班主任应该耐心倾听家长的反馈，共同寻找小周变化的原因，而不应该一味指出小周的缺点。

（4）小周的巨大变化可能不仅是出于他个人的原因，也可能与班级和老师有关系，班主任要主动寻找班级管理中的不妥之处。

5. 2018年长三角地区中小学班主任基本功大赛情境模拟题（初中组）

小亮在课堂上公然玩手机，手机被老师没收后，他反应非常激烈："为什么你们大人可以玩手机，我们就不可以？"没了手机，小亮无聊得很，要么睡觉，要么故意发出响声，引得全班同学哄堂大笑。

经过多方了解，班主任找到了小亮的症结。原来，小亮的爸爸是个典型的"低头族"，个人爱好就是玩手机，久而久之，小亮也爱上了玩手机游戏。小亮的妈妈有时候抱怨他爸爸："孩子都被你带坏了！"小亮的爸爸还一脸不耐烦。

如果你是案例中的班主任，下一步你该怎么办？

【案例分析要点】

（1）案例中学生产生问题的原因是受家长的影响。班主任需要与小亮的爸爸进行及时的沟通。

（2）从小亮的爸爸着手，让小亮的爸爸知道父母的行为对孩子的影响，让爸爸成为小亮的榜样，在小亮面前不再成为"低头族"。

（3）和小亮谈心，让小亮意识到玩手机的危害，爸爸作为榜样也要尽量少看手机，多和小亮交流。同时，让小亮明白自己课堂上的不良行为所带来的危害，有弊无利。

6. 2018年浙江省中小学班主任基本功大赛情境模拟题（初中组）

七年级女生小红14岁生日，外婆送她一件价值5000元的礼物——玉挂件。小红非常喜欢，暗自贴身佩戴。一次体育课后发现挂件没有了，到操场反复寻找未果。外婆知道后找到班主任，说挂件在学校丢的，学校有责任，并要求赔偿。班主任经过多方寻找，还是没有结果。

面对外婆的追责和小红的哭闹，作为班主任的你，将如何处理？

【案例分析要点】

（1）主要考查班主任面对学生物品遗失时所作的校内协调与家校沟通。

（2）班主任对学生及其监护人物权观与金钱观的影响，以及与科任教师健康关系的构建。

（3）通过对班级家长的接纳和引导，使之成为班主任的“同盟军”，形成家校合力。

7. 2017年浙江省中小学班主任基本功大赛情境模拟题（初中组）

七年级（1）班班主任小马老师对班级管理工作主动积极、认真负责，为了加强与家长的联系，及时沟通了解学生学习等各方面的情况，他主动地建立了一个班级家长微信群，本是为了更好地让家长理解、接纳和支持他的工作，但是微信群里有个别家长对班级和任课教师经常提出问题和批评意见，并得到其他家长的应和，给他的工作造成了极大的压力和困惑。有一天，小王同学的妈妈直接在群里对“教室要美化，家委会提出家长需要出一部分经费”提出意见。小马老师其实早有退出微信群的念头，但又觉得不太好。这时，作为班主任的他……

【案例分析要点】

（1）主要考查班主任对现代信息技术手段在家校沟通中的认知和运用。

（2）当家长对班级管理有不同的想法和建议时，班主任应该如何面对?

（3）通过对班级家长的接纳和引导使之成为班主任的“同盟军”，形成家校合力。

8. 2017年浙江省中小学班主任基本功大赛情境模拟题（高中组）

学生小明考进某市最好的重点中学就读，虽然平时学习比较努力，但高中成绩并不突出，家长很着急，经常打电话给班主任询问为什么孩子成绩进步不明显。且每次都强调说小明在初中阶段如何优秀，甚至把他以前的获奖证书都拿到学校给班主任看，一遍又一遍，虽然班主任跟家长沟通过多次了，但似乎效果并不明显。今天，家长又把孩子以前的一大堆奖状带过来摆在班主任面前，冷言冷语地说孩子在初中时非常优秀，暗示班主任的班级管理有问题，应对孩子的成绩负主要责任。这时，作为班主任的你……

【案例分析要点】

（1）主要考查班主任对家校沟通的认识和引导。

（2）安抚家长的情绪，与家长产生“共情”。

（3）认知调整，指导家长怎样正确看待高中的成绩。如让家长明白初中和高中学校性质的不同，本市最好的重点中学汇集的都是各校初中阶段学习成绩最优秀的学生。

（4）跟家长沟通自己的班级管理理念和思路，分析孩子进入高中后的学习情况，并有针对性地帮助孩子制订合理的学习计划，消除家长对班主任的误会，树立对孩子学习的信心。

（5）指导家长怎样管理自己的焦虑情绪。

二、路径探究

（一）老师做好领路人，家长做好榜样，劲往一处使

“我就退出家长群怎么了？”2020年10月，一名家长的“怒吼”火了。该家长在视频中吐槽：教是我教，改是我改，之后还要昧着良心说老师辛苦了，到底谁辛苦？

或许是说中了太多家长的“心思”，这条视频一度飙升到微博热门话题首位。然而，稍微一分析便不难发现，这表面上的气势汹汹，背后却隐藏着虚弱与无奈。假如真的理直气壮，退就退了。退个群还要录一条“怒吼”视频，正说明退得心不甘、情不愿，是迫不得已。

每位家长都知道，家长群是家校交流的平台，许多重要信息都是通过这个平台传达的。“我就退出家长群怎么了？”退了之后怎么办？你怎么了解孩子的在校状态？又如何获得学校的通知、老师的叮嘱？

教育如同一场播种，孩子就是一棵树，结出的果实好不好，看环境，看老师，更看父母。

教育孩子，就像划船，家长和老师一人一只桨，只有双方都坐在自己的位置上，都齐心协力劲往一处使，教育这艘船才能载着孩子驶向美好的未来。

任何一方的缺席，都会导致船的失衡，任何一方的不配合，都会导致船的失控，最后受伤的，还是孩子。

所以，在教育这条路上，既然老师和家长都有着共同的目标：希望孩子好。正如著名教育家苏霍姆林斯基曾说：“教育的效果取决于学校家庭的一致性，如果没有这种一致性，学校的教学、教育就会像纸做的房子一样倒塌下来。”

教育这件事，不是父母单方面的努力，也不是老师单方面的使劲，更不是父母和老师互相对立，彼此拆台。而是老师和家长各司其职，前者负责学校教育，后者负责家庭教育，互不打扰，但又彼此支持、彼此配合。父母和老师达成共识，心往一处想，步子往一个方向迈，才能托起孩子的人生，让孩子走得更稳，走得更远。

家校配合，才是教育成功的关键。

教育路上，孩子最大的幸运，莫过于同时拥有心中有爱、眼中有光的老师，和以身作则、永不缺席的父母。父母懂得和老师肩并肩，共同为孩子保驾护航，孩子才会走上人生的光明坦途。

新时代，学校与家庭两者结合，推进“家校教育”，已经成为受到社会各界认可的主流做法。不可否认，家校之间除了合作，也有一些分歧乃至矛盾。究其原因，一方面当下的“80后”“90后”家长与以往的家长在观念上有很大差别，比如在体罚孩子这一问题上，恐怕今天绝大多数的家长比起老一辈人接受程度要低得多。另一方面，则是现今有了越来越多的沟通渠道，除了大大小小的班会，还有微信群、校讯通等，家长有了更多的渠道与学校进行沟通。磨合，必有摩擦，这很正常。

但在磨合过程中，无论是家长还是老师，都要适应新的时代趋势，不能停留在以往的角色里。无论家长还是老师，任一方独断专行、不容挑战都只会点燃矛盾的导火线，而无助于解决矛盾。在家校关系中，也不是谁主导谁的问题，而是各司其职，互相补充。因此，老师和家长，在今天都要重新摆正自己的定位，学着如何沟通。

对班主任而言，要强化家校育人效果，需要锲而不舍的心，特别是在学生情绪波动的时候，需要持续的接力指导。家校轮番开导，变换人员、变化方式与学生沟通，特别是在大事、要事、遇到挫折面前，步步合计商量，持续携手诊疗，不相互拆台，不耳目闭塞，家校之间形成闭环，才能产生1+1>2的效果。

家校双方都不必斤斤计较于“孩子到底该哪个时候归谁管”的争论，遇到现场多担纲一些，遇到困难时互相帮助一些，少点抱怨，多点行动，尽管社会新闻中各种案例的家校关系沸沸扬扬，心还是有定力的家庭与班级，往往更容易成为稳健的学生成长的助推力量。

（二）家校教育最好的情调是点亮心灯

教育的对象是人，无视人的存在的教育不仅是不真实的，而且也难以产生好的效果。而由于遗传、个性和生活经历的差异，“人”恰恰又是最复杂和难以把握的。正是在这种意义上，我们说教育是一种艺术。对这种艺术的把握，需要从人的内心出发，探求生命内部的需求与规律。

一个自尊心很强的小女孩，有次拿到分数很差的小测验试卷，悄悄把一个错误答案擦了，填上正确答案，然后去找老师改分数。老师看穿了女孩的心思，但没有点破，而是在她的试卷上加上分数，还说：“人就该诚实，对吗?”意味深长的话让孩子不安了好一阵子，最后小姑娘向老师坦白了自己的错误。

这是李镇西《教育的情调》中的一个普通案例，作者以此来说明什么叫“教育机智”。明明洞察了孩子的内心，却假装什么都不知道地满足孩子的并不光彩的要求，而“不经意”的一句话，却让孩子羞愧万分，最后主动认错。

情调（Tone）是个教育现象学的术语，在实践上也有着系统的方法和关键词，如关注孩子的独特性、情境的独特性、用“心”“看”教育、机智、敏感、聆听、气氛、秘密体验……

有人形容教育是“一棵树摇动另一棵树，一朵云推动另一朵云”的活动，能触及儿童心灵深处的变化。这种变化可能是非常细微、不易被察觉以及独特的，它要求成人对孩子的变化保持敏感、好奇，积极深入孩子的内心世界。

比如，老师的一个眼神、一句赞美、一个手势，以及一次座位安排、一次小小的互动，甚至一个小物件等，这些教育生活中时常发生的“小”事，却能对孩子产生莫大影响。家庭教育中，父母也是如此。

为什么?关键在于“小”事中所蕴藏的教育之爱、教育的智慧、孩子的个人体验，触发孩子与成人、孩子与同伴、孩子与环境之间产生教育意义。这些引发变化的“小”事，可称为“教育的情调”。

卢梭说，我们生来柔弱，所以需要力量；我们生来无助，所以需要帮助；我们生来愚顽，所以需要理智。我们出生时所缺乏的一切，我们长大成人后所需要的一切，都来自教育的馈赠!

家校教育的最好情调是点亮心灯。情调是成年人学会与孩子相处的学问，它告白孩子：“你们”每个人都会被“看到”“体贴”和“聆听”，“我们”将和“你们”共同去行动、实践及创造生活。

很少有人考虑童年秘密体验的教育意义，或关注隐藏在童年秘密后的孩子的成长经历。“秘密”，其实是走进孩子内心世界的关键钥匙。孩子们有自己的世界，有不同于成年人的生活，即使身处学校，他们仍是在自己的世界和生活里成长。如果不能以儿童的眼光看待儿童，很可能会错过他们真正的成长。

曾看到过这样一段话：用柔软的眼神看待孩子，愿意为了孩子而改变，找出任何一种和他深层次对话的可能，那么您会发现您身边的孩子，正开始学会微笑，那潜藏在内心的热情，也即将会大大地发光，大大地发热。这段话适合家长，也同样适合教师。

孩子是一个平等独立的个体，去尊重每一个孩子，去倾听孩子的心声，和孩子有共同的生活，蹲下来，和孩子同等的高度，和孩子一起看世界。蹲成和孩子一样的高度，不是肢体的蹲下，而是心灵的蹲下，也就是我们老师要有一颗纯真的童心，在心灵深处平视学生。“问题”孩子的那些让人烦扰的行为，往往与这些孩子渴望被看见，渴望得到关注的心理有关。要“看见”孩子，不仅需要眼睛，更要用整个身心。

家校教育的最好情调是点亮心灯。教育不是铸造高深的大道理，而是促成实在的小善意。雷夫用“没有恐惧”造就了56号教室的奇迹。苏霍姆林斯基“在每一个角落种哪种花木都要经过师生精心考虑”，从而有了“可以栖息善良情感”的帕夫雷什中学。陶行知先生四颗糖的故事，诠释了“和风细雨常常润物无声”。

从学校和家庭出发，让孩子可以到达世界上任何地方。多年后的某个时刻，当孩子想起学生时代，无论身处多远的距离，他一定会跟着记忆回到学校，回到让他一生无法忘却的校园。用今天的星光点点，点亮未来的万家灯火。这种持久而恒定的浪漫，或许就是教育最大的情调。

（三）指导家长正确面对孩子的成绩

家校沟通中，如何正确面对孩子的学习成绩，是班主任经常遇到的难题，也是近年来班主任基本功大赛经常出现的。

这次期中怎么才考了这么点分？你怎么学的？你怎么这么笨？又是全班倒数，你对得起我和你妈吗？我们天天起早贪黑的全是为了你！你看看隔壁小王，每次考试都是前三，我怎么这么倒霉生了你这么个孩子？你不丢人现眼吗？……

家长或暴跳如雷，或横眉冷对，或唉声叹气，或谩骂讽刺……每次大考后，这样的场景一次次在不同的家庭上演铺天盖地的发飙，即便在一些学习好的家庭里也不例外。

期中考后，面对孩子的不佳成绩，却发飙不起来，不合乎常情，也不利于孩子的成长。对平时不努力，成绩考得不好还满不在乎的孩子，严肃训话、用点家规也是必要的。

考后发飙有用吗？

一是只有此时父母发飙了，才会让孩子真正感觉到父母在关注自己，关注学业，关注成长。

其实，多数孩子在向父母报告成绩时，都会在察言观色：父母会不会臭骂我一顿？事实证明，很少人能在面对孩子的不佳成绩时能冷静，能不动声色，除非父母已经麻木不仁。

二是只有此时父母发飙了，教育的效果才会出现。

试想，父母整天泛泛地要求孩子应该这样，应该那样，一见面就反复叮嘱“要好好学习”，成天将陈词滥调挂在嘴边，孩子不烦才怪！

俗话说“牵牛要牵牛鼻子，打蛇要打七寸”。成绩退步了，这一下子被点中穴位，知道你在真正关注他，也不会狡辩托词了，再继续谈下去效果会截然不同。

事实证明，学习是一个过程，每一次考试都是很好的一个成长的机会，在很大程度上讲，这次的失分点就是接下来孩子学习的方向。

发飙后注意什么？

父母发飙，只是一种情绪表达。

表达完之后，就站在孩子角度理解他，以平等的身份尊重他，以理谈事说服他，既指出问题又给足面子，既找到不足又善于肯定。

和孩子站在一起，打败问题；请千万不要和问题站在一起，打败孩子，这是原则。否则，会因此在好的家庭教育上越走越远。

大考之后呵护孩子的“三心”，这是根基。自尊心是学习的内动力，自信心是学习的助动力，好奇心、求知欲是学习的原动力。家长的最大职责是保护好，营造好，维持好孩子的这“三心”。

真正的竞争不是为了个人面子，不是为了打败别人，而是为了成就自己，这是动力。你有一个苹果，我有一个苹果，我们互相交换一下，还是各有一个苹果。但是你有一个方法，我有一个方法，我们交换一下，我们就各自有两个方法。

每个孩子都是一个独立的个体，都有各自的长处和不足。正如华语作家张德芬所说，每个人心里都有一匹好狼和一匹坏狼。最后，哪匹狼能存活下来？这取决于你喂养了哪匹狼，哪匹狼就会活下来。我们所要做的就是抓住一切机会，给孩子的成长提供养分。

内行的班主任会告诉家长，发飙后还要善于开展考后分析，找到对策。

以下是来自特级教师、杭州公益中学校长潘志平的建议。

家长不管有多忙，都要安排出一两个小时的时间，开个家庭茶话会——准备点家里人都爱吃的水果、休闲食品，或在家里、或找个温馨的茶室，把手机全部关掉，围坐在一起，边吃边聊。期中考试成绩是这次茶话会的最佳载体。

从言谈和评语中找准切入点。茶话会首先得听。让孩子多动嘴巴，说说自己对这次期中考试的感觉和分析，家长多用耳朵，时不时追问几句，让孩子说说整体上或者某一门学科为什么考得好或者为什么考得不够理想。一点二点三点，孩子总结得越多、挖掘得越深，效果就越好。

从失分点上找到增分点。利用茶话会这样自然轻松的聊天平台，听孩子讲讲当时他是怎么考虑填这个答案的，或者为什么没能把这道题做出来，进而探讨怎样做到平时作业像考试，做作业时，养成读题时拿着笔把关键词圈画出来的习惯，以避免审题不清失分；计算时牢固树立“正确重于速度”的意识，以减少粗心失分；做阅读题时，重点放在怎样抓住采分点词汇的运用上；做实验题时，重点放在使用科学术语解释生活实际问题等。针对语感不强的问题，早上坚持大声朗读15分钟英语对话、10分钟语文美文。从失分点上找到增分点，今后作业、考试中“不贰过”，这是用好成绩单的价值所在。

透过孩子的成绩看背后。家长可以读到很多分数背后的东西：如学习是否勤奋刻苦，方法是否得当有效，考试心理是否过关，对某一门课是否感兴趣等。通过成绩单，“看清楚”孩子今后努力的方向，“想明白”可操作的方法后，接下来的功夫就是要落在“做到位”上了。制订针对性强、接地气的计划表，贴在家里醒目的地方；静下心来、坚持保证质量地完成好每天的任务。这样，孩子收获了学习进步，态度、毅力、情感、思维品质也在同步提升。

（四）家校沟通，首因效应很重要

“首因效应”是社会心理学家阿希在1946年通过实验研究提出的。首因是指第一次见到某人或某事后，在脑中留下的“第一印象”。“首因效应”就是指我们在认识人或事物过程中，通过“第一印象” 对以后认识这些人或事物所产生的影响及作用。

有这么一句话：要给人留下好印象，你只需要7秒钟。有经验的班主任一定会重视有效的“第一印象”建设，比如形象第一印象、资历第一印象、沟通第一印象、教学第一印象等。

学校沟通的主体是家长，而他们都是锚定效应的“受害者”。锚定效应是心理学的行话，指人们常常会根据第一印象来做出后续的一系列判断。也就是说，如果家长最开始就建立起了对你的好印象，那接下来他们就会自觉不自觉地寻找证据来支撑自己的最初印象。

教师外表的第一印象。

很多人都说，不能以貌取人，也不要以外表去看待和评判一个人，因为内心才是最重要的。但教师的外表与内心一样重要，有时候甚至比内心还要重要。

有句话这么说，别人只有对你的外在感兴趣，才会花心思去了解你的内在。尽管你认为内在美才是最重要的，但还是不能忽视你的外表。虽说相貌是天生的，但是仪表和形象却是后天的，是可以控制、可以转变的。

研究表明，人们在初次会面前30秒钟的表现，给对方留下的印象最为深刻，也就是通常所说的第一印象。而这第一印象，几乎取决于你的外表。

心理学家认为，第一印象主要是性别、年龄、衣着、姿势、面部表情等“外部特征”。因为，在一般情况下，这些外部特征能在一定程度上反映出一个人的内在素养与个性特征。

追求形象的品质提升，不是传统思维方式下的虚伪造作，而是对个人职业形象的品质要求。教师在学生与家长面前，就是一个公众人物，所以穿着一定要干净，头发尤其要干净，不能油腻，发型最好也要好看一些，让人看了舒服。

因为，学生喜欢你的样子，才会悄悄地喜欢你的学科；家长喜欢你的样子，才会全力地配合你的行动。

教师资历的第一印象。

精心制作班主任的资历介绍，有的学校会将此展示在班级门口或学校宣传窗里。这是家校沟通稳步开局的关键节点。介绍清楚你的实力，往往决定了班主任的平稳掌舵，哪怕你是第一次做班主任。看似这么一个“自我介绍”的简单任务，很多老师在这个环节花的心力还不够，往往会一笔带过。一张自己非常满意的工作照片，附上凸显个性的个人简介，再写上治理班级的理念与目标。遗憾的是，很多老师都是缺项。加上中国人的表达习惯，不好意思在这个环节大大方方展示自己，即使PPT上做了准备，也是羞羞答答一掠而过，非常遗憾。

与家长沟通的第一印象。

线上线下与家长沟通，言行举止处处要体现出班主任的善良。因为善良是一种智慧，是一种远见，是一种自信，是一种精神力量，是一种精神的平安，是一种以逸待劳的沉稳，是一种文化，是一种快乐，是一种乐观。

线上沟通的第一印象，除了必要的礼节，还特别要关注语言表达的简洁。这是一个信息爆表的年代，文字简洁，就是行事简练的表达。要关注话语的分寸感，力争立场公正，切忌顾此失彼。情绪时时保持平稳，观点讲求稳健，不要公开斥责学生和家长。同时，你的发言时时处处都应留有分寸为宜。今天给别人留有分寸，是给自己的明天留有分寸。

线下沟通的第一印象，来自于教师要有善于倾听的耐心，给我们的服务对象足够的时间来表达，从中寻找对话探究的突破点。面对服务对象第一次提出的诉求，如能第一时间解决，短平快协助到位，是为最好。

学科教学的第一印象。

第一节课，如果开头的一段话热情洋溢，板书的第一个字让学生为之赞叹，第一次朗读让学生为之感动，丰富的表情和机灵的眼神能吸引住学生，得体的幽默让学生笑起来，充满爱意的一次抚摸让学生感到亲切，教学方法的变化让学生感到有趣，那么，你就成功了。

给学生对于该学科的第一印象，也会形成对于教师自身的第一印象，这些来自课堂上的感受会随着学生归家的晚饭，成为每一个家庭饭桌上的谈资。教师要能认识到当中的关联，关注对于学生群体的始业引导，是家校、师生彼此悦纳的有效保障。

（五）家校沟通的六个有效原则

家校关系就如玻璃瓶子一样的情感，关系好的时候，就如家里客厅中摆放的硕大的花瓶，安宁而美好。一旦有事，仿佛猫儿经过，撞到了花瓶，“咔嚓”一下碎了一地，即使能工巧匠，也很难将感情平复如初。

华东师范大学教育学部副教授白芸认为，为了提高沟通效率，获得家长的理解和支持，班主任与家长沟通应遵循以下六个原则。

一要平等友好，忌居高临下发号施令。

班主任要明确，学生才是教育对象，家长不是。虽然不少家长需要班主任的指导和帮助，但并不意味着班主任可以像教育学生那样教育家长。

家长是教师的合作对象，双方应该是平等互助、友好合作的关系，班主任不能在沟通中以居高临下的姿态向家长发号施令。比如，学生犯错误，班主任批评家长，甚至让家长在全班学生面前做检讨。这种做法不合适。班主任让家长到校不应是问责，而是商讨解决问题的办法。再比如，许多班主任习惯通过班级群发布通知、布置任务，因为更方便、省时。这里有一点要注意，就是不要让班级群变成班主任发号施令、家长违心逢迎之地。

二要公平公正，忌依据学生成绩或表现采取差异化态度。

有教无类，教师对待每个学生都应公平公正，与家长沟通也应如此。工作中，不少班主任与家长沟通主要围绕学生的学业、思想品德、行为习惯等方面的问题展开，这种方式可以采用，但要注意不能因学生表现而对家长有所区别，即对学优生家长态度好，对潜能生或犯错误学生的家长态度差。这会让家长感觉受到歧视，也会使家长对孩子的表现产生强烈反应，比如，有的家长受到班主任批评后会迁怒于孩子。这不仅破坏了家校关系，也破坏了亲子关系。

三要移情换位，忌强人所难“一刀切”。

家校双方移情换位，才能互相理解，进而更好沟通。班主任应平和倾听家长的诉说，冷静接纳家长的建议，积极回应家长的情绪，适时鼓励家长的努力，理解体谅不同家长、家庭的养育压力和困难，工作中不强人所难，而是根据实际情况提出要求、布置任务。

如果有余力，班主任可以开展基于本班学生家庭实际情况的研究，及时调整家校合作策略，逐步构建个性化、多元化的家校合作模式。

四要保护隐私，忌泄露学生及其家庭信息。

家校沟通过程中，班主任要注意保护学生和家长的隐私，尤其在收集、汇总信息时，涉及家庭隐私和重要信息的不应在班级群完成，而要一对一进行。同时，涉及学生或家长隐私的内容也不能在微信朋友圈或工作群进行传播。

互联网时代，班主任要具备媒介与信息素养，正确使用不同媒介进行家校沟通，即使与同事讨论教育问题，也应适当、及时修饰学生和家长的个人信息、家庭隐私，以免给学生和家长带来伤害。

五要保持冷静，尊重家长，忌公众场合批评指责。

班主任要学会管理和控制自己的情绪，努力保持冷静、理性，避免在公众场所对家长进行批评指责，以免激化矛盾，破坏家校和谐关系。有些教师一言不合就在班级群斥责家长甚至将家长移出班级群，这种做法有损教师队伍整体形象和职业道德，也会在其他家长心中埋下不安、不信任的种子，反而加重了家长对学校教育、教师的不信任。

六要正面表达，忌先入为主有成见。

班主任在与家长沟通时应就事论事，采取正面表达的策略，不要张口就是否定、指责、批评的语句，否则会打破家校双方心平气和解决问题的氛围和目标。在这方面，正面管教理论不仅适用于教师教育学生、家长教育孩子，对家校沟通也有积极作用。

三、名家借鉴

苏霍姆林斯基：教育学应当成为众人的科学

苏霍姆林斯基认为，家庭教育在儿童的成长中起着不可替代的作用。或者说，儿童的成长在很大程度上取决于他来自一个什么样的家庭，有着怎样的父母。作为教师，我们不得不承认，许多在各方面表现比较优秀的孩子，对他们的教育常常是最省力省心的，因为这些孩子大都来自具有良好教养的家庭。相反，那些操心费力最多的孩子，则常常来自严重缺乏关爱与良好知识素养的家庭。可以说，家庭教育或者说家长的素质在儿童的成长中，尤其是在儿童成长的早期，起着关键性的作用。苏霍姆林斯基向往这样的情景：在自己的藏书室里，一群教师、学生、家长都到这里来借书，并与自己亲切地交谈，谈对孩子的教育，谈家庭生活对孩子的影响，也谈一些有趣的生活故事。

作为一个伟大的教育家，苏霍姆林斯基凭借着自己对教育的高度的洞察力和对儿童成长规律的深切理解，看到了家庭教育、社会教育在儿童成长当中的重要性。他十分重视将学校教育和家庭教育结合起来，重视社会教育对儿童成长的重要影响，提出了十分精辟的见解：

教育现象的相互联系在当今社会变得更加复杂了，生活向学校提出的任务是如此复杂，以致如果没有整个社会首先是家庭的高度的教育学素养，那么不管教师付出多大的努力，都收不到完满的效果。学校里的一切问题都会在家庭里折射地反映出来，学校的复杂的教育过程中产生的一切困难的根源都可以追溯到家庭。

在这里，苏霍姆林斯基强调了社会教育和家庭教育，尤其是家庭教育对学生的重要影响。苏霍姆林斯基认为人的全面发展取决于母亲和父亲在儿童面前是怎样的人，取决于儿童从父母的榜样中怎样认识人与人的关系和社会环境。换句话说，父母是怎样的人，儿童就是怎样的人；父母有着怎样的人际关系，儿童也会以之为榜样。有则报道令人大跌眼镜。郑州的一位家长从老师那里得知，正读四年级的儿子竟然花钱雇人写作业。他十分恼火，便批评儿子："作业也是可以花钱雇人代写的吗?"儿子却十分委屈，他说自己至少三次听见爸爸打电话找同事帮忙代写工作笔记，他觉得爸爸能这样，他为啥不能这样？这位家长哑口无言。苏霍姆林斯基还曾举到少年柯利亚·兹偷盗的例子。柯利亚·兹是个大家公认的文明少年，有一天却做出了令所有人吃惊的偷盗行为。原来他的父亲每天都从单位偷东西回来。

我们从那位花钱雇人代写作业的孩子和柯利亚·兹的身上，可以清楚地看到家庭教育给孩子造成的重要影响。每一个家长都爱孩子，这是毋庸置疑的，但这并不意味着每一个家长都懂教育。苏霍姆林斯基发现，造成儿童发展上的偏差的最有害的因素之一，就是家庭智力生活的局限性和惊人的贫乏性，以及不健康的经常发生冲突的家庭关系，而这正是儿童智力落后的原因之一。现实生活中大量的案例表明，由于家长不懂教育，缺乏必要的教育常识，致使学校教育常面临很多困难。一定要让每一个家长都懂教育。

基于这样的认识，苏霍姆林斯基实施了一系列卓有成效的举措。比如开办"家长学校"，把家长、英雄人物和劳动模范等请进校园，对孩子们实施各种形式的教育。在孩子们入学两年之后，家长们就报名参加"家长学校"。学校将家长按照他们孩子的年龄划分成五个组：学前组，一、二年级组，三、四年级组，五至七年级组，七至十年级组。每组每月活动两次，集中到学校听课。在苏霍姆林斯基任教的帕夫雷什中学1970—1971年的学年工作计划中，我们可以看到一份非常详细的"家长学校"的谈话题目。这些题目都由苏霍姆林斯基和帕夫雷什中学的教导主任、最有经验的教师担任主讲。逐个阅读这些题目的时候，我们会发现这是一门庞大而精细的课程，内容涵盖面之广、题目设置的针对性与科学性，都令人叹服。我们姑且看看五至七年级组"家长学校"中的部分谈话题目：

1. 少年的解剖生理和心理的发展。2. 性教育。性教育和道德教育的统一。3. 少年的行为和道德意识。4. 少年的劳动教育，他们的劳动的道德意义。5. 少年教育中的善良、爱抚、鼓励、严格要求、坚定性、对愿望的限制。6. 少年的人道精神的培养……

这些"家长学校"的谈话题目所反映的其实是学校针对五至七年级学生的身心发展规律，整理出来应该让家长具备的教育常识，主讲者将其全面地向家长做了介绍。帕夫雷什学校的学生是有福的，帕夫雷什学校的学生家长也是有福的！

我们的很多学校虽然也按照上级部门的要求开办了“家长学校”，但办学效果却大多不尽如人意。其中的原因固然是多方面的，但总体来看，还是由于学校没有把“家长学校”作为教育学生的主要阵地和重要同盟。许多学校开办的“家长学校”流于形式，成为为了应付相关检查而虚设的机构；有的“家长学校”长时间不开展活动，致使“家长学校”名存实亡；有的“家长学校”虽然每学期开办一两次，但内容宽泛，缺乏针对性，并不实用。没有“家长学校”的参与，学校教育与家庭教育相脱离，两个教育者——学校和家庭就不能行动一致，不能向儿童提出同样的要求。所以在很多时候，教师不理解家长，家长不理解教师。这种彼此间的隔膜造成了许多问题，一些针对孩子的教育争端就这样产生了。如果教师和家长能够志同道合，从同样的原则出发，在教育的目的、过程和手段上，都能够始终保持一致，对孩子的教育必定会呈现出完全不一样的面貌。

教育学应当成为众人的科学——不论是教师还是家长。

这是苏霍姆林斯基的信念，也应该是每一位教师和家长的共同信念。作为教师，是当然的实施教育的主体；作为家长，当您把孩子送进学校，交到老师的手中时，您也并非可以就此轻松，因为您肩上的担子和教师一样沉重。

四、真题大放送

1. 第二届长三角地区班主任基本功大赛情境问答题（小学组）

在你的班里有这样一位学生：不爱学习，经常违反纪律。你给家长打电话，邀请家长到学校谈谈，但家长总以工作忙为由不来学校。再打电话，家长说：“你们老师都管不了，我有什么办法，他的作业我也不懂，老师您爱怎么办就怎么办吧！”

作为班主任，遇到这样的情况你将如何处理？

2. 第二届长三角地区班主任基本功大赛情境问答题（小学组）

一次，我去家访，来到学生小王家，刚一进门，孩子的妈妈迎上来就问：“老师，这小子在校是不是不听话了？”又有一次，我到另一个学生小杜家家访完，刚走出家门，就听到隔壁邻居七嘴八舌地议论着：“瞧，老师追到家里来了。”从以上的两个事例中，不难看出有些家长（特别是“问题学生”的家长）把家访看成了告状。

为什么家长通常都有这样的看法呢？应该怎样家访才能真正发挥其作用？

3. 第二届长三角地区班主任基本功大赛情境问答题（小学组）

这个学期，班主任王老师一接到小时妈妈的电话就很头疼：她已经多次帮小时请假了，而且一请就是三四天甚至一个星期。第一次是小时妈妈要去云南支教一周，她提出要带小时一起去接受教育；第二次是因为小时爸爸有个机会去哈佛大学交流，小时妈妈觉得这个机会很好，带着小时去了5天；第三次，小时妈妈利用自己的公休，又带着小时去日本旅游了4天。小时妈妈振振有词地说："行万里路胜过在学校读一个星期书。"

如果你是班主任王老师，你怎么看待小时妈妈的行为？又会怎样和小时妈妈交流呢？

4. 第二届长三角地区班主任基本功大赛情境问答题（初中组）

张老师的班上有一个父母都不在身边的留守学生，他在小学的时候就有抽烟、上网、聚众打架的行为，到初中以后，这些行为不但没有改正反而比以前更严重了。张老师多次找他谈心，收效甚微，甚至下午刚谈过话，晚自习时间他就又跑到了网吧。张老师给他的家长打电话，希望能配合学校一起教育，多次沟通之后，孩子的爸爸终于回来了。可是，这位父亲既当着全班同学的面在教室门口打孩子，又当着老师的面在办公室里打孩子，还说要是再抽烟、上网、打架就不要上学了，跟他出去打工挣钱。谁知，他的话音刚落，孩子当即表示不想上学了，要跟他一起出去打工……

面对这样的孩子该怎么办呢？怎样教育家长来形成合力？

5. 第二届长三角地区班主任基本功大赛情境问答题（高中组）

秦老师很擅长与家长沟通，并在交流中渗透家庭教育的指导理念。一次开家长会，他请家长介绍教育经验。小李的爸爸奉行民主作风，他说："我女儿叫我'胖子'，我照样开开心心的，可能同事、朋友或在座的家长不能理解，但是，我总觉得，只有将自己降低到与孩子一样的高度，才能听到女儿真实的心声。我对女儿的成绩要求不高，只要她天天快乐，不讨厌学习就行了。"小赵的妈妈则奉行科学、精准、严格管理的原则，高中阶段仍然坚持每天检查儿子的作业并签名，成绩要求在班级前五名，她说："现在不给他施加压力，养成好的习惯，怎么考名牌大学，将来怎么应对竞争激烈的职场生活？"面对两种截然不同的家庭教育观点，班内家长展开了热烈的讨论和交流。

从班主任的角度你怎么看"圈养"和"散养"？你怎么进行家庭教育指导呢？

6. 第三届长三角地区班主任基本功大赛情境问答题（小学组）

文某是某小学三年级的学生，父母都是生意人，家庭经济条件不错，但父母忙于生意没有时间照顾孩子，家里请了一位大学生长期担任文某的家教老师并照顾文某的生活。文某在校学习成绩很不稳定，做错了事不敢承认，经常说谎话，平时独来独往。

如果你是文某的班主任，你准备怎么帮助他？

7. 第三届长三角地区班主任基本功大赛情境问答题（小学组）

学生王某不会和同学交往，而且报复心理极强，回家跟妈妈总说是别人欺负他，在他眼里同学和老师对他都不好，所以人际关系极差。王某是单亲家庭，一直以来是妈妈带着生活，孩子回家告状，他妈妈就会问孩子缘由，然后到校找老师，不是沟通商量怎样帮助孩子解决问题，而是给孩子出气来了。不管老师怎样跟她解释，她就认定一点：我家孩子没有错，错就在别人身上。

如果你是班主任，你将如何与这位家长沟通？

8. 第三届长三角地区班主任基本功大赛情境问答题（小学组）

又开学了，五年级的老师们请了一些住得近、能力强的孩子来整理教室并帮忙分书。孩子们看到老师们正满头大汗地搬运书本，也跃跃欲试。考虑到孩子们年纪小，体力不足，老师们让孩子们分开站，并把书本拆开来，一个个进行接龙传书。在场的家长也很兴奋，加入队伍中来。加油声中，书本很快被送上了楼。师生和家长虽然累得满头大汗，但体验到了团队合作的愉悦，增进了师生、家长的友谊，也让孩子们休整了一个假期的身体得到了一次锻炼。老师没有忘记奖励每一位学生一个甜甜的冰激凌。然而，到了晚上，一位家长的电话打到了校长室，责问为什么让孩子在大热天搬书？

作为班主任的你，该如何面对这位家长的责问？

9. 第三届长三角地区班主任基本功大赛情境问答题（小学组）

小刘老师无意中进入了自己班级的家长QQ群。家长们谈论的话题五花八门，涉及吃的、穿的、用的、玩的，但谈论最多的是孩子的成绩。成绩好了，家长高兴；成绩不理想，家长郁闷。她发现家长们只注重孩子的成绩，却忽视了孩子习惯的培养。于是，她以一名家长的身份加入了这个群，适时地发表自己的观点、建议和做法。时间长了，小刘老师发现家长们的观念慢慢地开始改变了。

你觉得小刘老师的做法怎样？你会怎样做？

10. 第三届长三角地区班主任基本功大赛情境问答题（初中组）

开学第一天，一个孩子报到晚了，班主任让孩子先坐在后面，谁知家长当时就反对："俺家孩子本来就学习不好，还让他坐后面，这不是欺负人吗?"第二天家长又来到学校，继续吵闹，声称要是不调换座位，就对老师不客气。

作为班主任应该怎样和这位家长沟通呢?

11. 第三届长三角地区班主任基本功大赛情境问答题（初中组）

王佳同学星期日在同学家玩，很晚未回家。王佳的父亲很着急，向王佳的几个同学打听，都说不知道。王佳的父亲无奈打通了班主任蔡老师的电话，报告了这一情况。蔡老师说："今天是周日，我怎么知道王佳的去向?"并且批评王佳的父亲没有履行好家长的职责，之后挂掉电话。

蔡老师对这件事的处理方法是否恰当？如果让你来处理这件事，你会怎么做?

12. 第五届长三角地区班主任基本功大赛情境问答题（小学组）

三年级第一次中队长选举，放学后阳阳的妈妈就打电话给班主任，原因是今天选举中阳阳没有被选上。阳阳妈妈认为阳阳品学兼优，实在想不明白为什么会选不上，并在电话里振振有词地说阳阳完全有能力胜任中队长的职务。班主任老师向她解释选举制度，她根本不予理会，甚至质疑老师没有把阳阳的名字写在候选人名单的第一位，才造成阳阳落选中队长。如果你是这位班主任，你会在电话里……

13. 第五届长三角地区班主任基本功大赛情境问答题（小学组）

一年级学生小王和另外三四个同伴在体育课上用绳索套住同学小李玩拖行的游戏。放学后，小李的爸爸看到孩子浑身脏兮兮的，膝盖处还有一点划伤，便在班级微信群里公开@了涉事的几个孩子的家长，逐一点明这几个孩子的问题，并要求公开道歉。由于言语生硬，结果引发了微信群中的网络"骂战"，甚至波及了其他家长的利益，班级微信群一片混乱。

第二天，家长们吵到了你的办公室，你……

14. 第五届长三角地区班主任基本功大赛情境问答题（小学组）

小张的父母是一对"80后"夫妇，两人对孩子的教育十分重视。从孩子出生七个月开始就让她上早教班，从幼儿园到小学三年级，为她报了英语班、数学逻辑思维班、看图说话班等，孩子周末也只有半天的休息时间。为此，孩子每天的家庭作业都没时间完成。

班主任提出意见后，父母竟然告诉孩子，可以在副科老师上课的时候抓紧时间做作业。小张知道这样做是不对的，也不敢在副科老师上课的时候做作业，可是面对父母的要求又不敢反抗，只好向自己的班主任老师求助。小张走进了班主任的办公室，作为班主任的你……

15. 第五届长三角地区班主任基本功大赛情境问答题（小学组）

小明是一个成绩平平、能力平平，既不让老师操心也难以引起老师重视的学生。这天家长会上小明的家长没来参加。会后，班主任给小明的家长打电话询问原因，家长的回答是："孩子说不会表扬他，也不会批评他，我去不去参加都可以。恰好单位有点事就没去。"听了家长的话，作为班主任的你……

16. 第五届长三角地区班主任基本功大赛情境问答题（小学组）

上课了，李老师像往常一样检查前一天布置的作业，而后再上新课。大家都把作业本打开放在桌上，李老师挨个检查。轮到检查小军的作业时，小军低着头说："老师，我的作业本忘带了。"小军平时不爱学习，其他老师也反映小军经常不完成作业。所以，李老师一听，就知道小军在撒谎，为了揭露小军的谎言以防他以后再为不完成作业找借口，李老师厉声说道："那就回家去取！"小军的确对老师撒谎了，回家后正犯愁如何向老师交代，偏巧碰上回家取东西的妈妈，小军的妈妈得知自己的儿子在上课期间被老师赶回家，就闹到班主任办公室，说李老师侵犯了小军的受教育权。这时，作为班主任的你……

17. 第五届长三角地区班主任基本功大赛情境问答题（小学组）

丁宁是小学三年级的学生，经常不做作业，在校有乱丢垃圾、乱拿同学东西的习惯。本学期班主任王老师接班后，在第一次家长会上承诺要让每个孩子在本学期至少获一次奖。学期过半，班级其他学生纷纷获奖，个别学生甚至获奖好几次了，唯独丁宁还没得到任何奖项。这天，丁宁的妈妈气冲冲地来找班主任质疑和理论。这时，作为班主任的你……

18. 第五届长三角地区班主任基本功大赛情境问答题（小学组）

一年级要组织开展童谣比赛，出于舞台大小的限制和安全问题，要求各班参赛人数不超过15人。班上学生个个热情高涨，家长们也都希望自己的孩子能够有展示的机会，现在班里报名的人数已经超过30了。

这天，小花的妈妈给班主任打电话说："小花在表演上很有天分，又参加过培训班，获得过不少类似的奖项，请你一定要让她参加这次比赛。" 这时，作为班主任的你……

19. 第五届长三角地区班主任基本功大赛情境问答题（小学组）

李新同学学习成绩不好，在行为习惯上也有很多不足，家长恨铁不成钢，教育的方式方法简单粗暴，动不动就对其拳脚相加，孩子越打越顽皮，与家长产生了对立情绪。

这天，李新又闯祸了，班主任请来家长，家长却对班主任说："老师，我们家长对这孩子也没办法教育了，只能靠你了。你对这孩子不要客气，他不听话你就打，我们家长没意见的。"这时，作为班主任的你……

20. 第五届长三角地区班主任基本功大赛情境问答题（初中组）

七年级第一学期期中检测后，我拿成绩单对照学生六年级的成绩，发现一个女生的成绩下降了很多。但观察她的课堂和作业表现，却没有发现明显的问题。

这天在家长会后，该女生家长冷言冷语地说孩子在小学阶段非常优秀，并暗示我的班级管理有问题，应对孩子的成绩退步负主要责任。这时，作为班主任的你……

21. 第五届长三角地区班主任基本功大赛情境问答题（高中组）

体育课上，小施投球时不小心把球抛到了女生小齐的头上，小齐很生气，而小施不情不愿地那声"对不起"更让她觉得失了面子。于是小齐在放学后找了一个朋友来"教训"一下小施。小施被推搡了几下，也没有还手，回家后把这件事告诉了爸爸。他的爸爸马上打电话给班主任刘老师，要求学校给个说法。此时，作为刘老师的你……

22. 第五届长三角地区班主任基本功大赛情境问答题（高中组）

学期过半，班主任吴老师按照学校要求召开家长会。家长会过程中，贝贝妈妈觉得无聊，总是回头和后面的几位家长热聊，甚至开起了小会，影响了其他家长。此时，作为吴老师的你……

23. 第六届长三角地区班主任基本功大赛情境问答题（小学组）

班上有个学生经常在上课时搞恶作剧，引起其他同学的不满。我把该生家长叫到学校来，向他反映孩子在校的表现。他很不以为然地说："孩子就这样，我的孩子身体不好，从小惯的"。

（1）如果你是班主任，该怎么办？（表演）

（2）阐述你这样做的理由。（陈述）

24. 第六届长三角地区班主任基本功大赛情境问答题（初中组）

小苏同学很有才艺，活跃在学校各大社团（合唱队、小剧社等）之中，暑期里，她担任主演的情景剧获得了县（区）一等奖。转眼暑假过去，升入九年级后，小苏的成绩逐渐下滑，妈妈觉得是排练让孩子分心了，过多占用了孩子的时间，影响了孩子的学习，因此坚决反对小苏这一年参加任何课外活动。然而，市里通知，两周后，那个得奖的情景剧要去市里参加比赛。由于临时换主演已经来不及了，班主任王老师联系了小苏妈妈，小苏妈妈态度异常坚决："孩子处在学习的关键时期，请你们放过她吧，不然你把校长电话给我，我和他说。"

（1）如果你是班主任，该怎么办？（表演）

（2）阐述你这样做的理由。（陈述）

25. 第六届长三角地区班主任基本功大赛情境问答题（高中组）

班长是个重要角色，所以班主任一般都格外重视班长的人选。选谁当班长啊？班主任把目光停留在朱华身上，朱华在品性、威信和学习等方面都合适，在同学中也有号召力。事先，班主任向朱华讲明自己的想法，朱华听了默默无语，直到最后，也没有明确表态要当班长。当天晚上，班主任接到了朱华妈妈的电话，朱华妈妈说了许多不想让孩子当班长的理由。

（1）如果你是班主任，该怎么办？（表演）

（2）阐述你这样做的理由。（陈述）

26. 第六届长三角地区班主任基本功大赛情境问答题（高中组）

高一开学不久，学生A的家长就来学校大闹一场。经过了解，班主任知道了事情的原委。原来，上体育课打球时，学生A被学生B撞了，两人发生了冲突，当时被同学拉开了。事后A从校外找朋友教训了B，B不服气，也找了几个同学来警告A，结果A害怕了，就告诉家长自己被人欺负了。A的家长很生气，找到班主任，要求处理B，还批评班主任工作做得不到位，让她孩子的人身安全受到威胁。

（1）如果你是班主任，该怎么办？（表演）

（2）阐述你这样做的理由。（陈述）

27. 2013年浙江省中小学班主任和德育导师基本功大赛情境问答题（小学组）

"孩子在学校归你教，回家我会管，我们各管各的。"这是某家长接到"告状"电话后的反应，家长认为学校教育与家庭教育毫不相干。

面对这样缺少家校合作观念的家长，班主任可以通过什么措施来改变家长的教育观念，使其积极参与到学校的教育中来呢？

28. 2014年浙江省中小学班主任基本功大赛情境问答题（小学组）

班主任吴老师接到本班一位家长的电话，反映其女儿因一男同学课间骂她“笨蛋”，一气之下挠了他的脸，结果该男同学的脸上留下了三道红色的印记。于是，该男同学的妈妈在家长QQ群上要求女同学的爸爸妈妈在群里公开道歉，并保证今后不再有此类事件发生。

作为班主任的你，将怎样处理这件事呢？

29. 2018年浙江省中小学班主任基本功大赛情境问答题（小学组）

小明是个活泼开朗的男孩，不仅会自己穿衣、吃饭，偶尔还会帮助家里干点力所能及的家务活。刚进入小学，小明很快适应了学校的生活，上课能积极举手发言，纪律意识也很强。学期过半，小明的行为有些反常，课堂上喜欢随便大声插话或者不停地找周围的同学聊天，还有故意攻击同学的行为。为此老师多次找他谈话，跟他分析原因，一说他就哭。后来，老师在与小明妈妈的沟通中了解到，小明刚添了个妹妹，妹妹已经一个多月了，因为要照顾妹妹，妈妈陪伴小明的时间少了。而且这段时间，小明在家做事变得拖拉，吃饭变得磨蹭，很容易因为小事发脾气，连学习态度也变得散漫了。

作为班主任的你，会怎样对待这件事呢？

30. 2020年长三角中小学班主任基本功大赛情境模拟（初中组）

二年级男生小郭课上不专心听讲，课间喜欢捉弄同学。班主任与他母亲多次沟通未见效果。今天，小郭又和班里男生打架，班主任联系小郭母亲，她仍旧是一味偏袒孩子，认为小郭是正当防卫，甚至晚上还打电话给对方家长，让对方孩子不要再欺负小郭。

作为班主任，你怎么办？

7. 兴趣引导类

——精神成长的引领者

网络上流传着一个故事：一个人感觉生活过得很苦，整天愁眉苦脸的。一天，碰到一位智者。智者拿了一杯水，在里面加了把盐，这杯水于是变得很咸。再把这杯盐水倒入湖泊，在湖泊中舀了杯水，这下就不咸了。智者说，人的心胸如果像湖泊，就感觉不到苦了。心胸像湖泊，说得正是精神的力量。

好的教育，应该让孩子感受到精神的力量。所以，优秀的班主任，不只是知识的传播者，不只是特长的培育者，还应该是孩子健全人格的呵护者，是孩子精神成长的引领者。

一、真题分析

1. 2020年浙江省中小学班主任基本功大赛情境模拟（小学组）

小明是个活泼好动、表现欲强的孩子。一次，他将自己模仿老师批评同学的视频发到抖音账号上，收到了很多网友的转发和评论。网友们纷纷表示希望可以看到更多类似的视频。某一天，班长将这件事告诉了班主任。

如果你是班主任，你会怎么做?

【案例分析要点】

（1）案例主要考查班主任能否引导学生树立从积极正面的角度发挥自身模仿特长的意识和观念。

（2）要引导小明认识到这种模仿包括通过抖音在网络上的广泛传播，对学校和老师的负面影响。

（3）引导小明这类有模仿、表演天赋的孩子在保证学业的前提下继续发挥自己的特长，做到因材施教。

2. 2020年浙江省中小学班主任基本功大赛情境模拟（小学组）

涂满红字的水泥墙，头顶昏暗闪烁的灯光，操作台上支离破碎的骨头……近两天，向来活泼开朗的六年级学生小远上课却一直低着头、哭丧着脸，老师和同学但凡说话音量稍微大一点，他就开始浑身发抖。课后，小远的同桌小强跑来偷偷告诉班主任张老师，说小远是和读大一的哥哥去玩密室逃脱游戏后才这样的。

此时，如果你是张老师，你该怎么办呢？

【案例分析要点】

（1）案例主要考查班主任有效纾解儿童因参与恐怖、刺激游戏而产生心理问题的能力。

（2）班主任要在详细了解情况的基础上，会同心理辅导教师制订相应心理疏导策略，科学疏导、纾解小远的负面情绪。

（3）以此为契机，在班级层面开展相应教育活动，引导学生参与适合小学生身心发展阶段的游戏活动。

（4）家校协同，树立健康的游戏和课外活动观。

3. 2020年浙江省中小学班主任基本功大赛情境模拟（初中组）

在八年级（3）班班级家长群里，家长们正在热议。原来是班上小明双休日直播游戏，收获了一千多的粉丝，也有了一点收入。小明家长竭力反对，发生争吵后，小明决定辍学做直播。

家长们的观点大致分为两派：有的认为孩子精力有限，应该以学习知识为主，做游戏直播为时过早；有的则认为，孩子只是双休日直播，再说能收获这么多的粉丝也表明孩子有这方面的天赋，应该好好培养。

作为班主任，你会怎么做？

【案例分析要点】

（1）本题主要考查在互联网盛行的时代背景下，班主任对学生开展“三观”教育及理想教育的意识与能力。

（2）接纳、理解和包容学生，不轻易否定学生的梦想，引导学生处理好理想与现实的关系。

（3）引导学生从法规和道德的角度去人与网络的关系，启发学生树立积极健康的人生观、世界观和价值观。

（4）以学生的视角，做好良性沟通。以充足的论据，让学生认识到无论虚拟世界还是现实生活，都需要好好学习、完善人格。

（5）班主任对家庭亲子教育的指导。

（6）班主任在信息时代对班级个体和集体进行金钱教育的知识和技能。

4. 2018年浙江省中小学班主任基本功大赛情境模拟题（小学组）

在小学六年级（2）班有一位小刘同学，他对学习没有多大兴趣，上课就走神，下课就回神，和同学们嘻嘻哈哈、玩玩闹闹，说说段子、逗逗乐子。从表面上看，他似乎是个“问题学生”，但通过实际接触，老师发现他这么做，有着自己的目的，是在为自己的理想奋斗，而他的理想就是——成为像郭乐乐那样的网红。

针对小刘的情况，作为班主任的你打算如何处理此事？

【案例分析要点】

（1）本题主要考查在网红盛行的时代背景下，班主任对学生开展“三观”教育及理想教育的意识与能力。

（2）理解和包容学生，不轻易否定他们的梦想。每一个孩子都有一个小小的梦想，不能因为觉得不行就去扼杀这个梦想。这样做，只是把自己的观点强加到他们身上。

（3）引导小学生认识到部分网红的低俗、恶搞性质，启发学生树立积极健康的人生观、世界观和价值观。

（4）立足学生视角，做良性沟通。以充足的论据，让学生认识到即使要成为网红，也需要认真学习，打好基础。

5. 2017年浙江省中小学班主任基本功大赛情境模拟题（高中组）

时下，各种选秀类电视节目在青少年中非常火爆。你班上有三位女生受其影响，梦想能通过参加选秀类节目，发挥自己的文艺特长，一举成名，圆自己的明星梦。当她们在父母面前表达了这样的愿望时，均遭到了父母的强烈反对，认为这是不切实际的想法，读大学才是正道。最近，一个影响力很大的电视选秀节目到你所在的城市海选，这三位女生来向你请假，希望能去参加海选，并请你保密不要告诉她们的家长，她们认为考大学是实现个人价值，做明星也能实现个人价值。

面对三位女生的情况和要求，请问你会怎么处理？

【案例分析要点】

（1）主要考查班主任对学生文艺爱好和明星梦（或理想）的认识和引导。

（2）关于保密，对学生的法定监护人（即父母）必须告知，学生有义务告知，父母有权利知道。

（3）关于是否准假要根据请假时间与父母、学校、学生商量决定。

（4）班主任可以帮助学生或指导家长了解选秀的相关信息、活动程序等，并与家长、学生一起讨论学生的条件与支持系统是否能达到选秀要求，最后由家长和孩子商量决定，并为自己的选择负责。

（5）班主任不要替代学生做决定，要明确自己的责任界限，不能越权。

6. 2017年浙江省中小学班主任基本功大赛情境模拟题（初中组）

九年级上学期，学习日益紧张，但是，有位老师发现（1）班的小杨同学下课时偷偷在玩手机。班主任找小杨谈话，小杨不以为然地说："我没有玩，只是今天来上学时不小心把手机带来了，然后有垃圾短信发进来，我处理了一下。再说，我们班里偷偷带手机来的又不是我一个人，你干吗只找我？"其实小杨的父母跟班主任反映过好多次他在家里沉溺于手机游戏，自控能力极差，父母的劝说、惩戒都不能奏效。如果你是班主任老师……

【案例分析要点】

（1）主要考查班主任对手机、网络在学生成长过程中的认知与引导。

（2）对沉溺于网络游戏、网络聊天、网络色情暴力的学生，给予多方面的关注及引导，关注其发展的内在需求。

（3）通过引导学生把大部分精力投入到更有价值的人际互动中，指导学生合理使用网络，处理好人机关系，做机器的驾驭者。

二、路径探究

（一）送给学生一件好"睡袍"

前面章节我们已经说过"狄德罗效应"，说的是18世纪法国有个哲学家叫丹尼斯·狄德罗，一天，朋友送他一件质地精良、做工考究、图案高雅的酒红色睡袍。狄德罗非常喜欢，于是为了与睡袍配套，旧的东西先后更新，书房终于跟上了睡袍的档次，可他却觉得很不舒服，因为"自己居然被一件睡袍胁迫了"。后来，狄德罗把这种感觉写成一篇文章，题目叫《与旧睡袍离别的痛苦》。

200年后，美国哈佛大学经济学家朱丽叶·施罗尔在《过度消费的美国人》一书中，把这种现象称作为"狄德罗效应"，亦称作"配套效应"。人们在拥有了一件新的物品后，会不断配置与其相适应的物品，以达到心理平衡。狄德罗已经形成了关于环境与服饰如何搭配的认知，在狄德罗的意识中，高雅的睡袍是富贵的象征，应该与高档的家具、华贵的地毯、豪华的住宅相配套，否则会感到“很不舒服”。这种“配套效应”为整个事物的变化提供了动因，当其中任何一部分发生变化时，其他部分随之变化以便与之配套，从而促进了周围事物的变化发展和更新。

在教育中，“配套效应”可以带来好的结果，也可以带来不好的结果，这取决于所参照的“睡袍”的价值。有价值的“睡袍”可以促使我们为了与之配套而产生一系列好的或者对我们成长有利的行为表现，如让孩子做家长或弟弟妹妹的“老师”，孩子为了像个老师的样子，就可能认真学习知识，以便更好地传授知识，行为上也会尽量地起到表率的作用。再如“你衣服穿得这么干净，书为什么这么脏呢?”“你人长得这么漂亮，怎么不讲卫生呢?”“你的字写得这么好，要是学习能像字一样好该多好呀!”诸如此类，都是很好地利用了“配套效应”。

一位班主任对自己带的每一个新组建的班级发表的例行讲话里，都有这么一段：

“你们都经历了入学考试的筛选，这次入学考试对你们的学习能力和基础水平做了全面的评估。因此，能够进入我的班级的，都是基础扎实、能力优秀或潜力巨大的学生。不仅如此，我对你们的档案做了考查，我相信被分到这个班里的，都是品行良好、为人正派的学生。你们过去的记录让我非常满意，我相信像我们这样一个由优秀苗子组成的班级，一定会在将来的学习中创造出无数的惊喜!”

遇到个别科目成绩优秀、但总体水平不均衡的“偏科生”，这位班主任往往鼓励道：“你看看你数学学得那么好，这表示你聪明、有悟性，那你想想，物理化学这样的科目能有什么问题呀？你现在只不过是缺少练习，投入的时间不够，或者是没有找到适当的方法。你要多和科任老师沟通，多和学得好的同学交流，老师相信你肯定能攻克这些小问题的。”

而在处理学生们的小毛病上，他也能如法炮制：“老师读过你的作文，写得真的很好，很有水平！你想啊，这么好的一篇文章，再把字体写得漂亮一些，那可就完美啦！老师等着下一次你的进步哦。”

这位班主任一次又一次地强调学生们的优秀，就是在给学生们贴上一个“优秀”的标签。由此，学生们形成的意识是，我是优秀的，是有潜力的；我是个好学生，应该能够做好。于是，为了与这种意识相“配套”，学生们努力地扮演自己心目中“优秀”的角色，并从一开始就相信：好的种子注定会收获好的果实，所以自己的努力也注定是有效的。当出于习惯而浮现以往的不良行为，或是自己在某次考试中由于基础不牢而发挥不佳时，他们的心中便产生了强烈的不平衡感——我是一个好学生，而好学生是不应该出现这种情况的！这种不平衡感促使他们更加努力地学习，更加刻意地控制自己的行为，最终在名义上和行为结果上实现了“配套”，也就最终成就了班主任对整个班级的成功管理。

从学生的成长过程来看，无论是好的行为还是不良的习惯，都可以找到引起这一行为的一件“睡袍”。如果我们给孩子的是劣质的“睡袍”，那么，你就别想孩子的行为有多高尚；如果我们给孩子的是有价值的“睡袍”，那么，孩子会努力配之好的习惯。因此，教师应为学生准备几件有价值的“睡袍”。

一个调皮捣蛋、不遵守班级纪律的后进生与一个品行、学习均较好的优秀生发生冲突或争吵，被教师发现，按照前者的“常规”认识和看法，自己必先挨批，必先受到老师训斥，老师必定会袒护后者，但是教师却一反常规，采取“冷处理”，经过询问，搞清原委，分清是非，公正处理。结果使这位后进生大为感动，一反常态，竟主动向老师道歉认错。教师则顺势引导，告诉该生：“其实你有很多优点，比如见义勇为、热爱劳动、具有很强的组织能力，像上次由你发起的篮球比赛，得到了同学们的一致好评。这些老师都是看在眼里的，老师正在考虑让你来当咱们班的纪律班长呢！你回去想一想，看看采用什么方法能把班级的纪律管理得更好，想出一个方案给我好吗？”这位同学回到班级，为了像个纪律班长的样子，一改原来的陋习，不仅遵守纪律、关心同学，把班级管理得很好，而且在课堂上也变得很活跃，主动举手回答问题，不会的问题主动提问，结果成绩很快提高了。

在上面的例子中，教师首先为学生旧的配套的“常规”认识中注入与之冲突的不协调因素，动摇其原有的认识体系，然后顺势抛给他一件优质“睡袍”——当纪律班长，学生为了与这件优质“睡袍”相配套，就会以新的行为体系替换原有的行为体系，从而达到了预期的教育目的。

作为教师，你在为学生提供有价值的优质“睡袍”时，也要注意把握时机，适时处理。当你提供的“睡袍”使学生内心产生不快或者不信任的紧张体验时，要及时体察并予以化解。比如当学生觉得你让他当纪律班长只是想让他收敛不良行为，而不是出于真正的信任时，他可能会出现抵触情绪。此时，教师要及时鼓励并表达对学生的信任，“任何人都可能犯错误，但这只是代表过去。你很有组织能力，相信你会把班级管理得很好。”

（二）做学生的“自己人”

作为教师，可以充分应用“自己人效应”，平等地对待每一位学生，设身处地为学生考虑，使学生接受自己、喜欢自己，这是教育的第一步，也是教育体系中最重要的一环。

一批师范大学的学生在一所中学实习，他们经常和学生在一起说说笑笑，学生们都说：“这些新老师一点儿也没有老师的架子。”这时，一位老教师语重心长地教诲这些实习生：“你们这些年轻人哪，真是不知道如何处理师生关系。老师就是老师，学生就是学生，这和一般的人际关系是完全不一样的，如果你们这样随便，弄得学生以后都不怕你们，恐怕他们就会骑到你们的头上来了。”真的如老教师说的一般吗？为什么实习老师离校时，学生们是那么依依不舍，而见到自己的老教师，却像耗子见了猫一般连忙躲闪？就是因为新老师没有老师的架子，他们是学生的“自己人”。

一位老师在就职演讲中说：“同学们，你们都很年轻，但我也比你们大不了几岁。看到你们，使我马上想起了自己的中学时代。我做学生时，也毫无节制地看武侠小说，经常和老师顶嘴，对于老师和家长的教诲，我总是觉得他们太啰唆，但现在想想有点后悔，因为知道他们确实是为了我好。我和你们一样，有很多爱好，喜欢唱歌、上网。上大学时，我是学校合唱团的队员。最喜欢林志颖，更喜欢看NBA。只要你们把功课学好了，我们会在课余时间搞各种活动。今后，在我们相处的日子里，我不但会在学习上帮助大家，还会和大家通忧共患。如果大家心里有什么解不开的疙瘩，尽管来和我谈。因为我相信，我不仅会成为一名合格的班主任，还一定会成为大家最好的朋友！”

听完这番话，同学们的脸上都露出了欣喜和兴奋的神色。这位老师说出了和学生的共同点，同时还暴露了自己的缺点，表达了和学生成为朋友的愿望，成功营造了“自己人”气氛。这种气氛来源于教师对学生发自内心的热爱，而不是无原则的矫揉造作，也给这位新老师以后的管理工作打下了良好的基础。

一些老师觉得很委屈，抱怨好心没好报，因为学生对自己善意的批评根本不领情。也许，这是因为学生没有把你看作“自己人”，觉得你的批评不是为他好，而是为了宣泄你自己的情绪。看下面的简单情景：

一个学生上课不听讲，在下面叠千纸鹤。

如果你是这个学生的老师，对学生的这一行为非常生气，你会如何处理？

一位老师随之发怒大叫："你在干什么？站起来！"

学生去郊外远足，不小心迷路了。

如果你是这个学生的老师，对学生的这一行为非常生气，你又会如何处理？

一位老师找到学生后咆哮如雷："以后绝对不准离开队伍！你不懂得遵守规定吗？"

以上两种情景，老师都表达了自己的愤怒情绪，但是学生却很难理解老师在这种情绪后面关心自己的真正意图，会认为老师只是在责怪自己。这就是许多老师抱怨好心没好报的主要原因。

其实，教师批评学生，都是出于关爱的原因，但是常常不善于把自己的真实想法准确地表达出来，往往采用居高临下地高声训斥，就达不到预期的目的，有时严厉的批评甚至会导致学生的逆反心理。如果和学生成为朋友呢？结果会截然不同。如果我们以朋友的身份设身处地地从他们的切身利益出发，和他们一起分析不良行为的危害，他们感到老师是"自己人"，便丝毫没有了对抗情绪，会眼里含着泪水感到后悔万分。即使老师有时做了错事，他们也会大度地宽容老师。自己人嘛！有什么解不开的疙瘩？

如何才能设身处地为孩子着想、成为孩子的朋友呢？陶行知先生说得好："……忘了你们的年纪，变个十足的小孩子，加入小孩子的队伍里去吧！您若变成小孩子，便有惊人的奇迹出现：师生立刻成为朋友，学校立刻成为乐园；您立刻觉得是和小孩子一般儿大，一块儿玩，一处儿做工，谁也不觉得您是先生，您便成了真正的先生。您立刻会发现小孩子的能力大得很：他能做许多您不能做的事……我们必得会变小孩子，才配做小孩子的先生……"如果老师真的能够做到像陶先生说的那样，就不会再骂学生"笨"、骂学生"蠢"了。

教师们，下定决心，真正地把学生当成"自己人"，做学生的知心朋友吧！

（三）"下门槛"效应

在教育实践中，对于因成绩优秀而骄傲情绪日盛的学生，教师可以采用留面子的办法、"下门槛"的技术，即先提出一个较高的目标要求，抑制他们的骄傲情绪，使之认识到自己的不足，而后再以较低的标准来要求他们，对他们的点滴进步都给以鼓励，以克服优等生中的"高原现象"，使优生更优。

周老师是高中二年级的物理教师，物理学科的独特性需要每堂课布置许多练习题。但是高中各科都在为进入高三做准备，学生们每天需要完成大量的作业，对教师经常布置作业产生了厌倦感。在为布置作业而长期烦恼之后，周老师想出了一个主意。他在布置作业的时候先给学生比平时多的题目，等学生有所反应的时候，装出让步的姿态说："那这样吧，你们可以选做里面的一些题目。"这样，学生不仅不会埋怨物理课作业多，反而感觉是老师理解他们的学习压力，做物理作业的效率还很高。

在教育中有这样一个客观规律：所有难教育的学生都是失去了自尊心的学生；所有好教育的学生，多是具有强烈自尊心的学生。而教师在关爱学生，保护学生自尊心的时候，还应采取一些批评的方式，坚持以理服人、以情动人的谈话方式，促使学生努力改掉缺点和错误，取得教育的最佳效果。

某中学的翟老师对管理"问题学生"有深切的体会和独到的方法。她的班上有一个叫小波的学生，父母都在外地做生意，小波和爷爷奶奶一起生活。刚上初中时，小波的成绩还能保持在中等偏上水平，是学校电脑制作的"高手"。但是近来小波迷上了网络游戏，常常深夜待在网吧不回家，成绩也下滑到班上倒数几名。翟老师经过精心调查后制定出了教育策略。首先，她对小波提出了终止一切接触电脑的机会，这等于拆掉了屋顶。不出她所料，小波反应非常强烈，因为学校计算机房对小波非常具有吸引力，他还在计算机老师的协助下设计出程序参加过比赛呢。当然，在小波的一再要求下，翟老师装作勉强让步，慢慢为小波开了一扇天窗，同意其在课表规定时间里可以到计算机房，其余时间一律不能进入机房，并且不能再进校外网吧，否则将取消其上计算机课的机会。小波经过权衡，终于和翟老师达成了协议。其后，小波在老师的耐心教育下，逐渐意识到了网络成瘾的危害，摆脱了网络游戏的诱惑，将精力转移到学习中来，成绩也开始回升，在年度的计算机比赛中，他设计的电脑动画一举获得市中学生组一等奖。

"留面子效应"对批评的启示是，对学生进行教育需要讲究方式和方法。对学生实施批评时要掌握分寸，使批评能被学生所接受。要在批评中给予学生改正错误的希望，使他们相信自己能够按照教师的指导一步一步地完善自己。如果批评学生过频或过重，超过了他们的心理承受能力，使他们丧失了自信，他们就会"破罐子破摔"。那么学生犯了错误时想到的不是如何去改正错误，而是选择如何去逃避惩罚，如有的学生采取了离家出走等极端的应对方式。因此，我们在批评时要做到恰到好处，让受教育者看到希望，找到路标。

“留面子效应”是一把双刃剑，善加利用可以使沟通、交流达到事半功倍的效果。但应切记“己所不欲，勿施于人”，不要为了一己之私，轻易利用他人的心理。此外，“留面子效应”不是放之四海而皆准的，它是否会发生作用，关键在于双方关系的亲密程度以及你的需求的合理程度。

（四）佛桌上开花

一方面，我们强调“理性思考，科学决策”；另一方面，我们不得不承认，我们是有情感、有偏好的人，所以犯错也就在所难免。错误的促成也许就在那一念之间。

有这么一则故事。一个小和尚，极得方丈宠爱。方丈将毕生所学悉数教授给他，希望他能成为出色的佛门弟子。没想到他在一夜之间动了凡心，偷偷下山，贪恋起城市的五光十色，从此穿行于花街柳巷，放浪形骸。20年后的一个深夜，窗外月色如洗，澄明清澈地洒在他的掌心。他忽然忏悔了，披衣而起，快马加鞭赶往寺里请求师父原谅。方丈深深厌恶他的放荡，不愿再收他为弟子，说：“你罪孽深重，必堕地狱，要想佛祖饶恕，除非桌上开花。”浪子失望地离开了。

第二天，方丈踏进佛堂时，看到佛桌上开满了大簇大簇的花朵。方丈在瞬间大彻大悟，连忙下山寻找弟子，但为时已晚，心灰意冷的浪子重又堕入荒唐的生活，而佛桌上的那些花朵只开放了短短的一天。是夜，方丈圆寂，临终遗言：“这世上，没有什么歧途不可以回头，没有什么错误不可以改正。”

作为一个教育工作者，当然希望学生完美无缺，永不犯错。但是你却无法期望孩子们做个圣人，每件事情都做得合理。因为非理性的决策，乃是人性之一。他们会因为淘气把你的肖像画成漫画让你气得吹胡子瞪眼；他们也可能一时冲动迷恋网络游戏从而成绩一落千丈，让你干着急。这个时候该怎么办呢？是从此就给这些孩子们贴上淘气包、捣蛋鬼的标签，如同老和尚般饮恨而终，还是相信奇迹，以一颗宽容的心接纳？

（五）从“助推器”到“发动机”

李希贵校长有一次遇到一位家长朋友，这位家长说，近日孩子发生了巨大变化，每天晚上十点多了还在自己房间里大声诵读。他主演的是话剧《雷雨》里的周萍，大段大段的台词，背得熟练又充满激情。但在过去，逼他背一些诗词歌赋，都比登天还难。

李校长介绍说，这是该校尊重学生选择带来的结果。经过学校开发之后的艺术课程，其中有几门戏剧课，学生可以自主选择其中的任意一门，与其他有着同样选择的不同班级甚至不同年级、不同国别的学生组成一个剧组，每名学生在这个剧组里必须选择扮演一个角色，同时负责一项剧务，诸如服装、音响、道具、舞台美术，也可以是导演、摄像录像，甚或创编剧本。当然，在这个剧组里，大家都是在尊重每名学生选择的状态下分工合作，即使确需调整某一名学生的选择，也必须在沟通、协商中完成。

这样的一个改变，带来了许多意想不到的效果。走在校园的路上，你随时会听到学生之间切磋他们扮演不同角色的心得；技术课上，许多学生因为选择了制作一件学校戏剧节上的道具或服装而倾情投入，以至于午休时间也泡在技术教室里；选择不同角色、不同剧务的学生在课堂上的思维碰撞火花四溅；教室里、走廊中、校园内则到处上演着云谲波诡的精神大剧。

孩子们的激情和责任弥漫校园，让我们兴奋，让我们反思。

就像一位哲学家所说，责任并不是一种由外部强加在人身上的义务，而是我需要对我关心的事情做出的反应。长期以来，我们一直在培养学生的责任意识方面苦恼有加。其实，从这里我们可以得到一些启示，如果我们希望让学生真正具有责任感，就应该帮助学生找到那些他所关心的事情。他关心的事情越多，他的责任心所及的范围才有可能越大。

在传统教育里，一切都是我们预先给孩子们设定好的，大一统的课程、千篇一律的教育、面目可憎的活动，“一刀切”的做法充斥校园。在这里，孩子们没有选择的权力，很难从事自己关心的事情。于是，他们丧失了活力，缺失了动力，当然也就不会有责任感。

有则外国谚语说，人生是枚硬币，一面是选择，另一面就是责任。这则谚语告诫我们：只要你选择了，你就要为此负起责任。其实，它也同时告诉我们另一个道理，从选择中人们更容易找到自己的责任。

过去一直想不明白东西方教育的根本差异在哪里，我们经常慨叹我们的孩子没有动力，他们前行似乎总在靠父母、老师、考试等外部的助推器，现在看来，我们的教育中其实缺失了一样东西——选择。当学生有权力为自己的未来选择感兴趣和有意思的课程时，他们才真正有可能在自己身上装上一台属于他们自己的发动机。

（六）教学生约束自己：另一种勇敢

常常听一些教师和家长抱怨，孩子自己管不住自己，心中只有自己，没有别人；做事随心所欲，从来不考虑别人的感受；一旦愿望得不到满足就大发脾气，甚至哭闹不已、寻死觅活……作为孩子，他们的自制力还比较薄弱，如何培养他们的自制力呢？

很显然，在中国，这些孩子除了因为年龄小造成的自制力差外，还因为他们是家庭中典型的“小皇帝”“小公主”。由于众所周知的原因，这样的孩子为数不少，以致成为教育面临的大难题之一。事实上，这也是教育工作中许多棘手问题出现的根源。那么，基于这样的孩子已经大量存在的事实，教育这些孩子学会控制、约束自己就成为一件最为实际、最为迫切的事情。如果解决了这个问题，就意味着教育中的许多困难都将迎刃而解。

其实，在苏霍姆林斯基看来，教师和家长这样的抱怨实际上是忘记了很重要的一条真理：教育在本质上就是以明智的意志治理意志薄弱、经验贫乏和感情冲动。由于儿童还不大会控制自己的意志，因此，应当对此采取一种谅解的态度。但这并不代表苏霍姆林斯基主张对这些孩子无限地纵容。相反，他十分注重教育学生学会约束、控制自己的愿望。在他的著作中，有不少案例提到了他是如何帮助孩子做到这一点的。

苏霍姆林斯基打算带领孩子们去郊区做一次有趣的旅行，但小女孩加利娅的父亲得了重病，加利娅不能去旅行了。尽管孩子们对这次旅行已经期盼很久，但考虑到加利娅的感受，苏霍姆林斯基说服孩子们最终放弃了旅行。如果教师准许孩子们在这种情况下去旅行，就将在每一个孩子的心里埋下一颗孤独的不幸的种子。为了帮助孩子真正意识到自己付出的牺牲具有多么大的意义，苏霍姆林斯基给孩子们上了另一堂课，即精神上慷慨奉献，愿望上守纪律以及所有人的共同参与。在这个过程中，苏霍姆林斯基教会了孩子约束、克制自己的愿望，并且引导孩子认识到这样做的巨大价值：

如果一个人在童年和少年时代，没有体验过这样一种高尚而英勇的心理状态，就是有时候应当和有必要放弃给自己预示着许多满足的那种愿望，那么就很难把他造就成人。

的确，对于孩子来说，放弃这次旅行是十分困难的。这需要一种高尚的心态和极大的勇气。但当孩子们慷慨地选择了与加利娅一起留下来，这个艰难的选择一旦成为事实，就意味着孩子们在精神上向前迈出了很大一步，意味着他们为了一种高尚的目的而放弃了自己的愿望，哪怕这个愿望对他们来说是那么美好、那么吸引人。当他们勇敢地做出了抉择，他们就会发现，约束与控制自己的愿望会得到更加美好、高尚的东西。那就是为他人付出而获得的幸福，为他人着想而获得的快乐，是发自内心的善良而造就的高尚的情操，是战胜了自己而感受到的自豪……

许多优秀的班主任都十分注重引导学生约束、控制自己。在教育实践中，对许多“问题学生”的教育之所以成为大多数教师的难题，很多时候不是因为教育方法、教育方向出了问题，而是因为“问题学生”教育本身的复杂，要求教师和家长长期配合与不断调整教育方式，不能指望一种教育方法。

（七）让每个孩子都找到自己的美好领域

苏霍姆林斯基曾充满自豪地描述一个新生眼中的帕夫雷什学校：一个新来的学生第一眼所看到的，就是一片创造性劳动的气氛。虽然对于低年级的小学生来说，对这一切还不是十分了解，但他能感觉到这种充满激情的气氛，也会乐于加入其中，与高年级同学一样开始参与各种劳动。

的确，在帕夫雷什学校，每一个孩子都在从事各种创造性的劳动而且乐此不疲。学校里有许多课外活动小组，如无线电工小组、生物化学小组、土壤学小组、陶器制作小组等。每一个孩子都有自己的课外活动小组，每一个孩子都在这些课外活动小组中找到了乐趣，发现并发展了自己的禀赋和才能。

在苏霍姆林斯基的著作中，我们可以看到大量的案例能够证明这点。有一个叫维佳的四年级学生，他参加了少年养畜者小组。在与高年级同学的共同劳动中，学会了制作含有丰富维生素的干草饲料。用这种饲料去喂生病的小牛，小牛很快就恢复了健康。后来，他又学会了制作含有丰富蛋白质的饲料，吃了这种饲料的母牛，产奶量都有明显提高。再后来，维佳又对抗生素在畜牧业中的实际应用产生了兴趣，他开始独立探索抗生素的成活有没有一种新环境和新方法……维佳中学毕业后，考进了农学院，确立了一生的爱好与职业方向。

维佳是在帕夫雷什学校就读的孩子中极其普通的一个，他的成长正是反映了苏霍姆林斯基一贯的教育思想：学校生活的智力丰富性，在大多数情况下取决于能不能把智力活动和体力劳动密切结合起来。早在童年时代，我的学生们就看到在一些小型的劳动集体——课外的技术小组和农业小组里，充满着一种多么丰富的智力生活。

正因为苏霍姆林斯基极其注重课外活动小组，认为这是教育学生的一种重要形式，因此，他和他的同事们总是设法引导每一个学生都参与到一种课外活动小组中去，以使每一个学生在一段较长的时期内尝试自己的禀赋和能力，在具体的事情中表现自己的爱好，找到自己心爱的工作。在这样的小组活动中，孩子们都找到了自己，找到了属于自己的那个美好领域。而这，正是课外活动小组的教育价值。

也许有人会说，苏霍姆林斯基所处的20世纪中叶的乌克兰与我国现在的教育大环境不一样，他所任教的帕夫雷什学校是一所农村学校，本身就提供了许多我们很难相比的极其丰富的教育资源。其实，这正是苏霍姆林斯基教育实践中最鲜活、最具创造性的组成部分之一。他充分利用现有条件，发挥每一个教师和学生的创造性和积极性，让他们成立并参与到那些与生活紧密相关的课外活动小组中去，让每一个在帕夫雷什学校就读的孩子都能最大限度地发现并发展自己的禀赋和能力。我们完全可以借鉴苏霍姆林斯基的这一经验，利用自己所在学校、所教班级的优势和资源，成立属于我们自己的课外活动小组，让孩子们都能参与进去，并在这个过程中找到自己的位置。

（八）让孩子们结识志趣相投的伙伴

美国一位社会学家通过对大量不同类型的人士进行追踪研究后发现，一个人的财富，包括物质财富和精神财富，是他最亲密的5个朋友的平均数。这个研究结果很生动地诠释了朋友对于一个人成长与发展的重要意义。

事实上，在我们的身边或社会上发生着的若干案例，一再向我们证明着同伴的重要性。

在传统的学校里，教育的全部意义可能就是教给学生知识，当然，往好的方面延伸一些，可能还培养学生的能力。可是，如果我们从教育的终极目标来看，却应该是通过挖掘他们的潜能，培育他们的人性，不断推进孩子们的社会化，让他们走向成熟，学会生存。生活在社会里，不是仅靠知识就行的，甚至仅有能力也是不够的，因为其中有一个一直被我们教育者忽视但在社会生活中却十分重要的条件，就是要有志趣相投、鼎力相助的同伴，这样，他们在社会的沧海横流中才会有搏击风浪的同行者。

然而，在孩子们长大成人的关键时期，我们的学校教育却没有将孩子们要结识未来社会生活的同伴作为自觉的、理性的使命。因而，我们的学校改革尽管越来越轰轰烈烈，却始终没有设定帮助孩子们结识志同道合同伴的教育目标。在我们的内心深处，我们并没有把同伴作为孩子们未来人生的重要支撑。于是，尽管学校的规模在不断变大，在有些地区甚至出现了万人中学，但是，就一名学生来说，他交往的范围却始终囿于一个行政班里。且不说这种教学组织方式会使孩子们在交往的同伴数量上受限，更大的问题是，行政班的人为划分，很难使更多志趣相投的人走在一起。

经验告诉我们，只有志趣相投，才容易成为朋友，也只有志趣相投，才更容易走在同一条事业之路上，进而走在同一条人生道路上。经验也告诉我们，最容易成为一个人终生朋友的人，往往出现在人生观、价值观和世界观形成的关键时期，也就是中学时期。而这个时期的中学教育，是否应该重新审视自己的定位，将学生结识更多志同道合的同伴列为自己的使命。

“选课走班”的教学模式除了可以满足学生对课程的选择，有效落实因材施教的教育原则之外，还满足了学生结识更多同伴尤其是志同道合的同伴的需求。每一名学生，每一个学期大约在10个教学班里学习，在物理课上，他们找到了那些痴迷科学的孩子；在数据库和网络互联的课堂上，他们结识了未来可以一同进军云计算的朋友；在服装设计与制作的T台走秀中，他们有了一次次艺术细胞的裂变与生成。我相信，这样的学生，报考同一个大学专业的可能性会越来越大，未来一同创办公司的可能性也会越来越大，当他们因为兴趣进而因为事业从青春花季走到事业与人生的巅峰的时候，教育就可以为之欣慰了。

三、名家借鉴

李希贵：多一些衡量学生的尺子

在高密一中，我们曾经开展过用多把“尺子”衡量学生的开放性评价实验。有一个学年，我们开发出了近200个奖项。“尺子”越多，好学生越多。一时间，评出的优秀学生成倍增加，也收到了很好的教育效果。

正当我们有些陶醉的时候，一位学生找到了我们，希望学校能够改变评价办法。因为，在他看来，得奖的学生还是在“碰运气”罢了：学校设了奖项的，就可以轻易地得奖；而未设奖项的，尽管你水平很高，也只好望“奖”兴叹，这太不公平了。

当我向他征询意见的时候，他直言不讳地说，希望能够为他专门定做一把“尺子”。因为，在他看来，学校的“尺子”虽多，还没有一把是真正适合他的。

原来，他爸爸是搞装潢的。长期以来的家庭熏陶，使他自幼就喜欢装潢设计，甚至连木工家什也爱不释手。十几年的功夫，他自信在全校无人能比，同时也希望学校能考考他的水平。

这件事给了我很大的启发，我马上与老师们商量，希望大家能够想出一个更好的办法来解决这个问题。于是，大家集思广益，建立了“学生技能测试站”，不仅为这位喜欢装潢的学生，也为所有的学生搭建起了一个更加开放的成长平台。这个测试站其实是一个与学生协商评价的平台，测试的项目是开放的。如果一位学生认为学校的评价项目不能够满足他的需求，就可以到这个测试站去申请新的测试项目。学生的申请不仅要包括测试内容、测试标准，还要提出测试的方法。该申请经过测试站的认定委员会认可之后，还要张榜向全校师生公示，如果没有反对的意见，就可以按照他自己提出的方案进行测试认定，并按测试的结果考虑是否为他颁奖。

技能测试站发挥了很好的作用，受到了学生们的普遍欢迎。同学们为什么喜欢这样一种评价方式？很明显，这个评价目标是与他们协商得来的，是建立在对他们尊重的基础之上的；这个评价的方式也是与他们协商制定的，是以他们可以接受的形式来进行的。把尊重作为评价的灵魂，我想，这也是技能测试站受欢迎的真正原因。

许多人都同意这样一种观点，即评价应该是基于学生的成长和成功来实施的，评价措施的运用也应该能促进学生的进步和发展。事实上，每一位学生的成功，必然充满个性；每一位学生的发展，也必然有各不相同的道路。正如阿姆斯特朗说的那样：“如果一个学生主要通过图片来学习知识，那么让他去学习文字性的新型材料，他就会难以掌握材料的主题。相同地，如果一个学生习惯用动作表达，当要他做纸笔测验时，他就会难以表达他所知道的东西。”我们并不希望踏上社会的学生用一个腔调说话，以同样的方式处事，可我们的教育却在年复一年的评价中，以同样的指标去要求我们这些最终要踏上社会的学生。我们的“模具”不变却希望从模具里塑造出来的“产品”千姿百态，这种南辕北辙的战略，也未免太天真了些。

既然评价是为了发展，我们就应该选择那些学生们喜欢的甚至是各不相同的方法。要使评价真正适合每一位学生，协商有可能是解决这个问题的良方。

四、真题大放送

1. 第二届长三角地区班主任基本功大赛情境问答题（初中组）

上午，班主任肖老师刚上完第一节课，就接到了小刚妈妈打来的电话，说这几天他们家因为小刚玩网络游戏的事情闹得天翻地覆，无论爸爸妈妈怎么劝，小刚就是不听，每天晚上完成作业后一定要玩，而且一玩就停不下来。她怕这样一直玩下去，小刚的学习就要荒废了，而且听小刚说，班里不少男生晚上都在玩网络游戏。

面对此情况，作为班主任，你会如何处理该事件？

2. 第二届长三角地区班主任基本功大赛情境问答题（初中组）

请仔细观察下图，然后回答问题。

根据图片给你的启示，结合自己的教育经历，谈谈班主任应如何引导学生建立良好的课外阅读习惯。

3. 第二届长三角地区班主任基本功大赛情境问答题（初中组）

寒假结束了，开学第一天报到的时候，一个平时比较懂事、善良的孩子小才不仅迟到了，而且什么也没带。我非常恼火，一改往日的温和，大发雷霆，可是无论我怎么发怒，他都无动于衷，我只好请他先到办公室。进了办公室，我一言不发地看着他。小才渐渐不安起来：“老师，我管不住自己，学不进去，一个寒假除了泡网吧就是走亲戚。”我单刀直入：“那你现在想怎么办？”“我不想上学了。”他的回答出乎我的意料，竟一时找不出什么好办法来说服他。

对于小才这样的情况该怎么办呢？如何引导学生处理学习与网络的关系？

4. 第二届长三角地区班主任基本功大赛情境问答题（高中组）

一天，我正在讲课，学生们都聚精会神地听着，这时我发现有个男生注意力很不集中，似乎在偷看桌斗里的什么东西。过了一会儿，我趁学生朗读的时候悄悄走到这个学生旁边，看见他正在摆弄几张扑克牌。我伸手示意他把扑克牌给我，他迟疑片刻把扑克牌给了我，但却一直低头不敢看我，满脸绯红。我一看，原来扑克牌上是全身赤裸的女性图案……

下课后，我没急着找这个孩子，而是寻思着怎样来处理好这件事。这是一个学习成绩差、不遵守纪律、平时爱打架、性格内向暴躁的孩子，面对这样的孩子该怎样去引导他成长呢？

作为班主任，遇到这样的情形该怎么办？对于这样的孩子又该如何引导？

5. 第三届长三角地区班主任基本功大赛情境问答题（初中组）

小明今天早晨又迟到了，并且一副精神萎靡的样子。他这学期已迟到多次了，成绩也不好，班主任多次找他谈话，还与家长沟通过，小明也在家长和班主任面前作过保证，但一段时间后，老毛病又复发了。最近，同学和家长反映，小明迷恋网络游戏，有厌学情绪，家长对他也没有办法。

作为班主任，你认为应该怎样处理这件事？对待上网成瘾的学生，应采取什么教育对策？

6. 第三届长三角地区班主任基本功大赛情境问答题（初中组）

小东同学是个“杰伦”迷，课上课下都在研究周杰伦，学他说话的腔调、走路的姿势，还花了大价钱请人帮忙理了周杰伦的发型，一切按照周杰伦的标准在打造自己。一次，小东偶尔听到同班同学赵刚说周杰伦口齿不清，没有内涵。小东不分青红皂白打掉了赵刚的一颗门牙。

作为班主任，你如何来处理这件事？谈谈你对追星族的看法和教育引导的方法。

7. 第三届长三角地区班主任基本功大赛情境问答题（高中组）

最近，班主任发现班级几个男同学的发型都一样，原来他们都在模仿韩国电视剧《来自星星的你》中“都教授”的发型。班级里已经有很多同学成了该剧的剧迷，在网上购买剧中主角“千颂伊”“都教授”穿的同款衣服和物品，放学后吃炸鸡、喝啤酒，这种风气在班级中有蔓延的趋势。

作为班主任，谈谈你对这种现象的看法。你会如何应对呢?

8. 第三届长三角地区班主任基本功大赛情境问答题（高中组）

高二文科实验班女生占了一半以上，她们中很多人都有能够上网的智能手机，据说最近班上女生正在疯玩一种叫“后宫”的网络游戏，已经有不少人从“贵人”升级到了“妃子”，正在加紧向更高级别的“皇后”努力。

（1）如果你是班主任，知道了这件事后打算怎样处理?

（2）面对学生手机成瘾，你认为应该采取哪些教育对策?

9. 第五届长三角地区班主任基本功大赛情境问答题（初中组）

伴随创建“书香班级”活动的开展，同学们读书的热情很高。可是不久老师们发现同学们阅读的内容令人担忧。这天中午，班主任来到教室，看到有几个男同学在看带有暴力的漫画书，女同学在看言情小说。这时，作为班主任的你……

10. 2012年浙江省中小学班主任基本功大赛情境模拟题（初中组）

现在很多初中生热衷于电子产品，诸如手机、MP4、学习机、电脑等，其用途大多是为了玩游戏、看小说、听音乐等，并且不断有学生把手机偷偷带到学校来玩。八年级（1）班班主任王老师一次趁着全班同学去音乐教室上课时，搜查了所有的书包，没收了一部手机、一个MP4，并且在全班同学面前严厉批评了这两个学生。不久后，班主任又搜查了学生的书包，这次没有什么收获，王老师很满意自己所采取的行动措施。

（1）你觉得学生过度沉迷于网络小说、电脑游戏的原因是什么?

（2）王老师的做法妥当吗?为什么?你会怎么做?

11. 2013年浙江省中小学班主任和德育导师基本功大赛情境问答题（小学组）

一天早晨，班主任张老师在检查学生的早自习时，小周同学悄悄告诉张老师，刚才进校门前，小森同学花10元钱买了一张“赛尔号”游戏卡。于是张老师没收了小森的游戏卡，并告诉小森下课后再处理。下课后，小森来到办公室，向张老师索要游戏卡。

如果你是班主任张老师，你打算怎样处理这个问题?

12. 2013年浙江省中小学班主任和德育导师基本功大赛情境问答题（初中组）

小章老师班里学生B，报到时染了一头黄色头发进入学校，被学校副校长、德育主任、年级组长和小章老师轮番谈话教育，并一致要求他下次回校时，把头发染黑。

等到下次回校时，小章老师发现他的头发虽然已经经过处理，但还是有黄色的痕迹。于是亲自带他到理发店去剪头发——理平头，并带领着剪了平头的他到德育处给老师看，大家心领神会地都夸他的新发型新形象好帅。在班里，小章老师也拼命夸奖他的新发型。

谁知一个月过去，他的头发慢慢长后，他又理了一个“马桶头”：头发下部全部剃光，上部剪得像女生那样的齐耳短发，看上去怪模怪样。小章老师找他谈话，并且通知了他的爸爸。可国庆长假回来，他的头发依然故我。

如果你是小章老师，你会如何教育B这样的个性学生？

13. 2013年浙江省中小学班主任和德育导师基本功大赛情境问答题（初中组）

小章老师班里有个男生B，特别爱讲脏话，言谈很黄很暴力，一段时间下来弄得班里很多男生都有嘴巴变坏的倾向，对班风建设特别不好。

小章老师找学生B谈了多次，和其家长也经常沟通，家长也还算配合小章老师的工作，在家也教育B，可是成效始终不大。最严重的一次甚至因为他的谣传，导致小章老师的班和隔壁班差点发生矛盾，学生B自己也因为管不住嘴巴受过校纪处分，可是处分只能让他改变一时，没过几天他就旧病复发了。

如果你是小章老师，该如何帮助B同学改掉他的坏毛病？

14. 2013年浙江省中小学班主任和德育导师基本功大赛情境问答题（高中组）

小宇17岁，目前在普通高中读书。她在初中阶段时性格内向，学习成绩一直比较好。读高一时，她开始迷恋上网络，有时甚至彻夜不归，沉浸于各种网络游戏带来的快乐中，学习成绩明显下滑。经了解，在她11岁的时候，父母离异，小宇跟随母亲生活，后来母亲和继父恋爱、结婚，并有了自己的孩子，其间小宇被送到姥姥家生活。这个原本乖巧的孩子性格逐渐变得内向孤僻。妈妈训斥小宇时，这个斯文的孩子却对自己的母亲进行了顶撞。

作为班主任，你怎样帮助小宇克服迷恋网络的状态，激发其学习动力？如何帮助她妈妈，使其多给孩子一些精神关爱，构建和谐的亲子关系？

15. 2016年浙江省中小学班主任基本功大赛情境问答题（高中组）

我是个很上进的男孩，学习不错，人缘不错。可是，最近我很烦。我从不吸烟，可班里有几个男同学喜欢吸烟，他们认为吸烟很时髦，像男子汉。当他们坐在一起吸烟时，常常会对我说：“来一根吧！就一根。”每逢此时，我总是支支吾吾。“婆婆妈妈了不是，这哪儿像个男子汉？”同学撂过来一句话，我有点受不了。我认为吸烟和男子汉的形象完全不是一回事。尽管非常想把这个想法说出来，可又怕说出来会得罪同学，我能怎么办?

针对这位同学的情况，作为班主任的你，会怎样面对和处理?

16. 2016年浙江省中小学班主任基本功大赛情境问答题（高中组）

在班主任眼里，梦梦是一个成绩普通，但一直很积极上进的学生。直到有一天，梦梦离家出走了，她的问题才浮出水面。原来，从小学开始梦梦有一个关于音乐的梦想，因家里的经济条件不佳，且老实巴交的父母认为“万般皆下品，唯有读书高”，不允许她去走那样的一条道路。到了高中，她想着再不去实现自己的梦想就真的太迟了。所以，她现在不能再向父母妥协了，她要辍学去实现自己的梦想……

找到梦梦后，如果你是班主任，将如何引导她?

17. 2019年浙江省中小学班主任基本功大赛情境模拟（高中组）

《中国好声音》等一系列选秀节目的兴起，加上媒体的各种广告宣传，唤起了许多中学生的“明星梦”，期望自己一夜成名。高二（2）班有一批同学整天异想天开，行为举止追求“新”“奇”“怪”，对学习丧失兴趣，对老师的教育也不屑一顾。有些家长也认为孩子成绩不好，借某方面的特长走捷径成名未尝不可。

作为班主任的你该如何与家长、学生沟通呢?

18. 2020年浙江省中小学班主任基本功大赛情境模拟（初中组）

开学已经两个月了，八年级（1）班班主任陈老师发现班里的个别同学上课总是走神打瞌睡，下课后却精神十足地和同学们聊什么游戏攻略、上网秘籍、奇妙App。

学生小明以前成绩一直名列前茅，这段时间以来成绩却起起伏伏。小明家长向陈老师反映孩子沉迷于手机游戏、刷抖音、网聊、上热门网站。还说小明在家无心学习，家长说他几句，他就反驳说：“班里同学都在玩，如果不玩，都跟他们搭不上话，交不到朋友了。”家长要没收他的手机，他竟然以死相对。家长没有办法只好求助老师。

如果你是陈老师你会怎么办呢?

8. 意外事件类

——教育不能硬碰硬

懂得种树的人都知道，想要矫正一些弯曲的树干，就要顺着它，一点一点地让它变直，不能硬掰。

教育孩子的时候也是这样，当碰到意外事件之时，不能跟孩子硬碰硬。如果你老是跟孩子硬碰硬，孩子就会产生逆反心理，发展到最后，无论你说什么，他都会跟你作对，你就会发现越教育越糟糕。

一、真题分析

1. 2020年浙江省中小学班主任基本功大赛情境模拟（小学组）

最近，有一位小学生家长在深夜12点，在班级家长微信群里发了一条微信："老师都睡了，作业那么多，我闺女却还没睡觉。"群内的有些家长看到以后，也控制不住自己的情绪，七嘴八舌地都开始抱怨起来，孩子经常也是熬夜做作业，作业完不成还会被罚。

如果你是班主任，接下来会怎么处理？

【案例分析要点】

（1）案例主要考查班主任微信群舆情应对及学生作业合理统筹的意识和能力。

（2）根据紧急和重要四象限法则，首先应安抚家长并让深夜还在做作业的孩子休息；其次，对作业量偏大予以致歉，并承诺在后期对作业量情况进行群体和个体层面的调查基础上进行合理统筹。

（3）委婉提醒家长负面情绪最好私聊；下一步要调整和完善班级家长群的使用规则。

2. 2020年浙江省中小学班主任基本功大赛情境模拟（高中组）

高二（1）班按照学校政教处要求正在播放防溺水有关的视频材料。有一位名字叫小明的学生，根本就没有观看。老师走到他身边提醒他观看，他很不开心地说："我对这个不感兴趣，再说了，我也会游泳，不会淹死的。我正在抓紧准备明天的数学考试，不想把精力浪费在这种形式主义上……"

面对这样的学生，假如你是小明的班主任，你将怎么办？

【案例分析要点】

（1）主要考查班主任怎样指导学生正确对待安全教育。

（2）指导学生看完视频后谈感想，明白游戏和溺水之间的关系，明白安全教育不是形式主义。

（3）安全大于天，让学生懂得不能为了学习放弃安全教育。

（4）询问学生是否有更容易接受的形式和内容。

3. 2017年浙江省中小学班主任基本功大赛情境模拟题（小学组）

小刘在班里沉默寡言，每天总是一个人默默学习、玩耍，从来不出什么岔子，你对他总是很放心。可是这天早上，小刘的家长怒气冲冲地跑来办公室找你，说小刘被几个男孩子欺负了，不仅给小刘取绰号，还殴打小刘，要你马上给个说法。家长的身后还跟着默默流泪的小刘。

面对这样的场景，你会怎么做？

【案例分析要点】

（1）主要考查班主任对校园欺凌事件的认识和应对。

（2）对于小刘这类老实沉默的孩子，如何进行引导促其转变？

（3）通过在班里树立积极正面的班风，防范和降低校园欺凌事件的发生。

4. 2018年浙江省中小学班主任基本功大赛情境模拟题（初中组）

八年级（6）班数学老师刚走进教室，小刘同学就拍着桌子站起来，大喊道："老师，我们不要上你的课！上学期期末考试，我们班数学成绩最差，跟其他班平均分差距很大，我们不喜欢上你的课。还有你作为（5）班的班主任，偏心你自己的班级，我们不喜欢你！"接着小刘对全班同学说："赞成换数学老师的同学请举手。"结果班上大部分学生都举了手。数学老师很难堪，当即哭着离开。

作为班主任的你，该怎么办？

【案例分析要点】

（1）主要考查班主任面对科任教师与学生产生突发矛盾时的处理艺术。

（2）班主任现场对学生个体与群体的安抚与管理，与科任教师和谐关系的构建。

（3）班主任后续对事件的跟进和处理，接纳和包容当事人的情绪与感受，探寻班级学业问题产生的多方面原因，并提出解决策略，引导健康师生关系的建立，与科任教师形成教育合力的同时，引导科任教师公平、公正地对待学生。

5. 2018年浙江省中小学班主任基本功大赛情境模拟题（小学组）

小刘同学父母离异，跟随父亲生活，因性格桀骜不驯，经常与班里同学打架。今天午睡醒后，他去上厕所时被正在洗手的同班同学小明溅到了一点儿水，结果他大打出手，把小明的脸抓破了。班主任知道此事后，及时打电话给小刘的父亲，希望他挤出点时间到校协商处理此事，可刘父在电话中百般推托，事后一点也不配合。

如果你是班主任，你会妥善处理吗？

【案例分析要点】

（1）班主任首先要对小明进行安抚，及时送他到校医务室清理伤口并消毒。

（2）及时打电话给小明家长客观反馈伤情，伤势轻的话就拍一张照片让其家长放心；严重的话要建议家长带孩子去医院看一下，并叮嘱近几天饮食要清淡，勿吃酱油等，以防伤口留疤。

（3）对小刘的心理成长进行跟踪帮扶，多打电话给家长，与家长近距离、面对面地进行沟通，善意提醒家长多关注小刘的身心健康。告知家长孩子犯错后，家长理应与老师积极配合，理智面对。

（4）在全班同学中开展一次“文明伴我成长”的主题班会，鼓励全班同学对单亲家庭的孩子多一些关爱与帮助。

二、路径探究

（一）南风效应

法国作家拉封丹曾写过一则寓言，讲的是南风和北风比赛威力，比赛的项目就是看谁能把行人身上的大衣脱掉。北风首先发威，上来就拼命刮，寒风凛冽刺骨，其结果，行人为了抵御北风的侵袭，把大衣越裹越紧；南风则徐徐吹拂，顿时风和日丽，行人因觉得温暖上身，始而解衣散怀，继而脱掉大衣，南风获得了胜利。

这个寓言深刻地告诉我们，“感人心者，莫先乎情”，温暖胜于严寒，感化往往胜于压服，和风细雨有时候要强于暴风骤雨。南风之所以能达到目的，就是因为它顺应了人的内在需要，使人的行为变为自觉。这种以启发自我反省、促使唤醒内心良知、满足自我需要而产生的心理转变，被称为“南风效应”，有时也被称作“温暖法则”。

“南风效应”的作用途径是不排斥、不强力、不对抗，改走温和、柔性的路线。

美国纽约地铁站治安非常混乱，偷窃和抢劫事件时常发生。历届市政府采取一系列强硬措施加以整治，但无论惩罚多么严厉，犯罪率仍居高不下。新一任市长安东尼奥上任之后，下令在地铁站里不间断地播放贝多芬、莫扎特的古典音乐。一段时间后，地铁站内偷窃、抢劫行为居然大为减少，案发率创历届政府中的最低，地铁站秩序得到了很大的改善。

安东尼奥并没有像前任市长那样采用惩处方式试图以暴制暴，相反，他采用了一种温暖、和缓的方式。这种看似微不足道的方式却蕴含了巨大的力量。用泰戈尔的话说就是：“上帝的巨大威权是在柔和的微风里，而不是在狂风暴雨之中。”

南风有效应，是因为南风饱含着真诚和信任，让人的内心不得不受到感触、感动终至感化。

（二）教育无小事

陶行知在担任某小学校长时，看到一名男生王友用泥块砸班上的学生，当即制止了他，并要他放学后去校长室。放学后王友已经等候在校长室准备挨训，陶行知先生却掏出一块糖果送给他，说：“这是奖给你的，因为你按时来到这里，而我却迟到了。”王友惊异地接过糖果。随后陶行知又掏出一块糖果放在他手上，说：“这块糖果也是奖给你的，因为当我不让你再打人时，你立刻就停手了，这说明你很尊重我。”王友更惊异了，眼睛睁得大大的。陶行知又掏出第三块糖果塞到王友手里，说：“我调查过了，你用泥块砸那些男生，是因为他们不遵守游戏规则，欺负女生。你砸他们，说明你很正直善良，有跟坏人做斗争的勇气。”王友感动了，他流着泪后悔地说：“陶……校长，你打我两下吧！我错了，我砸的不是坏人，而是自己的同学呀！”陶行知满意地笑了，说：“你能正确地认识自己的错误，我再奖给你一块糖果，可惜我只有这一块糖果了，我的糖没了，我看我们的谈话也该结束了吧。”怀揣着糖果离开校长室的王友，此刻的心情不难想象。

学生打人了，陶行知先生没有批评，没有斥责，没有让学生先写份检查，更没有唤其家长来校“共同教育”，而是让学生一步步地完成了对自己错误的认识。四块糖不仅让学生认识到了错误，更发掘了学生的四个优点：守时、尊重人、正义感和勇于认错。这就像那微微南风，拂过学生心灵的土壤，留下一份温暖，培育了一份感动。

一位从美国留学归来的北大学子回母校做报告时，将自己今天的成就归于生命的偶然。她坦言，上初二时的她很平常，学习成绩中下等，并和一些已经在社会上打工的女孩子混在一起，根本不知道自己的明天在哪里。

一次期中考试前，好友给了她这次数学考试的试卷，她几乎把答案背了下来。如果按照她的真实水平，只能考30多分吧，但她那次竟然考了全班第一，而她的朋友只背过其中一部分试题的答案，考了70多分。所有人都怀疑她考试作弊了，但就是作弊也不可能考98分啊，只有数学老师相信她并鼓励了她，说她进步很快，以后肯定还会考出好成绩的。那一刻，她差点流泪，没想到老师会相信她，而且同学们对她的羡慕也让她体会到了一种从来没有过的喜悦和兴奋，原来，学习好可以如此自豪！

从那以后，为了证明自己没有作弊，为了对得起老师的那句话，她像发了疯一样开始努力学习，并从中体会到了学习的乐趣。不久，她的学习成绩跃居全班第一，一年后考上重点高中，三年后考上北京大学。

如果不是那次偶然偷来的试卷改变了她的命运，她可能会和那些农村女孩一样，毕业以后去外地打工。那个考了70多分的女朋友最终去了一家饭店打工，而几年之后的她则去美国留学了。

报告结束后，已经白发苍苍的数学老师对她说出了真相：“孩子，当时我就知道你是作弊了，因为以你的能力不可能考98分。但我想，也许你能从此发奋，所以，我给了你鼓励和信任。”

那一刻，她的泪水流了下来，在人生最关键的时刻，这个最明白她的人，没有把她当贼一样揪出来，而是给了她鼓励，让她的人生从此与众不同。正是这份可贵的宽容与信任成了她生命的支点。

有时，老师的一个忽略、一次错误的斥责、一种冷漠的态度，都可能成为学生生命中致命的“蚁穴”。有一位老师听同学们说他的一位学生说将记恨他一辈子。在这位学生结婚时，老师特意参加了他的婚礼。婚宴上，学生喝得酩酊大醉，道出了多年以来对老师的仇恨，原来不过是一件老师从未意识到的小事而已，令老师大感意外。有一次班上集体打排球，老师在犹豫之中传给这位学生一个球，学生也犹豫了一下，未能接住，老师大声说：“我就知道，你接不住！”就这一句无意的话，让学生觉得自尊心受到伤害，因此记恨了老师许多年。这难道不值得我们每个老师警醒吗？

另有一位老师抓住了一个犯错的男孩，私下处理后让其写下检讨，并对他说："如果你下次再犯错误的话，我就把这份检讨书交给你的班主任。"等学生走后，老师便把检讨书扔进了垃圾桶（刚才的话他只是随口一说，其实并没有真的打算那么做）。没想到第二天男孩的母亲找到这位老师，说孩子一整天都无精打采的，究其原因是怕老师向班主任移交他的检讨书。也许孩子因为这天荒废了学业，耽误了学习某些重要的知识点，以后又来不及补上，造成恶性循环，最终导致学业上的习得性无助，乃至整个人生的失败。

"勿以善小而不为，勿以恶小而为之"，这就是教育领域中的"蝴蝶效应"。因此，教师一定要对学校中的每一次偶然事件保持敏感，找到教育事件中的支点善加利用，清除教育事件中可能存在的"蚁穴"。伟大正是存在于细节之中！

（三）转念之间：换个角度

积极的人选择积极的想法作为自己心中的"图形"，让消极的想法掩藏在"背景"中，使它搁浅；消极的人选择消极的想法作为自己心中的"图形"，让积极的想法在黑暗的"背景"中窒息。他们的选择不同，生活不同，未来就不同。

有位老师就曾充分利用了积极的心理"图形"，成功处理了课堂上的突发事件。看这样一个故事：

在学习朱自清的散文《春》时，教室里书声琅琅，突然，一只小麻雀从窗户外闯了进来，读书声戛然而止，学生的注意力一下子就集中在了它身上。

一种声音："快读书。一只小鸟有什么好看的？"

学生虽然不情愿地拿起了课本，但心却跟着小麻雀飞来飞去。

另一种声音："小鸟为什么要飞到我们的语文课上呀？""对，小鸟被同学们动情的读书声吸引住了，它也不甘寂寞，要和我们比一比谁的声音好听呢！"

学生们争先恐后地说："老师，我要和小鸟一比高低！""我也要比"……

一种课堂，两种结果，看似简单，实则不然。这其中体现出两种截然不同的思想观。小鸟作为课堂的干扰因素，第二位老师却善于从消极因素中寻找积极因素，把它变成了学习资源，使积极的背景凸现出来成为"心理图形"，正是这种灵活的、发散的思维方式激发了教育机智，之后的教学效果也验证了这位教师教育机智的分量。

对事，我们要找积极的因素；对人，我们也要用阳光般温暖的眼神去看待。

给你一张中间有一个黑点的白纸，问："这是什么？"

你如何回答？

你是否不假思索地、自信地大声说道："黑点！"可能你还会想："怎么用这么简单的问题来考我？"

但是，你是否想到黑点的周围是什么？

白纸上的黑点就好比人的缺点，周围的空白好比人的优点。你是否在很长一段时间内对曾经"得罪"你的人耿耿于怀？

生活中难免会和周围的人发生摩擦，你会不断地发现他们的缺点，但关键就在于如何看待这些摩擦和令人不愉快的缺点，是选择把它们当成"图形"，还是当成"背景"。想一想，如果你认为周围的人都是相互利用、没有人情味、不可救药的"讨厌鬼"，那你每天还会快乐吗？如果你认为周围的人各有各的特点和长处，是不是会觉得每天的阳光都很明媚？

有位老师总是习惯于"想着他的好"，保持着好心情，愉快地工作着、生活着。他常说，想着学生的好，自己就不再为学生的捣蛋伤神费脑，相信他会变好，愿望果真就实现了；想着同事、领导的好，不会为一点得罪自己的事情斤斤计较，真心相待，互谦互让，工作也轻松，心情也舒畅！

当然，作为教育者，被要求一直"想着他的好"确实很难，特别是面对捣乱、说谎话的学生时。当你对学生的恶作剧恼羞成怒时，当你对学生充满怨言时，是否可以转换一下自己的注意力，从学生的缺点转移到学生的优点上来，再重新思考一下问题？比如一个撒谎的学生，他是否无药可救？不！这恰恰说明他们懂得了是非标准，能够分辨对与错、真与假，而且能够保护自己，这可是他们进步的基础呀！不懂得是非标准的学生岂不令我们更伤脑筋？懂得保护自己的孩子才能更好地在纷繁复杂的社会大环境中生存。如果想到了这些，我们还会对这些孩子失去信心吗？

同时，也可以把注意力转移到自己的身上，反思一下他们的问题行为是不是因为我们教育方法上的不当而留下的"伤"。面对捣乱的学生，大多数老师使用最多的就是责备、惩罚。例如某班的一块玻璃碎了，老师追查是谁打碎的，肇事者主动承认后却被老师训斥了一顿，外加"碎一罚十"的赔偿。这就是说实话的结果，是我们的教育"逼迫"他们走上了不正之路。想到这些，我们还会对学生埋怨不止吗？

教育者需要全方位看待孩子，同时还要教孩子理解父母、理解老师和同学，培养孩子的合理情感。“我妈妈整天唠唠叨叨，让我学习、学习、再学习，简直烦死我了!”这是很多中学生的心声，有的学生甚至想，自己的父母根本就不爱自己，他们爱的是自己的考试分数，爱的是他们自己的面子。针对这样的问题，老师要让学生学会换位思考：“妈妈为什么会这样唠叨自己？是不是自己的行为不让妈妈放心了？不认真写作业，贪玩了?”“妈妈为什么对自己要求这么严格？真是为了让自己实现他们的梦想吗……”换位思考是一个强大的武器，它能够消除亲子之间的隔阂，打破代沟，建立良好的情感沟通渠道；也像神奇的人际关系润滑剂，有了它，人与人之间的摩擦就少了，理解、包容就多了。

“横看成岭侧成峰，远近高低各不同。”不管什么样的人、事或现象，表面看来好也罢，坏也罢，积极也好，消极也好，换个角度看，其实它们都是好与坏、积极与消极的整合体。教育者对此要有全面的认识，然后，让积极的力量主宰着你!

（四）互悦机制：你喜欢他，他就喜欢你

对于老师来说，如果你真的讨厌一个学生，这个学生也会讨厌你。你需要克制自己，首先要跳出这个恶性循环，转入另外一个良性互动之中：你喜欢一个学生，学生就会喜欢你。在这方面，卡耐基的继母可以成为我们学习的榜样。

小时候的卡耐基是一个公认的远近闻名的坏男孩。在他九岁的时候，父亲将继母娶进家门，当时他们是居住在弗吉尼亚乡下的贫苦人家，而继母则来自良好的家庭。父亲向继母介绍卡耐基道：“你提防这个全县最坏的小男孩，他快让我头疼死了，说不定他会在明天早晨之前就拿石头砸你……”出乎卡耐基意料的是，继母走到他面前，微笑着托起他的头看着他，对丈夫说：“你错了，他不是全县最坏的男孩，而是最聪明、但还没找到发泄热忱地方的男孩。”继母说得卡耐基心里热乎乎的，眼泪几乎滚落下来。就是这句话，使卡耐基和继母建立起了友谊，也成为激励他奋发上进的一种动力，使他日后“创造了成功的28项黄金法则”，帮助成千上万的普通人走上成功和致富的光明大道。

看了这则感人的故事，我们是否内心有所触动？走进教室，到家里，告诉我们的孩子吧，他们是被接纳的、被喜欢的，也许这会成为孩子新生活的开始。

（五）“去个性化”的正反两用：制造匿名情境

各行各业的职业服装就相当于给行业的每个人贴了个标签。一名警察穿上警服走在街上时，面对歹徒行凶，就很难袖手旁观；大学生戴上校徽时，在很多情况下，对自己的行为和责任就有了更多的约束。一位军人曾经对我说，他上街时，只要穿着军装就感到了一种责任，看到有人需要帮忙马上就会迎过去，坐公交车时总是让座，有时干脆有座也站着，免得起来又坐下的，麻烦。如果自己想轻松一下或放肆一下，就干脆穿便装出门。

教室里，如果不安排值日生，就没有人擦黑板；如果安排了值日生，而且把值日生的名字每天写在黑板上，情况就会完全不同。

虽然“去个性化”会造成很多不好的现象，但是我们仍然可以积极地利用它，古代就有这样的故事。

战国时，楚王宴请群臣。灯忽然灭了，一位醉酒的将军拉扯楚王妃子的裙裾，妃子则扯下了将军的帽缨，要求楚王追查。楚王为保住将军的面子，下令在座所有的人一律在黑暗中扯掉自己的帽缨，然后才重新点灯，继续宴会。后来，这位被宽容了的将军以超常的勇武为楚国征战沙场。这种处理方式固然说明了楚王的宽容，但更值得我们学习的是他宽容的艺术。

作为一种宽容的艺术，在课堂上老师可以用“去个性化”教育学生改正行为，来感化学生。

在一节晚自习课上，一个教室里面吵吵闹闹不能安静下来，原来，同学们都在指责小璐，说他偷了同学的钢笔。“老师，是小璐偷的！我看到他把那支钢笔藏了起来！”“是他！”在同学们愤怒的指责声中，小璐深深地低下了头，没有争辩。这时，只见老师微笑着说：“我们来做一个游戏，先把灯关掉！我打赌，两分钟后钢笔会自动出现在讲台上，你们信不信?”“真的?”学生们半信半疑。“我们试一试。”顿时，教室里一片漆黑，同学们小声数着数，时间一秒一秒过去，“时间到了！开灯！”果然，一支漂亮的钢笔出现在讲桌上。老师用智慧的方法帮助小璐逃过一“劫”，更重要的是保护了他幼小的心灵。

教师甚至可以创造匿名情境，使学生在没有压力的情况下向老师敞开心扉，说出更多的知心话。比如教师意见箱、教师电子信箱、教师网上互动对话等都是学生和老师心灵沟通的桥梁。有位教师就利用QQ走进了一个学生的心灵。这个学生长得弱小，性格孤僻，从不与同学来往，学习成绩很差，但也不会给班级造成什么麻烦。班主任找他谈过几次话，但他总是低着头，一语不发，一副拒人于千里之外的神情。

有一次，这位老师无意间发现他经常上网吧聊天，就偷偷记住了他的QQ号，加他为好友。每星期他们都会在固定的时间里聊天，老师以一个高年级大哥哥的身份教导他，告诉他同学们没有看不起他，只要走出自己的天地就不会感到寂寞，并教会他和人交往的技巧等。慢慢地，这个学生变得开朗起来。俗话说："人多胆子壮，恃众好逞强。"然而也有"一个和尚挑水喝，两个和尚抬水喝，三个和尚没水喝"。教育者在班级管理的过程中，要尽可能减少"去个性化"的程度，让所有学生都清楚有关的规章制度，明白各自应承担的责任与义务，处在他人的监督之下，使每个人都难以逃避自己的责任。

有时，教师可以积极利用"去个性化"现象，比如让做错事的孩子改过自新；多创造匿名情境或机会，让学生充分表达自己的真知灼见；对于比较内向、孤僻的学生就可以让他们多参加一些热闹的、激烈的活动，使他们在不知不觉中展示自己性格的另一面。

（六）平等对话，教育才真正开始

还是李希贵校长讲述的故事——

没有了行政班和班主任，学校一下子热闹起来，一时间，学生个性张扬，问题凸显，老师们面临着巨大的挑战。

最大的挑战来自平等。

一位曾做过20多年班主任的老师告诉李希贵，不当班主任之后与一名学生谈话用了整整一个下午的时间，自己使出了浑身解数，但还是没有多大效果，这名学生仍然没想通，或者说，他对老师的话还是不以为然。于是，他们约定第二天再谈。这位老师告诉李希贵说，这种情况在过去他做班主任时是不可能有的，那时候的谈话一般15分钟就能解决问题，没有什么学生想不通的事，现在看来，那时的教育并不真实。许多时候学生在我们班主任的行政权力下被迫"想通"了，其教育效果的真实性却大可怀疑。

这位老师的体验刻骨铭心，代表着老师们放弃行政力量之后普遍的心路历程。在过去的校园里，我们按照行政组织的架构，把学生划分在一个个行政班里进行管理，一不小心，管理过度而教育不足的状况就会出现，当我们手里挥舞着警察的大棒时，布道的牧师形象便丧失殆尽。在威武的大棒面前，每一个人首先想的就是保全自己，于是，孩子们表面上变得很乖，而内心想的到底是什么，却很少有人追问。

学校就这样把一批又一批看上去规规矩矩的孩子送出了校门，而任由他们在社会上暴露自我，教育在校园里也就失去了应有的机会。

真正的教育需要面对真实的学生。他们说的话来自他们的内心，他们做起事来不分人前人后，他们的思想随处可以真实地表达。这些真实的东西不一定都是好的，但恰恰因为如此，才有了教育的机会。在真实的学生面前，教育可以寻找到真正的起点；在真实的学生面前，教育可以在每一分耕耘里有着相应的收获，即使这份真实的耕耘远比过去辛劳；在真实的学生面前，方能锻造出教育智慧的利剑。

然而，要想让真实的学生出现在校园里，却不是一件简单的事情，一个重要的前提便是师生平等的校园氛围。尊重、包容、倾听弥漫在课堂里，关爱、帮助、欣赏在校园内灿烂，以最少的管理和最小的行政权力推动着教育的巨轮，平等的师生关系才会姗姗现身，真实的学生才会驻足校园。

还是以前面提到的那位做过20多年班主任的老师为例。当几天后他与学生再一次谈心时，他做出了一个令学生惊诧的举动：首先向学生道歉，理由是他不该在第一次与学生谈了两个半小时，因为其中他带着一种一定要说服学生的先入之见，对话应该平等，不能够还未沟通即带着结果与学生对话。不曾想，老师的姿态有了立竿见影的效果，这位学生竟立刻向老师赔礼，因为他不该在与老师谈话时出言不逊，他也为此致歉。尽管该生并没有就原本那件事让步，但他们之间却有了一条通往融通的道路。

（七）怎样批评学生

面对那些犯了错误的孩子，批评教育是班主任的职责。这似乎是个毋庸置疑的问题。但在教育部2009年出台的《中小学班主任工作规定》中，在第四章《待遇与权利》这一部分，我们赫然发现了这样的内容：班主任在日常的教育教学管理中，有采取适当方式对学生进行批评教育的权利。

乍看之下，十分惊讶不解：难道会有人反对班主任在日常教育教学管理中采取一定方式对学生进行批评教育吗？不然，教育部为什么要专门出台这样的规定，白纸黑字明明白白地写下来呢？这就好比规定人有渴了可以喝水、饿了可以吃饭的权利一样。但静下心来仔细想想，联系当下教育界的一些怪现象，不禁又觉得这样的规定十分必要。曾几何时，班主任批评教育学生的权利早已被严重削弱，甚至被完全剥夺了。

这绝不是危言耸听。几年前，某地一所民办学校明文规定：教师一律不准批评学生，否则将对教师进行处理。看到这样的规定，不由得十分惊讶，同时又感到异常悲哀。我们的教育究竟怎么了？民办学校为争取生源，为争取家长的信任，固然有不得已的苦衷，但这不能成为不顾教育基本规律、不准批评教育学生的理由。这里也同样可以得出几种逻辑上的引申和推论：剥夺了教师批评的权利，就是剥夺了教师爱生的责任，教师爱着学生却不能对犯错的学生进行批评，实际上爱生就成了一句空话。教师不能对犯错的学生实施批评，学生就在很大程度上失去了不断成长、不断完善自己的机会。在这种情况下，又何谈教育教学质量？久而久之，争取生源，争取家长的信任，终将化为泡影。

如果一个班主任被剥夺了批评教育学生的权利，就意味着我们必须承认学生是不会犯错误的，因而是不需要教育的。有了这样一个前提，我们不禁要问：教育存在的意义在哪里？教师存在的价值在何处？不得不说，我们陷入了一个逻辑上的悖论。

这样一分析，班主任批评教育学生的权利几乎成为他工作的天职。但关键是如何批评教育学生，何谓“适当方式”。

在苏霍姆林斯基看来，如何批评教育学生，或者说采取何种“适当方式”都基于一个前提，那就是什么是值得教师进行批评教育的。也就是说，在我们要批评教育学生之前，要先明确学生所犯的哪些过失和错误是应该进行批评的。对此，苏霍姆林斯基是这样提醒教师的：

对于老师而言，很重要的一点，就是善于看到需要责备、毫不留情的东西。教育过程中一个很大的缺点，就在于许多老师花费很多精力去同孩子的淘气、恶作剧做斗争。值得去责备的却是那种播下利己主义种子的行为以及以冷漠的态度对待他人精神世界的行为。

在此，苏霍姆林斯基指出了教师在教育过程中容易犯的错误是看不到那些真正需要批评、责备的东西，反而在一些无关紧要的细节上纠缠不清。在他看来，只有利己主义和对待他人的冷漠态度才是真正值得去批评和责备的。

这里有一位小学班主任曾经的一些做法令人很是感慨。这位老师姓刘，担任班主任已经快20年了，每一届学生都十分喜欢她，家长也对她非常信任。有趣的是，面对那些十分淘气的孩子，她在很多时候是采取睁一只眼闭一只眼的做法。比如班上有孩子在校园的柳树下比赛腾空跳跃，看谁能够得着那根垂下来的柳枝。刘老师从窗户里看到这些孩子并不是想把柳枝折下来，就笑一下由他们去了。雨后的校园，青蛙在叫，课下便有孩子跑到栽满月季的园地周围寻找，一边找一边开心地笑着。刘老师也并不批评责备，在她看来，这就是孩子的天性，不是什么错误。如果连这些行为都要批评，班主任就会陷入无穷无尽的纠缠当中，给原本就十分琐碎繁杂的班主任工作增加更多的麻烦。从学生这个角度来说，束缚学生的天性，几乎就等于让天上的鸟儿不要飞翔，春天的花朵不要绽放。教师对孩子要多一分宽容之心，尤其是当我们看到有些行为原本属于孩子的天性时，我们不妨微笑着看过去。

苏霍姆林斯基与孩子们一起坐在一个老池塘边，向孩子们说起了自己小时候的故事。他告诉孩子们，那时他也曾经是一个小孩子，也在池塘里洗过澡，还在树根下捉过鱼虾。孩子们十分惊异——难道眼前这个头发花白的老人也曾经是个孩子吗?孩子们拉着苏霍姆林斯基的手，惊讶地看着他，纷纷问道："当年那个男孩子到哪里去了呢?"

阅读这些充满温馨的故事，作为教师，我们如果永远记住自己也曾经是个孩子，也许我们的教育工作就会少一分焦虑，多一分宽容。我们是多么熟悉这样的情景：在课堂上，儿童盯住了树影投在教室墙壁上的跳跃的光点，看得入了迷，所以对教师所讲的东西一点也没听进去。面对这样的孩子，苏霍姆林斯基提醒教师不要大声斥责他，不要把他当着全班同学的面搞成不注意听讲、坐不安稳的坏典型，而是应该轻轻地走到他眼前，握住他的双手，把他从那童年美妙的独木舟上引渡到全班学生乘坐的认识的快艇上来。应该知道孩子并允许孩子有那么一刻可以沉浸在童年的河流里，帮助他而不是命令他学会支配自己的时间和思想。童年的小舟缓缓地行驶在童年的河流里，有些事情注定会发生，就如孩子上课会走神，会忘记写作业，会有那么一刻想做点在大人看来非常无聊的事，但这就是儿童。我们已经走过，也应该帮助孩子安然地、没有任何恐惧地走过。

与对待孩子的天性如此宽容相比，苏霍姆林斯基对待学生中可能出现的利己主义和对待他人的冷漠态度，主张要严肃地加以批评教育。那个吃掉了同学午餐的萨沙，那个让小莉娜陷入雪堆却不管的亚历山大，那个用棍子胡乱抽打花的维佳，都受到了苏霍姆林斯基的批评教育。他告诉这些孩子，自私自利和对待他人的痛苦毫不关心，是一种可耻的行为，应该反思自己，并用具体的行动改正错误。

在谈到如何对学生进行批评教育时，苏霍姆林斯基强调要采用适当的方法。他认为谴责的语言只有针对具体的学生时，才能获得强大的力量，要避免对学生集体进行责备。当怒气冲冲的教师责备自己的学生集体时，往往是“一般地”痛斥恶习，并指望自己的责备能够触及那些现在一点过错也没有的人，因为这些人以后可能会犯同样的错误。苏霍姆林斯基认为这是一种教育的无知。这等于给所有人都开了同一种药，希望这种药既对不需要治疗的人无害，而对需要治疗的人又恰到好处。

苏霍姆林斯基的提醒值得所有班主任反思。在大量的教育实践中，我们不止一次地听说这样的事例：班主任因为学生做的某一件错事而大发雷霆，在班上对学生进行集体训斥。其实犯错的不过是几个学生而已，但全班学生必须战战兢兢地陪着一起挨训。细细分析教师这样做的初衷，恰如苏霍姆林斯基所说的，希望学生能够“有则改之，无则加勉”，认为这样做既批评了那些犯错的学生，又警示了其他没有犯错的学生。其实，教师的这种做法就意味着他在内心里认为那些没有犯错的学生迟早会犯错的，这就等于给他们注射了一剂预防针。在苏霍姆林斯基看来，这是一种教育上非常无知的表现。对那些犯了错误需要进行批评教育的孩子来说，这种集体批评很难抵达他的心灵，而不能抵达心灵的批评教育是没有多大效果的，充其量只不过是一种“震慑”，是一种让他在集体面前“丢脸”的行为。他不但不会认真反思自己的错误，相反他还会在心里对教师产生一种怨恨，甚至因为已经在集体面前“丢脸”了，便觉得自己已经为所犯的错误付出了代价，他就不必再进一步思考：我该通过何种具体的行动来改正错误、挽回过失。有些经受了这种批评的孩子还会出现“破罐子破摔”的现象，因为这种在大庭广众之下的批评使他“丢尽了脸”。而对那些没有犯错却“陪绑”的孩子，他内心的冤屈自不必多说，他还会觉得犯错与不犯错都没有多大区别，反正一样要接受这样的“训诫”，尽管批评的那种错误行为与他毫不相干，可他还是要坐在那里接受批评教育，这就等于他在预先接受“警告”。在这样的“警告”中，他感受到了教师的不信任，认为他迟早是要犯同样的错误的。

通过以上分析，我们可以看出，对学生的批评教育应尽可能针对具体的人、具体的事，不宜采用集体训诫的形式。当然，在针对具体的人和事进行教育时，应针对事件的性质和学生个体的具体情况采取措施。在苏霍姆林斯基看来，惩罚、批评学生有一个基本的原则，那就是惩罚、批评的存在是为了促进学生进行反思。惩罚、批评不应该成为一种结果，而应该是一种手段，是一个过程。如果惩罚和批评不能促进学生进行反思，惩罚和批评的存在也就没有了意义和价值，更谈不上让学生通过实际行动改正错误。

一句话，批评教育学生是一个非常敏感而细腻的领域，需要教师采用恰当的方式，让学生通过实际行动改正错误。掌握好这种批评教育学生的方法，是一门艺术。

三、名家借鉴

程延平：令人感动的师生对话

案例：台湾教师程延平先生教学过程的一次对话，读来令人感动。

时序是在2000年左右，场景是程延平的绘画课上，30多个孩子分散在山头各处，饶有兴味地绘画着，并且等待一场关于绘画的对话。

少年小芋也选修了这堂课，手里拿着一张空白的图画纸，和其他孩子不同的是，在那个春光明媚的午后，小芋身边并没有画笔与水彩，他只是等待程延平的对话。

小芋并不喜欢绘画，他疑惑为何有这么多人选修这门课，因而兴起挑战，或者说挑衅的念头。

待程延平来到身边，小芋以两指夹起空白图画纸，对着老胡子（学生对程先生的昵称）说："老胡子，我的图画好了。"

若是我们收到孩子交差的空白图画，会有什么样的反应：惊讶？愤怒？教训？质疑？开玩笑？还是忽略？

那是坐落在春日山头的美丽画面，一老一小仿佛在竹林间过招，小和尚使出少林拳，老师父该如何拆招？只见老胡子认真凝视小手上的画，不发一语地端详着。

一段时间之后，老胡子开了口："这是你画的画？"

小芋用调皮且带点儿挑衅的语气回答："对呀！这是我画的图。"

老胡子点点头，频频"嗯"了好几声，便不再答话，再次认真端详这张"画"，仿佛品味一幅大师的画作。

时间大约过了一分钟，小芋大概手酸了，把"画"从左手换到右手上，老胡子还在仔细端详。

小芋只好问："老胡子，你看完没呀？"

老胡子很认真地回答："快了！快了！"

小芋只好耐着性子等待，甚至还瞄了一眼"画"，大概好奇老胡子怎么可以看这么久。

老胡子终于开口了："这画的是——空白！"若是你在一旁观看，肯定会为老胡子欣赏良久之后才得出的答案喷饭。

小芋逮着机会，用不悦的语气说："唉！老胡子，这可是我想了很久的作品耶！你怎么可以侮辱它？"

老胡子不愠不恼，以好奇的眼神看着小芋说："嗯！嗯！嗯！我正打算一步一步了解它。"

小芋说："那你了解了吗？"

老胡子眼不离"画"，徐徐地说："那，这幅'画'想表达的是什么呢？"

小芋滔滔不绝地说着这幅"画"的意境、空灵、美感与理念。

小芋事后说自己是临时瞎掰，没料到老胡子会正经八百地问他这些问题。

老胡子频频点头赞许，表明这幅"画"的概念很好，并且好奇图画纸上天然的色差："白色图画纸上，这些褐色渐层，也是你想一个个表达的吗？"

小芋看了"画"一眼，尴尬地愣了一下，点点头说："对呀！"

老胡子再度赞许，继续好奇："这张'画'多了褐色渐层，和一整张纯洁的白，想要表达的东西有什么差别？"

"当然不同呀……"小芋又是一长串的解释。

两人对话了一段时间，末了，老胡子说："嗯！我期待下一次上课，看你下一张会顺着这个脉络画出什么样的画。"

小芋事后说，原本只是要去捣乱的，没想到老胡子一本正经，让自己也正经起来了，并且咀嚼、思索和老胡子的对话，但并未减少他想挑战老胡子的欲望。

小芋在两周后的绘画课上，再度带着"作品"上场，是一条洗脸用的白毛巾。

竹林间的少年换了新招，老者又仿佛入定般凝视。老胡子仍旧说："这次和上一次一样，也是空白？"

小芋大声说："老胡子，你看清楚一点，材质不一样好吗？"

"哦！那有什么差别？"

"差别可大了……"

……

一老一小的对话，在午后的竹林间回荡，没有火药味，没有质疑。好奇、肯定、称许、回应与沉思在两人身上进行着。

老胡子后来提到这堂绘画课的插曲，笑着说："我也许没办法让他提笔画画，但是我可以开启他对于‘美’的思考。”

小芋呢？是否受到启发？是否被影响？很难以任何结果检验。但小芋觉得老胡子很了不起，这么认真看待他的捣乱。他表示自己对于颜色、线条与艺术，有了更深入的观察与思索。

此刻，小芋在英国念建筑，不知道和那场午后对话有没有关系。

四、真题大放送

1. 第二届长三角地区班主任基本功大赛情境问答题（小学组）

有个冬天，天气突变，开始下雪了，班内一位同学的母亲顶风冒雪为孩子送来了棉衣，当时学生正在上课，只见那位家长脸上冻得发紫，浑身发抖，但一见到孩子，脸上立刻露出了笑容，还没等孩子走出教室，就迫不及待地问：“你冷吗？”教室内所有的同学都听到了这位母亲的关爱声，个别同学开始发笑。

如果你是这个班的班主任，遇到这种情境，你会怎么办？为什么？

2. 第二届长三角地区班主任基本功大赛情境问答题（初中组）

这几天，班里女生中悄然兴起了“打工热”。所谓“打工”，就是女生帮男生做事，例如帮忙拿饭、抄备忘录，以此收取一两元的报酬。找来“涉案”女生询问，她们都回答是为了“好玩”。

你会怎么处理这件事？为什么？

3. 第二届长三角地区班主任基本功大赛情境问答题（高中组）

针对当下学生玩手机影响身心健康的情况，某中学实行了禁止带手机进入学校的规定，要求在校期间发现学生玩手机一律没收，并通知家长领回手机。一天中午，高二某班的班主任在午休查班时发现班级里一位同学在低头看东西，走近发现是手机。被老师发现后，这位同学很慌张，手机掉在了地上。班主任捡起手机把学生带到了办公室。经了解，这位同学是在用手机查阅雷锋的事迹，为他们小组负责的墙报找资料，目的是想在学校墙报评比中取得好成绩。

面对这种情况，这位班主任老师该怎么办？

4. 第三届长三角地区班主任基本功大赛情境问答题（小学组）

一天，班主任秦老师正在她所带的四年级班上上语文课。突然，吴昊同学的妈妈闯进教室，低头和儿子交代什么。没等秦老师反应过来，就看到吴昊一巴掌打到他妈妈的脸上，边打边哭着说：“谁让你把我的语文书不放到书包里……”。

针对此情此景，你如果是秦老师，你会怎么做？请你谈谈如何指导家长做好家庭教育工作。

5. 第三届长三角地区班主任基本功大赛情境问答题（小学组）

五年级学生王成未经家长同意，私自将一部iPhone手机带到学校，课间引来很多同学的围观。中午回家吃饭时，他将手机落在课桌抽屉里，结果下午返校时他来到办公室，哭诉说手机不翼而飞了……

作为班主任，请你谈谈对此事件处理的办法。

6. 第三届长三角地区班主任基本功大赛情境问答题（小学组）

六年级某班的班主任张老师在批改作业时，忽然发现平时特别调皮的学生李晓建的作业本上第一页的字歪歪扭扭，是他自己写的；第二页的字却非常整齐，经仔细核对笔迹，原来是语文科代表替他写的。

课堂上，张老师厉声批评语文科代表："你身为科代表，为什么替别人写作业？"同时又批评李晓建："你自己的作业请别人做，你真的是'晓建'"！拖长音加重音中，同学似乎听出了讽刺的味道，晓建成了小"贱"。全班同学哄笑声响起。冷不丁，语文科代表和李晓建冲出了教室……

此时，如果你是班主任老师，应该怎么办？

7. 第三届长三角地区班主任基本功大赛情境问答题（初中组）

一天半夜，你接到一位九年级女生的电话，该女生在你班上一向沉默寡言，比较内向，她在电话中哭诉，其父母正在闹离婚，为争夺房产和她的抚养权经常争吵，她为此感到很痛苦。今天她的父母又吵架了，她偷偷地离家出走了。夜深了，她不想回家，也没有地方去，她想到了作为班主任的你。

面对此种情况，你该怎么去妥善应对？

8. 第五届长三角地区班主任基本功大赛情境问答题（小学组）

一天午休，年级主任打电话让你去班里看看。你马上冲向教室：各种嘈杂的声音在整个静悄悄的楼道里显得异常刺耳，推开门，教室里一片混乱，讲台前的玻璃黑板被打碎了。看到你进来，大家迅速静了下来。这时，作为班主任的你……

9. 第五届长三角地区班主任基本功大赛情境问答题（初中组）

小芹是一名八年级学生，平时成绩不是很理想，也不爱说话，在老师的眼里自然就成了后进生。和那些成绩好的同学相比，小芹感到自己在老师眼里一无是处。但这次考试她有了较大的进步，当班主任正在全班面前表扬她时，小明举手说："老师，小芹是作弊的！"这时，作为班主任的你……

10. 2015年浙江省中小学班主任基本功大赛情境模拟题（高中组）

离高考只有两个月了。一个星期六的夜里，12点多了，你班上一位家长打电话给你说，女儿还没有回家！在她床头找到一张字条，写着："爸爸妈妈，别再逼我了，我真的好累，我学不动了，想出去走走，散散心，你们不要找我，过几天，我会回来的。"

面对这种情况，作为班主任，你会怎么处理？

11. 第五届长三角地区班主任基本功大赛情境问答题（小学组）

章老师是一位班主任兼语文老师。这一天上语文课，检查课文朗读情况，轮到小杰的时候，小杰扭扭捏捏地站起来，红着脸，结结巴巴地开始读了。结果读不通顺，而且心越急越读不通，全班同学因此哄堂大笑。这时，有一个学生大声叫着："老师，他是傻的！以前的老师就这么说的。"同学们笑得更起劲了，小杰的脸更红了，头也低下了。这时，作为班主任的你……

12. 2015年浙江省中小学班主任基本功大赛情境模拟题（高中组）

在学校组织的一场足球比赛中，李老师所带的K班足球队通过拼搏进入了决赛，在决赛中与A班相遇，比赛中K班足球队的主力队员小达同学被A班的小俊同学因动作过大而踢伤，导致小腿骨折。K班同学群情激愤，想去A班找小俊同学理论，而小达同学的家长知道此事后也想到学校闹事，要求赔偿。

李老师应该如何做好班上学生和小达家长的工作？班主任应该如何处理在校学生的意外伤害事件？

13. 第五届长三角地区班主任基本功大赛情境问答题（初中组）

近段时间，班上的男生们喜欢在课间将教室里的垃圾桶当作"篮筐"，利用废纸或矿泉水瓶进行"投篮"，"投篮"失败的"证据"在垃圾桶旁堆积如山。这天，班主任在课间走进教室，只见学生们三个一群、五个一伙的正在进行"投篮"比赛。教室里人声鼎沸，桌仰椅翻。这时，作为班主任的你……

14. 2020年长三角中小学班主任基本功大赛情境模拟（初中组）

一天，我路过我班教室，忽然听到年轻的小李老师正在大发雷霆："你们都站起来！不想上课，那就站到下课！"我悄悄地通过教室后门上的窗户观察，看到几个学生七扭八歪地站着，尤其是小智，一副很不服气的样子。只听小李老师气呼呼地说道："就你们这样还学什么习，还不如去打工！真浪费时间，不想听课就离开教室……"这时，我忽然发现，小智正在偷偷地拿着手机录像，镜头不仅对着几个站着的学生，还多次对准小李老师。我心想大事不妙，犹豫着要不要冲进教室控制局面，这时小李老师还一直批评着学生……

（1）如果你是班主任，该怎么办？

（2）阐述你这样做的理由。

15. 2020年长三角中小学班主任基本功大赛情境模拟（高中组）

学校将开展新中国成立70周年主题班会评比。班委会上，班干部把自主设计的方案交给班主任，并对设计的内容津津乐道："节目好玩！串联词有趣！PPT漂亮！。"可班主任发现，脱口秀、街舞等节目虽然是学生喜欢的形式，但内容似乎与本次主题关系不大，串联词也充满了网络热词，有些甚至有点低俗，看着学生兴奋的表情，班主任犹豫了。

如果你是班主任，该怎么办？

9. 案例反思类

——不断提升教育境界

著名教师于永正说："我退休后才经常想，如果时光倒退十几年，让我再教一届小学生，该有多好!""如果能重新回到那时，很多做法，都会不一样。"

深度思考本质上是不断逼近教育问题的思考。虽然很多时候我们无法做到在第一时间就触及其本质，但却可以在一次次的自我追问与深度思考后越来越接近本质。如果班主任没有深度思考，很多的努力就无法找到真正的方向。

一、真题分析

1. 2020年浙江省中小学班主任基本功大赛情境模拟（小学组）

"在学校春季田径运动会上，我班夺得六年级组团体第一名，这其中也有我这位'后进生'的功劳呀！要知道，1000米长跑既苦又累，没人愿意报名。多亏我主动请缨，咬牙拼命比赛，最后有惊无险地拿到第一名，为班级赢得了宝贵的6分。这是件好事，我也乐意干。但是，让我伤心的是，运动会都过去一个多月了，班主任连一句表扬的话都没有。真不公平！如果是那些学习成绩好的同学，或者有同学在学习方面取得了好成绩，班主任早就大会小会表扬无数次了！"

作为班主任的你，读到这样的周记，你会怎么办？

【案例分析要点】

（1）案例主要考查班主任的教育公平意识。

（2）反思案例中班主任的教育公平意识淡漠的原因及危害。

（3）对勇于向老师表达有不公平感的学生表示感谢，并进行有效的安抚；在后续班级管理过程中重视营造公平公正的班级氛围，引导学生树立全面发展观念，提升学生的班级荣誉感，培养学生对体育的热爱。

2. 2017年浙江省中小学班主任基本功大赛情境模拟题（小学组）

成钰是一名班干部，学习成绩出类拔萃，班级工作也开展得相当出色。六年级时，她竞选学校大队长一职，一路过关斩将，表现突出。到公布竞选结果时，大队长之职却花落小彤。成钰钻了牛角尖，工作态度消极，甚至发展到情绪抑郁，老师稍微批评一句就落泪，也不喜欢参加集体活动了，踽踽独行，开始自我封闭。

如果你是班主任，你准备怎么处理这个问题？

【案例分析要点】

（1）主要考查班主任对“优等生”的挫折教育意识和方法。

（2）作为一名学习、工作都非常出色的六年级“优等生”，为什么班主任一直未发现其个性方面存在的问题？有无反思？

（3）针对“优等生”存在的不足，班主任在个体和全班层面上的应对策略是什么？

3. 2018年长三角地区中小学班主任基本功大赛情境模拟题（小学组）

年轻的小马老师喜欢把班级孩子们的表现晒在班级群里，既有那些认真听讲、努力完成作业的学生，当然也有上课走神、作业马虎的学生，她将微信群作为及时反馈孩子情况的工具。很快，跟小马老师搭班的班主任就接到了小刘家长的电话，其愤怒和无奈之情溢于言表——他的孩子小刘总被批评，几乎没被表扬过，这样的情况在家长群里一再出现，让他感受到巨大的压力。

如果你就是与小马老师搭班的班主任，你打算如何处理此事？

【案例分析要点】

（1）主要考查在“微”时代，老师在微信群“晒”的艺术。

（2）公开批评固然不妥，公开表扬也有危害。家长们潜意识里会把那些受表扬的孩子和自己的孩子进行对比。请不要在微信群里进行公开奖惩，无论批评还是表扬，都会给学生带来额外的压力。

（3）老师“晒”的内容必须经过筛选。筛选的标准是：首先要征得家长同意，其次要端正目的，再次必须精心选择内容。

只有充满阳光的正面引导才有利于培养良好的家校关系，微信群这个工具才会被用得恰到好处。

4. 2018年浙江省中小学班主任基本功大赛情境模拟题（高中组）

班主任吴老师因为是头一次带班，没有什么经验，所以上学期班里弄得很糟，各项评比成绩都落后于其他班级，吴老师很着急，于是这个学期想了一个办法，在班里秘密指定了三个信得过的孩子当起了“眼线”，并随时向她汇报班里的情况。最初的两个月里确实是很见成效，通过“眼线”来自内部的报告，吴老师能够很准确地发现班里的非正常因素，并立即将它消灭在萌芽状态，班里一时间风平浪静。可是后来吴老师在批改学生的随笔时发现，有位学生在随笔中谈到怀疑班上出现了“内奸”。

如果你是班主任吴老师，该怎么办？

【案例分析要点】

（1）主要考查班主任对学生心理的了解和班级管理的策略。

（2）向产生怀疑的学生了解情况，巧妙“掩盖”并做艺术化处理，否则就坦率承认并向全班同学道歉。

（3）保护三位“眼线”，并向他们承认自己做法的不当，告知以后不需要汇报了。

（4）在全班讨论有效的班级管理方法。

（5）班主任需要反思自己是否了解学生的年龄特点和心理需求，以及班级管理方法的适切性。

二、路径探究

（一）含义与特征

何谓“反思”？概而言之，反思，即以自己的实践过程为思考对象，对自己所做出的行动、决策以及由此产生的结果进行审视和分析。所谓教育反思，是指班主任在教育实践中，批判地考查自我的主体行为表现及其依据，通过回顾、诊断、自我监控等方式，或给予肯定与强化，或给予否定与修正，从而不断提高自身教育水平的过程。

美国学者波斯纳（G.J.Posner）十分简洁地提出了教师成长的规律：“经验 + 反思 = 成长”，并指出没有反思的经验是狭隘的经验，至多只能形成肤浅的知识，教师如果仅仅满足于获得经验而不对经验进行深入的思考，其发展将大受限制。从中可知，教育反思也就是指教师自觉地把自己的教育实践作为认识对象进行全面的、深入的、冷静的思考和总结，以进入更优化的教育状态，使学生得到更充分的发展。

总体来说，教育反思有以下四个特征：

实践性。无论教育效果怎样，都可进行反复实验。且这种实验表现了一定的自觉性。不断进行教育反思，不仅是班主任个人的思想需要、成长需要，而且是一种高尚的精神活动，是精神产品的再生产。

反思性。“反”就是反反复复、正反结合。班主任除了能立足自我之外，对自己或他人的育人实践情境和经验做多角度、多层面及正反两方面的思考。也可打破常规进行反常思考、逆向思考。

超越性。班主任要进行反思，就必须超越自我，敢于质疑自己或他人，正视自己的弱点和不足，并寻找解决的良方，从而达到不断地发展自己的目的。反思是一种手段，可催人奋进。存在问题须改正，发现问题则深思，找到经验就升华。教育反思的真谛就在于班主任要敢于怀疑自己，敢于和善于突破、超越自我，不断地向更高层次迈进。

个性化。教育反思是教师自身自觉地把自己或他人的教学实践作为认知对象进行反观自照，属于“个人奋斗”。或晨起望蓝天，或灯下静夜思，或课后寻不足，或掩卷细研究。这些教育反思活动都具有别人不可替代的个性化特征，有助于班主任形成个性化的教育模式。

（二）深度反思是班主任的专业“利器”

社会上有很多人对班主任缺乏了解，“孩子王”“多才多艺”是大家对这个职业的基本描述。而我们认为，班主任应该是一个具有很高素养的“文化人”。这里所说的“文化人”，不仅仅是指有文化的人，也指能够用文化来影响他人的人。

有人曾说过这样一句话：“我们在大脑中走得越远，在现实中就走得越稳。”确实，每个人的内心都有一个更高的目标，这个更高的目标会让我们对很多问题产生疑惑并持续探寻，完成深度思考。

对班主任而言，深度思考包括以下几个方面：

如果想了解一个问题，就要同时了解问题产生的过程，以及其背后是否隐藏着解决问题的思路和原则。一名教师的成长至少要经历三个阶段：第一阶段是找到儿童，看到他们，听到他们，和他们一起游戏；第二阶段是在和儿童相处的过程中，看到关系中的自己，在关系中进行深度审视，将自己、儿童和教育三者进行联结；第三阶段是逐步将认识内化，内化成教育直觉与教育智慧。这之后，才可能拥有被称之为“专业能力”的那种品质。在成长过程中，教师要敢于触碰自己，学会梳理自己内心的东西，推翻原来的一些见解，重新建立内心秩序。只有专注于当下的思考，不再只关注自己的时候，成长也就随之而来了。

班主任要比一般人更能发现规律、趋势，以及其背后的一些东西。观察儿童有四层境界：第一层境界就是你看到了；第二层境界就是你看到了，同时你拥有了自己的认识与看法；第三层境界是你看到了，接受并做了一些事情，然后你对做的事情有了一个新的认识；第四层境界是你看到了，你做了，进而重新去评估这件事情，内心产生了更大的情怀，有了慈悲心与包容心。如此，你才拥有了更高的境界。

班主任要比一般人有更多、更深刻的自我觉醒能力。我们在工作中要保持“空杯”状态，如果内心塞着很多东西，就会让人无法保持镇定，也无法看到外部世界的美好与真实。当一个人工作状态特别轻松的时候，个人感觉就会变成一种直觉，那种直觉的力量其实就是一种心理能量。拥有这种直觉就能够说明，你已经学会用心灵来工作了。

班主任要养成思考的习惯，且思考要具有持续性和开放性。很多时候，我们在课程中设定的活动目标，不过是成人自以为是的“刻舟求剑”式的幻想罢了。其实，每一个孩子在学习的时候都有自己的目标，成人凭什么去设置一个共同的目标呢？另外，我们在工作中要渐渐取消“二元对立”的思想，不要总是想着分出“好与不好”“合适与不合适”“对与不对”。事实上，所有孩子都是好的，因为在孩子的逻辑体系里，他的言行有自己的道理，而教师要做的就是保留孩子原生态的精神世界。

班主任要有追寻更高自我的意愿，渴望拥有更加丰盈和蓬勃的人生。每个人都有可能找到自己的生命力，教师也一样。只有把目光还原到孩子中去的时候，思想才会流动起来，你才会发现自己任何时候都能拥有“思想流”。

（三）反思的价值取向

教师每天要处理许多教育事件，教师的每一种教育行为都可能蕴含着智慧与理念，可是为什么真正成功的班主任并不多？问题的关键就在于班主任能不能、会不会思考。思考，特别是对于学生、班级发展具有前瞻性的思考，是班级文化建设的基石，也是班主任发展的基石，没有思考而只会埋头苦干的班主任难成大器。对班主任来说，前瞻性思考主要围绕集体功能、人的发展、教育本质这三方面展开。

思考集体功能

在教育中，教师很容易因为学生的个性、个案、个别事件等，把关注的目光集中在个别学生身上。综观当下班主任写的案例，个体已经成为班主任关注的重心，而涉及班集体如何对学生产生影响的案例并不多。这种以个别取代整体，以此来左右班级发展的做法是不可取的。集体文化功能的弱化，集体文化活动的简单化、形式化，都在提醒我们，加强班级集体文化的研究，对于提升学生整体素养是十分有意义的大事。

玛格丽特·米德把人类文化传递分为三种文化类型，其中“并喻文化”就是指年轻人向年轻人学习。班级就应该成为青少年学生互相学习、互相督促、互相唤醒的学习交往平台。只有在这种情境下，学生才可能通过与同伴交往、通过心灵和心灵的沟通产生真情实感，教师才能更有效地运用集体影响力促进学生发展。社会学对人与人心理的研究表明，人的发展常常受到来自身边人物活动的制约，社会互动可以指向积极方面，也有可能指向消极方面。班主任作为班级文化的主导力量和集体舆论的引领者，完全有必要加强这方面的研究。另外，学生今天的班级生活是明天社会生活的预演。因此，研究集体功能，就是要研究如何让班集体成为未来社会的摇篮，尽可能让学生在这个摇篮中体悟人与人彼此尊重、信任、合作的价值，体悟诚信、友善的情感。但由于当下中小学过度强调学习、强调竞争的情况仍然存在，很多有价值的集体观念需要在新的条件下通过班级文化予以重新确立。

思考人的发展

学生首先是一个人，班主任如果能从培养人、发展人的角度思考工作，就能使自己的理念、工作更贴近社会，贴近青少年成长的规律。在这种思考的影响下，教育不再是简单的老师和学生的关系，而是人与人的关系。

思考人的发展，就要把当前社会取得的物质和精神上的进步植入班集体生活中，这样至少让你的学生不会成为一个落伍的、故步自封的人。就如许多班主任已经在做的那样，班级博客、微信等已经成为师生间、学生间、教师和家长间交流互动的平台，微信群成为传播正能量文化的有效工具。信息社会给生活创造了无限发展的空间，如果我们顺势而为，生活本身的创造就可能成为班级文化新的增长点。

思考人的发展，班主任需要进一步研究当代青少年学生的特点、爱好和需求，使自己的工作更加适合他们成长发展的需要。人们常说适合学生的教育才是真正的教育，而这种适合学生的教育，班主任最能身临其境去为学生创造，使教育更好地满足学生对爱、快乐、幸福的需要，从而更好地引领学生，为学生的发展提供合适的文化氛围。把学生作为人来思考，教育就不再是居高临下的、不再分教育者和被教育者、不再局限于知识能力的框架中。师生之间成为共同学习的同路人，成为互相制约的两极，成为共生共长的伙伴，这样的班级文化，将有助于学生和老师自身的发展。

思考教育本质

教育是什么？教育是以培养人为目的的，有意识地影响和改变人的行为、思想、知识、能力的实践活动。当然，对教育的定义十分繁杂，但这本身就在告诉我们，教育的内涵和外延会随着社会的需要而发生相应的变化，教育的载体和形式同样也会随着教育工具和教育技术的发展发生相应的变化。班主任最接近鲜活的年轻生命，最清楚今天的学生发生了哪些变化，最了解学生和家长需要什么样的文化，因此他们也最有资格对教育的本质，特别是对他们正在从事的那个学段的教育的本质进行探讨。

思考教育本质，可以帮助班主任把自己实践性的教育智慧转化为理论，或者形成具有规律性的观点。班主任每一天都在践行自己的教育理想、遇到新的教育问题、落实自己的教育行为，这个过程本身就包含着班主任对教育本质的思考。比如在教育观念上如何继承和创新，在教育方法上如何进一步贴近青少年学生成长的需要，在教育载体上能不能有进一步开拓等。班主任如果能经常思考，诸如我想培养什么人、让学生爱什么、让学生朝什么方向努力等问题，就可以越来越贴近教育的本质，贴近教育的理论范畴。班主任自身的教育观、人才观、成功观作为班级文化的标杆，会影响学生的成长和发展，影响学生在校期间的生活质量。因此，鼓励班主任走出事务工作的紧张和迷茫，从更广更高的角度去思考自己的工作及其对学生的影响，不但是教育理论建设的需要，更是班主任实际工作的需要。有句话说“思想有多远，我们就能走多远。”今天的班主任完全应该对教育本质有自己的思考，对班级文化建设有自己的追求。

三、名家借鉴

于永正：退休后我终于明白了教育是怎么回事

简介：于永正于1985年被评为“江苏省特级教师”，是一位在社会主义新中国环境下成长起来的人民教师，他的教育思想深受马卡连柯、苏霍姆林斯基、叶圣陶等社会主义教育家的影响，从他的文章中可以清晰地感受到对孩子们的爱，对教育事业的全心投入。本文是于老退休后对自己教学历程的反思，点点滴滴，值得父母和老师们学习和参考。

案例：

我时常记起江苏省模范教师王树堂先生生前对我说过的一句话："年轻的时候不会教，等会教了，又老了。"他说出了所有退休老师的心里话，一种带有无奈、伤感、留恋、遗憾的肺腑之言。

难道老师也像庄稼一样，老了才成熟？难道就像红薯一样，从地里挖出来，非得在地窖里放一段时间才甜，才软，才意味着彻底的成熟？

是的。退休之后的大反思，使我基本上明白了教育究竟是怎么一回事，教语文究竟是怎么一回事。

因为基本上明白了，所以我退休后才经常想，如果时光倒退十几年，让我再教一届小学生，该有多好!

如果再教一年级，绝不会让小朋友上课尿裤子了。

那是1985年12月底的事了。一天上午，我正在为一年级（1）班上说话写话课。学生正在用心地写我摆在讲桌上的蔬菜、水果，朱飞飞突然站起来说："林毅尿裤子了!"

林毅是个文静秀气的小女孩，平时很少言语。我对她说："我不是说过吗？上课有事，可以举手报告。"她低着头，一声不吭。天这么冷，棉裤尿湿了，怎么能行呢！我赶紧请班主任邓桂霞老师给家长打电话，送条裤子来。

下课了，我见邓老师正在炉子上（那时冬天办公室里生炉子取暖）为林毅烤棉裤呢。当时我心里还不以为然。

这时，办公室里一位年长的老师对我讲起她曾经在报纸上看到的一篇报道。文中说，一位教一年级的女老师上课时，发现一位学生神色不对，便走到该生面前，嘴巴凑到他耳朵上悄悄地问："想解手吗？"该生使劲儿点头。女老师拍拍他的肩，他便飞也似的跑出去了。

可是，好久不见这位小朋友回来，于是这位老师从包里掏出卫生纸，对另一位小朋友说："你去厕所给他送卫生纸去。"

果不其然，这位小朋友正为没带卫生纸发愁呢！我为这位老师的善于体察而吃惊，为她的善于推理而敬佩！听罢，我羞愧至极，觉得自己不配做特级教师。

如果时光老人再给我十几年的时间，让我重教一年级，上课时我会关注每一位学生，不再只是关注教案、教学。

岂止是教一年级，教任何年级都要认真读懂每个学生的表情、动作，从中读出他们的内心，并做出正确的判断，采取相应的措施。

低年级上课中间的短暂休息，我不会只是唱唱歌，活动一下身子，一定会先问小朋友一句：有需要“那个”的吗？尤其是在冬天。我也不会只是那么“正统”地活动、唱歌，我会让学生大吼几声——有字无字都行——让小朋友吼出精神、吼出气势、吼出劲头、吼出笑声。

犯了错误的学生进了办公室，一定请他坐下。

在四十多年的教育生涯中，把犯了错误的学生“请”到办公室里去，是常有的事。“请到办公室”，是表示该生所犯错误已十分严重。当众这么“宣布”，也想“警示”其他学生。

问题还不在这里。问题在犯错误的学生到我办公室的“待遇”：他必须标准地立正站着——脚后跟靠拢，两臂下垂，中指贴在裤缝上。如果不“标准”，我便命令他“站好”，随即强制性地“纠正”：比如用脚踢他的脚后跟。这实际上是体罚。这种做法，哪里有尊重可言！哪里有平等可言！哪里有民主可言！

最近读了张华教授的《论我国课堂教学转型》，深受触动。文章说：今年8月31日，我儿子上小学了。第一天是家长开放日，学校的第一件事是行为规范。怎么坐，怎么站，手放到哪里，怎么走路，怎么排队……老师早已规定好了，而且每一个规定都有相应的奖励和惩罚作保障。随后的任何学习都是这样。

现在，我们很多美其名曰‘培养学习习惯’的做法，就是强化学生不能乱说，不能乱动，整齐地听话……这都是最坏的习惯——没有比限制儿童的嘴乱说、手乱动更坏的学习习惯了，这是成人对儿童施加专制的最司空见惯的方式。

他深刻地指出：我国教学危机的根源是专制教学。我们把教学当作一个专制的过程，集体对个人、上一代对下一代、上位者对下位者的专制的过程。而且我们每一个人，不自觉地在做一个专制者和接受专制者，这是我最担心的。

几十年了，我不就是这么做的吗？运用“动物园教育学”——以奖励作诱因，以惩罚作威胁来“训练”学生，这是泯灭人性的教育！

假如我回过头来再从事教育，我会视学生为朋友，我甚至不会称他们为“孩子”——叫他们孩子，那意味着我是长者，“平等”就不存在了。

低年级的学生称“小朋友”，高年级的学生称“同学”，同学同学，我们是一同来学习的，是平等的。他们犯了错误，我可能还会请他们到办公室里谈谈，但是我会为他搬一把椅子，放在我的身边，请他坐下，我甚至还会为他倒一杯水。

我可能很严肃，乃至于严厉，但不会再说“你呀，瞎子害眼——没治了”之类的伤害学生自尊心的话。我会以自己的一言一行、一举一动告诉学生什么叫尊重、平等、民主。

我不会再愚蠢地把分数作为衡量学生优劣的唯一标准。

四十多年来，教的学生无数，但有几位学生的脸经常浮现在我的脑海里。李健、亓庆红、刘云、孙建军……他们的表情是漠然的、孤独的，有的甚至带有哀伤，他们很少言语，早上背着书包默默走进学校，下午放学又默默地回家……

他们都是被我戴过“后进生”帽子的人。因为他们的学习成绩差，要么数学考不及格，要么语文考不及格。每次考试后，我都要宣布分数，念到他们的成绩时，我还故意在分数的后面加一个“大”字：“李健——50 大分！”这种话对学生会造成多大的伤害呀！

如果说体罚伤及的是皮肉，那么语言伤害的则是心灵。皮肉受伤有药医治；而心灵的创伤却无药可医。我是他们的老师吗？我配做他们的老师吗？

不知这些学生现在怎么样，从事什么工作，但我相信，在社会上，他们不会差，他们中肯定有人很有出息。请他们原谅我当年的愚蠢。

现在我明白了，人人都是一个大写的“人”，人人都有尊严、有人格，人人都应该得到尊重。人的智能是多元的，人生下来就千差万别，正因为千差万别，才有灿烂的世界和多彩的生活。

不能单用学习成绩来衡量学生，文化成绩不是一个人的全部。可惜，我认识得晚了。如果我再从事小学教育，我会经常把十个手指头伸出来告诫自己：这就是你的学生！尺有所短，寸有所长。

有了这样的学生观，我会认真研究每一个学生，知其长短，让每个学生扬长避短，甚至让一些人变短为长。人人尽力了，学到什么程度就是什么程度。

东方不亮西方亮，分数实在没有多大意义。

我希望成为学生的导师，而不是教师

退休了，还不断吃润喉片，慢性咽炎要伴我终生了。不能怨天尤人，只怪自己四十年来讲话太多。

课改以前，讲课文里字词的意思，讲段落大意和中心思想；课改以来，讲课文的人文性，深挖文字背后的蕴含。难怪慢性咽炎久治不愈。语文能力不是讲出来的，学习兴趣不是讲出来的，情感态度更不是讲出来的。讲，真的作用有限。

现在看来，过去犯傻了。如果我再教小学语文，我会引导学生多读书，好读书，读好书，读整本的书。不但多读，还得多背——在初知大意的基础上，多背点经典诗文。因为我明白了，学语文靠的是“童子功”——12岁以前，是人学习语言的最佳时期。这期间，人的记忆力最好而理解力弱，一定要多背。幼学如漆，小时候背熟的东西一般不会忘记。

我会引导学生在语文实践中养成读书读报和动笔写作的习惯。因为我明白了，教育说到底，是培养人的习惯，学语文是个慢功，是一辈子的事情。人一生以读、写为伴，才会有成就。

“讲之功有限，习之功无已。”（清颜元语）“导而弗牵”是教学的真谛。教师时代应该成为历史，取而代之的应该是导师时代。

人生是花，语文是根。在我的引导下，每个学生的“根”会长得粗壮、有力。

做导师而不做教师，我恐怕也就不会患慢性咽炎了。

四、一线来风

（一）今天的我该如何做班主任：怒摔学生手机后的六大自我反思

苏格拉底说过：“未经反省的人生没有价值。”美国心理学家波斯纳也认为：“没有反思的经验是狭隘的经验，至多只能是肤浅的知识。”多年班主任工作经验教训告诉我，除了读书学习外，痛苦而深刻的自我反思也是推动班主任专业成长的重要途径。2016年我关于班主任工作的第一次反思是由一场刻骨铭心的怒摔学生手机风波引发的。

1月6日上午第二节课，刚送完女儿上学的我拖着疲惫的身躯来到所带的高二年级（11）班巡视。一眼就看到刘欣艺在玩手机，联想到不久前她刚因玩手机在全班宣读过不再玩手机的承诺书，我深感失望，马上走过去要求她交出手机，她不仅拒绝，还试图把手机往抽屉里藏。我顿时火冒三丈，一把夺过手机重重地摔到地上。此时，正在上政治课的师生们一下子都把目光投向了我，余怒未消的我声色俱厉地对着全班大声吼道："在教室玩手机不想学习的马上离开！"教室里顿时静得出奇。

看到地上四分五裂的手机和即将失控的刘欣艺，我冷静了一点儿，为了缓和气氛，我说了一句："如果说你还想在学校读书的话马上到办公室来！"到办公室后，尽管我用了些"技巧"好歹把刘欣艺的情绪平息下来，但由于过分生气、发怒，我身心俱疲、痛苦万分，既为自己之前的不当行为而自责，也有因医嘱严禁生气动怒以免肝病加重的忧惧。晚上，一位化名"春爷"的学生通过QQ对正在备课的我进行了严厉斥责和谩骂……

这一切使我连续一周都隐隐难受。随着身心的渐趋平静，我也进行了痛苦的反思。

反思之一：我这样的举动可取吗？

怒摔手机事件后，头脑冷静下来的我联想到了一系列可怕的后果。

第一，联想到"2008年山西朔州第二中学郝旭东老师被杀案""2013年江西临川二中一位高三班主任被其学生杀害案""2015年湖南邵东创新学校班主任滕某在办公室被学生持水果刀杀害案"……假如刘欣艺当时情绪失控对我进行追打、人身攻击，我该怎么办？我的答案是"不知道"。

第二，事后我打电话与刘欣艺的妈妈进行沟通，得知被摔手机是家长的商务用机，里面储存了大量企业和生意业务信息，价值600元以上。假如该生及其家长以损害"私有财产"为由把我告上法庭要求加倍赔偿，我该怎么办？我的答案是"不知道"。

第三，回顾"2010年11月15日某高三女生因考试时用手机被没收而不堪压力跳楼致瘫案""2015年12月9日慈溪一位职高男生上课玩手机被老师没收后冲动跳楼案"……假如刘欣艺心理也比较脆弱以致冲动跳楼了，我该怎么办？我的回答是"不知道"。

第四，假如有学生把我怒摔学生手机的情景偷拍下来上传网络令我"出名"，引发学校领导、教育局问责，我该怎么办？我的回答是"不知道"……

假如很多，而我的回答都只有一个，那就是"不知道"。但我又清楚地知道，只要有一个"假如"发生，我都会大脑空白、无力应对。唐代文学家韩愈云："行成于思毁于随"，大教育家孔子也主张"三思而后行"。身为班主任的我必须牢记古希腊历史学家希罗多德所说的"上帝欲使之灭亡，必先使之疯狂"，在说话、做事前一定要保持理智、冷静，今后绝不能再做出伤害学生、伤害家长也伤害自己的言行。须知自己的冲动有可能把一位本质善良的学生从天使变成魔鬼！

反思之二：我为什么会情绪失控？

虽然我知道苏联教育家马卡连柯说过："不能控制自己情绪的人，不能成为好教师。"但我还是冲动生气了，原因何在？

一方面是由于心态浮躁：自己对班级的期望值太高，总想尽快把所带的文科普通班由一个默默无闻的"丑小鸭"变为让同事称赞、领导满意、家长放心的先进班集体，因而脱离了班级实际，也忘记了良好班风、学风的形成需要一个相当漫长的过程。

另一方面是急功近利的虚荣心在作怪：总想着已经连续5年拿到"先进班集体""优秀班主任"称号的我无论如何也要争取"六连冠"，因而一遇到班级出现问题马上就想到自己的荣誉可能受损，而不是想方设法去处理。此外，由于没有处理好工作、生活与进修的关系，自己几乎每天都是在疲惫、忙碌中度过，不仅没有锻炼身体，也没有同家人很好沟通，充电学习更是谈不上，睡眠也严重不足……

长时期的紧张、焦虑、疲惫使我最终变成情绪的奴隶。正如美国著名学者、医生弗登伯格博士所言："对工作的投入是一种很好的积极生命动力，但过分地投入就不好了，它会夺取我们的精力、激情与成就，让生命的目标也为之抹杀，而最终对我们的身心健康造成威胁。"一个身心不愉悦的班主任能带出一群身心愉悦、心理健康的学生吗？

今后怎样才能控制自己的不良情绪呢？我想到了一个笑话。笑话是说大熊猫生日时许的两大愿望，一个是把黑眼圈治好，另一个是照张彩色照片。这个故事再次提醒我，做班主任工作预期的期望要从班级实际出发，不能急于求成，也就是无论如何再也不能为不切合实际的理想和愿望而活着！

列宁曾经说过：不会休息的人就不会工作！反思自己，之前很长时间过分强调勤奋，每天大部分时间都是在办公室里度过，不仅身体缺乏锻炼，连基本的午休时间都没有，导致精神高度紧张，身心处在亚健康边缘，工作效率低下，与学生之间缺乏有效的心灵沟通。机械忙碌有余，动脑思考不足，表面上是勤奋负责的表现，实际上既是对班主任工作也是对自己身心健康的严重不负责。现在是改变做班主任的心态、期望、方法和效率的时候了！

反思之三：我为什么会以简单粗暴的方式对待"手机事件"？

冷静反思之后我想到的第一句话是不要把复杂问题简单化。怒摔手机事件发生后，刘欣艺在办公室说出的一句话"我现在这样能考上大学吗"，突然惊醒了我：刘欣艺玩手机的背后是她对自己基础太弱能否学好没有自信，只能选择玩手机来逃避了。假如我提前主动与她进行沟通了解，并对她脆弱、不自信的心理及时加以疏导，也许就不会出现之前令人痛心的一幕了。

事情发生后，我又一次同刘欣艺的妈妈进行沟通后得知，由于爸妈都忙于公司生意，几乎无暇顾及女儿的学业与成长，且对女儿的教育缺乏耐心和方法，因此，父女、母女的关系都很紧张，前天她妈妈还对刘欣艺说过“以后把钥匙交出来不要再回来了”“我养你还不如养条狗”等尖刻的话。

将这一切联系到一起，我心中充满了自责，越来越确信这不是简单的玩手机问题，而是亲子关系紧张、自尊心严重受到伤害、自信心严重不足、发展目标缺失等带来的自我逃避问题，而我却把这样复杂的问题简单化为玩物丧志。作为本应及时发现问题并从中协调处理的班主任，我不但没有及时化解矛盾，给予刘欣艺受到创伤的心灵以抚慰、支持，反而恶语相加，这不是粗暴地在其流血的伤口上又狠狠地插了一刀吗？

身为承担教书育人职责的班主任，今后必须牢记自己从事的是立德树人的工作。百年树人，再也不能只看到冰山一角，更不能把复杂的育人问题简单化了。

此时，我想到的另一个词语就是“黔驴技穷”。随着我国社会转型的加快，信息化和经济全球化的迅猛发展，学生、家长的价值取向越来越多元化，同一所学校、同一个班级学生的文化背景也越来越复杂，学生、家长对班主任的要求不仅越来越高，而且越来越多。与此同时，离异和单亲家庭逐步增多，家长的生活压力越来越大，教师和家庭的联系工作越来越难做，争取家校配合的工作也越来越艰辛……家情、学情、校情的变化要求身为班级发展舵手的班主任，必须利用一切时机提高自己的班级管理能力和班主任的专业素养。

反观自身，由于疏于学习，我仍在沿用多年前的班级管理经验、做法来应对2000年前后出生的高中生，这不是“黔驴技穷”吗？简单粗暴工作方式的背后，反映的正是自己班级管理能力的低下甚至倒退。人大附中西山学校的优秀班主任王君说过：“好的教育，是一个正在成长的人帮助另一个正在成长的人一起成长。”身为班主任，在理念、知识、方法等方面必须与时俱进才不会被淘汰。著名教育家陶行知说过：“我们做教师的人，必须天天学习，天天进行再教育，才能有教学之乐而无教学之苦。”一万年太久，只争朝夕，现在自己是到了必须强化学习来弥补心理学、社会学和班主任专业理论知识缺失的时候了。

反思之四：自己从事班主任工作成功的标准应该是什么？

怒摔手机事件发生的当晚，我收到网名为“春爷”的学生（疑似刘欣艺的“死党”）发来的QQ信息，她对我摔手机的行为进行了谩骂、攻击后，还说了这样两句话：“老师，您知道吗？一个老师好不好，从是否得学生的心就看得出！”“学生心中有杆秤，真正优秀的班主任存在于学生心中！”这两句话如当头棒喝，使我再次陷入沉思。

不知道是由于自己不自信还是内心比较自卑，我一直把领导的认可、荣誉证书、流动红旗等视为我作为班主任成功的标志，并把每月获得“星级流动红旗”、每学期站在开学典礼的舞台上领取“先进班集体”奖状和“优秀班主任”证书视为我带班的目标和追求。为此，我早出晚归，并制定了严格的班规，甚至还让宿舍扣分多的学生在上课期间全部停课回宿舍搞卫生。

在自己的不懈努力下，我确实如愿以偿地实现了目标，但我的内心却一直也高兴不起来：本来是象征班级自豪和荣誉的流动红旗，却多次被班内学生翻转倒挂，身为班主任的我从开学典礼领奖台下来后，没有迎来学生们欢喜祝贺的掌声，而是他们那麻木冷漠的眼神！

回想起2013年教师节前后，《中国教育报》发表的文章《凭什么赢得尊敬》中说道：教师凭什么赢得尊敬？凭永不放弃的道德良知；凭我们对人的发展的独特的判断力；凭我们走进人心灵的能力。我认识到，借助严厉的管理我可能暂时会赢得领导、同事的赞许，但长此以往却换来了自己身心的疲惫，失去了学生发自内心的敬佩、爱戴。孤军奋战、单打独斗只会加重我对班主任工作的职业倦怠感。

作为一名普通班主任，当学生被家长和社会交到自己手中时，我必须善待、欣赏、理解他们，走进他们的心灵，在服务学生中实现作为班主任的价值，这也许就是自己今后班主任工作成功的标准吧！

反思之五：我的班主任专业发展规划科学吗？

上周我班一名男生就因玩手机被巡视晚自修的校长发现并在全校通报批评，努力一学期眼看到手的流动红旗就要被手机问题“葬送”了，于是，冲动之下的我断然选择了让刘欣艺的手机“五马分尸”。

事件发生后，我一直在反思自己从事班主任工作的理念、动力和发展规划。经过深刻剖析后，我认识到简单粗暴的背后是我浮躁的急功近利的思想，思想的背后则与我个人的班主任发展规划有着不可分割的关系。

曾几何时，我把自己的班主任发展规划定位为“合格班主任—年级优秀班主任—校级优秀班主任—区级优秀班主任—市级优秀班主任—省级优秀班主任”这样一条路线图。2011年至2015年，5年间我带的班级连续4年被评为学校先进班集体，我也在2013年被评为区优秀班主任。我梦想着再接再厉早日摘取省市级优秀班主任的桂冠，一旦突如其来的手机问题成了我“圆梦”路上的绊脚石时，我的冲动战胜了理智，急躁战胜了冷静。

冷静反思后，我发现这几年自己虽拿到了几张奖状，但也换来了沉重的代价：由于缺乏锻炼，身体状况每况愈下；过分紧张导致血压升高，肝病加重；节假日的加班加点不仅忽视了女儿的成长，也与家庭成员的关系变得不和谐；自己的历史教师专业发展也无暇顾及，学生和自己离心离德……到改变这种以追求荣誉为目的的不科学的班主任个人发展规划的时候了！

今后应切实处理好专业教学、班主任能力提升与家庭生活之间的关系，走内聚实力、外树形象，工作、学习与生活并重的道路，全面提高自己，力争与时代共同进步，与学生共同成长，与专业共同发展，走出一条对学生、对自己也对家人真正有益的班主任专业发展道路。

反思之六：自己的班主任工作之路该何去何从？

怒摔学生手机事件一个月后的2016年2月6日，我在一个博客里看到张静老师所写的《此处有手机出没》一文。文章大意是：

班里有个男生上学期因屡屡使用手机上网而被采取各种惩戒措施，但仍顽固不化。本学期已经第二次被班主任张老师发现在储物室使用手机上网。面对此情此景，张老师改变了工作方式。

首先，张老师通过一步步对话让学生认识到：其实手机对他的学习、生活并不是没有影响的，如果总牵挂着手机或者网络，无法专心对待其他事情；手机不是问题，但是他处事的方式方法有问题。

其次，张老师指出该生有些地方与众不同，特别是与班级同学有所不同。然后张老师一条一条地指出他值得自豪的地方：“你电脑方面的知识很强，所以你是我们班的电教员。你化学天赋很强，自学能力也很强，在家里自己做实验，肇庆中学BBS校园论坛也因为你化学很优秀，所以采访过你。”

再次，张老师又一次强调该生还有很多与众不同之处，并且在整个年级都很出名，比如他“每天吃饭都很节省”。学生没想到老师连这些情况也了解，于是，他解释了自己之所以节省的原因，是为了买电脑方面的书、硬件设备以及各种化学试剂等，而这些都很贵，他又不想总向家长要钱。当老师说："你这样省吃俭用也不够啊！"学生回答："我跟家里说好了，如果这次期中考试能考到年级前300名，他们就奖励我一台很好的笔记本电脑。可是我觉得似乎当时夸口夸大了，前300名好像也不是很容易达到的。"于是，张老师又通过抽丝剥茧的询问方式，引导学生一点点分析为什么自己感觉夸口夸大了，自己存在的主要问题是什么。最后，张老师谈话的目标实现了，学生坚定地表示："老师，其实我现在很努力，只不过……这两天又有点懒啦，我会继续努力的。"

读着这篇博文，反思一个月前怒摔学生手机事件，我不停地扪心自问：张老师和我的做法，哪一个效果更好？假如自己就是玩手机的学生，更愿意接受哪位班主任的处理方式，更喜欢哪位班主任？答案是不言而喻的。

为什么玩手机的学生喜欢张老师而不是我？就在于张老师能说出学生"你电脑方面的知识很强，你每天吃饭很节省，你化学天赋很强，自学能力也很强，在家里自己做实验"等近乎细节方面的闪光点，而我不能。

为什么张老师能而我不能？就在于张老师有爱，有心！正如广东省肇庆中学周文娟老师在其读书笔记《用心做一名班主任——〈班主任专业成长〉》中所言：一个人能走多远，不要问脚而要问心。只有用心去做班主任，用心做好班主任，我们才能做好班级管理工作。班主任只有用心去对待学生，学生才会用真心来回报我们。为名利工作，只会让自己越走越累，路也会越走越窄。看淡这些，不仅没有失去，反而会收获更多。每个人都应该为自己修一条心路，在这条路上自由起舞，让自己走得更远。

抛弃名利，想方设法提高走进学生心灵的能力，用心做一名学生内心真正喜欢的幸福的班主任，这才是自己班主任工作的应走之路。

（马军：广东省广州市从化区第六中学教师）

（二）真诚鼓励，永不放弃

7年前，我教过一个叫纹子的小女孩。她总是非常热心地帮我发作业、收卷子、维持课前秩序，仰头看着你的时候脸上堆满暖暖的笑意，楼道里碰见了也会迎上来问东问西。

我猜想，她是那种人见人爱、勤奋上进的小姑娘。不料开学仅个把月，她就开始逃值日、抄作业、上课吃零食，各科成绩也乏善可陈。

慢慢地，她脸上的笑意在变淡，总是一个人独来独往。第一学期期末考试，语、数、外三科她都没及格，发卷子的时候，我看见角落里的她一边把卷子塞进书包，一边慌乱地抹去眼角的泪水。

我在放假前的最后一天晚上给她发了一条短信："纹子，我知道这样的成绩一定让你非常难过。记住这种难过的感觉，让它时不时地刺痛你，成为你奋起直追的动力，多难都不要放弃。相信我，这个世界上最幸福的事情就是坚强地从谷底爬出来，看着自己一点点变好。"

寒假过后，我检查她的假期作业，看得出她答得很吃力，好在够顽强，每道题不管对错都答得满满当当。新学期开始没多久，我就发现纹子开始写作业了，单元检查测试也偶尔能及格。一次上课，我要检查生词听写，她原本游离的眼神突然热切地投向我，仿佛满脸都写着"快叫我，快叫我"。

可是这单元生词很多，纹子能板演下来吗？如果过于糟糕，她刚刚鼓起的信心会不会又受打击呢？我的脑子飞速运转着，最终选择了相信她。听到自己的名字，纹子深吸了一口气，慢慢站起来。

纹子仿佛在家听写过多遍了，20个单词全对。同学们都惊呆了，短暂的惊讶后，全班开始为她鼓掌。我永远也忘不了纹子听到掌声时的那种眼神，怯弱中带着骄傲，随即又化成一种笃定的自信，仿佛这掌声早就应该为她响起。

后来，纹子如愿考上了理想的高中，去年又考上了心仪的大学。拿到录取通知书的那天，她在朋友圈里这样说道："在我最低落迷茫的时候，班主任给我发了一条短信，告诉我这个世界上最幸福的事就是看着自己一点点变好。这句话就像是一座灯塔，让我在波涛翻滚、泥沙俱下的大海里有了方向。感谢没有放弃我的老师们，更感谢锲而不舍的自己。"

人的一生就像一场盛大的马拉松，只要不放弃自己，迟早会追上来的。而作为班主任，更不应该放弃任何一名学生，永远不要忘记用为师者的真诚去鼓励渴望肯定的心灵。

（段伟：湖北省英山县实验中学教师）

五、真题大放送

1. 第二届长三角地区班主任基本功大赛情境问答题（小学组）

据上海市进行的一项关于师生关系现状的调查显示，有58%的教师说自己“很爱”或“尚爱”学生，可是却只有5.61%的学生明白地感受到这种“爱”，“没注意”“不知道”的占46.5%。也就是说，教师付出的“爱”，只有1/10左右被学生“领情”，另外的9/10未产生预期的效果，甚至起到了事与愿违的副作用。一方面，教师确信自己付出了爱；另一方面，孩子却肯定自己很少体验到爱。投入如此之多，而效果却如此之少。

请你以自身或周围的例子，讲述教师在爱的表达中收获的成果或遭到的不解，并反思问题根源，应该如何改进？

2. 第二届长三角地区班主任基本功大赛情境问答题（初中组）

今年1月11日17时27分左右，14岁的七年级学生强强（化名）背着书包从11楼跳下身亡。书包里有他抄写的成绩单。强强是内蒙古呼和浩特实验中学的学生。警方推断，强强轻生是期末考试排名从全年级的290多名落到了600多名后，不堪忍受压力所致。

作为一名教师，从这位七年级学生轻生中应当如何反思我们的教育？

3. 第三届长三角地区班主任基本功大赛情境问答题（小学组）

据媒体报道，今年教师节，黑龙江哈尔滨依兰县高级中学高二年级（17）班学生未给科任教师买礼物。该班班主任冯超群对此极为不满，在班里训了学生足足一节课，公然向学生索要礼物并谩骂学生，现场录音中不乏“不要脸”“废物”等字眼。一名学生家长在接受媒体采访时说：“后来现场同学们就合计，老师都这样发火了，现场集资。然后同学们三元五元那么掏，凑了400元左右，外加上班费200多元，一共600多元。孩子们凑了钱给他们买了礼物。”

依兰县教育局依据相关规定，给予冯超群撤销教师资格处分，清除出教师队伍。依兰县纪委给予依兰县高级中学校长、党总支书记宿金来党内严重警告、行政记大过处分，依兰县县委组织部免去了宿金来的校长职务。

作为班主任，请你谈谈对这件事的看法？如果你遇到这种事情，该怎么处理？

4. 第三届长三角地区班主任基本功大赛情境问答题（小学组）

有一次小明没做作业，盛怒之下，我严厉地批评了他，并当着他的面打电话告知他父亲。小明听我打完电话后，像暴怒的狮子一样向我扑来，发狂似的要和我“决一死战”。当时，凭借体能的“优势”，我勉强控制住了他。等家长到来后，小明在父亲劈头盖脸的训斥和威吓下向我道歉，此事以教师的“胜利”宣告结束。但此后小明见到我就远远避开。看着“退避三舍”的小明，我心里很不是滋味。这种情况一直延续到小明毕业，成了我心中永远的伤痛。

请评价这位老师的教育方法，当学生不接受老师批评出现极端行为时我们该怎么办？

5. 第三届长三角地区班主任基本功大赛情境问答题（小学组）

某小学10岁男孩军军，在语文课本上留下“老师我做不到，跳楼时我好几次都缩回来了”的遗言后，从30层高的楼上跳下。据报道，事发前语文老师曾因军军不遵守会场纪律批评了他。当天学校举行诗歌朗诵比赛，包括军军在内的几个孩子说说笑笑，影响了班级荣誉，老师留下4名学生批评教育，并要求学生写1000字的检讨。军军哭着问：“要是写不到1000字怎么办？”老师说：“还没做就说自己不行怎么可以呢？”

请你评价这位老师的教育方法。如果是你将如何处理？

6. 第三届长三角地区班主任基本功大赛情境问答题（高中组）

李老师在《为了自由呼吸的教育》一书中记载了这样一个故事：有两位高一男生，从失修的砖墙缝向学校女厕所偷窥。这样的行为，按照常规肯定被认为问题严重。但是，李老师没有轻易给学生下结论，没有盲目地进行批评教育，而是从关注学生心灵出发，实施了保密、充实校园生活、调动家长的教育力量、安排优秀教师和他们交朋友等一系列教育措施，帮助他们在不知不觉中度过了危险的河流。

请你对李老师的教育方法进行评价。如果是你将如何处理？

7. 2013年浙江省中小学班主任和德育导师基本功大赛面试题（高中组）

吴老师是一位高中班主任，工作中爱岗敬业，所带班级的考试成绩总是在平行班中名列前茅。但是，他们班却有一部分同学不买她的账，学生评价老师时也给打很低的分数。尽管原因是多方面的，但是，张老师不支持学生参加校内和校外的兴趣小组是重要原因之一。具体表现是，学生中午吃完饭必须马上回教室休息，绝对不能去参加合唱团、街舞社之类的活动，也不能在体育场打篮球、踢足球。

你怎么评价吴老师的做法？你又如何指导学生正确处理参加课外活动和学习之

间的关系？

8. 2015年浙江省中小学班主任基本功大赛情境模拟题（小学组）

小张是今年刚毕业分配来的新老师，学校安排她带高年级的课。为了把课上好，她平时努力和学生搞好关系，学生也很喜欢她的开朗和时尚。但遗憾的是，课堂纪律管不好。她也多次虚心向老教师请教，管理方法丰富多彩、“软硬”皆施，但效果并不乐观。而且，每种方法一开始还行，过段时间就不灵了。小张觉得她和学生已经成为朋友了，可是，她的课堂纪律分数却这么糟糕？关键时候学生怎么一点都不给她面子呢？小张感到无奈又迷茫。

请帮助小张老师分析一下她的问题，并给出可行的建议。

9. 2015年浙江省中小学班主任基本功大赛情境模拟题（小学组）

“六一”前夕，学校开展了“给贫困地区小朋友送温暖”的活动。同学们带来的礼物都快把讲台堆满了。同学小A的父母因是外来务工人员，所以，她只捐了一本童话书，虽然标价不高，却是她最喜欢、最宝贝的书。跟在小A后面的同学小B把一只大大的纸盒重重地放上讲台，很自豪地说：“最新式的四驱车模，我爸说，200元钱呢。”有的同学露出羡慕的神情。

作为班主任的你，怎么对这个活动进行总结？

10. 2015年浙江省中小学班主任基本功大赛情境模拟题（高中组）

为了更好地激发学生的主体作用，管理好班级，班主任朱老师在班级实施以下措施：（1）在新生报到的第一天，叫出学生的姓名并表示欢迎；（2）记住学生的生日，在学生生日那天送上老师的生日祝福和生日礼物；（3）让学生自主选择同桌，但要承诺不违反纪律；（4）以寝室为单位对班级进行每周一次的轮流管理；（5）组织班级每周一次的班级主题论坛，让每一个学生都有上台的机会；（6）让优秀学生申请“绿卡”，享受自由选择学习的权利……

请分析朱老师这种班级管理模式的意义和教育价值。

11. 2015年浙江省中小学班主任基本功大赛情境模拟题（高中组）

李老师是某高中一名年轻的新班主任，刚走上工作岗位的他，为了了解和接近学生，获得学生的信赖，他与学生一起参加课外活动，甚至校外活动，如打球、下棋、逛电子游戏厅等，几乎对学生的各种愿望都是有求必应。但结果是不仅学校领导批评他，而且班上同学也对他的管理方式颇有微词，抱怨老师偏心。为此，李老师非常苦恼。

（1）你如何评价李老师这样的做法？

（2）假如你是李老师，今后你会如何改进工作？

12. 2015年浙江省中小学班主任基本功大赛情境模拟题（高中组）

自从做了班主任，他不敢有丝毫松懈，从早上的早读课开始就到班里检查纪律，中午还经常跟班上学生坐在一起吃饭、聊天，晚上也要等学生全部回家后自己才回家，遇到事情总要对学生千叮咛、万嘱咐，生怕没做到自己该做的事情。满以为尽到了做班主任的职责，可是有些同学不理解，认为老师盯得太紧，像监督他们一样，甚至有些同学对老师产生了抵触情绪。

（1）请你分析产生这种问题的原因？

（2）你认为他应该怎么办？假如你做班主任，你认为平日里该如何与学生相处呢？

13. 2016年浙江省中小学班主任基本功大赛情境模拟题（小学组）

小芳原本是个爱提问的人。有一次语文课上《春晓》时，她有疑问，便问道："老师，您说诗人春天好睡觉，连天亮都不晓得，那他夜里怎么能听见风雨声呢？"老师很不以为然地说："这有什么好奇怪的，早上起来看到地面积水不就知道了吗？"小芳还想再问，老师挥手让她坐下。小芳感到很尴尬，以后就很少提问了。

请你评述这位老师的做法。如果是你，将怎样对待小芳的提问？

14. 第五届长三角地区班主任基本功大赛情境问答题（高中组）

这周班会课的主题是"感恩"，你在班会上播放的视频是一则公益广告：一个孩子看到劳累了一天的妈妈下班回到家后给奶奶洗脚，自己也悄悄打了一盆水端到妈妈跟前……播放过程中，有几个学生对视频的内容指指点点，还嬉笑成一团。此时，作为班主任的你……

15. 2015年浙江省中小学班主任基本功大赛情境模拟题（小学组）

班上有个同学走路有点跛，平常就有同学常学他走路的样子，开他的玩笑，还给他起外号。作为班主任，我觉得应当批评那些不尊重残疾同学的行为。但转念一想，这样一来也同时会伤害了残疾学生的自尊心，我一直在寻找一个恰当的方法。

请你给这位班主任找到一个恰当的方法。并请说说你对生命特点尊重的理解。

10. 师生冲突类

——你的柔情我永远懂

“冲突”一词在《辞海》中的解释有两种：一种是指争斗、抵触与争执；另一种是指心理学上的名词，即两个或者两个以上互相对立的需要同时存在而又处于矛盾的心理状态。而在人际关系的定义中，“冲突”则是指发生在两人或者两人以上因为某一方的行为妨碍了他方需要的满足，或是双方价值观念不协调，而发生的“交战”或是“互撞”行为。

一般来说，“冲突”定义为两个或两个以上的人在一定的情境下交互作用的产物，由于双方在价值观、需要、利益等方面的不同而引起的在观点、行为等方面的矛盾、对立和对抗。

虽然对于“师生冲突”的定义，国内外学者对其理解都有一定的差异，但也存在共性：其一，师生冲突是一种互动，是存在于教育情境中的互动；其二，师生冲突的主体是教师与学生双方，不能把责任仅仅归结为其中一方；其三，师生冲突的发生反映了教师与学生在价值观、地位、目标，或是利益等方面的差异；其四，师生冲突现象十分普遍，是一种正常现象；其五，师生冲突表现形式多样，可以是对抗性的，也可以是非对抗性的。

一、真题分析

1. 2020年浙江省中小学班主任基本功大赛情境模拟（小学组）

今天，班长突然跑来办公室：“小红哭了！因为小明嘲笑她发育了，还穿小背心！”班主任来到教室，见所有同学指着小明窃窃私语。班主任把两位学生叫到办公室简单调解了一下，小红表示原谅了小明。到了晚上，班主任接到了小明妈妈的电话：“小红的妈妈打电话来说我们小明欺负她女儿，还说我们耍流氓！”

如果你是班主任，你会如何处理？

【案例分析要点】

(1) 案例主要考查班主任引导小学生树立科学的生理发育观，并能有效化解家长过度介入儿童冲突的能力。

(2) 班主任要认识到，儿童对于异性学生正常的生理发育现象，产生好奇是正常的心理反应，但不能借此嘲笑同学。要以此为契机，在班级开展适当的性教育，化解儿童对正常生理现象过分的好奇心。

(3) 对家长做好解释和引导，提醒家长在家庭生活中对孩子身心发育现象进行适当的说明和指导。同时，引导家长尊重孩子的主体性，不过分介入孩子之间的冲突，培养孩子自己解决人际冲突问题的能力。

2. 2020年浙江省中小学班主任基本功大赛情境模拟（高中组）

一年一度的校运动会即将开始了。班级同学都特别期待在这次校运会上能有出色的表现，为自己和班级争光。在填写参赛表格时，却发生了这样一件事：小马想要报名参加跳长绳比赛，但其他同学却开始议论纷纷："老师，他体育成绩一直都很差的，让他参加，我们班还没比就是倒数第一啦。""老师，您忘记啦？他上次代表我们班参加接力跑比赛，本来都快赢了，结果轮到他时棒子掉在地上害我们第一名拿不到了，倒霉透了。"连体育委员也悄悄拉了下班主任的衣服："老师，要不派小李去吧？他体育成绩超棒，有他在我们班肯定在校运会上大胜而归！"

如果你是班主任，你该如何处理这件事？

【案例分析要点】

(1) 主要考查班主任怎样处理学生的意愿和成绩冲突的问题。

(2) 肯定小马的积极性和全班同学的集体荣誉感，同时了解小马报名参加的原因。

(3) 指导学生正确看待以前的失败与现在比赛的关系。

(4) 给学生一个训练和选拔的机会。

(5) 如果最后小马无法参加比赛，给他一个更适合的岗位。

3. 2017年浙江省中小学班主任基本功大赛情境模拟题（小学组）

二年级体育课上，体育老师按照课程要求在一节课中让孩子进行了慢跑、坐位体前屈、跳绳400个。A同学回到家后，晚上出现了梦游现象。几个星期之后，A的爸爸来到学校讨说法：一节课让孩子跳绳400个，成人都受不了，你们怎么可以这样折磨孩子？我的孩子现在出现了梦游，中药吃了、西药吃了都没效果。你们说怎么办吧？我只要我的孩子活着出校门！

如果你是班主任，该怎么办？

【案例分析要点】

（1）体育老师行为的合理性分析：教学是否规范，是否符合运动规律？内容、运动量是否符合大纲要求，符合学生实际？学生出现身体不适，是普遍现象还是个别现象？

（2）班主任引导体育老师正确开展体育活动，兼顾整体要求和个别学生的特殊情况。

（3）引导家长正确对待体育活动；引导家长认识孩子增强体质、提高运动能力的重要性。

4. 2017年浙江省中小学班主任基本功大赛情境模拟题（高中组）

你班的学生嫌学校发的校服难看，想尽办法进行修改。有的直接拿到裁缝店，有的自己动手"修修补补"，如放裤腿边、拆松紧带等。被"改良"了的校服基本已经没有原来的"精华"了。

学生处陈老师实在看不下去了，和你班的学生进行了对话。

陈老师：好好的校服改成这样，松松垮垮的，一点精神都没有。

学生：这样穿着舒服、自在，现在市面上就流行这种款式的。

陈老师：学生就要有学生样！你们就喜欢哈韩、哈日的，有什么好看的？

学生：所有人都穿成一样，才不好看呢，没个性啊！陈老师，能不能让我们自己选择样式啊？

陈老师：让你们自己选，那还不乱套了！

陈老师来到你办公室，向你反映了这些情况，请问你会怎么处理？

【案例分析要点】

（1）主要考查班主任对学生诉求与学校管理的冲突的认识和引导。

（2）在了解班级现状和学生诉求的基础上，向学生说明定制与选择校服的程序，并强调校服是学生角色的制服。

（3）在尊重学校规定的基础上，委婉地向陈老师指出他的回答有改进完善的地方，并给学校管理提出建议：让学生、家长代表参与校服的定制与选择。

（4）反思学校教育的任何环节都应充分了解学生的需求，学校管理、班级管理中规范的落实需要充分考虑学生的民主诉求。

5. 2018年第七届长三角地区中小学班主任基本功大赛情境模拟题（小学组）

学校每年都会举办红领巾跳蚤市场，通过义卖募集善款。义卖品都是由学生自愿捐出的，每个班级一个摊位进行销售。

今年，小明成了同学们议论的对象。原来他把买来的东西再加价卖给同学，以此赚取差价，一来二去，他最后不仅买到了几样玩具，还赚了5元钱。

有同学向班主任反映了这一情况，批评小明没有爱心，还说小明是在骗钱，建议小明把“非法所得”全部捐出来。如何处理呢？班主任很头疼，因为小明为此次义卖已经捐过玩具，而且他的“收入”完全是在双方自愿平等的基础上获得的。

如果你是小明的班主任，你会怎么处理？

【案例分析要点】

（1）本题主要考查教师如何引导小学生树立正确的义卖观。

（2）针对小明的问题，班主任首先应在全班同学面前肯定小明的行为并非是“骗钱”和“非法所得”，因为交易过程中双方完全出于自愿，并不存在欺骗或强买强卖行为，符合市场平等互惠的交易准则。

（3）要引导小明认识到，义卖与市场交易行为并不完全相同，市场行为的主要目的是赚取利润，但义卖最重要的是帮助他人，培养自身关注公益、热爱慈善的观念和习惯。

6. 2018年长三角地区中小学班主任基本功大赛情境模拟题（高中组）

寒假开学后，小李的妈妈来到学校，向班主任反映小李用自己的压岁钱偷偷买了一部苹果手机，为此事，母子俩在家里起了争执。小李妈妈认为家境也不是非常富裕，使用苹果手机很浪费，而且还担心小李玩手机会上瘾，请老师帮忙劝劝孩子：一来花钱不要太大手大脚，二来高中还是要以学业为重。班主任找小李了解情况，小李坦然地说压岁钱是自己的，想怎么花就怎么花，况且，原来的手机上网太慢，所以就换了手机。

面对理直气壮的小李，作为班主任的你该如何做？

【案例分析要点】

（1）希望不受家长干预使用自己的压岁钱，是高中生自我意识发展的体现。教师要引导学生体会真正的成熟，不仅是会合理地使用自己的钱，更要会合理地使用手机，合理地支配自己的时间，合理地规划自己的未来发展，从而引导孩子实现自我教育、自我管理。

（2）教师要指导家长首先对压岁钱的权属有所认识，明确高三学生自己支配压岁钱是合理的。其次学生使用金钱时不考虑家庭情况，是由于家长没有让孩子承担家庭的责任，也没有在家庭中开展理性消费的教育。

（3）在班级中开展消费心理辅导活动。

二、路径探究

（一）师生冲突的类型

针对师生间发生的冲突表现，依据不同的标准，大致可分为以下几种冲突：

根据师生发生冲突的心理机制可以分为：情绪冲突、言语冲突和行为冲突。情绪冲突比较常见地表现在课堂上，例如教师由于学生不遵守纪律而发怒，或是教师的某些话语引起学生的抵触情绪等。言语冲突主要表现在教师对学生的口头批评，学生口头上的接受与不接受以及学生背后对教师的负面议论与评价。行为冲突是矛盾进一步激化的表现，比如课堂上教师对不遵守纪律的学生进行口头批评达不到效果后，采取对学生进行罚站等措施，学生因不满这种处罚而进行反抗由此产生行为上的冲突。通常情绪冲突达到一定程度时就会转化为言语冲突，而言语冲突的激化就会成为行为冲突。

根据师生冲突发生的时空可以分为：课内冲突和课外冲突。课内冲突是指师生之间在课堂教学时间内发生的冲突，如学生故意不遵守纪律，扰乱课堂秩序，公然顶撞老师等。课外冲突则是指发生在课堂教学时间之外发生的冲突，如不合理的“分班制度”“座位制度”，教师拖堂、布置作业过多或是不合理等引起学生的对立和不满等。

根据师生冲突的表现形式可以分为：显性冲突和隐性冲突。显性冲突表现为公开的对抗行为，如师生之间的辱骂、人身攻击甚至打斗行为。隐性冲突则主要表现为一种紧张的状态，师生之间可能没有正面的交锋，教师可以用漠不关心、熟视无睹、不负责任来表达自己的不满，而学生则可能用不抵抗的消极态度来抵制教师的要求，虽然没有直接的言语与行为对立，但是双方在态度和情绪上的对立使得双方在互动过程中呈现出一种明显的不和谐的氛围。

根据师生冲突的对立程度可以分为：一般性行为冲突与对抗性行为冲突。一般性行为冲突是指教师和学生之间发生的对立或对抗行为比较轻微，教师在一定程度上可以控制这种冲突，将冲突的影响降到最小，一般对教育教学秩序影响不大。而对抗性行为冲突是指教师和学生之间发生激烈的对抗性行为，其表现较为严重，教师对学生的控制力降低，甚至自己也出现行为失控，学生的对抗情绪也很激烈，师生均处于非理智的状态下，表现出自己对对方的不满和敌意，矛盾激化到一定程度就会发生过激行为，如辱骂、殴打等。

总体来看，以上几种师生冲突的分类都是相对的，现实状况中师生冲突的表现和变化都是很复杂的，不是简单就能区分的，往往是相互交叉和重叠的。

（二）“慎”对冲突

“慎”对冲突隐患。只要我们留心，其实很多冲突可以消灭在萌芽之中。比如说在冲突的萌芽阶段，当我们批评学生时，学生脸色改变、情绪激动，或显露出轻视教师的表情时，我们应及时停止批评，不要把矛盾激化；当学生不服从教师管教，不理睬教师的命令，或对教师怒目相视、言语互不相让、气氛紧张时，我们要知道适当地转移话题，或者幽默下台，一定不要等到孩子奋起反抗的时候，才知道处理过火了。

冲突中“慎言慎行”。有的老师特别是年轻气盛的老师，学生顶嘴了，就怒发冲冠，以牙还牙，破口大骂，有的甚至与学生对打！表面看老师理由很充分，自己辛辛苦苦地教育学生，还被学生羞辱，太过分了。但仔细想想，学生是受教育者，我们怎么能够弱智到和孩子一样了呢？这样想就应该知道“慎言慎行”了，一个被学生牵着情绪走的老师，是不称职的老师。

“慎”对情况分析。学生和老师发生冲突，有些不单纯是思想问题，还有心理问题，我们应该谨慎分析。比如有些孩子有强烈的对抗心理，往往把教师、同学和朋友的批评、帮助理解为跟自己过不去，认为周围的人都在轻视自己，伤害自己，与自己作对，因此在情绪上极为不满。对这样的孩子，我们要深入了解情况，科学分析原因，然后才能够对症下药。

“慎重”出台措施。一位班主任曾经和学生发生过矛盾冲突，班主任严肃地一次次找他谈话，一次次地挑他的毛病，弄得他对班主任很抵触。后来无论班主任怎么努力，有他在课堂纪律就好不了。到学生家家访，家长反映他在家却是个乖孩子，不相信班主任反映的情况，甚至对班主任产生了误会。那个学年是这位班主任最失败的一年。从那以后，无论处理什么样的问题，这位班主任都要在自己心里问一句："这个措施是否慎重？"

（三）如何避免师生冲突

情绪把控最重要！多一点技巧，少一点冲突。

有时候，班上的学生淘起来真的能把人气得不轻。但是，老师一定要注意把控自己的情绪，不要冲动，不要真的和孩子生气。

作为专业的教育工作者，老师可以尝试自我调节心态、自我调节情绪，努力在复杂的情绪氛围内控制自己的情绪，进而避免师生矛盾的产生。

一位老师这样写道：记得有一次，学生正按我的要求默写课文，只有一位学生在做数学题，他平时就重理轻文，有些自傲。我当时很生气，真想大喊"某某给我默写课文！"但我意识到他那么要面子，态度强硬不会让他马上收起。我静观其变，果然他无动于衷。我走到他跟前，说："哟，某某都要成小数学家了，语文老师可要'吃醋'啦！"这位同学顿时脸红了，尴尬地冲我笑了笑，赶紧加入默写的行列。巧用幽默化解冲突，这就是一种特别明智的方法。

师生距离要拿捏好！因人而异强化感情互动。

老师与学生之间的关系非常微妙，过远则有生疏之感，过近则生戏谑之忧。

与学生保持多大的距离才适当呢？其实距离也要因人而异，区别对待。比如对那些比较自卑的学生，应该与他们保持较近的距离，对他们多加鼓励，唤醒他们向上的动力；对于那些性格活泼、"吃硬不吃软"、自制力较差的学生，应该与他们保持相对较远的距离，用距离的空间形成其心理上的"威慑"，给他们一种威严，唤醒其自责、自省的意识。

适当给个"台阶"下！老师也需要给学生留些"面子"。

给学生留点"面子"和"台阶"既是给自己留"台阶"下，也是用行动去感化学生。学生都是有自尊的人，不管是好学生还是后进生。有的学生性格倔强，承受能力差，如果老师的话太直接，他们一般接受不了。在这方面，陶行知先生四块糖的故事已经成为教育经典，启发着千千万万的教育工作者。

对学生进行合理"批"与"评"。

批评学生要做到精确无误，"批"与"评"有机结合。批，是对学生的错误或缺点予以指出、纠正。评，是对学生所犯错误进行评论、评判。批评的目的在于通过批评达到纠正、帮助、指导的目的，使被批评者找到差距，明白事理，避免重犯。

（四）冲突发生了怎样解决

静观其变，首先，冷静自己的情绪。顶撞事件发生后，大多数学生的心理会很敏感、很脆弱。所以，在事件发生后，先不要急于采取行动，而是要保持冷静，静下心来思考。突发事件最能体现班主任的自控能力和应变能力。

其次，抽丝剥茧，静下心来分析事件背后的原因。有时候，发生了顶撞，不妨彻底分析一下。

有位老师遇到过这样一位学生，他很调皮，在班里的学习成绩也很一般。由于父母经常赌博，甚至在家里开设赌场，孩子没有一个安静的学习环境，并且父母经常由于输钱而吵架，有时候还会拿孩子撒气，家庭的影响给孩子的心灵留下了很大的创伤。有一天上课，孩子心不在焉，这位老师就把他叫起来回答问题，孩子站起来大声说："我不会！"老师说："不会，怎么还理直气壮的？"他说："不会就是不会，干吗不叫那些会的人！"当时就和老师较上劲，老师很生气，觉得孩子在无理取闹。

但事后回想孩子一连串的表现，意识到他的不敬、顶撞只是表面现象，在孩子的内心深处并不是愿意这样做的。于是课后找那个孩子谈话，谈话过程中老师没有责备他的"不敬"，而是从内心深处了解孩子顶撞老师的原因。此后，这位老师还深入到孩子的家里，和家长做了一次长谈，家长也意识到自己的做法给孩子带来的伤害。从那以后，这个孩子每天都能以积极饱满的心态来对待学习了。

再次，拿捏方法，批评也是一门艺术。

老师在批评学生时要拿捏好分寸。对于普遍存在的不良现象可以通过在公开场合召开大会或以公告、通报等形式进行批评，使当事人深刻反省，对其他同学也起到警示提醒的作用。

对于个别及少数同学的问题宜采取个别谈话的方式进行，尤其是在面对性格较为内向的学生时。

情绪变动同个人性格紧密相关。对于内向型同学，批评的重点在于开导，态度要和缓，必要时可避开其他同学，以保护此类学生的自尊心；对于外向型同学，批评要采取以柔克刚的办法，任其倾诉宣泄后，再与其讲道理。

（五）引导学生形成对社会的正向情绪体验

1939年，第二次世界大战的阴云笼罩着整个意大利。纳粹的势力日益强大，墨索里尼推行强硬的种族歧视政策。圭多是一个外表看似笨拙，但心地善良、性格憨厚并且天性乐观的犹太青年。他对生活充满了美好的向往。一次偶遇，圭多结识了多拉，两个人结婚生子，有了一个乖巧可爱的儿子乔舒亚。因为有犹太血统，在乔舒亚五岁生日这天，纳粹分子抓走了圭多的叔叔、圭多和乔舒亚，强行把他们送往犹太人集中营。当多拉和乔舒亚的外祖母兴冲冲地回到家里，只见人去楼空，家里被翻得乱七八糟，多拉明白了眼前所发生的一切。她虽没有犹太血统，但坚持要求和圭多、儿子一同前往集中营，多拉被关在女牢里。

圭多不愿意让儿子幼小的心灵从此蒙上悲惨的阴影。在惨无人道的集中营里，圭多一面千方百计找机会和女监里的妻子取得联系，向多拉报平安；一面保护和照顾幼小的乔舒亚，他哄骗儿子这是在玩一场游戏，遵守游戏规则的人最终计分达到1000时，就能获得一辆真正的坦克回家。天真好奇的儿子对圭多的话信以为真！就这样，虽然在集中营的恶劣环境中，每个人都几乎看不到生活的阳光和希望，但圭多却以游戏的方式让儿子的童心没有受到任何伤害，让孩子的心里充满生活的希望。最后圭多惨死在德国纳粹的枪口下，但乔舒亚却健康地活了下来。

尽管战争很残酷，生活很残忍，但这位乐观的父亲却用自己的智慧让孩子在黑暗中看到了希望，在绝境中找到了生机，用自己的积极状态打开了孩子的生命之门，让孩子的内心充满快乐和美好。

智慧的家长永远懂得心灵影响心灵的道理，懂得把生活的阳光折射给孩子，把积极的情绪传递给孩子。

班主任也应如此。当学生对学校不满时，班主任不要总将责任推卸给他人，要告诉学生，社会的消极面、生活的困难面必然存在，关键在于自己如何去适应，如何去应对。

要让学生能融入社会，首先要让学生能接纳生活，接纳他人。社会所呈现的不光是美好的事物，他人对待学生的方式也并不都是友好的。如果学生不能用辩证的眼光看待这一切，就不能积极看待生活、客观看待世界，就会导致对社会的回避、排斥或者攻击。因此，班主任不仅要引导学生多看生活中光明的事物，感受美好，更要引导学生能从不美好的事物中看到希望。

途径一：引导孩子树立正确的主流价值观

随着中国改革开放的不断深入，西方文化思想的不断冲击，互联网信息的泛滥盛行，多元价值观的冲击，许多孩子在价值选择方面产生了诸多困惑：理想的渺茫，物质与精神追求的失衡，享乐主义、消费文化的盛行，种种触目惊心的道德失范现象使很多青少年的内心产生了信念危机、价值迷失。这些客观存在的现象让很多家长无所适从，甚至有的教师自己也在多元文化自由选择的社会中迷失了自己。

在社会转型时期，思想文化和社会价值观都经历着前所未有的震荡和变革。各种非主流文化以不同的方式和程度影响着青少年文化价值观的形成与发展。作为教师，有责任更有义务帮助孩子树立正确的人生观、世界观。尽管有人把物质享受提到了至高无上的地位，但教师还是不要忘了培养孩子热爱国家、关爱他人、奉献社会的精神；尽管有人将西方的消极文化加以美化，但教师还是不要忘了中华美德和中国传统，培养孩子正直、仁爱的品质；尽管有人见利忘义，损人利己，懒惰成性，但教师还是不要忘了培养孩子心胸宽广的气概，勤劳奋斗、自立自强的精神。

帮助学生树立正确的人生观、价值观和世界观，就是把学生带入了今后人生发展的正确航道，为学生的真正成功指明了正确的方向。

途径二：让孩子学会心理换位，积极看待问题

所谓心理换位，就是指一个人能够站在对方的角度上思考问题。换位思考的实质，就是设身处地为他人着想，用孔子的话说就是“己所不欲，勿施于人”。培养学生学会心理换位，实际上就是帮助学生建立体察他人感受、理解他人处境的一种能力。生活当中，学生经常会遇到被误解、被冒犯的事情，许多学生只习惯于从自己的角度思考问题，而不习惯于站在别人的角度上思考问题，导致面对问题时不能释怀。如果教师能引导学生去换位思考，会设身处地多为对方设想，生活中的许多矛盾就很容易化解，学生对社会的不满和抱怨就会减少。

心理换位从另一个层面而言就是多几种看问题的角度，多几种考虑事物的方式。生活往往就是这样，当我们遇到烦恼、不顺心的事，如果换个角度、换个思路重新思考一下，就会发现世界大不一样。因此，当学生出现抱怨，感到不公，遇到困境而出现消极状态时，不妨引导学生换一种角度看问题，以积极的方式来评价生活，用积极的眼光来打量世界，这样他们内心的积极情绪也自然被调动起来了，为乐观性格的培养打下基础。有一对孪生兄弟，其中一个乐观，而另一个悲观。一天，他们的父亲买了许多色泽鲜艳的新玩具给悲观的孩子，又把乐观的孩子送进了一间堆满马粪的车房里。第二天清晨，父亲看到悲观的孩子正泣不成声，便问：“为什么不玩那些玩具呢？”“玩了就会坏的。”孩子仍在哭泣。父亲叹了口气，走进车房，却发现那个乐观的孩子正兴高采烈地在马粪里掏着什么。“告诉你，爸爸，”乐观的孩子得意扬扬地向父亲宣称："我想马粪堆里一定还藏着一匹小马呢！"培养孩子换位思考，引导孩子积极正向的思维方式，这是培养孩子正向情绪、走向乐观的重要途径。

途径三：怀着感恩看待世界

中华民族自古就有"羊羔跪乳，乌鸦反哺""谁言寸草心，报得三春晖"的优良品德。但现在的孩子因为都是独苗，家里多人围绕一人转，长辈对晚辈付出的很多。为了孩子，很多爷爷奶奶、外公外婆不遗余力，倾心奉献，甘愿付出自己的一切。可在奉献的时候，大家都忘了一件事，从未想到要让孩子学会感恩，让孩子体会他人的付出，体谅他人的辛苦，满足已有的一切。很多孩子认为长辈的爱是理所当然，对自己所拥有的物质条件不屑一顾，甚至还不满足。殊不知，这样的孩子往往无法体会到幸福。一个幸福的孩子，往往能对他人的给予表示谢意，能对自己的付出感到高兴，能对拥有的一切感到满足，当谢意、高兴、满足这些积极的情绪温暖着内心的时候，也就是孩子能够体会幸福的瞬间。所以，作为家长，不要忘记让孩子怀着一颗感恩的心来看待生活，看待世界。在家中，鼓励孩子帮助父母分担家务，让孩子在劳动中体会他人的付出；有好吃的不忘给长辈留一份，与长辈说话要尊重，定期带孩子去看望长辈问候身体，培养孩子的孝心，让孩子懂得知恩回报；不要怕孩子吃苦，创造机会锻炼孩子，让孩子在困苦中体会生活的不易，珍惜所拥有的一切；鼓励孩子走入社会参加公益活动，让孩子感受到为他人服务是一件快乐的事……请家长永远记住，一个越会感恩、越懂得感恩的孩子越幸福！

（六）在集体生活中学会自律

春秋时期鲁国的季文子，官居宰相，生活却十分俭朴。他的全家老小都不穿绸缎，只穿布衣；他家的马不喂粟米，只吃青草。有人嘲笑他太"吝啬"，季文子却回答："我何尝不愿穿绸着缎、乘车骑马呢？可眼看着黎民百姓衣不蔽体、食不果腹，我心中不安啊。我只知道用自己的优良品行为国家赢得荣誉，没有听说用自己的美食良马能给国家带来光荣的。"

东汉的杨震在担任荆州刺史时，发现秀才王密是个人才，便举荐王密为昌邑县县令。后来杨震改任东莱太守，路过昌邑时，王密悄悄来到杨震住处，见室内无人，便捧出黄金10斤送给杨震，杨震摆手拒绝。王密轻声说："现在是夜里，没人知道。"杨震正色道："天知地知，你知我知，怎么说没人知道！"王密听后羞愧而走。

杨震为官公正廉洁，不接受任何私礼，他的子孙也是生活朴素。当有人劝他留点产业给子孙时，他说："使后世称'清白吏子孙'，用这样的好名声作遗产，不是十分丰厚吗？"

明朝杰出的政治家、军事家于谦，虽位居尚书，政绩卓著，但为官廉洁，决不奉承权贵。他调任进京时，有人劝他去送礼。他举两袖笑道："我带有两袖清风"，并作《入京》诗云："绢帕麻菇与线香，本资民用反为殃。清风两袖朝天去，免得闾阎话短长。"后人比喻清贫廉洁、身无长物的"两袖清风"即出于这首诗。

古人的廉洁自律足以让当代的人引以为鉴。自律是人内在自发的一种自我约束，反映的是一个人爱惜自己、尊重他人、净化社会的一种人生境界。

看似自律吃亏，但在自律的过程中却学会了自我约束、自我反省、自我控制，从而使自己得到人格历练和品格提升。这些才是未来适应社会、走向成功的不变法宝。

法则一：言传身教，与孩子一起遵守社会规则

英国教育家斯宾塞说过："野蛮产生野蛮，仁爱产生仁爱"。父母是孩子的第一任老师，孩子无意识地模仿着父母的一言一行。曾国藩很重视自己的一言一行对孩子的影响，凡要求孩子做到的，先要求自己做到。他生活俭朴，传说他吃饭遇到饭里有谷时，从来不把谷一口吐在地上，而是用牙齿把谷剥开，把谷里的米吃了，再把谷壳吐掉。他要求儿子曾纪泽、曾纪鸿也这样做。在教育孩子的过程中，曾国藩既是父亲又是朋友，既是经师，更是人师。他赢得了孩子们的尊敬和爱戴，孩子们都非常钦佩、崇拜他，把他视为自己的人生偶像和坐标。所以，在规则的遵守上，父母一定要做好榜样。父母可以先跟孩子说明遵守规则的重要性，告诉孩子需要遵守哪些规则，大到国家的法律法规、交通规则、社会公德，小到家庭中的日常生活习惯。但父母自己先要做好表率，告诉孩子不乱丢果皮、纸屑，自己就不能随意丢弃烟头、纸巾；告诉孩子要排队守秩序，自己就不能乱挤公交车抢座位；告诉孩子不能乱穿马路，自己就不能乱闯红灯……为了让孩子的规则意识深入内心，变成自律行为，家长需要坚持，不能半途而废。同时，在执行规则的过程中要认真，必要时给孩子一定的奖励或惩罚。如果家长自己也违反了规则，要和孩子一起受罚，这样孩子才会真正重视规则。

法则二：鼓励孩子进行同伴交往

与同伴交往是孩子的一种天性。很多孩子"爱扎堆"，这是孩子需要同伴的一种表现。但现在的独生子女在家中缺少兄弟姐妹，自然就缺少了与同伴交往的机会。如果没有正常的交往，孩子就无法与他人建立友情，会产生孤单、无聊的情绪状态，不利于孩子健康发展。作为父母要鼓励孩子参加集体活动，给孩子一定的空间和时间与同伴在一起。孩子在与同伴的交往中会得到交往的技能，懂得交往的规则，为其成年后的人际交往能力奠定基础。同时为了和朋友融合在一起，在游戏、活动中，孩子们会自发制定规则，自觉遵守规则，这也是孩子未来走向社会时应有的基本素质。而且集体生活给孩子们提供了相互学习和取长补短的机会，通过交往，孩子看到了他人的表现，就会对比自己的行为，如果家长引导得当，孩子还会模仿学习，获得自身能力和素质的提升。

父母不妨从接纳孩子的伙伴做起，欢迎孩子的伙伴到家中做客，热情接待，友好交流。在孩子与同伴交往的过程中要给他们一定的自由空间，允许孩子单独在一起说一些“悄悄话”，鼓励孩子组成小组共同游戏、学习，尊重孩子们在交往过程中的活动和选择。但由于孩子判断是非、自制自控的能力较差，因此，做父母的要积极监控孩子的交往状况，对孩子的活动既不能干涉太多，也不能不闻不问，要给予积极关注和有效指导，帮助孩子在交往过程中获得更多正向的情绪情感体验。

法则三：让孩子从点滴小事、细节做起

让孩子养成自觉自律的习惯不是一朝一夕的事情，家长不能操之过急。自律习惯的养成需要从孩子的点滴小事做起，家长不妨建立一些家规，如在生活中规定进出家门打招呼，饭前洗手，自己的房间自己整理，有东西共同分享，及时跟父母亲交流信息等；在学业上规定回家先完成作业，一周只能上几个小时的网，最晚几点回家等；在身体上规定要有多少运动的时间，不能喝过多碳酸饮料，几点睡觉等。这些看似小事情，但就是这些小事情在规范孩子的成长，建构孩子的规则意识。

家长还要关注孩子的生活、学习细节，抓住契机督促良好行为习惯的养成。也许孩子只是抄了别人一道题，但家长绝不能纵容；也许孩子只是闯了一次红灯，但家长还是要严加教育。细节、小事似乎无关痛痒，但往往能体现一个人的基本素质和人生态度，甚至决定事情的成败。自律习惯的养成要从小事开始，从细节着手，只有这样，孩子才能时时提醒自己，规范自我。

三、名家借鉴

张伯苓：与学生打赌，从此不再吸烟

张伯苓先生是我国著名的教育家，他不但对学生进行言教，而且进行身教。

《南开校史研究》中记载着这样一段故事：

南开中学开设有“修身”课程，这门课由张伯苓校长亲自讲授。有一次下课后，张伯苓与学生闲谈，看到有个学生的手指焦黄，他猜测这个学生一定经常吸烟。于是，严肃地对这个学生说：“你的手指是吸烟熏黄的吧？吸烟有害，应该戒掉！”不料，这个学生盯着校长的烟袋反问道：“您不是也吸烟吗？怎么说我呢？”张伯苓被问得一时语塞，愣了半天，猛地一下把陪伴自己半辈子的烟杆折成两截，郑重地说：“我以后不抽了，你也不要抽了！”他还让人把自己珍藏的烟叶取出，当众销毁。看到年过半百的老校长坚决的态度，这个学生既感动又内疚，恳求道：“校长，我以后不再吸烟了，您就不用戒了。”张伯苓说：“不这样做不能表示我的决心，我与诸同学共同戒烟。”从此，张伯苓再没有吸过烟。

张伯苓成为教育楷模的原因固然很多，但他毕生践行“要教育学生，首先要教育好自己”的教育理念，无疑是重要原因之一。

四、真题大放送

1. 第二届长三角地区班主任基本功大赛情境问答题（高中组）

据媒体报道，四川内江某高三班级窗口悬挂出这样一则冲刺标语：“吾日三省吾身：高否？富否？帅否？否！滚去学习！”学生们都觉得这则标语很有个性，秒杀那种从小到大都听腻了的大道理。该标语是由一位同学拟出、经全班公选后悬挂的。

（1）遇到这种情况，作为班主任要不要管？

（2）请谈谈你对这一现象的看法。

2. 第二届长三角地区班主任基本功大赛情境问答题（高中组）

你发现学生上自习课时使用手机发短信，于是宣布严格执行学校手机不许带进校园的规定，并在家长会上呼吁家长配合。但此举遭到部分学生的反对，认为公民有通信交往的自由，你的行为是对他们自由权利的侵犯，而且，因为个别同学的不当行为就让所有同学不带手机，认为你的处理方式太简单粗暴。也有家长认为使用手机确实也给孩子带来了便利，平常确实也用得着，背地里不支持你的决定。

请对此现象进行分析，你会怎样解决此类问题？

3. 第三届长三角地区班主任基本功大赛情境问答题（小学组）

近来刘老师正被一个问题困扰着：班上学生小志的父母开的饰品店生意很红火，小志学着父母做生意的样子，竟在班上的女生中做起了小买卖，并且靠赚的钱买了自己梦寐以求的变形金刚玩具。当刘老师向小志父母反映情况后，他们竟对孩子的生意头脑沾沾自喜，认为现在是经济社会，孩子在这方面懂一点以后会吃得开。刘老师办公室同事的意见也分成两派：有的认为小学生人小、精力有限，到学校是来学知识的，做小生意弄不好会形成错误的价值观、金钱观；有的则认为，巴菲特就是从小锻炼做生意，长大才成为“金融巨头”的，我们的孩子在这方面缺乏培养。

你如何看待小学生在校做生意的现象？有什么好的建议可以提供给刘老师？

4. 第三届长三角地区班主任基本功大赛情境问答题（高中组）

一年一度的校运动会即将开始了。同学们特别期待在本届校运会上能有出色的表现，为自己和班级争光。在填写参赛表格时，却发生了这样一件事：小马想要报名参加跳长绳比赛，但其他同学却开始议论纷纷：“老师，他体育成绩一直都很差，让他参加，我们班还没比就是倒数第一啦。”“老师，你忘记啦？他上次代表我们班参加接力跑比赛，本来都快赢了，结果轮到他时棒子掉在地上，害我们没拿第一名，倒霉透了。”连体育委员也悄悄拉了一下班主任的衣服：“老师，要不派小李去吧？他体育成绩超棒，有他在我们班肯定能在校运会上凯旋的！”此时，小马把头低下了，一句话也没说。

如果你是这个班的班主任，你会怎样处理这件事？

5. 第三届长三角地区班主任基本功大赛情境问答题（高中组）

王老师刚接手高一年级的班主任工作，班上有一个学生小明，父母离异，父亲生活条件优越，法院将他判给父亲抚养，但小明对父亲的许多做法不认可，一直跟随着母亲生活。父母也为此多次发生矛盾，关系很僵。在高一年级学生参加集体政训出发之前，王老师接到小明母亲打来的一个电话，说小明父亲计划在政训后给小明过18岁生日，并带蛋糕来给同学们分享，她知道这种行为不合适但也劝说不了。果然在第三天的下午，王老师接到了小明父亲的一个电话，说他和小明的奶奶已经到了，带了两个蛋糕来给小明庆祝生日。王老师很生气，认为政训和军训一样是高中阶段最重要的集体教育活动之一，也是培养学生纪律意识的最佳场所，小明的父亲作为一名成功的律师，理应明白在这样的场合搞特殊化是非常不恰当的。

（1）你认为王老师的想法对吗？

（2）如果你是王老师，接下来该如何处理？

6. 第三届长三角地区班主任基本功大赛情境问答题（高中组）

陆老师的班级准备搞一次联欢活动，面对班级中许多人都想争当主持人这一光鲜角色，班主任陆老师觉得民主选举最公平。民主推荐时，一开始还很顺利，不少人推荐有文艺专长、又颇具主持人风采的唐瑶。就在陆老师觉得可以确定时，有个男生推荐黄坤。黄坤在班级里很不起眼，学习成绩差，也没展现出文艺才能，就是人缘好，经常会搞搞笑。在陆老师看来，推荐黄坤有点捣乱的味道。但为了尊重大家，他还是决定对两位候选人进行投票决定，不过陆老师在投票前发表了倾向于唐瑶的讲话。谁知结果出乎意料，黄坤当选。陆老师特别为难，要不要接受这个民主推选的结果呢？

如果你是陆老师，面对这一结果，会如何做？

7. 第三届长三角地区班主任基本功大赛情境问答题（高中组）

进入高二，同学们普遍感到文化课学习压力很大，时间不够用，但这时候学校政教处要求各班组织开展一次以“弘扬民族精神”为主题的社会实践活动。高二年级（8）班有不少学生认为学习任务紧，个人精力有限，不愿意参加学校安排的统一活动。

如果你是高二年级（8）班的班主任，你怎么认识和处理这件事？请阐明理由。

8. 第五届长三角地区班主任基本功大赛情境问答题（小学组）

小朱同学曾因心理问题发生过自残现象，还爬上学校阳台，差点造成事故。因治疗而休学一年。进入新班级后，情绪波动仍较大，几次离班出走，虽然没有离开学校，但是给班主任和同学带来不小的惊吓。偶尔还有如割伤手腕、喝钢笔墨水、掐同学脖子等行为。老师不敢随意批评，怕引发更大的后果，和家长沟通，家长表示只要他能平安长大、毕业，一切随他。

这天，班里又发生了学生打架事件，当班主任正在批评教育这些学生时，其中的小张同学争辩说："老师，这件事是小朱引起的，为什么你只批评我们，不批评他呢?"这时，作为班主任的你……

9. 第五届长三角地区班主任基本功大赛情境问答题（小学组）

小明是一个看起来很老实的孩子，课上认真听讲，课下按时完成作业。这天，小明的一个同桌向班主任老师报告，说他丢钱了，最后在小明的书包里发现了，但小明不承认他拿了同桌的钱。作为班主任的你找来小明……

10. 第五届长三角地区班主任基本功大赛情境问答题（小学组）

小东生性直爽、讲义气，热心班级工作，但对待同学比较粗暴，不太喜欢学习，成绩较差。为此，班主任在他身上投入了大量的时间、精力和心思。

这天课间，小璇闯进办公室质问班主任："老师，您不可以这样偏心，我们一样是您的学生，交了同样的费用，理应得到您同样的关爱，为什么今天您在课堂上当场送给小东生日礼物，而我们却没有呢?"这时，作为班主任的你……

11. 第五届长三角地区班主任基本功大赛情境问答题（初中组）

在诚信教育主题课上，教化学的班主任王老师设置了这样一个情境：在实验课上，小明玩耍打翻了试剂瓶，小华目睹了这一切，老师问小华是谁弄的，如果你是小华，你会怎么说？结果一位被提问到的学生站起来说："如果我是小华，我会说是我不小心碰到了小明，他没站稳才打翻了试剂瓶。我愿意和他一起承担责任。"听了这番话，班里响起了热烈的掌声。这时，作为班主任的你……

12. 第五届长三角地区班主任基本功大赛情境问答题（初中组）

中午，班主任胡老师走进教室，值日生报告说："不知道是谁丢了一块钱，被几个同学在地上用脚踢着玩。"她刚说完，全班同学哄堂大笑，并纷纷议论："一块钱谁在乎呀?""一块钱谁会捡?"这时，作为班主任的你……

13. 第五届长三角地区班主任基本功大赛情境问答题（初中组）

学校为加强校风校纪管理，要求统一穿校服，并作为"文明班级"评选的条件之一。可总是有个别同学违反学校规定，不穿校服。这天，小刚又没有穿校服，班主任找到他时还振振有词地说："校服不好看，而且面料也不好，穿什么衣服是我的自由。"这时，作为班主任的你……

14. 第五届长三角地区班主任基本功大赛情境问答题（初中组）

一天早晨，班主任又和往常一样阅读昨天的班级日记，在"问题聚焦"部分，值日班长小萌记录了这样一段文字："在数学考试时，小A和小B互传纸条，我想学习应该是自己的事情，不能靠别人的力量，即使你一次两次甚至更多次通过作弊取得了好成绩，但最终都不是自己的。希望你们能看见我写的文字，以后不要再这样做了，平时多努力，证明自己的能力才是最重要的。"

班主任看了以后就去询问小萌："小A和小B是谁？"小萌有些紧张，说："老师，我写在班级日记里只是希望他们看到，然后能改正自己的错误，并不是想向您打小报告。老师，我可以不说吗？"这时，作为班主任的你……

15. 第五届长三角地区班主任基本功大赛情境问答题（高中组）

早自修时，你向教室走去，刚走近前门，就听到班级女生小红在大声指责班长擅自动用班费的行为。站在讲台前的小红发现你在门口，先是感到尴尬，接着便决心把愤怒宣泄到底："我不是反对你给班主任吴老师买生日蛋糕，可是你不该在没有征得大家同意的情况下私自行动。"原来班长小玲认为给大家都喜爱的班主任买生日蛋糕不会有人提异议，因此，未经讨论程序就独自行动了。这时，作为班主任的你……

16. 第五届长三角地区班主任基本功大赛情境问答题（高中组）

一年一度的学校歌咏比赛开始了，班主任放手让同学们自己组织准备。班级同学兴致很高，积极参与，提供了很多流行歌曲，但是由于曲目众多，同学们投的票数很分散，始终没有统一意见。虽然最终定下了一首曲目，但马上有同学打听到别班也选了这个曲目。

时间临近，班级还没有开始排练，这天在班会课讨论时，有一部分同学认为不要重复，另选曲目，也有一部分同学认为不能因为别班选了我们就放弃，要和他们PK一场。两派同学意见不一，互不相让。此时，作为班主任的你……

17. 第六届长三角地区班主任基本功大赛情境问答题（小学组）

最近一段时间，各科老师都反映有几个学生作业雷同，连做错的地方也一模一样。通过调查发现，他们每天很早就到学校抄作业，而且抄作业的现象也不仅仅发生在他们几个人身上。晨检时，班主任在班里说了抄作业的危害，但他们不以为然，小刚还调侃说："现在不是流行山寨文化嘛，有必要对山寨作业这么大惊小怪吗？”其他同学哄堂大笑。

（1）如果你是班主任，该怎么办？（表演）

（2）阐述你这样做的理由。（陈述）

18. 2012年浙江省中小学班主任基本功大赛面试情境问答题（高中组）

高二年级（1）班要召开一个“环境与发展”主题班会，班干部建议采用辩论赛的形式，但班主任张老师担心搞辩论赛工作准备量太大，会不会影响学习？

张老师接下来该做什么工作？

19. 2013年浙江省中小学班主任和德育导师基本功大赛情境问答题（小学组）

教师节前后，作为班主任的我接连收到学生们送来的不少小礼物，有书信、手工制作、卡片。也许是抽屉内的礼物堆得太满的缘故，小李同学送我的礼物——一只制作精巧的红色风车跌落在地，被踩坏了。对此我一无所知，直到读了她的一篇日记，说她到我的桌子上去取练习本，偶然发现了那只风车的悲惨命运，很伤心。说万万没有想到风车被弄坏了，老师是如何对待用了一个晚上才制成的小风车的，甚至有了想把风车拿回来的冲动。最后措辞严厉地质问：“老师，您是怎么想的？对学生送给您的礼物竟可以这样不珍惜。”

如果你是这位班主任，你将怎样消除学生的误解？

20. 2015年浙江省中小学班主任基本功大赛情境问答题（初中组）

学校要举行秋季运动会，擅长中长跑的小何同学报了1500米和800米两个项目，可是在比赛的前一天刚好来了例假，她妈妈知道此事后打电话给班主任不同意小何参加比赛，而小何同学为了证明自己更为了班级利益，不想放弃比赛。如果让小何同学参加比赛，班级很有可能拿到年级团体总分第一名的好成绩，否则将会失去这个荣誉。

面对家长的请求、小何的要求、班级的利益，班主任应该如何作出选择？为什么？

21. 2015年浙江省中小学班主任基本功大赛情境问答题（初中组）

由于时间紧迫，沈老师就按照自己的意思，没有经过班级选举，也没有在班级公告，更没有事先告知小柯同学，就把学习成绩优秀的小柯推荐为学校“五星级优秀学生”。但是在颁奖大会之后，小柯同学马上把奖状撕碎扔进了垃圾桶，询问原因，她觉得此奖很假，是靠关系和班主任的喜好而定，而且容易得罪人。

如果你是小柯的班主任，如何避免此类事件的发生？

22. 2020年长三角中小学班主任基本功大赛情境模拟（初中组）

在“致敬最美逆行者”主题教育课上，你正在播放一些护士的光头照片，并且称他们为最美“卤蛋”。一些学生眼中露出了敬佩之情，可是班级男生小王却突然大笑道：“哈哈，光头，尼姑啊！好丑！”随后，班级笑成一团。

当时的你会……

11. 职业认知类

——做学生生命里的摆渡人

班主任做的是学校里最苦最累的工作，同时也是距离快乐最近的岗位。班主任的价值在于成人之美的同时，成就自己的魅力人生。做一名好的班主任，获益的首先是自己，引发的是我们对生命的关照、体察和感悟。所以，请以感恩之心对待我们的职业吧！

世上有一种既如水一般温柔，又像水一样富有力量的东西，那就是悲悯。请以悲悯之心看待班里的每一个孩子，每一个生命都值得我们心存敬畏、慎重对待。

一、真题分析

1. 2020年浙江省中小学班主任基本功大赛情境模拟（小学组）

期中考完后，班主任李老师自掏腰包在班级里给成绩前十的学生发一杯奶茶，大部分孩子鼓掌叫好，谁料小明突然发出“不和谐”的声音：“切，还不是用班费来收买人心。像我们成绩不好的以后不交班费了，反正啥也得不到……”现场一片尴尬。

如果你是李老师，这时你会怎么做？

【案例分析要点】

（1）案例主要考查班主任的教育公正观念以及对学业后进生进行有效激励的意识和能力。

（2）案例中班主任的做法暴露了成绩至上的教育观，也体现了该班主任对学业后进学生较为漠视。

（3）班主任需要树立全面发展的教育观；需进一步提升表扬和激励的艺术。

2. 2017年浙江省中小学班主任基本功大赛情境模拟题（小学组）

学校要举行广播操比赛。在班主任陈老师的组织下，同学们都在很努力地练习，希望可以为班级争光。但是随班就读的豪豪同学反应慢，动作总跟不上。在得知学校允许一个班级可以有两名学生请假的规定后，有的同学提出让豪豪也请假，也有的同学认为这样做不妥，由此班里议论纷纷。

如果你是这位班主任，你准备怎么处理这个问题？

【案例分析要点】

（1）主要考查班主任的“政绩观”：班级管理的目的是着眼于班级的名次和班主任自身的个人荣誉至上，还是不抛弃、不放弃每一位学生？

（2）引导全体同学形成积极、正面的班级荣誉观。

（3）利用比赛的契机，激发学生关心和帮助个别落后的同学，对他们在动作技能和班级融入方面进行指导和帮助，树立互帮互助的班风。

3. 2018年浙江省中小学班主任基本功大赛情境模拟题（高中组）

开学了，张老师接手一个高三新班级，班内学习气氛很好，学生们都有自己的高考目标，所以整个班级成绩也不错。但让张老师头疼的是学生不注重甚至不屑做身边的小事，比如卫生值日等，经多次提醒，情况依旧，有的同学甚至认为做值日是浪费他们的学习时间。今天劳动委员又匆匆跑到张老师办公室告状：“老师，今天值日生又没有打扫教室。”

如果你是班主任，该怎么办？

【案例分析要点】

（1）主要考查班主任的教育职责。

（2）了解学生对身边小事的真实看法。

（3）组织学生讨论身边小事与学习的关系，指明两者并不矛盾，且能相互促进。

（4）明确学生的任务不仅仅是学习，更重要的是做人以及对自己和集体的担当。

（5）组织学生讨论制定班级常规和相应的保障措施，保证事事有人、人人有事。

二、路径探究

（一）何为班主任

可从以下三个层面来理解。

首先，班主任是一名教师。他们“有理想信念、有道德情操、有扎实学识、有仁爱之心”，能做到“理念自信、道路自信、制度自信”；他们以忠于教育事业的情怀、一心为公的精神，帮助学生“扣好人生的第一粒扣子”；他们以“捧着一颗心来，不带半根草去”的价值追求，给学生生活上的帮助、行为上的指引、思想上的启迪；他们不忘“学高为师，身正为范”，弘扬高尚师德，潜心立德树人，他们是追求教育艺术、道术、仁术、学术和技术的代言人。

其次，班主任是一名优秀教师。优秀教师更其责任。教师的责任是引导学生超过自然境界，跨过功利境界，进入道德境界，向往天地境界，让每个学生真正地成为自己的自己、更高大的自己、对国家民族和人类有更大贡献的自己。优秀教师更具智慧。智慧借助知识，最终却超越知识。优秀教师更为“绅士”。绅士就是一个从来不会给别人带来痛苦和麻烦的人。这意味着绅士不仅包括自身修养，还包括对外界的态度。

最后，班主任是一名未来的教育家。热爱教育是教育家根植于心的修养，献身教育是教育家无需提醒的自觉，建树教育是教育家深入骨髓的追求。一个优秀的班主任就是一位教育家。优秀的班主任会以高尚的人格、创新的能力、无私的精神，全身心地投入到班集体的建设和促进学生全面发展的活动中，真正体现教育者在培养人、教育人、塑造人中的价值。

（二）班主任的幸福观

勤奋学习、渊博学识是幸福教师的不竭源泉

在当前科学技术突飞猛进、知识信息日新月异的时代，仅靠在学校教育中获得的那点知识，已无法满足人们工作和生活的需要，学习自然成了生活的一部分，成为人们安身立命之本。不学习，就意味着将被时代淘汰，教师尤其如此。一个教师若知识贫乏，绝不可能有效地传道、授业、解惑；一个教师若不能自我培养、教育和发展，同样也不能培养、教育和发展学生。因此，教师应该是终身学习的典范。

勤奋学习的一个重要方面是读书，读书可以创造生命的奇迹，读书可以使人的思想神采飞扬，读书可以令人“腹有诗书气自华”。宋朝的黄庭坚说：“士大夫三日不读书，则义理不交于胸中，对镜觉面目可憎，向人亦言语无味。”尤其是教师，一月、几月甚至一年不读书，以其昏昏，如何使人昭昭？诚然，教师每天忙着备课、上课、改作业、辅导……工作与学习矛盾突出，稍一松懈就挤掉读书时间了。然而，人的差异往往在于对业余时间的利用。因此，教师需要有魏书生、冯恩洪校长那股读书不辍的毅力，也需要有李燕杰教授、徐特立先生每天“闻鸡起舞”的韧性，在业余时间养成勤奋读书的习惯。教师还要做个有心人，抓住每一个时机和场所向实践学习、向同事学习、向专家学习、向生活学习，甚至可以放下权威，主动向学生学习，共同探讨、相互促进、教学相长。

英国哲学家佛朗西斯·培根曾经说过：“读史使人明智，读诗使人灵透，数学使人精细，物理使人深沉，伦理使人庄重，逻辑修辞使人善辩。”培根的话耐人寻味：教师不仅要勤学、善学，更要博学。一是“渊博”。教师不仅要注重“渊”，更应强调“博”，让自己成为“杂家”。理科教师可多一些温情诗意，文科教师可多一些逻辑哲理。二是“丰腴”。要广泛涉猎，并渐趋丰满，赋予自己人文内涵。同时，还要“整合”，自成一家，形成对生命、生活、历史、社会的独特感悟和信念。三是“强记”。“熟读唐诗三百首，不会作诗也会吟”。不必说文学巨匠鲁迅、郭沫若、巴金、茅盾是强记的高手，即使像苏步青、杨振宁、杨叔子等科学家，唐诗宋词、名篇佳句，也能烂熟于心、信手拈来、脱口而出。“书读百遍，其义自现”。那文句、那意境，萦绕心头，如发于己心，如出于己口。有了深厚的积淀，才能厚积薄发。

水，乃生命之源，万物之本，用“水”来比喻教师的学识，暗示着教师对人类精神生命的维护、持续和更新。这就需要教师所拥有的学识应该是不断更新的、常清的、流动的。教师在勤奋学习、渊博学识的过程中，在用生命之泉滋润学生心灵的过程中，定然能幸福地品味出清泉的甘甜。

良好心态、丰厚情商是幸福教师的坚实基础

教育的终极目标是让每一个人都健康、快乐、幸福地生活。教师从事着太阳底下最光辉的职业，对学生而言，就是托起太阳的那个人。那么，在托起太阳的同时，教师必须先托起自己；在为学生创造幸福明天的同时，教师也要享受幸福快乐！由于工作的繁重性和复杂性，以及社会发展对教师职业的要求日趋提高，教师内心承受的紧张和焦虑是不可名状的。因此，心态和情商对教师而言十分重要。

保持良好的心态，就要知足常乐。欲望太多之人，永远不可能得到真正的快乐和幸福。比上不足，则越比心越烦；比下有余，则越比心越宽。当我们感到工资不如人家高时，就跟下岗工人比；当我们感到工作辛苦繁重时，就跟建筑工人比；当我们评不上职称时，就跟大学毕业找不到工作的人比；当我们不能在城区工作时，就跟一直在偏远山区小学校任教的老师比……如此，淡泊名利，宁静致远，内心安宁了，心态也就平和了。

丰厚自己的情商，既要感恩，也要助人。如果只想索取，不想付出，只想让别人帮助自己，不想尽自己的力量帮助别人，那么，就很难与人相处，很难交到知心朋友，人际关系自然就会步入困境。郑板桥除了“难得糊涂”以外，还写过另一幅著名的条幅“吃亏是福”。一个甘愿吃亏、乐于助人、不计回报的人，定是正直善良、胸怀宽阔、豪爽大度、富有同情心和爱心的人，其丰厚的情商会让自己得到意料之外的回报。更为重要的是，会在帮助别人的过程中得到满足和幸福感。爱人者，人恒爱之；敬人者，人恒敬之；助人者，人恒助之。我们没有任何理由要求他人一定要尊重你，但我们有义务尊重任何人。对帮助你的人，一定要涌泉相报，不仅如此，还要尊重、宽容对自己不尊重之人。

人之所以乐观豁达，是因为心胸开阔；之所以心胸开阔，是因为站得高、望得远。当教师的修养和精神达到高远境界时，就能做到宠辱不惊、超然物我；当教师拥有良好的心态和丰厚的情商，自身的教育教学工作和日常生活就变得更有意义，更加幸福。

热爱学生、善待家长是幸福教师的职业素养

师爱，不仅要求教师热爱学生，而且要善待家长，更重要的是要让学生和家长感受到你的爱，从而有利于教育活动的顺利开展。爱和善既是一种艰辛的劳动，又是教师素养的最好体现。

教师热爱学生，是一种情怀，更是一种由衷的、来自心灵深处的境界。这种爱，是建立在“人”之上的，是对人的尊重、对人的珍视。因此，是民主平等的，是自觉无私的，更是无比高尚的。同时，至少还应具有三重意义：一是“同情”，对弱小者、落后者、不幸者的同情；二是“宽容”，对幼稚的原谅，对过失的包容，对冒犯的宽怀；三是“赞赏”，由衷地欣赏每一个学生，相信他们都可造就，珍视他们的体验、感悟、潜能以及他们每一次小小的进步。教育心理学认为，当学生的情感得到充分尊重时，他的学习潜能就会得到最大限度的释放。诚如特级教师曹衍清所言，师爱之于学生，是不应带任何附加条件的博爱。这种爱，不因学生家庭背景而有所偏倚，也不因学生性格、习惯不同而爱憎分明，更不因学生成绩差异而冷暖有别。无论怎样的孩子，对一个家庭而言，就是百分之一百的希望！因此，“雕琢心中的每一位天使”，需要教师用一生的情感、期待和奉献去履行爱的使命。

教师善待家长，是一种艺术，一种智慧，更是一种坦诚的、发自内心深处的尊重。这种尊重，体现在平时与家长的交流中，体现在真诚的理解、欣赏与激励中，体现在对所有家长的一视同仁中。善待家长还富有深刻的内涵：一是“换位”，教师能站在不同家庭环境、个人经历和教育观念的家长立场上思考，以睿智的策略赢得家长对学校教育教学工作的最大支持；二是“唤醒”，在众多亲子冲突的案例中，学生冷漠、无情和自私的程度之深令人心痛，家长或溺爱、或暴力、或捆绑的教育方式令人心酸，这就需要教师唤醒学生的感恩之心，还需要唤醒家长的教育责任和正确的教育方法，让学生和家长感受到学校教育的魅力。唯有如此，教师、学生和家长才能产生情感的共鸣，才能幸福地体验到和谐教育的快乐。

古人云：“亲其师，信其道”。如果教师具有亲和力、爱心，就会赢得学生的尊敬和信任，获得家长的理解和支持。发自肺腑地爱学生，让学生在师爱的感化下，学会感恩，学会与社会、家庭、自然和谐共处，学会做充满情感的有知识的人，教师就能拥有职业成就的幸福感。

快乐工作、诗意生活是幸福教师的毕生追求

教师快乐地工作，体现在课堂教学的艺术中。一堂课，起承转合，挥洒自如，随意驱遣，浑然天成，就像是一篇精美的散文，一幅潇洒飘逸的书法，一段吟咏唱叹的戏文。温情处，不妨“窃窃私语”；忘情处，不妨天真可爱；义愤时，也会仰天长啸。一个深邃或清纯的眼神，一个看似漫不经心的手势，无不融入教师的审美品位！教师通过富有美感的教育过程，实现对学生情感与智慧的滋养和润泽。这样的课堂，就是一件完美的艺术作品，必将成为学生激起心灵火花、燃起理想火焰的殿堂。学生怎能不受到情与理的感染？怎能不为之流连忘返呢？

教师快乐地工作，还体现在自己的独特个性中。这种独特性，应渗透于教育教学的全过程：对教材独特的感悟，对教材独特的呈现方式，对学生多元反应独特的处置方法。鲜明的个性，不仅能形成自己独特的教学风格，还能使教学烙上深刻而隽永的印记，从而震撼学生、感染学生。教学不仅是认知活动，更是一种情感活动。受教师感染，学生也会感受到同样的快乐。作为引领者的教师，只有充满激情，富有个性，才能激发学生的学习兴趣，舒展学生思维和想象的翅膀。

教师诗意地生活，首先要淡化功利色彩。教师对世界、对他人要抱有真正的爱意、敬意，不应有太强的功利心，不能过分地关注自己的利益得失，而要关注整个世界，关爱整个人类及所有的生灵。诗意的生活，是一种对人间怀有美好愿望和情感的生活，是在生活里到处都能感触到意趣和美的存在的生活，是远离庸俗、愚昧，走向高雅、聪慧的生活。如果过分在乎自己，抱有太强的功利思想，生活将失去乐趣，变得无聊烦闷。

教师诗意地生活，当然要爱文学、爱艺术，会阅读、懂欣赏。宁愿没有时髦的服装，宁愿没有精美的菜肴，也不愿舍弃心爱的书籍。把我们的书放到案头上、餐桌上、床头上，随时阅读、随处阅读。看到好书，爱不释手，甚至通宵达旦，直到读出文字背后那些鲜活生动的形象，读出字里行间流动着的青春活力与人世沧桑。诗意的生活，会使我们感觉到每一个日出和日落、每一棵小草、每一朵鲜花；会使我们感觉到那美妙动人的竹外桃花、春江鹅鸭，还有那沾衣欲湿的杏花雨、吹面不寒的杨柳风，以及他人的欢乐和痛苦、喜悦和悲伤……这样的生活，是散发着人性光芒的生活，是纯洁的、朴素的、生机勃勃的生活。

教师诗意地生活，更是积极乐观、富有情趣的。一是富有童心，充满对新鲜事物的强烈好奇。春日融融，带着学生去踏青，你可以和学生们一起在草地上打几个滚，可以和学生们一起观看悠闲自在的游鱼，也可以和学生们一起沉醉在星际旅游的渺茫想象之中。二是开朗乐观，幽默风趣。把挫折看作是成功的学费，把痛苦看作是快乐的前奏。走路跌倒了是你与大地亲吻，出门淋湿了是老天帮你洗澡。三是多姿多彩，富有浪漫情怀。生活原本就是浪漫、欢乐和充满青春气息的。工作之余、休闲之时，不妨让自己活得悠闲自在，养养花、种种菜，与爱人秋赏桂子、冬钓寒雪，或趁假期邀上亲朋好友背上行囊踏上旅途……且把沉浮当茶饮，任随功名和尘归，让自己的人生水流花开。随时随地用诗人的眼光观察生活，用诗人的思维想象生活，用诗人的情致融入生活，那么，生活便真的诗意盎然了。诗意的生活，是永葆青春活力的秘诀，是一种有效的课程资源。它将让学生看到有血有肉、情感丰富的导师，它将熏陶和感染学生，让他们形成对生命的理解、对生活的感悟、对人生的信念。

教书育人除了传授知识技能，更应让学生感受生活中的美，在他们心中营造一个色彩斑斓的诗意世界，并让他们诗意地去爱护这个世界，在诗意中健康快乐地成长，如此，教师才能让自己生活在一个充满圣母玛利亚般美丽、和谐、温馨的幸福世界！

（三）尊重家长，拒礼有术

学校本应是一个人际关系更为简单纯朴的地方，教师最重要、最核心的人际关系就是在教书育人中建立好师生关系，如果精力、才情用错了地方，注定了他不会真正成长，不会真正成为一名优秀教师。即使他获取了一定的职位和地位，取得了一些荣誉和光环，他的灵魂世界已经和世俗打成一片，职业尊严日益沦丧，怎么可能守望和追寻教育的本真呢?

当前，教师经常会遇到送礼的家长，这时候应该怎么办?

以“礼”相待的背后，家长的心思不难猜：有些是真心感谢，有些是期盼关照，有些是特别托付，还有些是从众攀比和被逼无奈，更有些是误解师意。

“情”“礼”之中的选择，面对礼物的三种声音：一是坦然接受：“我收的不是礼，是情意”；二是绝不能收：“有违师德，贻害无穷”；三是区别对待：“收与不收，只为工作计”。

轻“礼”重“情”的拒绝，尊重家长，拒礼有术。

一是有言在先，让学生主动与家长说

开学第一节课，主动向学生表明不接受请客送礼的态度：第一，管理好班级，帮助大家健康发展是班主任义不容辞的职责，接受礼物是违规行为，违规的事情老师不会做。第二，家长请客送礼，既造成家庭负担，也会给其他同学，特别是家庭困难的同学带来压力与苦恼。老师绝不会因为某一个家长送“人情”了而对孩子好，送不送都一样，送了也白送。只要孩子在这里，我们就会尽力把孩子带好。第三，家长请客送礼的目的是希望老师照顾好自家的孩子，但老师不会因此就格外关照，也不会因为你不送礼就冷眼相待，会对所有同学一视同仁。讲明理由之后，学生们明白送礼没有任何意义，自会告诉家长不要请客送礼。

二是无情无义，“拒绝”第一个

尽管事先早已说明，但总有家长会抱着试一试的心理，请老师吃饭或送礼。这时，老师就要意志坚定，不管是谁、什么“大礼”、什么盛宴，都要讲明道理，然后予以拒绝。因为只要有了第一个，便会有第二个、第三个……挡住了第一个敢“吃螃蟹”的人，就挡住了诱惑，挡住了众多的后来者。这样做，我们就走出了世俗的怪圈，从而赢得尊重，树立起教师良好的形象。

三是打消顾虑，表达理解和尊重

如果家长还是坚持要自己表达对老师的节日祝福和问候的话，那么老师要告诉家长，其实，对老师工作的理解和尊重是最好的礼物。一条简洁得体的祝福短信，几句描述孩子进步并致谢的话语，接送孩子时见到老师当面的言语贺谢……尤其是平日里，收到老师发来的消息及时回复，让老师放心；正确认识孩子犯的错误，配合老师教育引导孩子；鼓励肯定老师的工作，不把责任都推到老师身上；积极参加家长会、家长培训，做和孩子一起成长的父母……这些，都是对老师表达理解和尊重的最好形式。

四是用师德“说事”，让家长保护自己

尽管老师一再表明自己的态度，但总有些家长不放心，非让老师接受“好意”才肯罢手。对于这样的家长，只好拿出师德校规来劝说——学校三令五申，不准接受家长的请客送礼。让家长看校规的同时，老师可以开玩笑地说：“您不会让我因此丢了饭碗吧？”这样一来，很多家长都会理解。当然，也有些家长仗着和班主任熟识，不理会学校的规定，老师可适时地再拿出班规，严肃地对家长说：“我们全班同学共同拟定的班规中也明确指出了不要家长帮忙，您这样算是违规了，孩子要是知道了，肯定要怪罪您的，因为他可能因此而评不上‘三好学生’了。”这样一来，家长一般都不会再坚持了。

干干净净，才能轻轻松松。“拒礼拒花拒卡”“家长群禁止拍马”“不带生日蛋糕到校”……越来越多的学校正在从微观层面着手，引导正确的尊师观念，营造良好的校园氛围。给孩子一个健康的成长环境，是我们的期许，也是我们的责任。

三、名家借鉴

（一）全国优秀班主任、特级教师魏书生：班主任收获的三种幸福，别的职业给不了

收获各类人才　教师爱看着学生们在各行各业大显身手

教师的直接劳动对象是人。一个开始知识面很窄、各方面能力很低的娃娃，经过幼儿教师、小学教师、中学教师、大学教师的精心培育，就成了知识较丰富，有一定分析问题、解决问题的能力，有理想、有抱负的人才了。看到自己培养的人才在工、农、商、学、兵各条战线上为党为人民做着实实在在的贡献，哪一位教师能不感到幸福、自豪呢？

当然，人才的培养周期不像粮食、机器的生产周期那样短，那样很快就能看到效益。唯其如此，才更使教师产生一种为祖国未来而鞠躬尽瘁的历史责任感，产生一种更加神圣的自豪感与幸福感；唯其如此，才使教师不那么急功近利，而是培养了较为宽广的胸怀、较为远大的目光和较为坚强的韧性，并且强化了教师们把自己的命运和国家民族的未来命运紧密联系在一起的观念。

许多教师之所以爱自己的事业，就是因为他们爱自己的劳动收获——各类人才，

他们爱看着自己培养的学生正在各行各业大显身手，他们爱想象自己正在培养的学生将来去实现自己的梦想。

收获真挚的感情　学生时代培养的感情尤为真挚

教师除了收获各类人才之外，还有一个更大的收获就是真挚的感情。人是有感情的，特别是学生时代培养的感情尤为真挚。

年复一年，教师就像从一条河的岸边接一届新生上船，用满腔热情与真挚的爱，把他们送到理想的彼岸，让他们奔向远大的前程。学生们不仅在船上时不断表达着对教师的满腔热情和真挚的爱，就在他们奔向远大前程以后，三年五年，十几年甚至几十年以后还不断表达着这种满腔的热情和真挚的爱。公式可能淡漠，定理可能忘记，而师生之间培养起来的真挚感情，却常常经年累月不仅不淡忘，甚至会越积越深。有许多毕业十几年甚至几十年的同学不是相约到母校聚会，来表达自己对教师的感激之情吗?

教师在对事业、对学生的奉献过程中也从未希冀学生的报答；受到美好感情陶冶的学生，热爱的也不仅是自己的教师，他们更热爱祖国、热爱人民、热爱事业、热爱生活。

收获创造性劳动成果　教师的工作总有新发现

教师的工作对象是人，人是千差万别的，要做好教育工作，就得充分发挥创造性。正是这种工作性质，决定了教师必须学识渊博，并且每时每刻都要开动脑筋，针对当时的情况和学生差异，创造性地处理各种问题。从这个意义上说，教师随时都有科学研究的机会。

我之所以爱教书，重要原因之一，就是觉得教师从事的是最富有创造性的工作。每一段时间、每一处空间都有科研题目，都能有新发现，能看到学生中新的、积极上进的因素；也能看到教师自己向更高层次发展的潜能；还能看到环境中的各种有利因素。教书不是自古华山一条路，而是条条大路通罗马。我总想，同一课书，能有上百种甚至上千种讲法。

（二）特级教师张祖庆：没有经验不可怕，可怕的是不借鉴经验

新，意味着经验缺乏，从“零”起步。这不要紧，只要我们善于借鉴他人的经验，我们依然可以从他人的经验中学习。正如杜威说的：“一个人应能利用别人的经验，以弥补个人直接经验的狭隘性，这是教育的一个必要的组成部分。”

因此，新教师要睁大一双眼睛，看老教师是怎么面对一个又一个具体问题的。组建班委、建立制度、安排座位、召开班会、家访、备课、改作业……这些，都要认真看，认真听，多询问，及时记，学着做。

职初教师最难搞定的，就是那些活蹦乱跳的顽皮孩子。常常喊破了嗓子，依然无法让他们安静下来。用教鞭敲讲台，也无济于事。

这个时候，我们可以看看有经验的老教师是怎么做的。

有些老教师，善于用口令来指挥。不同的口令，就是不同的要求。刚才还活蹦乱跳的顽皮孩子，在口令面前，忽然规规矩矩。这口令，就是规则。

我的老同事Y老师，管学生很有一套。无论多顽皮的孩子，只要到他班级里，一下子就规矩了。后来，我了解到，原来他和学生有个约定，只要老师轻轻地说“同学们”，全部同学立马坐得端端正正。喊了三个星期，一听到这口令，孩子们就形成了条件反射，会本能地坐端正。

这，就是规则的力量。新教师最需要向老教师学习的，就是看老教师是怎么给学生“定规矩”的。这“定规矩”，说的就是规则意识。

规则到位了，纪律就好管了。关于规则教育，特别推荐阅读《优秀是教出来的》。这本书将很多规则教育具体化，很有操作性。建议职初教师找来读读，一定会受到启发的。

其他诸如收作业、晨读、听写、订正、预习、背书等，都有一整套细致的规矩。规矩越细，越有操作性，孩子们做起来就越容易。

职初教师一定要把功夫下在琐碎的小事上，千万不要以为这些小事太小而不去研究它。刚从事工作的头几年，把学生管好，让他们遵守规则，就是我们最重要的工作。千万不要连基本的套路都不懂，就急于去研究高大上的“课题”。让学生信服你，让家长信任你，就是你当下最重要的“课题”。

职初教师还要向书籍学习，也许，我们能从中学到很多走近学生、管理学生的好办法。

先站稳脚跟，从优秀教师和优秀的书籍中借鉴经验，我们才能获得成长。

四、一线来风

一次次拒绝赢得了家长的尊敬

刚接班不久，小Z就引起了我的注意，他年纪虽小却博览群书，上课发言常有惊人之语，是班里公认的小才子。可他学习习惯不好，上课经常“走神儿”，字写得慢而潦草，常常完不成作业，而且不会和同学相处，总是发生矛盾，身边没有一个朋友。

作为班主任，我看在眼里急在心上，渴望得到家长的配合，却又“不敢”和家长沟通。因为每次我给他妈妈打电话谈孩子在校的表现时，没说几句她就转换话题，问我家在哪儿住，要登门拜访，言外之意不言而喻。我只好匆匆挂断电话，因此，孩子的问题一直没得到很好解决。

通过和孩子交流，我了解到他是家里名副其实的“小太阳”，妈妈非常溺爱他。于是，我就试着做他爸爸的工作。我给他爸爸打电话，肯定孩子的优点，委婉地指出不足，并诚恳地谈了孩子妈妈的行为给我带来的尴尬和顾虑，希望他能做做妻子的工作。在以后的一段时间里，小Z有了明显进步，我及时给予了表扬，鼓励他继续努力，还给他发了小喜报。

就在我深感欣慰时，小Z妈妈又打来了电话，说是在某酒店订了酒席想请我吃饭表示感谢，我一再推辞，并表示孩子的进步有家长一半的功劳，请她继续支持我的工作。

没想到，星期一早上小Z带来了一个信封，说是妈妈让他交给老师的。我匆匆一瞥，里面是几张钞票，面对孩子清澈而又写满疑问的眼睛，我压下心中的不满与无奈，说：“小Z最近在学校表现特别好，在家里一定也很乖吧。我猜妈妈是写信表扬你呢。老师看完再给你妈妈回信好吗?”他果然高兴地上课去了。

中午，我给小Z妈妈写了一封很长的信，像朋友一样谈了我对小Z的喜欢和期望，以及怎样辅导孩子学习，如何对待孩子和同学间的小摩擦，还推荐了几本家庭教育的书籍。然后把信和钱一起装在信封里，拜托小Z转交给妈妈。

第二天，小Z告诉我他妈妈看信后流泪了，晚上还和爸爸谈了很长时间。我终于松了一口气，看来小Z妈妈已经理解了我的良苦用心。

在接下来两年多的相处中，再也没有出现过类似的事，小Z妈妈总是主动打电话询问孩子在校的表现，向我请教教育孩子的方法，还积极参加班级各项活动，给了我很大支持。最难忘的是，她在学校教师测评问卷中写下的话："宋老师高尚的师德和爱心令我们全家感动，她不仅是孩子的老师，也是我的老师。"

（宋慧颖：吉林省吉林市第一实验小学教师）

五、真题大放送

1. 第二届长三角地区班主任基本功大赛情境问答题（小学组）

前段时间，网上流传的《我只是个老师》一文，引起人们的关注，其中有一段是这样写的：有人说，老师应该把自己的所有都奉献给祖国的教育事业！我回答，不，我只是个老师！我要休息，我有自己的家庭，我有自己的孩子，我有自己的爱好，我希望能够心安理得的、像其他行业的人一样享受自己的生活，我希望自己的劳动能够得到社会的认可，我同样希望自己付出的劳动能得到应该有的回报。仅此而已，错了吗？

（1）谈谈你对上述观点的看法。

（2）联系自身实际，谈谈应该怎样做一名老师。

2. 第二届长三角地区班主任基本功大赛情境问答题（初中组、高中组）

据媒体报道，汉阳一中学做出规定：女教师上班要严格做到"四不"，不化浓妆、不喷浓香水、不戴耳环、不着透肤装，做到举止优雅。化妆可以，但是一定要"淡"；喷香水也行，但是不能过于"浓烈"；戴耳环以简洁的耳钉最佳，夸张的吊饰让人感到"浮夸"；透肤装绝不可以穿，在工作日不穿那些看似带有诱惑力的"黑丝袜"。

（1）教师打扮新潮是否会对学生产生不良影响？

（2）根据教师职业特点，请你对教师的衣着打扮发表自己的看法。

3. 第二届长三角地区班主任基本功大赛情境问答题（初中组）

一位班主任在日记中这样写道："学校规定学生的发型，甚至头发往哪边偏都得统一，我觉得这样的规定根本不合理。但是，这是衡量我工作业绩的一个指标，我连自己都说服不了，怎么说服学生？"

你怎样评价这位班主任的这段话？你会如何面对这种校规？

4. 第二届长三角地区班主任基本功大赛情境问答题（高中组）

康德谈教育时说过，一棵长在旷野中的树，无拘无束，没有制约，于是枝枝杈杈就会疯长，就不能成材。现在有些"官二代""富二代""星二代"，在社会上不断生发事端，可能就是成了这种长在旷野中的树。怎么让儿童既能顺其自然，又能符合基本的社会规范呢？康德说，那就是树林中的树，既能顺其自然，又有其他树相互制约、相互影响，于是就能挺拔向上，成为有用之才。因此，学生管理就是要让学生成为长在树林里的树。

（1）谈谈你对康德这一教育思想的理解。

（2）请你结合学生管理实际，谈谈如何处理好自律与他律的关系？

5. 第三届长三角地区班主任基本功大赛情境问答题（高中组）

那年，我接手一个高三班，很快赢得了学生的认可和爱戴。有些对孩子寄予厚望的家长也对我充满了期望，他们一有空就到学校找我，了解孩子的学习、生活情况，和我一起探讨教育孩子的方法。没时间来学校时也一定要和我在电话里交流。自然，我也对学生付出了更多的爱心和关注。

一天，小A的家长来学校时带了些烟酒、补品，说感谢我长期以来对小A的关爱，硬要塞给我，我坚决地拒绝了，并一再声明教育小A是我的职责所在。在反复推搡中，家长生气了，责怪我不给他面子，一脸不快地提着礼品回家了。第二天，家长打来电话，想让小A转学。我知道家长误解我了，他以为我不收礼是认为他孩子没什么希望。在我的反复解释下，家长才放弃了让小A转学的念头。但从那以后，他很少主动与我联系了。

这礼该不该收？面对家长的误解我们该怎么做？

6. 2015年浙江省中小学班主任基本功大赛情境问答题（小学组）

教师节前夕，你陆续接到家长电话，表示要来拜访。也有很多家长直接把礼物放在学校传达室，尽管你一再推脱，但还是挡不住家长的送礼热潮。

（1）你会怎么来处理这个问题？

（2）你如何看待教师节家长送礼？

7. 2015年浙江省中小学班主任基本功大赛情境问答题（高中组）

我省普通高中新课程改革已进入第二轮，除选修课外，必修课的“选课走班”作为促进学生个性化成长、转变人才培养的新模式，尽管使学校管理面临系统性的变革，但正逐渐成为一种共识，一种趋势，被广大教师、学生、家长及学校接受和认可。班主任作为学校管理链条上最基础、最关键的一个环节，会产生哪些变化？你对此有何认识？

8. 2016年浙江省中小学班主任基本功大赛情境问答题（高中组）

新高考背景下，“走班制”在各校如火如荼地展开，部分学校行政班不变，语、数、外在行政班上课，其他课全在选修教室流动。有些学校进行分层教学，所有的学科都在不同层次的班级与不同的同学一起上课。这些情况产生了严重的班级管理问题，比如部分学生不交作业，甚至部分学生经常逃课去打球，学校对此很苦恼。

面对此情境和事件，作为班主任的你，会怎样面对和处理？

第四章　中小学班主任基本功大赛真题

2021年长三角地区中小学班主任基本功大赛情境模拟题

小学组

1. 一天下午，4：30的第二场晚看护开始了，四年级班主任张老师一一核对名单，发现小王不在。他没有请假，会去哪里呢？心急如焚的张老师不断联系家长，终于等到小王自行回家的消息。原来，小王觉得晚看护只能做作业，不自由，就混在第一场结束的同学中，溜出校门，在小区里玩耍。家长还安慰老师说，不用着急，孩子丢不了，之前也有过类似的情况。

（1）如果你是班主任，该怎么办?

（2）阐述你这样做的理由。

2. 小学二年级学生小刘，上学总是八点多钟才到，周一的升旗仪式时常赶不上，平时值日只能让别人代劳，每天的晨诵也读不到几句，家庭作业也不能及时上交。针对这一情况，班主任张老师再三提醒孩子和家长要早点到校，起码要参加每周的升旗仪式和值日劳动。但家长认为教育部新规定的上课时间是8：20，孩子并没有迟到，只要不影响上课就行。

（1）如果你是班主任，该怎么办?

（2）阐述你这样做的理由。

3. 李娜是某小学六年级女学生，学习成绩良好，性格外向开朗，喜欢打扮，最近开始涂指甲油了，在同学中间引起了议论，也引起了班主任何老师的注意。一天放学后，何老师留下李娜，温和地说："为什么涂指甲油？在同学间影响不好，还是把指甲油清洗掉吧。"出乎何老师意料的是，李娜一听这话就有点激动起来，并回答说："何老师可以涂口红，我为什么不可以涂指甲油？我妈妈也同意我涂指甲油。"

（1）如果你是班主任，该怎么办？

（2）阐述你这样做的理由。

4. 陈老师是一位年轻的班主任，他很关心学生，课也教得好，与学生建立了良好的关系。教师节临近，一位学生课间休息时给陈老师送了一个水杯作为节日礼物，陈老师拒绝了，该学生认为老师不爱他，伤心得哭了。陈老师一看学生哭了，就收下了这个水杯。第二天，有好几个学生来到办公室，给陈老师送来了笔记本、糖果、水果……陈老师很为难。

（1）如果你是班主任，该怎么办？

（2）阐述你这样做的理由。

5. 小芳是个能歌善舞、能说会道的四年级学生，平时比较好表现，各方面都很出众，老师经常表扬她，可班级里却有许多同学不喜欢她。今天选举班干部，她得票最低，没能当选。她很沮丧，很难过。她唯一的好朋友小舒告诉班主任说，小芳表示委屈，觉得不公平、没面子、不想活了……

（1）如果你是班主任，该怎么办？

（2）阐述你这样做的理由。

6. 小学三年级的小王同学课间玩闹过程中被小张同学用教室内垃圾桶倒扣在头上，垃圾撒一身。小王家长得知后，到学校和班主任李老师交涉，认为小张同学欺凌自己的孩子，并提出处理欺凌者的相关诉求；李老师认为，此事只是同学之间的玩笑，劝家长冷静处理，但家长不认同，并在班级微信群里发帖，称孩子在班里受霸凌，班主任敷衍推脱、不管不问，引发家长们的关注。

（1）如果你是班主任，该怎么办？

（2）阐述你这样做的理由。

7. 五年级的数学课上，老师安排大家做练习，一位同学很快就完成了交给老师。老师发现所有题目答案都对，但只有计算结果没有过程。就认真地告诉他，这样做不规范，考试时一定会扣分，还可能被怀疑作弊。这个学生很不高兴地回到座位上，三下两下把练习本撕了。数学老师很生气，下课后向班主任反映了情况。谁知第二天家长也气冲冲地找到班主任，说数学老师损害了孩子的名誉，要求班主任给个说法。

（1）如果你是班主任，该怎么办？

（2）阐述你这样做的理由。

8. 王老师新学年接手了四年级（2）班。刚入班级群，就有家长在群里抱怨："怎么又换班主任了，才和之前的班主任熟悉，又换了一个，孩子怎么适应得了？"群里有几个家长接着说："不是吧？又换班主任了？""听说新班主任还是教体育的，他能带好班吗？"王老师原本信心满满，没想到家长如此不信任他。

（1）如果你是班主任，该怎么办？

（2）阐述你这样做的理由。

9. 小王是小学二年级的学生，父母的要求很高，他已经在校外培训机构学习高年级课程了。执行"双减"政策后，周一至周五没有书面家庭作业，周末校外的学科培训机构不能上，父母很焦虑。父母向班主任提出不上体育拓展课，私下要求孩子只听语、数、英的课，其他课上完成培训机构和父母布置的作业。

（1）如果你是班主任，该怎么办？

（2）阐述你这样做的理由。

10. 近日，中国教育报微信公众号就"编排座位"相关话题进行了专题调查，结果显示，在近4000名参与调查的家长中，70%的家长曾因孩子班级座位问题烦恼过。班主任王老师按照轮换制排列座位，就是一个星期向前推进一排，但是时间一长，成绩优秀的学生和家长开始提意见，说在后面确实影响听课。后来改为按照成绩安排座位，这样做又挫伤了一部分成绩不理想但不放弃努力的学生的积极性。最近，班上的小玲妈妈提出，孩子眼睛近视，不能让他坐最后一排，要求调换座位。

（1）如果你是班主任，该怎么办？

（2）阐述你这样做的理由。

11. 三年级（2）班举办小报制作比赛，评选出十张优秀小报张贴在橱窗里。获奖同学欣喜不已。有几个小朋友说："我爸妈陪我做了一个双休日呢！"边上的小明也说："我的也是我爸妈做的！"平时学习优秀的小王同学没得奖，回家一直哭，怪爸妈没有陪她做。小王妈妈很生气，打电话问班主任：到底是孩子比赛还是家长比赛？当晚，班主任浏览朋友圈时，发现许多家长晒出了孩子的作品，其中小安妈妈的分享内容引起了班主任的关注："孩子得了一等奖，不枉费我陪他做了两天。"后面还有其他家长的评论："你还算好，我没有绘画才能，只能花钱请别人帮忙做。"看来，小王同学说的是真的。

（1）如果你是班主任，该怎么办？

（2）阐述你这样做的理由。

12. 开学不久，李老师为了加强家校联系，建立了班级家长群。一位学生家长多次申请，并经同意成了李老师的“好友”。不久，该家长发信息，说想请李老师和其他科任教师吃饭，班主任坚决拒绝了。又过了一段时间，该家长又发来信息，要请李老师吃饭，并说已经订好了餐厅与位子，老师又拒绝了。但家长说，班主任这是看不起他，说要亲自来家里接班主任。班主任很为难……

（1）如果你是班主任，该怎么办？

（2）阐述你这样做的理由。

13. 小雨是四（1）班新转来的一位男生，爱说脏话，爱动手，不讲卫生，很难与人相处，周围的同学三天两头来告状，也没人愿意和他接近。今天下课后，他现在的同桌小红来找班主任李老师，提出要调换座位，说不能再忍受和小雨做同桌了。

（1）如果你是班主任，该怎么办？

（2）阐述你这样做的理由。

14. 新接班的班主任王老师在班级群里号召大家暑期积极开展社会实践活动，同时给出了5种不同的方案，建议孩子们根据自己感兴趣的方案自由选择、组队报名。王老师发现小恩的家长在群里始终没有回应，而且通过了解发现他没有参加任何一个小组。当王老师联系小恩的父母时，他们表示没注意看信息，而且孩子平时参加兴趣班也比较多，可能没时间参加。

（1）如果你是班主任，该怎么办？

（2）阐述你这样做的理由。

15. 开学第一天大课间活动时，一年级女生小红自己不小心摔了一跤，脸部、手部、腿部都有些挫伤，医务室马上给孩子做了处理，伤口不深，但样子比较难看。放学后，家长带着孩子折回学校，反复强调说有人从背后推了小红，一定要看监控摄像，而这个地方恰恰是监控盲区，家长不依不饶。

（1）如果你是班主任，该怎么办？

（2）阐述你这样做的理由。

16. 数学课上，小李违反了课堂纪律，班主任王老师按照《教育惩戒规则》，让他在教室后面罚站了一节课。小李回去告诉了家长，家长一气之下来到学校找王老师讨说法，觉得老师的处理方式简单、粗暴，是对学生的体罚，伤害了孩子的自尊心。王老师则认为自己是按照《教育惩戒规则》做出的惩戒，有法可依。于是，双方各执一词。

（1）如果你是班主任，该怎么办？

（2）阐述你这样做的理由。

17. 小明是一个三年级的孩子，学习成绩一般，他的父母对此比较着急，给孩子报了校外补习班，让孩子放学后继续补习。自“双减”政策实施后，学校布置的作业明显减少，补习班也被取缔了。小明的父母更着急了，不但给孩子请了放学后一对一的家教，而且购买了大量的课外练习，让小明回家后完成。看着同班同学每天在校完成作业后回家就可以玩耍，小明羡慕极了，为此和父母发生了激烈的争吵，不愿意让家教给他上课，也不愿意做父母买的课外练习。这天，小明妈妈给班主任打来电话，希望班主任李老师劝劝小明。

（1）如果你是班主任，该怎么办？

（2）阐述你这样做的理由。

18. 年级组长通知六（3）班丁老师去校长室，丁老师赶去一看，她的学生小宇的爸爸妈妈都在校长室，而且小宇爸爸的脸色很难看，一见到丁老师就毫不客气地问：小宇的成绩怎么这么差？老师怎么不管？校长让丁老师跟家长说明一下。其实，小宇的家长尤其是爸爸对小宇寄予很大期望，但平时很溺爱小宇，小宇的学习习惯很差，成绩一直不太好。

（1）如果你是班主任，该怎么办？

（2）阐述你这样做的理由。

19.“双减”政策落实后，学校有课后看护。开学一个星期，一年级新生小明总是最后一个被接走，而且上课也常常走神，更没有像其他小朋友那样，在新环境里充满兴奋和好奇。一天班主任张老师问他：“小明，你看起来好像不太开心？有什么问题吗？”被老师这么一问，他大声哭着对老师说：“爸爸妈妈不爱我，他们要离婚，每天他们都不愿来接我……”。

（1）如果你是班主任，该怎么办？

（2）阐述你这样做的理由。

20. 五年级学生小张是易烊千玺的粉丝，她的课桌内、书本上都贴着喜欢的明星的照片贴纸。和她交流发现，她几乎每天晚上都要刷微博、贴吧、小视频，看喜欢的明星的最新照片，了解他的新动态，第一时间听他的新歌。她还加入了喜欢的明星的粉丝团，常常在班级群里转发一些信息。最近，她因为追星上课分心，学习成绩下降了不少。

（1）如果你是班主任，该怎么办？

（2）阐述你这样做的理由。

21. 近期学校开展体育达人、劳动达人等评比活动，要求家长在班级圈中进行每日照片的上传。乐乐妈妈说：“烦死了，每天要打卡那么多东西，劳动过、锻炼过就好了嘛，还要拍照。做作业都来不及。”乐乐说：“妈妈不可以的，你不帮我传照片，我要被老师批评的，还不能被评选达人的！”妈妈说：“我跟你们老师去反映，现在不是说‘双减’吗？不是说不能给家长布置作业吗？王阿姨的女儿跟你同班，都是摆拍照片的，还不是被评上达人？难道就因为没拍照片，没上传就不能评吗？你们学校有问题。”

（1）如果你是班主任，该怎么办？

（2）阐述你这样做的理由。

22. 就读四年级的小凡性情突变，她任性妄为，无视纪律规章，上课和任课老师顶嘴，见谁怼谁；下课放学，从来不跟路队。找她过来谈心，她只会不服气地哼一声，然后冷冷地撂一句：“我爸妈都不管我，我凭什么听你的？”若再多说两句，惹来的都是她不屑的神情和白眼。这种场景，出现在办公室、班级以及任何一个和她沟通的场合……

（1）如果你是班主任，该怎么办？

（2）阐述你这样做的理由。

23. 国家“双减”政策的出台与落实，让不少父母拍手叫好，孩子终于可以减轻负担了。但有一部分家长发出了另一种声音：孩子作业少了，周末真的无课可补了，一些孩子有点无所事事，因此，学生的“自由时间”如何安排？这让一些家长产生烦恼和焦虑，怕这样下去会影响孩子的学习成绩。小王母亲在班级微信群里提出适当增加学生作业量的要求，得到一些家长的认同。

（1）如果你是班主任，该怎么办？

（2）阐述你这样做的理由。

24. 学校组织秋季研学游，五（2）班班主任张老师通知了学生。通知刚过，有几个同学找到张老师，问这次研学游回来要不要写游记，如果写游记他们就不去了。

（1）如果你是班主任，该怎么办？

（2）阐述你这样做的理由。

初中组

1. 为了调动学生好好复习迎考的积极性，八年级（6）班班主任李老师在班中对同学许下一个承诺：谁能在这次期中考试中进前五名，老师就可以帮他实现一个愿望。小陈同学是个单亲家庭的孩子，和父亲生活在一起，平时内向寡言，成绩平平，但遵规守纪很听老师的话，这次期中考试却一下子进入了前五名。事后小陈向老师提出了自己的愿望——“想和小袁同桌”。小袁是班级副中队长，学习成绩优秀，工作能力突出，长得楚楚动人，被男生喜欢倒是正常，但李老师没有料到小陈竟会这么直白地向自己提出这样一个愿望，没有心理准备，一下子犯难了。

（1）如果你是班主任，该怎么办？

（2）阐述你这样做的理由。

2. 小明同学平时学习很用功，成绩也不错。可是有一段时间她在班上特别受排挤，受到老师的表扬马上就有人喝倒彩，课上回答问题不时有人唏嘘，甚至有学生故意和她过不去，小明觉得很委屈。经过了解，班主任王老师才知道，原来该学生和老师比较亲近，经常把班里发生的一些事情告诉班主任，于是班上有些同学认为她是在向老师打小报告，有些同学甚至故意找她的茬。

（1）如果你是班主任，该怎么办？

（2）阐述你这样做的理由。

3. 新学期开学刚一个月的一天早上，七年级（1）班小明迟迟未来学校。家长把他拽来，他指着数学老师王老师在走廊上公开叫嚷：“你上数学课管得太细、太严格，我不喜欢，我要调班。”当时学校规定：没有极其特殊的原因不能调班。不让调班，他就天天和数学老师对抗，还去找其他科任老师说数学老师怎么怎么不好。数学老师找他谈话，他歪着头一言不发，最后，才说了一句话：“不要以为学生都喜欢你，我就不喜欢你，但是我喜欢学习，尤其喜欢数学，怎么会让你教数学！”数学老师无奈地找到班主任……

（1）如果你是班主任，该怎么办？

（2）阐述你这样做的理由。

4. 学校将开展建党100周年主题班会评比。班委会上，班干部把自主设计的方案给班主任，并对设计的内容津津乐道：“节目好玩！串联词有趣！演示文稿漂亮！”可班主任张老师发现，脱口秀、街舞等节目虽然是学生喜欢的形式，但内容似乎与本次主题关系不大，串联词也充满了网络热词，有些甚至有点低俗。

（1）如果你是班主任，该怎么办？

（2）阐述你这样做的理由。

5. 乐乐自从进了初中年级后，行为习惯上总是存在这样或那样的问题。开学不到一个月，他好几次上学迟到，课上随意插嘴影响周围同学听课，作业丢三落四少做或不做，还经常与其他同学闹矛盾。班主任王老师多次找他谈话，可他仍我行我素。周一他又因迟到而没参加升旗仪式，班主任王老师严肃地批评了他，可他却嘟囔着："反正妈妈说我以后要出国念书的。"课后，王老师联系了乐乐的妈妈，在电话那头，乐乐妈妈这样说："老师，我们家的教育是中西结合的，如果给孩子太多约束会抹杀他的个性和灵气。"

（1）如果你是班主任，该怎么办？

（2）阐述你这样做的理由。

6. 小婷个子不高，有点胖，戴着一副笨重的眼镜。她的成绩一般，性格内向，平时在班上也不怎么爱说话。从七年级开始，她被大家孤立欺负。经常有人模仿她的衣着打扮和行为举止，然后大家肆无忌惮地哈哈大笑。有些男生更加过分，经常把她抽屉里的东西撞得散落一地。家长向班主任反映情况，认为是校园欺凌现象，影响到孩子的身心健康，希望班主任予以解决。

（1）如果你是班主任，该怎么办？

（2）阐述你这样做的理由。

7. 八年级（1）班的女生悄悄兴起了主播热，热衷于涨粉、直播挣钱。人靓歌甜的小红，有时在直播上一个月就拿到1万的打赏，她还劝说班级很多同学也观看其直播并打赏，很多女生跃跃欲试。小红于是在此花费大量的时间、精力和金钱，购买道具、学习化妆、搔首弄姿，成绩开始直线下降。班主任找她询问原因，她回答说，现在不读书，就做主播也能养活自己。

（1）如果你是班主任，该怎么办？

（2）阐述你这样做的理由。

8. 刚开学不到一个月，班主任胡老师接到家委会的电话，要求胡老师带领家委会的成员去找学校领导，更换他们班数学老师。家长说：数学老师上课让学生昏昏欲睡，教学没有新意，没有梯度，教学成绩排名也不靠前，"双减"政策以后，学生校外辅导课都停了，课内再没有理想的老师，学生的数学成绩堪忧；八年级是关键阶段，必须更换数学老师。家长们态度很强硬。

（1）如果你是班主任，该怎么办？

（2）阐述你这样做的理由。

9. 班主任希望实行民主管理，在班级开展班干部竞选工作。下周班会课就要进行竞选了，现在的班长小周来找班主任说，文娱委员小林这次也要竞选班长，而且她最近一直带吃的东西到班级里分给大家吃，还买了小礼物送给几个很有影响力的同学，小周认为这是贿选，不公平，希望班主任主持公道。小林一直比较热情活泼，虽然学习成绩不如小周，但人缘确实很好。

（1）如果你是班主任，该怎么办？

（2）阐述你这样做的理由。

10. 小刘是个聪明的孩子，但对网络过分痴迷。某日上午，班主任王老师接到小刘妈妈打来的电话说，这几天他们家为了小刘玩网络游戏的事情闹得天翻地覆，无论爸爸妈妈怎么劝，小刘就是不听，每天晚上完成作业后一定要玩，而且一玩就不知道停下来。她怕再这样下去，会影响小刘的学习，请求班主任给予教育帮助。

（1）如果你是班主任，该怎么办？

（2）阐述你这样做的理由。

11. 自今年3月1日起，教育部颁布的《中小学教育惩戒规则（试行）》正式实施。这天，小王又迟到了，并且在课堂上吃东西。数学老师很生气："你老是迟到，还老是在我的课上吃东西。跟你说了好多遍都没用。现在教育部颁布了《中小学教育惩戒规则》，我可以惩戒你了！本周的数学课你都别上了，到我办公室去自修！"当天晚上，班主任李老师接到了小王妈妈的电话，向她反映了这件事情，说今天小王说什么也不肯来上学了！并且说数学老师的做法是体罚，表示明天还要打市长热线反映……

（1）如果你是班主任，该怎么办？

（2）阐述你这样做的理由。

12. 七年级下学期，小海每天上学都迟到，课堂上总是昏昏欲睡，几次课堂小练习，他的成绩都远不如从前。有一天，班主任接到小海妈妈的电话，焦急地说，由于孩子做作业需要查阅资料，就为孩子准备了一部闲置的手机帮助学习，对孩子使用电子产品也没有过多限制。没想到小海每晚趁父母熟睡后，偷偷用手机打游戏，家长发现后把手机藏了起来，可他还是会趁父母不备找出手机，夜里继续玩。

（1）如果你是班主任，该怎么办？

（2）阐述你这样做的理由。

13. 本学期，学校积极贯彻《关于加强中小学生手机管理工作的通知》的要求，学生如果带手机进校，需要把手机放在专用的"手机储存柜"里。自习课，班主任经过教室时，发现小李在使用手机与人聊天，班主任问小李，小李说忘了交手机了，但后来，班主任发现小李一直都在偷偷使用手机，班主任与家长联系，小李妈妈说："老师，我们没有办法，如果不让他带手机，他就扬言宁可去死。"

（1）如果你是班主任，该怎么办？

（2）阐述你这样做的理由。

14. 学校为培养学生劳动意识，开辟了采薇园劳动基地，小李同学主动拿来了家里的农具，耕地、除草，每天浇水，手上还磨出了水泡，被班主任王老师在家长群里大力表扬。但这天，王老师却接到了小李妈妈的电话，小李妈妈告诉王老师，小李在家什么家务都不干，洗脸要奶奶拧毛巾，周末玩游戏还要奶奶把饭端到电脑前才吃，小李妈妈想教育却被奶奶阻拦，希望王老师能帮忙教育，但不要告诉小李是她告的密。

（1）如果你是班主任，该怎么办？

（2）阐述你这样做的理由。

15. 刘老师新接了一个七年级班级，发现小李同学成绩不好，比较自卑，和同学也不太交往。在家访时，了解到小李生活在一个离异家庭，随父亲，而且承担起了大部分家务和照顾弟弟的责任。鉴于原来的劳动委员已经流露出不想继续的意思，也考虑到小李家务方面经验丰富，责任心强，吃苦耐劳，刘老师在班里宣布了更换劳动委员一事。小李上任第三天就来找刘老师哭诉班里同学都不听她的话，甚至有男生当面质问她："凭什么听你的？"

（1）如果你是班主任，该怎么办？

（2）阐述你这样做的理由。

16. 寒假第一天，早上打开手机，班主任李老师看到了小张妈妈在班级微信群里的质问："李老师，我想问问：我儿子回来之后好像变了个人，他的成绩排在全班第三、全年级第十九，为什么没有得到'三好学生'奖状？人家说是因为父母没有送礼，所以他才没获奖，您让我们做家长的做何感想？"这是班级群，所有学生家长还有各科老师都在群里。这个家长简直让人无语，李老师很生气。

（1）如果你是班主任，该怎么办？

（2）阐述你这样做的理由。

17. 新学期开学了，学校开始提供托管服务，八年级（1）班小红的父母希望小红报名参加，但是小红非常抵触，想尽办法找理由，就是不愿意去，还说听隔壁班小明说：学校不可能保证每一个学生都能够完成所有家庭作业的，托管服务其实就是想赚钱。小红母亲给班主任张老师打电话诉苦：自己上班忙，文化水平低，无法辅导孩子；孩子在家就是玩手机，不让她玩，她就发脾气；还常常故意跟还在读小学的妹妹抢零食、抢玩具等，甚至对读幼儿园的弟弟凶巴巴的，恶语相向。希望老师说服她参加晚托。

（1）如果你是班主任，该怎么办？

（2）阐述你这样做的理由。

18. 教师节即将来临，七年级（1）班家委会在班级群里通知每家交30元，集资为任课老师买节日礼物。教师节第二天，有家长投诉这份礼不合理，学校要求班主任负责立刻把礼物全部退还，并在全校职工QQ群对此事进行了批评。班主任李老师约了家委会的家长来学校，准备归还礼物，家长却说，礼物是家长的一片心意，不能退……

（1）如果你是班主任，该怎么办？

（2）阐述你这样做的理由。

19. 课间，亮亮和小玲在教室里吵了起来。班主任林老师进教室了解情况，原来是因为小玲是某位明星的崇拜者，自己喜欢不算，还拼命鼓动其他同学一起追星。亮亮拿网上看见的那位明星的八卦当笑料说了一嘴，让小玲听见了，觉得亮亮在侮辱自己的偶像，不依不饶地找亮亮算账，亮亮也不甘示弱，两个人当着全班同学的面吵了起来。

（1）如果你是班主任，该怎么办？

（2）阐述你这样做的理由。

20. 一天早上7点，学生已经开始早读。班主任赵老师站在教室门口，拿出手机，登录了记录学生平日表现的“一生一表”系统。系统显示，开学至今，小王已经迟到了5次。“说吧，今天是什么理由？堵车、肚子疼、闹钟坏了……这些理由你可是都用过了。”小王抬头瞄了一眼老师，再次低下头去：“闹钟响了我没听见，睡过头了。”赵老师一脸无奈地看着小王：“已经5次了！道理我也不想再跟你重复了！让你家长下午来学校一趟把你领回去吧，第一节课你站在教室后面好好反思。”

（1）如果你是班主任，该怎么办？

（2）阐述你这样做的理由。

21. 上个月，八年级（1）班小云的妈妈打电话给班主任张老师，诉说自己的烦恼。小云的妈妈说，女儿为了给偶像过生日，竟然把1 000元压岁钱拿出来转给了粉丝应援团，说是给偶像一个大大的惊喜。妈妈责备小云乱花钱，她却说偶像是自己的心灵支柱，比自己的生命重要。小云的妈妈说，先前女儿追星只是买明星的海报、照片等贴在房间四面墙上，连发夹选的也是写有偶像姓名的。后来女儿加入了一个“饭圈”，每天放学回家就要拿手机刷微博、聊天，还上传小视频，耽误了大量的学习时间还经堂问她要钱，说是要支持偶像。现在说要请假去参加偶像的线下见面会，妈妈不同意，就离家出走。

（1）如果你是班主任，该怎么办？

（2）阐述你这样做的理由。

22. 进入九年级，同学们都感到学习压力很大，时间不够用。期中考试前，学校政教处发通知，要求各班组织开展一次以“传承红色基因，弘扬爱国精神”为主题的社会实践活动，九年级（8）班有不少学生认为学习任务紧、时间宝贵，不愿意参加班级安排的社会实践活动。

（1）如果你是班主任，该怎么办？

（2）阐述你这样做的理由。

23. 一天，班长小宇的妈妈打来电话，向班主任李老师倾诉了她的发现和担心。原来，她偷偷查看了小宇的QQ聊天记录，发现小宇和同桌小明聊天的内容里有几个刺眼的字眼让她再也坐不住了，她下定决心要阻止这场非常危险的“早恋”。小宇妈妈给李老师发来了截屏，只见里面赫然出现“喜欢”“放学后在校门口等我”“一起”等文字，这足可以判定为早恋了。于是，李老师决定要和小宇妈妈联手阻止这场早恋继续发展下去。

（1）如果你是班主任，该怎么办？

（2）阐述你这样做的理由。

高中组

1. 下周学校就要开展艺术节活动了，高二（3）班班主任陈老师在微信群里发了一个通知：各位家长，下周是学校一年一度的艺术节，学校将组织开展十多项活动。家长可以与孩子商议，看一看他们对哪些活动感兴趣，欢迎孩子们积极踊跃报名参加。一石激起千层浪。有的家长说，高二年级有学业水平考试，时间宝贵，能否不参加；有的家长说，活动项目这么多，感觉在读艺术类学校；有的家长说，孩子说都不感兴趣……一时，陈老师觉得有点尴尬。

（1）如果你是班主任，该怎么办？

（2）阐述你这样做的理由。

2. 一天，趁小王上晚自习的时候，妈妈帮他收拾书桌。一本本子掉在地上，妈妈捡起来，看到打开的那页上画着一个黑色人像。人像看起来是个男孩，仰卧在地面上，脸上没什么表情，但是面颊周围画满了泪水。妈妈感到很吃惊，想到孩子最近一个月沉默寡言，上床后辗转反侧，白天无精打采，以前最喜欢的球赛都没兴趣看了。妈妈担心小王本来性格就比较内向，会不会得了抑郁症？情急之下打电话向班主任求助。

（1）如果你是班主任，该怎么办？

（2）阐述你这样做的理由。

3. 小明寝室一直有“夜谈”的习惯。班级强化管理后，效果只持续了一段时间。不久之后，小明寝室又被扣晚寝纪律分了。按照学校规定，他们寝室全员要走读3个晚上。这时，小明家长情绪激动地打电话给班主任，说家长都在外地不在家，小明回家的话没人接送不安全，学校这样的制度也太不合理了，出了安全问题谁负责？

（1）如果你是班主任，该怎么办？

（2）阐述你这样做的理由。

4. 小倩父母收入高，家庭富裕，零花钱比较多，经常购买高档服装，也喜欢化妆。在她的带动下，班级不少女同学互相攀比，网购了各种类型的时髦服装，化妆的人数也比以前多了，还兴起了人人染发的热潮，红唇黄发成为班级两道风景线。这天，班主任一进班级，看到小倩正在兴高采烈地给同学们“展示”她刚网购的一件靓丽风衣，身边围了一帮同学，气氛热烈……

（1）如果你是班主任，该怎么办？

（2）阐述你这样做的理由。

5. 小敏同学是一个活泼开朗的女孩，可最近总是闷闷不乐，甚至发展到不能每天按时到校上课。与家长沟通后得知，小敏喜欢画画，想考美术学院，但作为高级知识分子的父母认为画画是没出息的事情。进入高三后，小敏依然每天“浪费”很多时间画画，父母很生气，趁小敏不在家时把画笔等工具全部收起来了。

（1）如果你是班主任，该怎么办？

（2）阐述你这样做的理由。

6. 小林最近经常失眠，情绪低落，心情不好时还会一个人哭泣，她跟妈妈说不想去上学了。经过仔细询问得知，班上同学小王在QQ群里散布关于小林的谣言，小林发现后告诉了老师，班主任利用班会时间，教育大家要互相友爱，不允许恶意中伤他人，否则要受到校纪处罚。有一次小林上完体育课回到教室，发现自己的书和本子都被扔出了窗外。小林妈妈找到班主任，认为是校园欺凌，希望尽快予以处理。

（1）如果你是班主任，该怎么办？

（2）阐述你这样做的理由。

7. 小李同学是班级的学习委员，学习成绩优秀，但在班级新一轮班干部选举中落选了。班主任找了几个同学了解情况。同学们都说小李很自私，有难题问他，他要么说没时间，要么说不会做。班主任找小李谈心，小李满不在乎地说："学习委员做不做无所谓，老师，说实话吧，班级同学都是竞争对手，我在学习上帮助他们，不是给自己制造麻烦吗……"

（1）如果你是班主任，该怎么办？

（2）阐述你这样做的理由。

8. 高一刚开学，班主任王老师临时指定了小华做班长，平时说话不多的她接受了这个任务，认真做事。一个月后，班级正式推选班委，有同学推荐了小涵做副班长，说她初中阶段就是班长。王老师征求小涵意见，问她是否愿意担任副班长，小涵却说她只当班长，不做副班长。王老师灵机一动，让小华和小涵都做班长，不分正副。没想到过了一段时间，两人开始轮流来找王老师诉苦，一个情绪激动，一个默默流泪。

（1）如果你是班主任，该怎么办？

（2）阐述你这样做的理由。

9. 小李同学以中考总分班级前十的成绩进入高一学习。一学期下来，小李学习成绩平平，总是在班级中游徘徊。班主任徐老师发现小李虽然很聪明，但学习积极性不高，老师觉得他应该可以做得更好，于是找到了小李，在与小李的交流中，小李却回答："我只想做个普普通通的人，今后过普普通通的生活，没有太大的理想，不想让自己太累。"

（1）如果你是班主任，该怎么办？

（2）阐述你这样做的理由。

10. 伴随着微信的广泛使用，家校协作在信息反馈上一改以往的滞后性，最大限度地实现了高效快捷、图文并茂，但同时也衍生出许多新的舆情危机。王老师所带的高一（6）班组建了家长微信群。建群之初，王老师虽然通过群公告反复提醒家长"为了今后准确快捷的沟通，请尽快更改您的群昵称，并遵守微信群规则"，但是总有一些家长置若罔闻，有的家长甚至将对老师的意见和同学之间的矛盾也都发到群里。

（1）如果你是班主任，该怎么办？

（2）阐述你这样做的理由。

11. 同一个寝室，小明同学深夜玩手机，不睡觉，还时不时发出笑声，小刚睡眠质量较差，深受其扰，于是偷偷将此事告诉了班主任。班主任也对小明进行了批评教育，并要求家长没收了小明的手机。没想到小明在寝室同学面前大肆宣扬小刚爱打小报告，并煽动寝室同学孤立小刚。为此，小刚再一次找到班主任，并埋怨班主任泄露了是他告的状。

（1）如果你是班主任，该怎么办？

（2）阐述你这样做的理由。

12. 高三第一次模考成绩出来了，实验班的成绩不太好，班主任张老师很纳闷，也有点恼火。正在这时，班长来到办公室，激动地告诉张老师：网上有人匿名发帖，说隔壁班级有同学通过加QQ群购买了试题答案，并在班级群兜售。本班同学听说了以后很气愤，有些同学嚷嚷着要去校长室反映。

（1）如果你是班主任，该怎么办？

（2）阐述你这样做的理由。

13. 高一（1）班小林的妈妈悄悄告诉班主任丁老师，班上的家委会主席让她加入一个微信群，说在那个群里可以随意评论班级的事情，并共同商讨如何向班主任提出家长的要求。原来，班级有两个家长微信群，群A有老师加入，群B没老师加入。家长们在群B中经常就学校安排、班级事务、孩子状况等发表自己的看法。有一天，有家长在群B中抱怨说："班级数学张老师年纪大了，反应慢，经常讲错题，班级数学成绩不理想，希望家委会成员代表家长们找学校调换数学老师。"

（1）如果你是班主任，该怎么办？

（2）阐述你这样做的理由。

14. 小丽是一名高一女生，性格开朗，善于表现自己，平时比较注重自己的外表，兜里总是装一个小镜子，课间经常拿出来照，有时还会佩戴首饰、涂口红、画眉毛。班主任多次找她谈话，告诉她注意自己的仪表仪容，不能违反相关规定，但是效果不明显。一天，班主任刚走进教室，发现小丽又涂了口红，便当场指出她的问题。没想到，她竟当着全班同学的面说："老师，既然您可以抹粉底，我为什么不能涂口红？"

（1）如果你是班主任，该怎么办？

（2）阐述你这样做的理由。

15. 上午第2节课下课后，英语刘老师气呼呼地回到办公室，对班主任张老师说道：“张老师，你班体育委员小磊居然当着全班同学的面顶撞我，真是气死我啦！还有几个月就要高考了，我费心贯力补课，吃力还不讨好……”张老师连忙安慰刘老师说：“您先消消气，我来处理。”张老师来到班里，一进教室，少数男生脸上还流露着不平之意。张老师先把学习委员叫出来问明情况，然后又叫来了体育委员小磊。小磊一脸怒气：“我们有维护自己上体育课的权利。刘老师凭什么占用体育课啦?!”

（1）如果你是班主任，该怎么办?

（2）阐述你这样做的理由。

16. 高一新生入学不久，小宇和小杰就闹矛盾了，若不是同学及时劝阻，两人差点大打出手。班主任张老师了解情况后，才知道二人从小学到初中一直都是同班同学，且自尊心和好胜心都特别强，学习成绩也不相上下。争第一、争班长、争三好学生，两人一直“明争暗斗”了很多年，互不服气，互不相让。这次又因为争座位再起冲突。

（1）如果你是班主任，该怎么办?

（2）阐述你这样做的理由。

17. 李老师是高二（5）班的语文老师，她对待工作认真负责，但非常喜欢拖堂。一天中午，小新和小浩在教室抱怨李老师：“她也太喜欢拖堂了吧！没有一天不拖堂的，每天都占用我们的课间休息，太讨厌了！这么喜欢上课回家给她女儿上去啊!”这些话刚好被路过的李老师听到，她气冲冲地走进去：“我拖堂是为了自己吗?既然这么不喜欢我，那你们换个语文老师吧!”说罢，带着怒气走进了班主任的办公室。“你们班这群学生我没法教了，以后语文课我不上了!”

（1）如果你是班主任，该怎么办?

（2）阐述你这样做的理由。

18. 高一（2）班李明性格内向，从不主动交流，甚至在课堂上发言声音都很小。高一第二学期，班主任赵老师开始不断收到李明母亲的短信。短信里介绍说，她是大学教师，李明的爸爸博士毕业，在政府部门工作，李明是一个很优秀的孩子，但是现在越来越不尽人意了。短信里或者希望赵老师能多多鼓励李明，让李明能更自信、更乐观；或者建议赵老师多注意班级良好氛围的建设，提升班级的凝聚力……有时赵老师比较忙，没有及时回复短信，还会受到李明妈妈的批评，告诉赵老师要懂得尊重……

（1）如果你是班主任，该怎么办?

（2）阐述你这样做的理由。

19. 高一刚开学不久，班主任王老师接到小张妈妈的电话，小张妈妈反映：小张初中时成绩一直名列前茅，人很活泼，亲戚邻居都夸他好，家长也一直以他为荣；可读高中后，不但成绩平平，而且人也变得越来越沉默，不愿与人多交流；周末回家将一包脏衣服往卫生间一扔，就躲到房间玩电脑；每次一提成绩，他就变得很不耐烦，甚至还和家长顶撞。

（1）如果你是班主任，该怎么办？

（2）阐述你这样做的理由。

20. 高中阶段，考试成绩被看作衡量学生的重要标准。随着期末考试的临近，校园气氛越来越紧张，班主任王老师平时注意加强诚信教育，告诉学生，即使考不出好成绩，也要做个诚实的学生，不要违背自己的良心。可是考试那天，监考完回到办公室，王老师听说有个考场抓到一个作弊的学生，而且是自己班的，王老师又生气又羞愧，很是诧异自己班怎么会有人作弊呢？

（1）如果你是班主任，该怎么办？

（2）阐述你这样做的理由。

21. 期中考试后，高一女生小红很烦恼，她九门功课的总分排在年级前一百名，但单科物理成绩却在全年级三百名之后。从初中开始，她就立志报考大学兽医专业，以后可以帮助可爱的小动物解决病痛。但综合排名较高大学的兽医专业一般都要求同时选考理、化、生三门学科。现在面对这样的物理成绩，她很迷茫。小红的父母都是优秀的外科医生。爸爸说："我本就不赞同你从事兽医行业，给小猫小狗做些小手术哪有拯救一个人的生命有成就感？"妈妈却说："医学专业也不要报，学得又累，工作又辛苦，妈妈希望你工作后不要像妈妈一样辛苦。"小红不知道该听谁的意见好，第二天她向班主任潘老师求助。

（1）如果你是班主任，该怎么办？

（2）阐述你这样做的理由。

22. 小明和小莉两家父母是老友，两人从小认识，经常一起上学放学，学习上赶超比先，兴趣爱好也差不多。高一下学期，班上渐渐流传他俩是情侣，有同学告诉了班主任李老师。李老师找来两位同学长谈，还请了两位同学家长到学校，郑重地说明了早恋的危害。小明和小莉觉得很冤枉，他俩关系本来就好，不是在早恋。小明妈妈却说我就希望小莉以后是我家儿媳妇。谈话不欢而散……

（1）如果你是班主任，该怎么办？

（2）阐述你这样做的理由。

23. 高中阶段学业负担很重，班里英语老师为了让同学们更好地掌握英语基础知识，采用了早读课默写的方法，不仅默写的量大、范围广，而且重默率接近百分之九十，学生还必须牺牲自己的午休时间赶去老师办公室重默。同学们对此很是苦恼，埋怨英语老师不近人情，而且占用了很多时间，加重了学生的学业负担，也影响了其他课程的学习。

（1）如果你是班主任，该怎么办？

（2）阐述你这样做的理由。

24. 一天，生物老师怒气冲冲来到办公室对班主任刘老师说："你们班孙同学上课不带书，我问他怎么回事，他竟然说让我少管闲事！简直无法无天了，我是上不了你们班的课了。"刘老师把小孙找来，他不说话，只凶狠地盯着刘老师。刘老师只好打电话让家长来。半个小时后，小孙妈妈急匆匆赶到学校，开口就道歉，并流下了泪水。小孙一步上前，扶着妈妈，转过头狠狠地对刘老师说："以后不许叫我妈来学校！"……

（1）如果你是班主任，该怎么办？

（2）阐述你这样做的理由。

2020年长三角班主任基本功大赛主题班会决赛主题

要求：请根据参赛学段，在以下相应学段两道赛题中任选一题完成。字数不超过2500。方案中不得出现学校、执教者等信息。活动方案设计要体现活动过程的教育性和完整性，一般包括题目、实施年级、教育背景、教育目标、活动前期准备、实施过程等基本内容。其中实施过程要具体、明晰、可操作。

小学组

1. 天气炎热，有个别同学没有戴红领巾，当班主任问为什么不戴上红领巾，小明说太热了，不想戴，其他一些同学也跟着说太热了，想要解下红领巾，请针对这种现象，结合“四史教育”设计一节主题班会方案。

2. 近日，习近平总书记对制止餐饮浪费行为做出重要指示，指出，尽管我国粮食生产连年丰收，对粮食安全还是始终要有危机意识，今年全球新冠肺炎疫情所带来的影响更是给我们敲响了警钟。他强调，要加强立法，强化监管，采取有效措施，建立长效机制，坚决制止餐饮浪费行为。请以“厉行节约、反对浪费”为主题，设计一节主题班会活动方案。

初中组

1. 在一次偶然的职业理想调查中，班上有不少学生都以“网红”为梦想，甚至有学生认为：“努力学习有什么用？大学生还不如网红主播随便跳个舞、唱首歌、带个货来钱快！”面对部分中学生的这种心理和价值取向，请设计一节主题班会对学生进行价值引领。

2.《教育部关于培育和践行社会主义核心价值观进一步加强中小学德育工作的意见》中指出应加强心理健康教育。各级教育部门和中小学校要认真落实《中小学心理健康教育指导纲要（2012年修订）》，全面推进心理健康教育。加强心理健康教育教师专业培训，同时要提高全体教师特别是班主任开展心理健康教育的能力，培养学生积极健康的心理品质。加强生命教育和青春期教育，促进学生身心和谐发展。请根据你所任教学段学生的年龄特点和认知规律，围绕生命教育设计一次主题班（队）会活动方案。

高中组

1. 班主任跟同学们私下里聊天时得知，班级很多同学都是“网络冲浪少年”，热播剧、热门游戏、流量明星、社会新闻等都是大家关注的。但最近因为彼此之间见解不同，一些同学竟然在网络上展开了“骂战”。从最初的就事论事，到后来的人身攻击，从线上的互撕，逐步演变成线下的摩擦冲突，然后再上升到新一轮的网络骂战。参战的、帮忙的、看热闹的，心态各不相同。请结合这一现象设计一个主题班会方案。

2. 爱美之心人皆有之，加上现在生活水平不断提高，物质产品极大丰富，很多学生追求时尚，对自己的发型、服装非常关注，有的更是追求“新、奇、特”，花费了很多金钱和时间，家长和老师的说服教育也经常被他们抵触，认为这是他们的自由，大人们都落伍了。请结合这一现象设计一个主题班会方案。

（说明，因新冠疫情原因，2020年长三角地区中小学班主任基本大赛笔试不安排，以班会决赛替代）

2019年长三角地区中小学班主任基本功大赛笔试试卷

一、填空题（每题0.5分，共5分。把正确选项的序号填在题中的括号内）

1. 习近平总书记在全国教育大会上强调，教育引导学生热爱和拥护中国共产党，立志听党话、跟党走，立志扎根人民、奉献国家，要在（　　）。

A. 坚定理想信念上下功夫　　B. 厚植爱国主义情怀上下功夫

C. 加强品德修养上下功夫　　D. 增强综合素质上下功夫

2.《中共中央国务院关于进一步加强和改进未成年人思想道德建设的若干意见》强调，要完善学校的班主任制度，高度重视班主任工作，选派思想素质好、业务水平高、（　　）的优秀教师担任班主任。

A. 敬业精神强　B. 沟通能力强　C. 管理能力强　D. 奉献精神强

3. 教育部、共青团中央、全国少工委《关于加强中小学劳动教育的意见》中指出，要充分发挥劳动综合育人功能，以劳树德、以劳增智、以劳强体、以劳育美、以劳（　　），促进学生德智体美劳全面发展。

A. 创造　B. 求新　C. 创新　D. 致富

4. 教育部《关于培育和践行社会主义核心价值观　进一步加强中小学德育工作的意见》指出，要认真落实《中小学法制教育指导纲要》，养成学生遵纪守法、（　　）的意识和行为习惯。

A. 遵守道德　B. 遵守法规　C. 遵守纪律　D. 遵守规则

5.《中小学德育工作指南》明确规定了中小学德育工作的六个实施途径，即课程育人、文化育人、活动育人、实践育人、管理育人和（　　）。

A. 全面育人　B. 服务育人　C. 协同育人　D. 环境育人

6. 在班主任与学生的沟通中，决定沟通效果的关键环节是（　　）。

A. 教师的表达　B. 巧妙的引导　C. 用心的倾听　D. 良好的氛围

7. 班主任教育工作主要包括：思想品德教育、日常行为规范训练、（　　）、指导学生学习和心理卫生教育等方面。

A. 爱国主义教育　　B. 组织班级教学活动
C. 家庭教育工作　　D. 组织班级教育活动

8. 班级文化主要包括物质文化、精神文化和（　　）。

A. 行为文化　　B. 个性文化　　C. 制度文化　　D. 教育文化

9. 2017年8月，教育部在印发的《中小学德育工作指南》中指出，中小学把（　　）表现作为教师资格注册、年度考核、职务(职称)评审、岗位聘用、评优奖励的首要标准，实行“一票否决制”。

A. 师智　　B. 师德　　C. 师爱　　D. 师能

10. 德育过程与一般社会影响的区别主要表现在（　　）。

A. 计划性与正面性　　B. 灵活性与生活性
C. 复杂性与多端性　　D. 引导性与整合性

二、是非判断题（每题0.5分，共5分，对的在题前的括号内画“√”，错的打“×”）

（　　）1.《教育部关于培育和践行社会主义核心价值观　进一步加强中小学德育工作的意见》要求加强班主任培训，提高班主任工作能力，探索推行德育导师制。

（　　）2. 劳动教育是全面贯彻党的教育方针的基本要求，是实施素质教育的重要内容，是培育和践行社会主义核心价值观的有效途径。

（　　）3. 学校要从落实中央“四个全面”战略布局的高度，不断加强家庭教育工作，进一步明确学校在家庭教育中的主体责任。

（　　）4. 惩罚是教师“通过施罚使犯过者身心感觉痛苦，但不以损害受罚者身心健康”为原则的一种惩戒方式。

（　　）5. 根据教育部《关于进一步加强中小学班主任工作的意见》，从2006年12月起，建立中小学班主任岗位培训制度，将中小学班主任培训计划纳入教师全员培训计划。凡担任中小学班主任的教师，在上岗前或上岗后半年时间内均需接受不少于20学时的专题培训。

（　　）6. 民主性是班级规范的重要特点，因此，在制定班规时要充分尊重学生的意愿，无论大事、小事都让学生自己决定。

（　　）7. 个体发展是指个体出生到成人期身心有规律的变化过程，个体的发展包括身体发展和心理发展两个方面。

（　　）8. 中小学德育是中小学全面发展教育的重要组成部分，包括道德教育、法纪教育、政治教育和思想教育四个层面。

（　　）9. 人的品德与个性心理密切联系，它们在本质上是一致的。因此，学生的心理问题也是思想品德问题。

（　　）10. 精神关怀是班主任专业化的核心内容。关心、理解、尊重、信任是班主任精神关怀的基本表现。

三、主题班会方案设计（40分）

（一）主题班会

1. 习近平总书记在全国教育大会上号召，要在学生中弘扬劳动精神，教育引导学生崇尚劳动、尊重劳动，懂得劳动最光荣、劳动最崇高、劳动最伟大、劳动最美丽的道理，长大后能够辛勤劳动、诚实劳动、创造性劳动。

2019年6月，中共中央　国务院发布《关于深化教育教学改革　全面提高义务教育质量的意见》提出：学校要“加强劳动教育”，“坚持学生值日制度，组织学生参加校园劳动”。《中小学德育工作指南》对此也提出了相应要求。

请以“弘扬劳动精神，开展劳动教育”为主题，结合学生的年龄特点，设计一个主题教育活动方案。

2. 国务院教育督导委员会办公室在新学期即将来临之际发布了2019年第5号预警——防治学生欺凌暴力，建设阳光安全校园，提醒地方各级政府、有关部门、学校、家长要严格落实学生欺凌防治工作要求，切实把校园建设成最阳光、最安全的地方。

请以“防治学生欺凌暴力”为主题，设计一个主题教育活动方案。

（二）要求

1. 从以上两题中任选其一。

2. 题目自拟。

3. 写出实施主题班会的年级，但方案中不得出现个人和学校的真实名称。

4. 设计方案一般包括题目、教育背景、教育目标、活动前期准备、实施过程等基本内容。其中实施过程要具体、明晰、可操作。

5. 字数不超过2500。

6. 请写在答题卷上。

2018年长三角地区中小学班主任基本功大赛笔试试卷

答题须知：

1. 本卷共三道大题，满分50分，考试时间120分钟；
2. 答题前，请在密封区内填写省市、学校、姓名、座位号；
3. 答题要做到字迹清楚，行款整齐，卷面整洁。

一、单项选择题（10题，每小题0.5分，共5分）

1. 2014年9月，习近平总书记视察北京师范大学，发表了“四有”好老师重要讲话，其中四有是指：“有理想信念、（　　）、有扎实学识、有仁爱之心”。

A. 有浩然正气　　B. 有人文底蕴

C. 有高尚师德　　D. 有道德情操

2. 党的十九大报告指出：要坚持教育优先发展，全面贯彻党的教育方针，坚持教育为社会主义现代化建设服务、为人民服务，把（　　）作为教育的根本任务，培养德智体美全面发展的社会主义建设者和接班人。

A. 人才培养　　B. 文化传承

C. 爱党爱国　　D. 立德树人

3. 2017年8月，教育部在印发的《中小学德育工作指南》中指出，中小学的德育内容包括：（　　）、社会主义核心价值观教育、中华优秀传统文化教育、生态文明教育和心理健康教育。

A. 思想道德教育　　B. 安全教育

C. 理想信念教育　　D. 政治教育

4.《中共中央国务院关于全面深化新时代教师队伍建设改革的意见》指出，教师承担着（　　）的历史使命，肩负着塑造灵魂、塑造生命、塑造人的时代重任。

A. 传播知识、传播文化、传播思想

B. 传播知识、传播思想、传播真理

C. 培养“四有”新人

D. 传播文化、传播思想、传播真理

5. 下列关于德育过程与思想品德形成过程关系的表述中，正确的是（　　）。

A. 德育过程是一种教育活动过程，品德形成过程是人的发展过程，两者没有关系

B. 德育过程是人的发展过程，品德形成过程是一种教育过程，两者没有关系

C. 德育过程就是品德形成过程，两者没有区别

D. 德育过程与品德形成过程是两个不同的概念，两者既有区别又密切联系

6. 贯穿教师职业道德的核心和灵魂是（　　）。

A. 教书育人　　B. 关爱学生

C. 爱岗敬业　　D. 爱与责任

7. 通过创设良好情境，潜移默化地培养学生思想品德的方法，叫（　　）。

A. 说服法　　B. 榜样示范法　　C. 品德评价法　　D. 陶冶法

8. 班主任工作的中心环节是（　　）。

A. 了解和研究学生

B. 组织班会

C. 组织和建设良好的班集体

D. 做好学生的操行评定

9. 品德态度的形成包括以下哪些阶段（　　）。

A. 顺从阶段、认同阶段、内化阶段

B. 醒悟阶段、转变阶段、自省阶段

C. 前道德阶段、因循阶段、原则阶段

D. 自我中心阶段、权威阶段、可逆性阶段、公正阶段

10. 对正常儿童而言，有的人观察能力强，有的人早慧，有的人则开窍较晚。这种现象说明（　　）。

A. 发展具有连续性　　B. 发展具有阶段性

C. 发展具有方向性　　D. 发展具有个体差异性

二、判断题（10题，每小题0.5分，共5分）

1.《中小学班主任工作规定》指出：班主任是中小学的重要岗位，从事班主任工作是中小学教师的重要职责。教师担任班主任期间应将班主任工作作为主业。（　）

2. 中小学生欺凌是发生在校园内外学生之间，一方单次或多次蓄意或恶意通过肢体、语言等手段实施欺负、侮辱，造成另一方身体伤害或精神损害等的事件。（　）

3. 教育部印发的《中小学生守则（2015年修订）》中删除了“敢于斗争”“见义勇为”的要求，同时提醒青少年要“防溺水、不玩火、会自护、懂自救”。这一变化的意义在于有利于未成年人增强自我保护的意识，有利于保障未成年人的生命健康权。（　）

4. 思想道德建设是教育与实践相结合的过程，要按照实践育人的要求，以德育认知为基本途径。（　）

5. 教师应该树立科学的评价观，从多维度评价学生，以合格及特长的标准对学生进行评价。（　）

6. 开展中华优秀传统文化教育，要以弘扬爱国主义精神为核心，以家国情怀教育、社会关爱教育和人格修养教育为重点。（　）

7. 为了做好预防中小学生沉迷网络，各校要明确学校各岗位教职工的育人责任，将预防沉迷网络工作责任落实到每个管理环节，加强午间、课后等时段管理，学生不能使用手机。（　）

8. 2018年1月，中共中央、国务院颁布了《关于全面深化新时代教师队伍建设改革的意见》，要求广大教师“全心全意做学生锤炼品格、学习知识、创新思维、奉献祖国的引路人”。（　）

9. 学校、教室要在明显位置张贴社会主义核心价值观24字、《中小学生守则（2015年修订）》。教室正前上方有国旗标识。（　）

10. 选择德育方法的依据是德育目标、德育内容和学校工作要求。（　）

三、活动方案设计题（从以下两题中选择一题作答，共40分）

（一）国家主席习近平在2018新年贺词中提出了“幸福都是奋斗得来的”，激励全国人民用劳动和奋斗创造幸福生活。今年五四前夕习近平主席走访北大时，又提出“追梦需要激情和理想，圆梦需要奋斗和奉献。”

请以“幸福都是奋斗得来的”为主题，设计一次主题班（队）会活动方案。

要求：

1. 题目自拟。

2. 写出实施主题班（队）会的年级，但方案中不得出现个人和学校的真实名称。

3. 设计方案一般包括题目、教育背景、教育目标、活动前期准备、实施过程等基本内容。其中实施过程要具体。

4. 不超过2500字。

（二）请结合落实生态文明建设要求，以“垃圾分类我先行”为主题，设计一次班队会活动方案。

要求：

1. 题目自拟。

2. 写出实施主题班（队）会的年级，但方案中不得出现个人和学校的真实名称。

3. 设计方案一般包括题目、教育背景、教育目标、活动前期准备、实施过程等基本内容。其中实施过程要具体。

4. 不超过2500字。

2017年长三角地区中小学班主任基本功大赛笔试试卷

说明：笔试时间为120分钟，满分为50分

一、判断题（10题，每题0.5分，共5分，对的画“√”，错的画“×”，请填在答题卡上）

1. 党的十九大报告提出，到本世纪中叶，把我国建成富强民主文明和谐美丽的社会主义现代化强国。（　）

2. 教育部在印发的《中小学德育工作指南》中指出，中小学德育的实施途径主要有课程育人、文化育人、活动育人、实践育人、班级育人、协同育人等六个方面。（　）

3. 陶行知教育思想中的生活教育理论包括：生活即教育、社会即学校、教学做合一。（　）

4. 班主任与学生朝夕相处，对学生的身心发展产生着全方位的影响，因此，班主任是学生的偶像性重要他人。（　）

5. 班级目标管理是一种以自我管理为中心的管理模式。（　）

6. 德育是培养学生品德的活动，因此，德育过程就是品德形成过程。（　）

7. 人的知情意行是相互联系的，有什么样的道德认识，就有什么样的道德行为。（　）

8.《中小学班主任工作规定》指出，班主任在日常教育教学管理中，有采取各种方式对学生进行批评教育的权利。（　）

9. 师生关系是教育过程中最基本、最重要的人际关系，师生在道德上应该是相互促进的。（　）

10. 非正式群体具有自发性，因此，非正式群体在班级管理中只有消极作用。（　）

二、单项选择题（10题，每题0.5分，共5分，请填在答题卡上）

1. 党的十九大报告指出，中国特色社会主义进入新时代，我国社会的主要矛盾是（　　）。

A. 人民日益增长的物质文化需要同落后的社会生产之间的矛盾

B. 人民日益增长的物质文化需要同发展不平衡不充分之间的矛盾

C. 人民日益增长的美好生活需要和分配不公平发展不充分之间的矛盾

D. 人民日益增长的美好生活需要和不平衡不充分的发展之间的矛盾

2. 党的十九大报告指出，发展是解决我国一切问题的基础和关键，发展必须是科学发展，必须坚定不移贯彻的新发展理念是（　　）。

A. 富强、民主、文明、和谐、共享的发展理念

B. 创新、协调、绿色、开放、共享的发展理念

C. 自由、平等、公正、法治、开放的发展理念

D. 爱国、敬业、诚信、友善、创新的发展理念

3. 中共中央办公厅、国务院办公厅印发了《关于实施中华优秀传统文化传承发展工程的意见》指出，传承发展中华优秀传统文化要大力弘扬的中华传统美德是（　　）。

A. 讲仁爱、重民本、守诚信、崇正义、尚和合、求大同

B. 自强不息、敬业乐群、扶危济困、见义勇为、孝老爱亲

C. 革故鼎新、与时俱进、脚踏实地、实事求是

D. 天下兴亡、匹夫有责、精忠报国、振兴中华

4. 近日，教育部印发了《中小学德育工作指南》，明确中小学德育的内容是（　　）。

A. 公民意识教育，社会主义核心价值观教育，中华优秀传统文化教育，生态文明教育，心理健康教育

B. 理想信念教育，社会主义核心价值观教育，中华优秀传统文化教育，生态文明教育，心理健康教育

C. 社会主义核心价值观教育，中华优秀传统文化教育，生态文明教育，心理健康教育，网络道德教育

D. 中华优秀传统文化教育，公民意识教育，生态文明教育，心理健康教育，网络道德教育

5. 中国学生发展核心素养，以培养“全面发展的人”为核心，分为文化基础、自主发展、社会参与三个方面，综合表现为六大素养。六大素养是（　　）。

A. 审美情趣、理性思维、勤于反思、珍爱生命、社会责任、勇于创新

B. 人文情怀、理性思维、信息意识、健全人格、责任担当、实践创新

C. 人文底蕴、科学精神、学会学习、健康生活、责任担当、实践创新

D. 人文积淀、批判质疑、乐学善学、自我管理、国家认同、劳动意识

6. 2017年9月1日，由教育部和中央电视台联合推出的大型公益节目《开学第一课》，主题是（　　）。

A. 知识守护生命

B. 我的梦，中国梦

C. 中华骄傲

D. 先辈的旗帜

7. 学生的实际发展水平与在成人的指导下可以达到的水平之间的差距，维果斯基称之为（　　）。

A. 教学支架

B. 最近发展区

C. 先行组织者

D. 相互协助

8. 德育过程中的基本矛盾是（　　）。

A. 教育者与受教育者之间的矛盾

B. 教育者与德育内容和方法之间的矛盾

C. 受教育者与德育内容和方法之间的矛盾

D. 社会向学生提出的道德要求和学生已有品德水平之间的矛盾

9. 教师在工作中，注重以自己的高尚品德、人格魅力以及对学生的深切期望和真诚的爱来触动、感化学生，促使学生思想转变。这种德育方法是（　　）。

A. 实际锻炼法　B. 品德评价法　C. 个人修养法　D. 情感陶冶法

10. 交通部等10部门联合出台《关于鼓励和规范互联网租赁自行车发展的指导意见》，规定禁止向未满（　　）岁的儿童提供服务。

A. 8　　B. 10　　C. 12　　D. 14

三、主题班会方案设计（请在以下两题中选择一题作答，共40分）

1. 请以“珍惜时光”为主题，设计一节主题班会方案。

2. 请以“我与新时代”为主题，设计一节主题班会方案。

要求：（1）题目自拟。（2）写出实施班会的年级，但方案中不得出现个人和学校的真实名称。（3）设计方案要反映出教育背景、教育目标、准备过程、实施过程等基本内容，其中实施过程要具体、明晰、可操作；方案设计要体现活动过程的教育性和完整性。（4）2500字左右。

2016年长三角地区中小学班主任基本功大赛笔试试卷

（时间：120分钟　满分：50分）

一、单项选择题（每小题1分，共5分）

1. 为贯彻党的十八大和十八届二中、三中全会精神，落实《中共中央办公厅关于培育和践行社会主义核心价值观的意见》，切实把（　　）作为教育的根本任务。

A. 立德树人

B. 社会主义核心价值观

C. 为每一个学生终身发展

D. 育人为本，德育为先

2.《中共中央国务院关于进一步加强和改进未成年人思想道德建设的若干意见》指出，要按照实践育人的要求，以（　　）为基本途径，区分不同层次未成年人的特点，精心设计组织开展内容鲜活、形式新颖的道德实践活动。

A. 社区劳动　　B. 文体活动

C. 体验教育　　D. 参观实践

3. 做好班主任工作的前提和基础是（　　）。

A. 组织和培养班集体　　B. 全面了解学生

C. 培养优良班风　　D. 做好后进生转化工作

4. 在今年教师节来临之际，习近平总书记专程来到北京市八一学校，看望慰问师生，就全面贯彻落实党的教育方针、努力办好基础教育、加强教师队伍建设发表重要讲话。勉励广大教师做“四个引路人”。“四个引路人”是（　　）。

A. 做学生锤炼品格、严谨笃学、淡泊名利、自尊自律的引路人

B. 做学生锤炼品格、学习知识、创新思维、奉献祖国的引路人

C. 做学生志存高远、爱国敬业、严谨笃学、与时俱进的引路人

D. 做学生严谨笃学、勇于创新、奋发进取、志存高远的引路人

5. 2016年9月1日中央电视台综合频道播出的大型公益节目《开学第一课》的主题和四节课分别为（　　）。

A. 主题：乘着梦想的翅膀；　第一节：有梦就有动力；第二节：有梦就要坚持；第三节：有梦就能出彩；第四节：有梦就能成功

B. 主题：英雄不朽；　第一节：爱国；第二节：团结；第三节：勇敢；第四节：自强

C. 主题：先辈的旗帜；　第一节：信念不移；第二节：勇往直前；第三节：百折不挠；第四节：坚持不懈

D. 主题：父母教会我；　第一节：孝；第二节：礼；第三节：爱；第四节：强

二、判断题（对的在括号里画“√”，错的画“×”）（每小题1分，共5分）

1. 改进中小学德育的关键载体要做到改进课程育人，改进实践育人，改进文化育人，改进管理育人。（　　）

2.《中小学班主任工作规定》指出，班主任在日常教育教学管理中，有采取适当方式对学生进行批评教育的权利。（　　）

3. 班级精神是自由生长的，不是在冲突与融合的过程中形成的。（　　）

4. 在德育的具体实施过程中，知、情、意、行的发展只能从晓之以理开始。（　　）

5. 皮亚杰把儿童心理发展过程划分为四个阶段，按顺序依次是感知运动阶段、前运算思维阶段、形式运算思维阶段、具体运算思维阶段。（　　）

三、主题班（队）会方案设计（40分）

题目：

1. 请以“生活靠劳动创建”为主题设计一节主题班（队）会方案。

2. 教育部《关于培育和践行社会主义核心价值观进一步加强中小学德育工作的意见》（教基一〔2014〕4号）提出：“中小学校要普遍开展生态文明教育，以节约资源和保护环境为主要内容，引导学生养成勤俭节约、低碳环保的行为习惯，形成健康文明的生活方式。”请以“保护环境”为主题，设计一节主题班（队）会方案。

要求：

（1）请在以上两题中任选一题设计一节主题班（队）会方案。

（2）方案设计要体现活动过程的教育性和完整性，一般包括题目、实施年级、教育背景、教育目标、活动前期准备、实施过程等基本内容。其中实施过程要具体、明晰、可操作。

（3）不超过2500字。

（4）方案中不得出现省市、学校、姓名等信息。

2014年第三届长三角地区中小学班主任基本功大赛笔试试卷

一、选择题（1~15题为单项选择题，16~20题为多项选择题，每题2分，共40分。多项选择题多选少选都不给分）

1. 社会主义核心价值观中，公民个人层面的价值准则是（　　）。

A. 爱国、敬业、诚信、友善

B. 富强、民主、文明、和谐

C. 自由、平等、公正、法治

D. 爱国、诚信、友善、责任

2. 习近平总书记在同北京师范大学师生代表座谈时的讲话中指出，扎实的知识功底、过硬的教学能力、勤勉的教学态度、科学的教学方法是老师的基本素质，其中的根本基础是（　　）。

A. 师德　　B. 知识　　C. 能力　　D. 态度　　E. 方法

3. 为深入学习贯彻习近平总书记的讲话精神，全面实施素质教育，教育部党组决定从2013年秋季开学起，在全国各级各类学校开展“三爱”教育，“三爱”是指（　　）。

A. 爱党、爱社会、爱祖国

B. 爱学习、爱社会、爱劳动

C. 爱学习、爱劳动、爱祖国

D. 爱家、爱党、爱国

4.《中共中央国务院关于进一步加强和改进未成年人思想道德建设的若干意见》指出，要按照实践育人的要求，区分不同层次未成年人的特点，精心设计和组织开展内容鲜活、形式新颖、吸引力强的道德实践活动。其基本途径是（　　）。

A. 社区劳动　　B. 文体活动

C. 养成教育　　D. 参观实践

E. 体验教育

5.《中小学班主任工作条例》规定：班主任在日常教育教学管理中，有（　　）的权利。

A. 健全班级组织

B. 搞好班级管理

C. 采取适当方式对学生进行批评教育

D. 开展班级教育工作

6.《教育部关于培育和践行社会主义核心价值观进一步加强中小学德育工作意见》中指出，要加强班主任培训，提高班主任工作能力，探索推行（　　）。

A. 德育导师制　　B. 人生导师制

C. 生涯导师制　　D. 品行导师制

7. 实现中华民族的伟大复兴，需要一代又一代人的不懈努力。从未成年人抓起，培养和造就千千万万具有（　　）的合格建设者和接班人，既是一项长远的战略任务，又是一项紧迫的现实任务。

A. 精湛的文化知识和良好道德修养

B. 精湛的文化知识和高尚思想品质

C. 高尚思想品质和集体主义观念

D. 高尚思想品质和良好道德修养

8. 班主任既通过集体的管理去影响个人，又通过对个人的直接管理去影响集体，这样的管理模式称为班级（　　）。

A. 自由管理　　B. 民主管理

C. 平行管理　　D. 制度管理

9. 教育的根本任务是（　　）。

A. 培养社会主义合格的接班人

B. 培养“四有”新人

C. 培养德智体美全面发展的社会主义建设者和接班人

D. 立德树人

10.《教育部关于培育和践行社会主义核心价值观进一步加强中小学德育工作的意见》中指出，要加强生态文明教育。各级教育部门和中小学校要普遍开展生态文明教育，其主要内容是（　　）。

A. 节约资源和保护环境

B. 持续开展“光盘行动”

C. 树立现代海洋观念

D. 加强基本国情教育

11. 能体会当事人内心秘密世界，仿佛身临其境，能设身处地地体会当事人的内心感受，达到对当事人境况心领神会的情感是（　　）。

A. 移情　　B. 同情　　C. 友情　　D. 共情

12. 作为班主任，如你班学生在校发生学生伤害事故，正确的处理程序一般应（　　）。

A. 首先告知未成年学生的监护人，然后救助受伤害学生，再告知学校相关领导。

B. 首先救助受伤害学生，然后告知未成年学生的监护人，再告知学校相关领导。

C. 首先告知学校相关领导，然后告知未成年学生的监护人，再救助受伤害学生。

D. 首先救助受伤害学生，然后告知学校相关领导，再告知未成年学生的监护人。

13. 在主题班会活动中，班主任必须充分尊重和信赖学生，善于发挥学生的积极性和特长，让学生在活动中有岗位，有职责，有相对的自主权和发言权，这主要体现了（　　）原则的要求。

A. 活动性　　B. 互动性

C. 主体性　　D. 发展性

14.《学校体育工作条例》规定：普通中小学校每天应当安排课间操，每周安排课外体育活动，保证学生每天有（　　）小时体育活动的时间（含体育课）。

A. 0.5小时　　B. 1小时　　C. 1.5小时　　D. 2小时

15. 广大教师要大力弘扬高尚师德师风，自觉抵制收受学生及家长礼品礼金等不正之风。对违规违纪的，发现一起、查处一起，对典型案件要点名道姓公开通报曝光。情节严重的，依法依规给予（　　）；涉嫌犯罪的，依法移送司法机关处理。

A. 停职处分　　B. 记过处分

C. 职称降级处分　　D. 开除处分，并撤销其教师资格

16. 习近平总书记在同北京师范大学师生代表座谈时的讲话中提出，做党和人民满意的好老师，要有（　　）。

A. 理想信念　　B. 道德情操

C. 自尊自律　　D. 扎实学识

E. 仁爱之心

17. 教育部《关于培育和践行社会主义核心价值观进一步加强中小学德育工作的意见》指出，要认真落实《中小学文明礼仪教育指导纲要》，引导学生养成的行为习惯是（　　）。

A. 诚实守信　　B. 孝敬感恩

C. 团结友善　　D. 勤奋学习

E. 文明礼貌

18. 班主任了解学生的主要方法有（　　）。

A. 观察法　　B. 谈话法　　C. 调研法　　D. 实验法

19. 在教师与家长交往中，家访是一种重要的形式。家访礼仪中教师要做到（　　）。

A. 选好时机，预约前往

B. 衣帽整洁，庄重大方

C. 用语合理，避免责难

D. 举止稳重，温文尔雅

E. 珍惜时间，讲究效率

20. 男同学小陈平时自由散漫，学习不认真，一天在课堂上用手机给班上的女同学发短信"曾某，我爱你"，被上课的王老师发现收缴，并将小陈的短信向全班同学宣读，同时指责其"思想堕落，道德败坏"。下课后小陈要求王老师归还手机，王老师说：这是罪证不能归还，要交学校政教处。你认为下列校长对王老师的行为说法正确的有（　　）。

A. 未经学生同意翻看短信侵犯学生的隐私权

B. 使用的批评话语侵犯了学生的人格权

C. 收缴手机侵犯学生的财产权

D. 作为老师不能以违法方式对待学生的违纪行为

二、主题班（队）会方案设计（从以下两题中任选一题作答，共60分）

（一）试题：

1. 在2014年3月颁发的《完善中华优秀传统文化教育指导纲要》中指出，要“开展以正心笃志、崇德弘毅为重点的人格修养教育。着力引导青少年学生明辨是非、遵纪守法、坚韧豁达、奋发向上，自觉弘扬中华民族优秀道德思想，形成良好的道德品质和行为习惯，培养青少年学生做知荣辱、守诚信、敢创新的中国人”。

请根据这段话的内容设计一节主题班（队）会方案。

2. 2014年暑假，多名女大学生坐黑车失踪甚至被害。女大学生的频频失踪与被害，既让人痛心，令人深思，更令人警醒，女大学生的安全到底怎么啦？原因是多方面的，但是我们也需要反思学校安全教育是否有盲区。

请根据上述情境设计一节主题班（队）会方案。

（二）要求：

1. 题目自拟。

2. 写出实施方案的年级，但方案中不得出现个人和学校的真实名称。

3. 设计的方案要反映出教育背景、教育目标、准备过程、实施过程等基本内容。

4. 2000字左右。

2013年第二届长三角地区中小学班主任基本功大赛笔试试卷

一、填空题（每空1分，共20分）

1. 2012年11月8日召开的党的十八大提出要努力办好人民满意的教育，要把____________作为教育的根本任务。

2. 2013年全国教育工作会议中指出，全面开展“我的中国梦”宣传教育，促进学生把个人梦想和____________紧密融合在一起，把个人价值与____________紧密结合在一起，把个人命运与____________紧密联系在一起。

3.《国家中长期教育改革和发展规划纲要（2010—2020年）》中指出，加强以爱国主义为核心的民族精神和以____________为核心的时代精神教育；加强社会主义荣辱观教育，培养学生团结互助、诚实守信、遵纪守法、艰苦奋斗的良好品质；加强____________教育，树立社会主义民主法治、自由平等、公平正义理念，培养社会主义合格公民。

4. 培养学生____________精神和____________能力是素质教育的重点和核心。

5. 2013年8月，公安部、教育部联合下发通知，各中小学要将____________纳入教学内容，每学期开学第一周和寒（暑）假前安排不少于____________课时的教育课程；每年的“全国中小学生安全教育日”“防灾减灾日”“119”消防日期间，要集中开展知识竞答、疏散演练等主题活动。

6. 履行好班主任的职责，必须树立正确的____________，遵循中小学生____________，运用科学的教育方法，善于利用各种教育资源。

7. 班主任要认真做好班级的日常管理工作，维护班级良好秩序，培养学生的____________、____________和集体荣誉感，营造民主和谐、团结互助、健康向上的集体氛围。

8. 班主任岗位是具有____________和____________的重要专业性岗位，应由取得教师资格、思想道德素质好、业务水平高、身心健康、乐于奉献的教师担任。

9. 班主任对学生的管理首先从班级日常管理开始，班级常规管理的内容包括：教学常规管理、____________、安全教育、____________等。

10. 班主任专业化成长可分为____________阶段、____________阶段和特色化阶段。

二、选择题（1~8题为单项选择题，9、10题为不定项选择题，每题2分，共20分）

1.《中共中央国务院关于进一步加强和改进未成年人思想道德建设的若干意见》指出，要按照实践育人的要求，以（　　）为基本途径，区分不同层次未成年人的特点，精心设计组织开展内容鲜活、形式新颖的道德实践活动。

A. 社区劳动　　B. 文体活动

C. 体验教育　　D. 参观实践

2. 要达到最佳的教育效果，表扬需（　　）。

A. 随时随地

B. 坚持每天表扬

C. 注意全面表扬，不要忽略一些人

D. 把握时机和实事求是

3. 个别教育的心理基础是（　　）。

A. 尊重学生，坦诚相待　　B. 热爱学生，正面引导

C. 严格要求，民主公正　　D. 以身作则，实事求是

4. 班主任用暗示手段或借他人他事旁敲侧击，或用名言警句、格言、成语等简明语言加以提示，来帮助学生明白某些道理的谈话方式是（　　）。

A. 谈心式谈话　　B. 渐进式谈话

C. 循导式谈话　　D. 点拨式谈话

5. 当代中国未成年人精神世界的主流是（　　）。

A. 热爱祖国、积极向上、团结友爱、文明礼貌

B. 热爱祖国、积极向上、见义勇为

C. 热爱祖国、关心集体、积极向上

D. 认真学习、团结学生、孝敬父母

6. 教师素质的核心是（　　）。

A. 爱心　　B. 师德　　C. 责任　　D. 技能

7. 教师最核心的职责与任务是（　　）。

A. 爱岗敬业　　B. 关爱学生　　C. 教书育人　　D. 为人师表

8. 国内外有关班级活动的理论和经验表明，班级活动的核心主题是（　　）。

A. 班级工作实际情况的需要

B. 班级阶段性工作任务需要

C. 满足和提升学生的成长发展需要

D. 班级日常教育管理工作需要

9. 班级常规德育工作的主要内容包括（　　）。

A. 关心爱护全体学生，尊重学生人格

B. 制定班级思想道德教育的目标

C. 重视学生道德习惯的养成

D. 引导学生参加社会实践

10. 班主任在组织实施主题班会时，应当注意并正确处理好几个关系（　　）。

A. 处理好静态预设与动态生成的关系

B. 处理好学生主体与教师主导的关系

C. 处理好情感体验与价值引领的关系

D. 处理好遵循规范与开拓创新的关系

三、主题班（队）会方案设计（共60分）

请围绕“梦想”这一主题，根据你所教学段学生的年龄特点和认知规律，设计一节主题班（队）会方案。

要求：

1. 题目自拟。

2. 写出实施方案的年级，但方案中不得出现个人和学校的真实名称。

3. 设计的方案要反映出教育背景、教育目标、准备过程、实施过程等基本内容。

4. 2000字左右。

2021年浙江省中小学班主任基本功大赛情境模拟题

小学组

1. 三年级的龙龙今天没有来上学，龙龙爸爸焦急地来找班主任郑老师，说昨天晚上，龙龙和爸爸说想转学，理由是自己一年级起就想当班长，可是三年都不能如愿，最近一次的班干部改选，龙龙还是没有被选上，觉得特别伤心。龙龙提出希望转到一所自己能当上班长的学校，否则就不上学了。龙龙爸爸向郑老师求教，希望让龙龙当一回班长。可龙龙平时的表现大家并不认可，再说选举结果昨天刚公布。

假如你是龙龙班主任，你会怎么做?

2. 六年级女生小辰第一次来月经，因为没有准备也没有经验，裤子、椅子上都弄脏了。她的后桌何同学看到了，在班里大声喊道："大家快看，小辰同学裤子上、椅子上都是血。"有同学大声笑起来了；也有同学偷偷在说："小辰来例假了。"小辰看到同学们的表情，再看看自己的狼狈样，难受得趴在桌子上使劲哭。

作为班主任的你刚好进教室看见这样的一个场景，你会怎么做?

3. 五年级的数学课上，老师安排大家做练习，一位同学很快就完成了交给老师。老师发现所有题目答案都对，但只有计算结果没有过程，就认真地告诉他，这样做不规范，考试时一会扣分，还可能被怀疑作弊。这个学生很不高兴地回到座位上，三下两下把练习本撕了。数学老师很生气，下课后向班主任反映了情况。谁知第二天家长也气冲冲地找到班主任，说数学老师损害了孩子的名誉，要求班主任给个说法。

假如你是班主任，应该怎么认识这个问题并做出适当的处理呢?

4. 302班级举办小报制作比赛，评选出十张优秀小报张贴在橱窗里。获奖同学欣喜不已。有几个小朋友说："我爸妈陪我做了一个双休日呢!"边上的小明也说："我的也是我爸妈做的!"平时学习优秀的小王同学没得奖，回家一直哭，怪爸妈没有陪她做。小王妈妈很生气，打电话问班主任：到底是孩子比赛还是家长比赛？当晚，班主任浏览朋友圈时，发现许多家长晒出了孩子的作品，其中小安妈妈的分享内容引起了班主任的关注："孩子得了一等奖，不枉费我陪他做了两天。"后面还有其他家长的评论："你还算好，我没有绘画才能，只能花钱请别人帮忙做。"看来，小王同学说的是真的。

如果你是当事班主任你如何处理？

5. 今年，学校组织了"献礼百年·红色研学"实践活动，五年级（1）班的同学们分成了四个大组开展烧野米饭劳动实践活动，小明同学平日顽皮捣蛋、破坏纪律，今天又把组长小红好不容易生起来的灶火弄灭了，还霸道得不许其他同学插手，组长小红气得躲在角落掉眼泪，同学们也都嫌弃小明，纷纷说："我也不要和小明在一个组了。"

面对这种情况，如果你是班主任，会如何处理？

6. 新接班的班主任在班级群里号召大家暑期积极开展社会实践活动，同时给出了5种不同的方案，建议孩子们根据自己感兴趣的方案自由选择、组队报名。你发现小恩的家长在群里始终没有回应，而且通过了解发现他没有参加任何一个小组。当你联系小恩的父母时，他们表示没注意看信息，而且孩子平时参加兴趣班也比较多，可能没时间参加。

作为班主任的你会怎么处理呢？

7. 五年级的年轻班主任王老师接到了班里小东妈妈的电话。小东妈妈说小东每天托管结束，回到家已经六点半了，可是作业还没有做完。每天要到九点多才能把作业写完，洗完澡睡觉都十点多了。小东妈妈认为学校的老师还不如外面的托管老师负责任，她希望能够退钱，去外面上辅导班。

如果你是班主任，你如何看待？你又有什么好的建议？

8. 实行作业分层后，某班五年级的学生小明认为老师让班里能力强的同学挑战课外搜集的拓展型题目，却只让他做简单的基础性作业，他觉得这意味着老师把他分到了差生行列，其家长对此也很不满，来找你理论。

如果你是小明的任课老师兼班主任，会如何解决呢？

9. 六年级的小凯是个追星族，最近更是严重，举止忸怩作态、喜欢撒娇卖萌。更让人担忧的是，他对学习失去兴趣，做起明星梦，认为自己将来就是以明星为职业，要去做"练习生"，能轻松挣大钱。前不久，吴某凡被抓，他竟然还要绝食声援。同学们嘲讽他："男不男，女不女的，病得不轻！"

假如你是小凯的班主任，你会怎么做？

10. 近期学校开展体育达人、劳动达人等评比活动，要求家长在班级圈中进行每日照片的上传。乐乐妈妈说："烦死了，每天要打卡那么多东西，劳动过、锻炼过就好了嘛，还要拍照。做作业都来不及。"乐乐说："妈妈不可以的，你不帮我传照片，我要被老师批评的，还不能被评选达人的！"妈妈说："我跟你们老师去反映，现在不是说'双减'吗？不是说不能给家长布置作业吗？王阿姨的女儿跟你同班，都是摆拍照片的，还不是被评上达人？难道就因为没拍照片，没上传就不能评吗？你们学校有问题。"

如果你是这个班主任，接到了这个妈妈的投诉，该怎么处理？

初中组

1. 新学期开学刚一个月的一天早上，七年级（1）班小明迟迟未来学校。家长把他拽来，他指着数学老师王老师在走廊上公开叫嚷："你上数学课管得太细、太严格，我不喜欢，我要调班。"当时学校规定：没有极其特殊的原因不能调班。不让调班，他就天天和数学老师对抗，提问一言不发，还去找其他科任老师说数学老师怎么怎么不好。数学老师找他谈话，他歪着头一言不发，最后，才说了一句话："不要以为学生都喜欢你，我就不喜欢你，但是我喜欢学习，尤其喜欢数学，怎么会让你教数学！"数学老师无奈地找到班主任……

如果你是班主任，会怎么做？

2. 小明是七年级的学生，从小父母在国外，一直由爷爷奶奶照顾长大。老人对孩子十分宠爱，小明生活和学习习惯较差。一个下午放学后，小明因为在美术课上连续被老师点名批评三次，按照班级公约应该"抄写指定课文十遍"，班长代表班主任实施了惩戒——让小明抄课文十遍。一会儿后，小明奶奶找到学校，称学校太过分了，不让孩子回家吃饭，算是体罚，孩子哪会有力气学习！并表示明天还要打市长热线。班级里的其他同学，纷纷望向你，窃窃私语。

如果你是这位班主任，你会如何处理？

3. 小红是班长，小明是副班长，因为经常在一起组织班级活动，于是成了好朋友。期中考试结束后，他们成了同桌。同学们经常有意无意地开他们玩笑，说他们很有夫妻相，班主任也关注到他们举止有点亲切，便分别和他们聊天，他们都矢口否认，说没有谈恋爱。进入九年级后，小明和小红开始在同学面前公开他们的"恋情"，两人经常坐在一起学习讨论，课余一起吃饭活动。较好的人际关系使得他们的交往并没有引起同学们的反感，而且他们的成绩也一直处于上升趋势。看到他们俩的状况，班里一部分同学蠢蠢欲动，但是学校里明确规定初中阶段男女生不能谈恋爱，所以大家还是在观望班主任对这事的处理。

如果你是班主任，该怎么办?

4. 班主任王老师发现班级里的小红上课经常昏昏沉沉，某些天会有些作业没完成。本来活泼开朗的她也变得不爱与同学交流，常常课后独坐发呆。找小红谈话才知道，“双减”政策后，小红妈妈和小红沟通后，觉得快中考了，如果不进行课外学习，像小红这样成绩中等的学生成绩无法提高，肯定考不上重点高中。据说班级里绝大多数学生都在培训机构补课，于是就把课外学习安排在周内，完成不了的作业就在周末补上，这样学习量不变，只是时间上变化一下。为此小红非常苦恼，常常寝食不安。今天一早，王老师就接到了小红妈妈的电话，说小红不去上学了!

如果你是班主任，你会怎么做?

5. 新学期开学了，学校开始提供托管服务，八年级（1）班小红的父母希望小红报名参加，但是小红非常抵触，想尽办法找理由，就是不愿意去，还说听隔壁班小明说：学校不可能保证每一个学生都能够完成所有家庭作业的，托管服务其实就是想赚钱。小红母亲给班主任张老师打电话诉苦：自己上班忙，文化水平低，无法辅导孩子；孩子在家就是玩手机，不让她玩，她就发脾气；还常常故意跟还在读小学的妹妹抢零食、抢玩具等，甚至对读幼儿园的弟弟凶巴巴的，恶语相向。希望老师说服她参加晚托。

如果你是班主任张老师，你会怎么办?

6. 上个月，八年级（1）班小云的妈妈打电话给班主任张老师，诉说自己的烦恼。小云的妈妈说，女儿为了给偶像过生日，竟然把1000元压岁钱拿出来转给了粉丝应援团，说是给偶像一个大大的惊喜。妈妈责备小云乱花钱，她却说偶像是自己的心灵支柱，比自己的生命重要。小云的妈妈说，先前女儿追星只是买明星的海报、照片等贴在房间四面墙上，连发夹选的也是写有偶像姓名的。后来女儿加入了一个“饭圈”，每天放学回家就要拿手机刷微博、聊天，还上传小视频，耽误了大量的学习时间，还经常问她要钱，说是要支持偶像。现在说要请假去参加偶像的线下见面会，妈妈不同意，就离家出走。

如果你是班主任，你将如何教育引导呢?

7. 早自修时，你向教室走去，刚走近前门，就听到班级女生小红在大声指责班长擅自动用班费的行为。站在讲台前的小红发现你在门口，先是感到尴尬，接着便决心把愤怒宣泄到底："我不是反对你给班主任吴老师买生日蛋糕，可是你不该在没有征得大家同意的情况下私自行动。"原来班长小玲认为给大家都喜爱的班主任买生日蛋糕不会有人提异议，因此，未经讨论程序就独自行动了。这时，作为班主任的你……

如果你是班主任，该怎么办？

8. 八年级（1）班转来的新同学小明家庭情况比较特殊，父母离异，与爷爷奶奶生活在一起，行为习惯不好，且有多动症。他常常哗众取宠，老师在讲课时，他会大声地把他所想到的东西说出来。此外，他也是班里的捣蛋鬼，但每次抓到他调皮捣蛋时，他的第一句话总是：XX也这样了，为什么老师你不找他？小明还经常欺负同学，引起许多学生和家长的不满。一天，小明又打了班上的小林同学，小林同学的家长在班级微信群里发布信息，认为这是校园欺凌，并商定以第二天全班学生罢课的方式，要求学校给予解决，引起许多家长的共鸣。如果你是班主任，该怎么办？

这时候，作为班主任的你该怎么办？

9. 学校为培养学生劳动意识，开辟了采薇园劳动基地，小李同学主动拿来了家里的农具，耕地、除草，每天浇水，手上还磨出了水泡，被班主任王老师在家长钉钉群中大力表扬。但这天，王老师却接到了小李妈妈的电话，小李妈妈告诉王老师，小李在家什么家务都不干，洗脸要奶奶拧毛巾，周末玩游戏还要奶奶把饭端到电脑前才吃，小李妈妈想教育却被奶奶阻拦，希望王老师能帮忙教育，但不要告诉小李是她告的密。

如果你是班主任，你会怎么处理？

10. 3月5日学雷锋日，学校校长室要求各班组织开展一次以"学做雷锋好少年"为主题的社会实践活动。七年级（1）班班主任王老师正想布置这一任务，发现学生们兴致不高，还有的窃窃私语：学习任务那么紧，精力又有限，能否不参加？突然，小明在下面说："王老师，雷锋哪有你说的那么完美，网上说雷锋留过很长的刘海，还下舞厅去跳舞，穿着毛料西裤，是个很臭美的时髦小伙子！"小红低声附和："我妈妈说，雷锋太老实了，总是吃亏。"还有人说："雷锋都过时了，我们喜欢时尚的歌星、球星和影星。""网红才令我们着迷呢。"还有的说……班级里顿时乱作一团。

如果你是王老师，你会如何处理？

高中组

1. 期末考试刚结束，高一（1）班的监考老师就来找班主任王老师，悄悄地将她在考场中没收的作弊小纸条递给王老师，令王老师吃惊的是这张作弊小纸条竟然是班长小红的。监考老师说她没告诉任何人，同学们也不知道她收了这张小纸条。

如果你是王老师，你怎么做？

2. 小刘同学最近心事重重，在你的关心询问下，她主动向你袒露了藏在心里的小秘密，她和班级的一名男同学恋爱了，她恳求你帮她保守这个秘密，你答应了她。可是小刘的妈妈也发现了女儿的异样，打电话来向你询问情况。

如果你是班主任，你会如何处理？

3. 小丽是一名高一女生，性格开朗，善于表现自己，平时比较注重自己的外表，兜里总是装一个小镜子，课间经常拿出来照，有时还会佩戴首饰、涂口红、画眉毛。班主任多次找她谈话，告诉她注意自己的仪表仪容，不能违反相关规定，但是效果不明显。一天，班主任刚走进教室，发现小丽又涂了口红，便当场指出她的问题。没想到，她竟当着全班同学的面说："老师，既然您可以抹粉底，我为什么不能涂口红？"面对她突如其来的"挑衅"，作为班主任的你该怎么做？

4. 小李同学是班级的学习委员，学习成绩优秀，但在班级新一轮班干部选举中落选了。班主任找了几个同学了解情况。同学们都说小李很自私，有难题问他，他要么说没时间，要么说不会做。班主任找小李谈心，小李满不在乎地说："学习委员做不做无所谓，老师，说实话吧，班级同学都是竞争对手，我在学习上帮助他们，不是给自己制造麻烦吗……"

如果你是班主任，听到这样的回答，你会怎样做？

5. 同一个寝室，小明同学深夜玩手机，不睡觉，还时不时发出笑声，小刚睡眠质量较差，深受其扰，于是偷偷将此事告诉了班主任。班主任也对小明进行了批评教育，并要求家长没收了小明的手机。没想到小明在寝室同学面前大肆宣扬小刚爱打小报告，并煽动寝室同学孤立小刚。为此，小刚再一次找到班主任，并埋怨班主任泄露了是他告的状。

如果你是班主任，你会怎么做？

6. 李老师是高二（5）班的语文老师，她对待工作认真负责，但非常喜欢拖堂。

一天中午，小新和小浩在教室抱怨李老师："她也太喜欢拖堂了吧！没有一天不拖堂的，每天都占用我们的课间休息太讨厌了！这么喜欢上课回家给她女儿上去啊！"这些话刚好被路过的李老师听到，她气冲冲地走进去："我拖堂是为了自己吗？既然这么不喜欢我，那你们换个语文老师吧！"说罢，带着怒气走进了班主任的办公室。"你们班这群学生我没法教了，以后语文课我不上了！"

如果你是班主任，你会怎么做？

7. 高二七选三分班之后，性格内向的女生小红分在了新班级、新寝室后一直情绪低落，昨天突然哭着跑着来找你说想要回家。询问其原因，小红反映新室友在背后说她"坏话"，导致她的情绪崩溃，同时反映了寝室学习氛围较差，导致自己休息不好，成绩直线下降，而且感觉室友都在排挤她，平时聊天讲话都有意无意地忽视她，这让小红很是痛苦。第二天你接到小红家长的电话，要求你无论如何都要给小红换个寝室。

后来，通过你的了解，小红比较留恋原高一班级的朋友们，平时一下课就找她原来的朋友们玩，甚至有一次把曾经的朋友带回寝室拼床睡觉，这让室友很反感，并联合起来疏远她。

如果你是班主任，你怎么处理这件事情？

8. 期中考试后，高一女生小红很烦恼，她九门功课的总分排在年级前一百名，但单科物理成绩却在全年级三百名之后。从初中开始，她就立志报考大学兽医专业，以后可以帮助可爱的小动物解决病痛。但综合排名较高的大学兽医专业一般都要求同时选考理、化、生三门学科。现在面对这样的物理成绩，她很迷茫。

小红的父母都是优秀的外科医生。爸爸说："我本就不赞同你从事兽医行业，给小猫小狗做些小手术哪有拯救一个人的生命有成就感？"妈妈却说："医学专业也不要报，学得又累，工作又辛苦，妈妈希望你工作后不要像妈妈一样辛苦。"小红不知道该听谁的意见好，第二天她向班主任潘老师求助。

如果你是潘老师，你该如何帮助她呢？

9. 篮球队长小帅，高大帅气、成绩优异，颇得老师和同学的欢心。一次小帅上课打盹被班主任王老师发现，小帅请王老师答应保密才把实情告知：由于父母管教严格，不让小帅碰手机，但是小帅知道手机被藏在哪儿，为了跟"女友"聊天，每天趁父母睡着后把手机偷出来聊天，接着又放回去。作为班主任，你答应了小帅的要求替他保密，并开始慢慢引导他。没几天，小帅的母亲得知了此事，指责班主任居然帮着小帅隐瞒他偷玩手机之事，并且纵容学生网恋。

如果你是班主任，你会怎么办？

10. 周一，班主任布置本周五下午组织一次野炊活动。同学们拍手叫好，并积极准备着。周四，班主任宣布因为学校要接待外地考察团，本班接受公开课的任务，原定野炊活动取消。这是学校的决定，谁也没法改变。话音刚落，引起了同学们的纷纷议论。周五下午，班主任走进教室，空无一人。讲台上，留下班长的纸条："班委会组织野炊，全班同学集体请假。"

面对这样的状况，班主任该怎么办？

2019年浙江省中小学班主任基本功大赛笔试试卷

一、单项选择题（10题，每小题2分，共20分）

1. 中国特色社会主义的本质体现是社会主义（　　）。

A. 经济发展观　　B. 核心价值观　　C. 民主法治观　　D. 政治发展观

2. 党的十九大报告提出：要全面贯彻党的教育方针，落实（　　）根本任务，发展素质教育，推进教育公平，培养德智体美全面发展的社会主义建设者和接班人。

A. 立德树人　　B. 全面发展　　C. 个性发展　　D. 国家战略

3. 2014年4月《教育部关于培育和践行社会主义核心价值观　进一步加强中小学德育工作的意见》中指出：要加强班主任培训，提高班主任工作能力，探索推行（　　）。

A. 研学制　　B. 双导师制　　C. 德育导师制　　D. 双主业制

4. 2017年8月，教育部在印发的《中小学德育工作指南》中指出，中小学把（　　）表现作为教师资格注册、年度考核、职务（职称）评审、岗位聘用、评优奖励的首要标准，实行“一票否决制”。

A. 师智　　B. 师能　　C. 师爱　　D. 师德

5.《中小学班主任工作规定》指出，班主任工作量按当地教师标准课时工作量的（　　）计入教师基本工作量。

A. 一倍　　B. 一半　　C. 1/3　　D. 1/4

6. 班级文化主要包括物质文化、精神文化和（　　）。

A. 行为文化　　B. 个性文化　　C. 制度文化　　D. 教育文化

7. 班主任在日常教育教学管理中，有采取适当方式对学生进行批评教育的（　　）。

A. 权利　　B. 权力　　C. 义务　　D. 责任

8. 班主任专业化的核心内容是（　　）。

A. 班级建设　　B. 职业道德　　C. 职业理念　　D. 精神关怀

9. 班集体德育工作的中心是（　　）。

A. 组织和培养班集体　　B. 全面了解和研究学生

C. 做好个别教育工作　　D. 评定学生操行

10. 个人按照一定社会的思想政治准则和法纪道德规范以及宗教戒律行动时表现出来的稳定特征和倾向，称为（　　）。

A. 道德　　B. 品德　　C. 德育　　D. 观念

二、判断题（10题，每小题2分，共20分）

1. 根据教育部《关于进一步加强中小学班主任工作的意见》，从2006年12月起，建立中小学班主任岗位培训制度，将中小学班主任培训计划纳入教师全员培训计划。凡担任中小学班主任的教师，在上岗前或上岗后半年时间内均需接受不少于20学时的专题培训。（　　）

2. 新时期指导中小学德育工作、全面推进素质教育的纲领性文件是《中共中央国务院关于进一步加强和改进未成年人思想道德建设的若干意见》，这是中国共产党对新形势下进一步加强和改进未成年人思想道德建设做出的重大部署。（　　）

3.《中小学德育工作指南》中提出了坚持正确方向、坚持遵循规律、坚持立体多样和坚持常态开展等四条原则。（　　）

4. 为有效预防未成年人沉迷网络游戏，保护未成年人身心健康，我国政府及相关部门自2001年至2017年，共制定颁布了47项相关法律法规和政策。其中，关于“预防中小学生沉迷网络游戏”的相关政策大多以单项政策的方式发布。

5.《教育部关于培育和践行社会主义核心价值观　进一步加强中小学德育工作的意见》中提出了中华优秀传统文化教育、公民意识教育、生态文明教育、心理健康教育和网络环境下的德育工作等薄弱环节需要加强。（　　）

6. 皮亚杰是第一位系统考查儿童道德发生发展规律的心理学家，他采用“对偶故事法”，从道德判断入手，通过向被试讲故事，让被试判断研究者所设计的那些行为类型，从儿童对特定行为的评价中去分析他们的道德认知，研究道德认知发展的规律。（　　）

7. 中小学德育是中小学全面发展教育的重要组成部分，包括道德教育、法纪教育、政治教育和思想教育四个层面。（　　）

8. 中小学生品德发展的源泉与基础、班级工作的核心内容是活动。个体的品德

从简单到复杂、从低级到高级、从量变到质变的矛盾运动过程，被称为德育过程。(　　)

9. 习近平总书记在全国学校思想政治理论课教师座谈会上指出：要把统筹推进大中小学思政课一体化建设作为一项重要工程，推动思政课建设内涵式发展。(　　)

10. 中小学班级管理过程的主体环节是计划环节，好的开始是成功的一半，做好班级管理计划的制订至关重要。(　　)

三、活动方案设计题（从以下两题中选择一题作答，共60分）

（一）《中小学德育工作指南》中指出：要坚持教育与生产劳动相结合，加强劳动实践。在学校日常运行中渗透劳动教育，积极组织学生参与校园卫生保洁、绿化美化，普及校园种植；将校外劳动纳入学校的教育教学计划，小学、初中、高中每个学段都要安排一定时间的农业生产、工业体验、商业和服务业实习等劳动实践；教育引导学生参与洗衣服、倒垃圾、做饭、洗碗、拖地、整理房间等力所能及的家务劳动。

请以“劳动者是幸福的”为主题，根据您所任教学段学生的年龄特点和认知规律，设计一节主题班（队）会方案。要求：

1. 题目自拟。

2. 写出实施主题班会的年级，但方案中不得出现个人和学校的真实名称。

3. 要求设计方案体现主题，并符合学生实际。

4. 设计方案要体现活动过程的教育性和完整性，一般包括题目、教育背景、教育目标、活动前期准备、实施过程等基本内容。其中实施过程要具体、明晰、可操作，不超过2500字。

（二）请围绕“耐挫”这一主题，根据您所任教学段学生的年龄特点和认知规律，设计一节主题班（队）会方案。要求：

1. 题目自拟。

2. 写出实施班级，但方案中不得出现个人和学校的真实名称。

3. 要求设计方案体现主题，并符合学生实际。

4. 设计方案要体现活动过程的教育性和完整性，一般包括题目、教育背景、教育目标、活动前期准备、实施过程等基本内容。其中实施过程要具体、明晰、可操作，不超过2500。

2018年浙江省中小学班主任基本功大赛笔试试卷

一、单项选择题（10题，每小题2分，共20分）

1. 党的十九大报告提出必须把教育事业放在（ ）位置。

A. 领先 B. 优先 C. 基础 D. 重点

2. 2017年8月，教育部在印发的《中小学德育工作指南》中指出，中小学的德育内容包括：（ ）、社会主义核心价值观教育、中华优秀传统文化教育、生态文明教育和心理健康教育。

A. 思想道德教育 B. 安全教育 C. 理想信念教育 D. 政治教育

3.《中小学班主任工作规定》指出，选聘班主任应当在教师任职条件的基础上突出考查三个条件，下列哪项不是（ ）。

A. 关心爱护全体学生，平等对待每一个学生，尊重学生人格。

B. 作风正派，心理健康，为人师表。

C. 热爱学生，善于与学生、学生家长及其他科任教师沟通。

D. 爱岗敬业，具有较强的教育引导和组织管理能力。

4. 浙江省教育厅颁布的《浙江省中小学生日常行为规范（试行）》提出了小、初、高学生行为规范各（ ）条。

A. 16 B. 18 C. 20 D. 22

5. 品德态度的形成包括以下阶段（ ）。

A. 顺从阶段、认同阶段、内化阶段

B. 醒悟阶段、转变阶段、自省阶段

C. 前道德阶段、因循阶段、原则阶段

D. 自我中心阶段、权威阶段、可逆性阶段、公正阶段

6. 对正常儿童而言，有的人观察能力强，有的人早慧，有的人则开窍较晚。这种现象说明（ ）。

A. 发展具有连续性　　　　B. 发展具有阶段性

C. 发展具有方向性　　　　D. 发展具有个体差异性

7. 西方谚语曾言，你可以牵马到河边，但不能强迫它饮水。这说明在教育学生时，我们要做到（　　）。

A. 遵循发展性原则　　　　B. 尊重学生主体性原则

C. 尊重整体性发展原则　　D. 尊重因材施教原则

8.“教，是为了不教”，主要反映了德育应遵循的原则是（　　）。

A. 品德教育和自我品德教育相结合的原则

B. 集体教育与个别教育相结合的原则

C. 尊重热爱与严格要求学生相结合原则

D. 发扬积极因素、克服消极因素原则

9.“一年之计，莫如树谷；十年之计，莫如树木；终身之计，莫如树人”，这句话可比喻班主任劳动特点的（　　）。

A. 复杂性和艰巨性　　　　B. 典范性和榜样性

C. 创造性和创新性　　　　D. 引领性和教育性

10. 习近平总书记在2018年全国教育大会上的讲话中提出六个“下功夫”，全面阐释了“时代新人”的具体内涵，下列哪项不在其中（　　）。

A. 要在坚定理想信念上下功夫

B. 要在厚植爱国主义情怀上下功夫

C. 要在加强政治教育上下功夫

D. 要在增长知识见识上下功夫

二、判断题（10题，每小题2分，共20分）

1.《教育部等11部门关于推进中小学生研学旅行的意见》指出，中小学生研学旅行是由教育部门和学校有计划地组织安排，通过集体旅行、集中食宿方式开展的研究性学习和旅行体验相结合的校外教育活动。（　　）

2. 教育部印发的《中小学生守则（2015年修订）》中删除了“敢于斗争”“见义勇为”的要求，同时提醒青少年要“防溺水、不玩火、会自护、懂自救”。这一变化的意义在于有利于未成年人增强自我保护的意识，有利于保障未成年人的生命健康权。（　　）

3. 教育部《关于加强家庭教育工作的指导意见》指出，中小学家长学校每学期至少组织1次家庭教育指导和1次家庭教育实践活动。幼儿园家长学校每学期至少组织1次家庭教育指导和1次亲子实践活动。（　　）

4.《中小学班主任工作规定》指出，班主任是中小学的重要岗位，从事班主任工作是中小学教师的重要职责。教师担任班主任期间应将班主任工作作为主业。

（　　）

5. 选择德育方法的依据是德育目标、德育内容和学校工作要求。（　　）

6. 在柯尔伯格的道德发展理论中，好孩子定向阶段的特征是对成人或规则采取服从的态度，以免受到惩罚。（　　）

7. 习近平总书记在2018年全国教育大会上的讲话中，对教师队伍建设提出新的更高要求，做老师就要执着于教书育人，有热爱教育的定力、淡泊名利的坚守。（　　）

8. 埃里克森人格发展理论认为，儿童人格发展的每一阶段都有一种冲突和矛盾所决定的发展危机。比如6～12岁阶段的危机冲突是勤奋感对自卑感。（　　）

9. 组织和培养班集体是班主任的中心工作。班主任培养良好班集体的主要方法有确立班集体奋斗目标、培养健全的班干部队伍、培养正确的集体舆论和优良的班风、组织多样化的班级教育活动等。（　　）

10. 习近平总书记在2018年全国教育大会上的讲话中指出，要把培养德智体美全面发展的社会主义建设者和接班人作为教育的根本任务。（　　）

三、活动方案设计题（从以下两题中选择一题作答，共60分）

（一）国家主席习近平在2018新年贺词中提出了："幸福都是奋斗得来的。"激励全国人民用劳动和奋斗创造幸福生活。今年五四前夕习近平主席走访北大时，又提出："追梦需要激情和理想，圆梦需要奋斗和奉献。"

请以"幸福都是奋斗得来的"为主题，根据你所任教学段学生的年龄特点和认知规律，设计一节主题班会课。

要求：

1. 题目自拟。

2. 写出实施主题班会的年级，但方案中不得出现个人和学校的真实名称。

3. 要求设计方案体现主题，并符合学生实际。

4. 设计方案要体现活动过程的教育性和完整性，一般包括题目、教育背景、教育目标、活动前期准备、实施过程等基本内容。其中实施过程要具体、明晰、可操作，不超过2500字。

（二）4月20日，教育部印发《关于做好预防中小学生沉迷网络教育引导工作的紧急通知》，要求各校要通过课堂教学、主题班会、板报广播、校园网站、案例教学、专家讲座、演讲比赛等多种形式开展专题教育，引导学生正确认识、科学对待、合理使用网络，了解预防沉迷网络知识和方式，提高对网络黄赌毒信息、不良网络游戏等危害性的认识，自觉抵制网络不良信息和不法行为。

请根据你所教学段学生的年龄特点和认知规律，围绕“预防中小学生沉迷网络”这一主题设计一节主题班会课。

要求：

1. 题目自拟。

2. 写出实施主题班会的班级，但方案中不得出现个人和学校的真实名称。

3. 要求设计方案体现主题，并符合学生实际。

4. 设计方案要体现活动过程的教育性和完整性，一般包括题目、教育背景、教育目标、活动前期准备、实施过程等基本内容。其中实施过程要具体、明晰、可操作，不超过2500字。

2016年安徽省中小学班主任基本功大赛笔试试卷

小学组

一、单项选择题（每题1分，共5分）

1. 与国家宪法相配套，对整个教育全局起宏观调控作用的教育基本法是（　　）。

A.《中华人民共和国义务教育法》

B.《中华人民共和国教师法》

C.《中华人民共和国未成年人保护法》

D.《中华人民共和国教育法》

2. 坚持（　　）为主，对学生的点滴进步及时给予表扬鼓励，对有缺点错误的学生要晓之以理、动之以情。

A. 自我教育　　B. 正面教育　　C. 法制教育　　D. 诚信教育

3. 培养学生（　　）是素质教育的重点和核心。

A. 创新精神和自主精神

B. 创新精神和实践能力

C. 实践能力和自主精神

D. 团结精神和自主精神

4. 开展主题班队会应遵循教育性、（　　）、针对性等相关原则。

A. 规范性　　B. 法律性　　C. 科学性　　D. 独特性

5. 教育部印发的《中小学生守则（2015年修订）》关于“好学多问肯钻研”条款中，以下说法正确的是（　　）。

A. 上课专心听讲，积极发表见解

B. 乐于科学探索，养成写作习惯

C. 上课认真听讲，完成课外作业

D. 乐于学习钻研，养成阅读习惯

二、判断题（每题1分，共5分）

1. 培育和践行社会主义核心价值观，是推进中国特色社会主义伟大事业、实现中华民族伟大复兴中国梦的战略任务。中国梦包括国家富强、社会和谐、民族振兴。（　　）

2. 在班级管理工作中，出现偶发事件是在所难免的，遇到这样的事情，要有自我控制能力。（　　）

3. 对班主任工作的评价应坚持经常性、频繁性，保证检查次数才能促使班主任工作的科学性和规范性。（　　）

4. 班主任工作的核心是指导学生学习。（　　）

5. “两免一补”是指国家全面免除义务教育阶段（小学和初中）学生的学杂费，对农村义务教育阶段学生免费提供教科书，对农村家庭经济困难寄宿生补助生活费的一项资助政策。（　　）

三、主题班会方案设计（共40分）

请以“我是勤劳的小蜜蜂”为主题，根据你所教学段学生的年龄特点和认知规律，设计一节主题班会方案。

要求：

1. 题目自拟。

2. 写出实施班会的年级，但方案中不得出现个人和学校的真实名称。

3. 设计方案要反映出设计目的意义、准备过程、实施过程等，其他不限。

4. 2500字以内。

初中组

一、单项选择题（每题1分，共5分）

1.《国家中长期教育改革和发展规划纲要（2010—2020年）》指出：“教育公平的重点是促进义务教育均衡发展和扶持困难群体，根本措施是（　　），向农村地区、边远贫困地区和民族地区倾斜，加快缩小教育差异。”

A. 有教无类　　B. 颁布《义务教育法》

C. 合理配置教育资源　　D. 发展希望工程

2.《国家中长期教育改革和发展规划纲要（2010—2020年）》指出，教育改革发展的核心任务是（　　）。

A. 改革创新　　B. 提高质量　　C. 促进公平　　D. 育人为本

3. 教育部印发的《中小学生守则（2015年修订）》关于“好学多问肯钻研”条款中，以下说法正确的是（　　）。

A. 上课专心听讲，积极发表见解

B. 乐于科学探索，养成写作习惯

C. 上课认真听讲，完成课外作业

D. 乐于学习钻研，养成阅读习惯

4.《中小学教师职业道德规范（2008修订）》提出，教师应当关心爱护全体学生，尊重学生人格，平等公正对待学生。对学生（　　），做学生的良师益友。

A. 关心呵护　　B. 无微不至　　C. 正面引导　　D. 严慈相济

5. 做好班主任工作的前提和基础是（　　）。

A. 组织和培养班集体　　B. 全面了解学生

C. 培养优良班风　　D. 做好后进生转化工作

二、判断题（每题1分，共5分）

1.《中小学班主任工作规定》指出，班主任在日常教育教学管理中，有采取适当方式对学生进行批评教育的权利。（　　）

2.《中小学班主任工作规定》指出，班主任在全班同学同意的情况下，有权收取一定数额的金额，作为班级管理费用，简称班费。（　　）

3. 教育部《关于进一步加强中小学班主任工作的意见》中指出：“中小学班主任是中小学教师队伍的重要组成部分，是班级工作的组织者、班集体建设的指导者、中小学生健康成长的引领者，是中小学思想道德教育的骨干，是沟通家长和社区的桥梁，是实施素质教育的重要力量。”（　　）

4. 一个专业化的班主任，必须具备多方面的能力：深入了解和研究学生的能力、创建班集体的能力、灵活机智的应变能力、较强的教育科研能力、交往协调能力。（　　）

5. 班主任工作之一是组织做好学生的综合素质评价工作，为学生记载成长记录，实事求是地评定学生操行，向学校提出奖惩建议。（　　）

三、主题班会方案设计（共40分）

请以“做一个有规则的中学生”为主题，根据你所教学段学生的年龄特点和认知规律，设计一节主题班会方案。

要求：

1. 题目自拟。

2. 写出实施班会的年级，但方案中不得出现个人和学校的真实名称。

3. 设计方案要反映出设计目的、意义、准备过程、实施过程等，其他不限。

4. 2500字以内。

高中组

一、单选选择题（每题1分，共5分）

1. 2010年7月发布的《国家中长期教育改革和发展规划纲要（2010—2020年）》在加强教师队伍建设一章，对教师师德提出的要求是“关爱学生，严谨笃学，淡泊名利，（　　）”。

A. 自尊自律　　B. 自尊自爱　　C. 为人师表　　D. 教书育人

2.《中小学班主任工作规定》中指出，班主任要认真做好班级的日常管理工作，维护班级良好秩序，培养学生的（　　）、责任意识和集体荣誉感，营造民主和谐、团结互助、健康向上的集体氛围。

A. 公民意识　　B. 民主意识　　C. 文明意识　　D. 规则意识

3. 要把心理健康教育贯穿在学校教育教学活动之中，建立起民主、平等、（　　）的新型师生关系。

A. 理解互助　　B. 教学相长　　C. 知行统一　　D. 相互尊重

4. 社会主义核心价值体系教育的主渠道是（　　）。

A. 主题班队会　　B. 课堂教学

C. 校园文化活动　　D. 社会实践活动

5.（　　）是对未成年人进行思想道德教育的主渠道，必须按照党的教育方针，把德育工作摆在素质教育的首要位置，贯穿于教育教学的各个环节。

A. 学校　　B. 班级　　C. 家庭　　D. 社区

二、判断题（每题1分，共5分）

1.《中华人民共和国未成年人保护法》第十四条规定：学校应当尊重未成年学生的受教育权，不得开除未成年学生。(　　)

2. 中小学班主任工作的中心环节是全面关心学生的发展。(　　)

3. 教育部规定高中学生每年参加社会实践活动时间应不少于15天。(　　)

4. 教育从了解开始，了解学生是掌握学生的一把钥匙，而此项工作最基本的素质就是要有观察能力。(　　)

5. 班主任教育劳动的主要目的是育人，主要内容是关怀学生的精神生活。(　　)

三、主题班会方案设计（共60分）

请以“我的目标我做主”为主题，根据你所教学段学生的年龄特点和认知规律，设计一节主题班会方案。

要求：

1. 题目自拟。

2. 写出实施班会的年级，但方案中不得出现个人和学校的真实名称。

3. 设计方案要反映出设计目的、意义、准备过程、实施过程等，其他不限。

4. 2500字以内。

附：参考答案

2019年长三角地区中小学班主任基本功大赛笔试试卷

第一题：单项选择题（10题，每小题2分，共20分）

1. B　2. D　3. C　4. D　5. C　6. C　7. C　8. C
9. B　10. A

第二题：判断题（10题，每小题2分，共20分）（正确√　错误×）

1. √　2. √　3. ×　4. ×　5. ×　6. ×　7. √　8. √
9. ×　10. √

2018年长三角地区中小学班主任基本功大赛笔试试卷

一、单项选择题（10题，每小题0.5分，共5分）

1. D　2. D　3. C　4. B　5. D　6. D　7. D　8. C
9. A　10. D

二、判断题（10题，每小题0.5分，共5分）

1. √　2. ×　3. √　4. ×　5. √　6. √　7. ×　8. √
9. √　10. ×

2017年长三角地区中小学班主任基本功大赛笔试试卷

一、判断题（10题，每小题0.5分，共5分）

1. √　2. ×　3. √　4. ×　5. √　6. ×　7. ×　8. ×
9. √　10. ×

二、单项选择题（10题，每小题0.5分，共5分）

1. D　2. B　3. B　4. B　5. C　6. C　7. B　8. D
9. D　10. C

2016年长三角地区中小学班主任基本功大赛笔试试卷

一、单项选择题（5题，每小题1分，共5分）

1. A　2. C　3. B　4. B　5. C

二、判断题（5题，每小题1分，共5分）

1. √　2. √　3. ×　4. ×　5. ×

2014年第三届长三角地区中小学班主任基本功大赛笔试试卷

一、选择题（1~15题为单项选择题，16~20题为多项选择题，每题2分，共40分。多项选择题多选少选都不给分）

1. A　2. B　3. C　4. E　5. C　6. A　7. D　8. C
9. D　10. A　11. D　12. D　13. C　14. B　15. D
16. ABDE　17. ABCE　18. ABC　19. ABCD　20. ABCD

2013年第二届长三角地区中小学班主任基本功大赛笔试试卷

一、填空题（每空1分，共20分）

1. 立德树人；　2. 民族梦想　社会价值　国家命运；　3. 改革创新　公民意识；　4. 创新　实践；　5. 消防安全知识　4；　6. 教育理念　身心发展的规律；　7. 规则意识 责任意识；　8. 较高素质　人格要求；　9. 行为常规管理 偶发事件的处理；　10. 规范化　个性化

二、选择题（1~8题为单项选择题，9、10题为不定项选择题，每题2分，共20分）

1. C　2. D　3. A　4. D　5. A　6. B　7. C　8. C
9. BCD　10. ABCD

2019年浙江省中小学班主任基本功大赛笔试试卷

一、单项选择题（10题，每小题2分，共20分）

1. B　2. A　3. C　4. D　5. B　6. C　7. A　8. D
9. A　10. B

二、判断题（10题，每小题2分，共20分）（正确√　错误×）

1. ×　2. √　3. ×　4. ×　5. √　6. √　7. √　8. ×
9. √　10. ×

2018年浙江省中小学班主任基本功大赛笔试试卷

一、单项选择题（10题，每小题2分，共20分）

1. B　2. C　3. A　4. D　5. A　6. D　7. B　8. A
9. A　10. C

二、判断题（10题，每小题2分，共20分）

1. √　2. √　3. ×　4. √　5. ×　6. ×　7. √　8. √

9. √　10. ×

2016年安徽省中小学班主任基本功大赛笔试试卷

小学组

一、单项选择题（5题，每小题1分，共5分）

1. D　2. B　3. B　4. C　5. A

二、判断题（5题，每小题1分，共5分）

1. ×　2. √　3. ×　4. ×　5. √

初中组

一、单项选择题（5题，每小题1分，共5分）

1. C　2. B　3. A　4. D　5. B

二、判断题（5题，每小题1分，共5分）

1. √　2. ×　3. √　4. √　5. ×

高中组

一、单项选择题（5题，每小题1分，共5分）

1. A　2. D　3. D　4. B　5. A

二、判断题（5题，每小题1分，共5分）

1. √　2. ×　3. ×　4. √　5. √